大 知 聖 子 著　　　　　　　　　　汲古叢書 185

計量的分析を用いた北魏史研究

汲 古 書 院

i

目　次

序　文 …………………………………………………………… 3

第一部　北魏の爵制に関する研究

序　章　問題の所在と構成 ……………………………………13
はじめに ………………………………………………………13
第一節　北魏史研究および問題の所在 ………………………15
第二節　古代中国における爵制の概要 ………………………23
第三節　古代中国における爵制研究および問題の所在 ………25
第四節　課題の設定 …………………………………………28

第一章　北魏爵制の概要と民族問題に着目した分析 …………39
はじめに ………………………………………………………39
第一節　北魏爵制の概要 ……………………………………39
第二節　授爵における有爵者の分析 ………………………42
第三節　北魏前期の封土の問題 ……………………………59
おわりに ………………………………………………………70
付表 ……………………………………………………………76

第二章　北魏前期の爵制とその特質——仮爵の検討を手掛かりに——… 107
はじめに ……………………………………………………… 107
第一節　仮爵と正爵の差異 ………………………………… 108
第二節　北魏前期爵制の特質 ……………………………… 112
第三節　北魏前期の爵位と官品 …………………………… 118
おわりに ……………………………………………………… 121
付表 …………………………………………………………… 127

第三章　北魏前期における爵と品の対応の考察——南巡碑を中心に——
……………………………………………………………… 131

ii　目　次

はじめに ……………………………………………………………… 131

第一節　南巡碑にみられる序列 ………………………………… 132

第二節　文成帝期における爵の品と将軍号・官職の官品との関係… 137

第三節　北魏前期における爵の品と将軍号・官職の官品との関係… 141

おわりに ……………………………………………………………… 144

付表 …………………………………………………………………… 149

第四章　北魏後期の爵制とその特質——孝文帝の爵制改革を中心に——

　　……………………………………………………………………… 161

はじめに ……………………………………………………………… 161

第一節　孝文帝の爵制改革 ……………………………………… 162

第二節　北魏後期の賜爵の理由および官品との関係 ………… 170

おわりに ……………………………………………………………… 175

付表 …………………………………………………………………… 180

第五章　北魏の官と爵の関係 ……………………………………… 187

はじめに ……………………………………………………………… 187

第一節　北魏の爵と功との関係 ………………………………… 187

第二節　北魏の爵と考課制度との関係 ………………………… 190

第三節　北魏の官爵体系 ………………………………………… 203

おわりに ……………………………………………………………… 214

付表 …………………………………………………………………… 221

第六章　官当制度とその淵源——除名・免官との比較からみた—— … 223

はじめに ……………………………………………………………… 223

第一節　唐律における除名・免官・官当について ……………… 224

第二節　北朝における除名・免官・官当について ……………… 228

第三節　魏晋南朝における除名・免官・官当について ………… 239

第四節　官当制度の本質的淵源 ………………………………… 247

おわりに ……………………………………………………………… 249

付表 …………………………………………………………………… 254

終　章　北魏の官爵体系の歴史的位置付けとその展開 ……………… 257

　　はじめに ……………………………………………………………… 257

　　第一節　古代中国における功と爵の関係 ………………………… 257

　　第二節　古代中国における考課と爵の関係 ……………………… 261

　　第三節　古代中国における官と爵の関係 ………………………… 265

　　おわりに ……………………………………………………………… 270

補論一　北魏孝文帝の官爵改革およびその後の変質について……… 279

　　はじめに ……………………………………………………………… 279

　　第一節　孝文帝の官爵改革 ………………………………………… 279

　　第二節　北魏後期の爵制の変質とその背景 ……………………… 284

　　おわりに ……………………………………………………………… 289

補論二　爵保有者の階層にみる両晋・北魏の爵制運用の比較……… 293

　　はじめに ……………………………………………………………… 293

　　第一節　西晋における爵位の傾向 ………………………………… 295

　　第二節　東晋における爵位の傾向 ………………………………… 298

　　第三節　北魏における爵位の傾向 ………………………………… 306

　　第四節　両晋と北魏の爵保有者の構造および爵制運用の比較 …… 310

　　おわりに ……………………………………………………………… 311

　　付表 …………………………………………………………………… 316

第二部　テキストマイニング分析を用いた北魏墓誌に関する研究

はじめに ………………………………………………………………… 329

第一章　デジタル・ヒューマニティーズと北魏史研究 …………… 331

　　第一節　北魏史研究とデジタル・ヒューマニティーズのあゆみ … 331

　　第二節　中国の石刻史料データベース紹介 ……………………… 334

　　おわりに ……………………………………………………………… 336

第二章　テキストマイニングによる北魏墓誌の銘辞の分析方法 … 339

　　第一節　KH Coderを用いた北魏墓誌の銘辞のテキストマイニング

iv 目　　次

分析 ……………………………………………………………………… 339

第二節　中國哲學書電子化計劃の分析ツールを用いた北魏墓誌研究

……………………………………………………………………… 345

おわりに ………………………………………………………………… 349

第三章　新出北魏墓誌目録 ……………………………………………… 351

付表 ……………………………………………………………………… 360

第四章　北魏墓誌の銘辞とその撰文——同一銘辞の問題を中心に——… 367

はじめに ………………………………………………………………… 367

第一節　北魏墓誌における同一銘辞 ………………………………… 368

第二節　同一銘辞を持つ北魏墓誌の真偽について ………………… 374

第三節　北魏墓誌の銘辞および誄の撰文者（書き手） …………… 377

第四節　北魏墓誌の同一銘辞の撰文者について …………………… 382

おわりに ………………………………………………………………… 384

付表 ……………………………………………………………………… 390

第五章　北魏女性墓誌の特徴語の抽出および語義考証 ……………… 395

はじめに ………………………………………………………………… 395

第一節　北魏女性墓誌研究と問題点 ………………………………… 396

第二節　テキストマイニングを用いた北魏女性墓誌の銘辞の分析方

法 ……………………………………………………………… 398

第三節　北魏女性墓誌の銘辞の特徴語 ……………………………… 399

おわりに ………………………………………………………………… 411

付表 ……………………………………………………………………… 417

第六章　北魏男性墓誌の特徴語の抽出および語義考証 ……………… 423

はじめに ………………………………………………………………… 423

第一節　テキストマイニングを用いた北魏男性墓誌の銘辞の分析方

法 ……………………………………………………………… 424

第二節　北魏男性墓誌の銘辞の特徴語 ……………………………… 424

おわりに ………………………………………………………………… 437

目　次　v

付表 ………………………………………………………………… 440

おわりに——今後の課題と展望—— ………………………………… 447

あとがき ……………………………………………………………… 449

索　引……453

計量的分析を用いた北魏史研究

序　文

（1）　本書の方法と立場

　本書の特徴は計量的分析を用いて北魏史研究を行う手法にある。計量的分析とは数量を通して現象を捉え、分析することを意味する。具体的には、定量的分析（量的研究）と定性的分析（質的研究）の両方を用いるが、定性的分析に入る前にまずは定量的分析を行い、史料の特徴を掴むことからはじめている。本書がこのような分析方法を用いる理由は、量的データをエビデンスとして用いない質的研究のみを行った場合、なぜ史料の特定の部分に注目したのか、その妥当性はあるのかという説明が不足している問題があると考えるからである。

　本書の第一部では如上の方法で北魏の爵制について分析し、史料に対して定量的分析を加えることの有効性を確認した。しかし、悉皆調査をして量的データを示す場合もそれを視覚化できておらず、特徴量やターゲットの関係性／相関性が分かり難い問題点もあった。そこで第二部では、有用なのにまだ知られていない知見を発見するための情報処理的プロセスである探索的データ分析、その中でもテキスト分析に特化したテキストマイニングを用い、データを数値化・可視化した上で明らかになった特徴語に着目し、質的研究を行った。テキストマイニングは特徴を計量的に知ろうとすることに向いている。そしてデータを図などによって可視化する利点は、個々の値からは見えてこなかったデータ間の関係を把握できる点、外れ値の発見などが行えることにある[1]。第二部ではテキストマイニング分析を行うにあたり、北魏墓誌の銘辞に着目した。なぜなら、一文の文字数が決まっている銘辞部分に限定し熟語として扱うことで漢文のテキストマイニングが可能になったからである。

　史料データベースの普及とともに大量のデータから情報を取得することが一般的となった歴史学の現状において、探索的データ分析を活用することは重要

4　序　文

なプロセスの一つになったと言える。ただし、ここで強調したいのは、探索的データ分析は結果を得るためではなく問いを立てるために必要な作業であり、文脈や背景を掴みながら精読する伝統的な質的研究が計量的に可視化することによって不必要になる訳ではない点である。まずはデータを可視化することで史料に対する印象の補正や仮説の発見を行い、この作業によって明らかになったターゲットに対して精読（質的分析）を行うことが重要であると考える。

　本書ではこのように量的研究と質的研究を相互補完的に用いることで、北魏史研究の新局面を切り開くことを目的とする。

（2）　本書の構成と概要

　本書は二部構成となっている。第一部は北魏の爵制に関する研究である。

　第一章「北魏爵制の概要と民族問題に着目した分析」では、北魏の爵制が民族や社会的身分によって異なる傾向があることを明らかにした。具体的には、外戚や宦官は有爵者の割合が圧倒的に高く、かつ高い爵が多い。胡族ではいかなる社会的身分でも有爵者の割合が過半数で、かつ高い爵が多い。一方、漢人名族の場合は社会的身分が高い一族は有爵者の割合が低く、かつ低い爵位が多いが、逆に社会的身分が低い一族の方が有爵者の割合も多く、高い爵も増えるという逆転現象が見られた。このことは、胡族は各個人が自らの功績で爵を得ていたが、漢人名族は一族の家長が代々爵を受け継いでいたことに起因する。また北魏前期では封土の有無が争点となっていたが、本章での検討により封土は伴っていないか、一部存在していたとしても上層の支配層である宗室かそれに準ずる待遇の一部の王に限られていた可能性が高いことを指摘した。また、漢人名族がその本貫地に爵を得る場合は名誉であり、基本的に封土は無かった点を明らかにした。爵は実質的な封土を伴わずとも爵そのものを介して本貫地との結び付きを強化する機能があった。

　第二章「北魏前期の爵制とその特質——仮爵の検討を手掛かりに——」では、先行研究においては北魏前期の爵位の品と将軍号・官職の官品の関係が対応関係にあったとするが、それが成り立たない事例もまた多数存在することから、

それに対する分析や生じる理由を深く追求した。特に北魏前期にのみに存在した仮爵という爵制に着目し考察を行った。その結果、仮爵は地方長官や使者のような外任の在任期間に限って与えられ、世襲されず、将軍号の官品を基準として一時的に権威を高める効果があったことが判明した。このような仮爵制度が北魏建国当初に生み出されたのは、正爵が国家に対する功績の褒賞として付与されていたことが背景にある。仮爵は功績を前提とせず授与され、一時的に機能するものであったので世襲が禁止され、正爵のように功となる基準がないため、将軍号の官品に合わせて与えられた。仮爵と将軍号の官品は一致するよう意図的に措置されたが、正爵の品と将軍号の官品は必ずしも対応しておらず、また正爵の品と官職の官品の対応関係も、外任の場合は乖離が小さいが、尚書のごとく内任の場合は乖離が大きいという職種の違いが見られた。このように仮爵は特殊なケースであり、一般的に爵位の品と官品を一致させる原則があったわけではない。北魏前期の爵位は、建国初期は国家への大功に対し賜与されたが、徐々に皇帝の意思を直接反映し賜与されるという変化が見られた。そのいずれに基づくにせよ、官品とは別の基準で与えられたと言え、そこに官品に還元しきれない爵位の独自性があった。

　第三章「北魏前期における爵と品の対応の考察——南巡碑を中心に——」では、北魏前期における貴重な石刻史料の南巡碑を用い、その構造および序列を明示した。その規準は①第一列はその中で序列が完結し、文成帝と近しい権力者の順序となっており、また武官と文官が交互に現れる。②第二列は最初が王爵を持つ宗室、次は文官と武官が交互に記され、総体として徐々に官品が下がっていく、の二点に大別できた。更に南巡碑および北魏前期の爵の品と将軍号・官職の官品の関係について網羅的に検討した。その結果、三者は対応関係があるとは言えないことが明らかになった。三者の親和性は特に高い爵に現れるが、それは王・公などの高い爵は身分の高い者であるので高い官品の将軍号・官職が与えられ、結果的に爵の品と合致してくるという結論を得た。

　第四章「北魏後期の爵制とその特質——孝文帝の爵制改革を中心に——」では、孝文帝の爵制改革における賜爵の基準・封土の戸数・都からの封土の遠近

6　序　文

など爵と封土の関係を詳細に検討した結果、賜爵は軍功など国家への大功が基準であり、皇帝の意志表示として親疎・距離を表す場合は封土を用いたことを解明した。また北魏後期の爵の品と将軍号・官職の官品の関係を検討した結果、一切対応関係に無いことが明らかになった。そもそも爵は国家への大功に対し賜与され、官品とは直接連動しないのは本来的な姿である。孝文帝は賜爵の基準を北魏建国初期の軍功への褒賞へと復帰させた。ただし北魏前期とは異なり、爵は軍功に対し賜与し、恩寵など皇帝の意志表示は封土を用い示し、爵と封土を異なる基準で機能するよう分離させた点が孝文帝の爵制改革の特徴である。

　第五章「北魏の官と爵の関係」では、北魏の考課制度は孝文帝改革以降、「階」という共通の評価基準を持つ見通しを示した。「階」を蓄積することで爵位・将軍号・官職が得られ、しかも「階」は第三者に譲渡可能なため、全官人と有爵者に対して普遍的な基準として機能していた。更に北魏前期と後期の官爵体系を検討することで、孝文帝改革は国家への功績・皇帝との親疎・文人や武人としての能力などを明確に区分し、各々の評価基準を混在させず序列化する評価システムを構築したことを明らかにした。更に各々が独自の価値基準を持ちつつも全体としては地位が乖離しないシステム、これこそが孝文帝改革によって構築された中央集権化であった。

　第六章「官当制度とその淵源——除名・免官との比較からみた——」では、爵の価値について追求するに当たり、特に爵に付随する特権である刑の減免に着目し、漢唐間の変遷を明らかにした。唐律の官当制度の最大の特徴は、現在の官職だけでなく歴任官も刑の引き当てにできるが、爵は引き当てない点である。律令の規定として官を刑に換算する明確な変化は晋から見られた。北魏前期は官と爵を引き当てたが、後期では「階」を刑に換算した。隋唐になると歴任の官も含まれるようになり、各一官を刑に引き当てられた。その一方、爵に刑の減免機能が見られなくなるのは陳から始まった。つまり、秦漢は爵に、魏晋から北魏までは官爵両方に、陳隋唐は官のみに刑の減免機能が存在したと結論付けた。官当は官品を有する者を実刑の辱めから守るのが目的である。この有爵者がもつ身分転落防止の特典であったものが、漢魏交替の際に爵から官の

引き当てへと変化したと位置づけた。

終章「北魏の官爵体系の歴史的位置付けとその展開」では、これまで明らかにした北魏の爵制とその特質、および官爵体系に基づく身分秩序が古代中国史上でいかなる意味を持つのか、その歴史的意義について論じた。北魏後期では爵は軍功への対価であるという原則に変化は無かったが、官としての功績・勤務を蓄積した「階」によっても賜爵された可能性が高い。この「階」を共通資源として、官職・将軍号・爵位が得られる構造変化があったと想定した。「階」は他人に譲渡可能であることから、全官人と有爵者に対し普遍的な基準として機能していた可能性が高い。これは古代中国史上、北魏独自のシステムと結論付けた。

補論一「北魏孝文帝の官爵改革およびその後の変質について」では、第一部にて明らかにした北魏孝文帝の官爵改革は、当時のいかなる社会的・政治的背景によって変質したのかについて考察を行った。その結果、孝文帝改革は大規模な南伐が実現しなかったために事実上単純な降格として機能してしまい、宣武帝期以降は変質したという見通しを述べた。

補論二「爵保有者の階層にみる両晋・北魏の爵制運用の比較」では、南北朝に共通する制度の構造と、北魏に特徴的な制度の構造とを区別し、両晋と北魏の制度を計量的に分析した。その結果、両晋では高い爵位を保有する北来名族の中でも浮沈がみられたが、北魏では北族八姓を中心とした胡族上層部が建国初期から孝文帝改革を経た後も高い爵位を保有し続けることが確認できた。

第二部はテキストマイニング分析を用いた北魏墓誌に関する研究である。

「はじめに」では、本書が用いるテキストマイニング分析を含む探索的データ分析の特徴および歴史学研究に応用する意義について述べた。

第一章「デジタル・ヒューマニティーズと北魏史研究」では、北魏史研究とデジタル・ヒューマニティーズとの関わりと今後の展望を紹介し、デジタル技術を歴史研究に適用する面白さと難しさについて私見を述べた。また、中国の石刻史料のデータベース紹介を行った。

第二章「テキストマイニングによる北魏墓誌の銘辞の分析方法」では、本書

8　序　文

が扱う漢文テキストマイニング分析の際に用いたKH Coderおよび中國哲學書電子化計劃の分析ツールの紹介および具体的な方法について明記した。

第三章「新出北魏墓誌目録」では、梶山智史『北朝隋代墓誌所在総合目録』（明治大学東アジア石刻文物研究所、二〇一三年）の出版以降に発表された北魏墓誌に関する目録を掲載した。また、今回追加された目録の被葬者およびその縁者の中で、北魏史上、重要な人物に該当する４名について検討を行った。

第四章「北魏墓誌の銘辞とその撰文――同一銘辞の問題を中心に――」では、第二章で明らかになった北魏墓誌の同一銘辞について具体的に検討し、北魏の洛陽遷都に伴う墓誌の流行から間もない五二〇年代に既に同一人物が原本を参照しながら銘辞を使い回した事例を明らかにした。また、墓誌の銘辞や誄の撰文者を検討し、北魏では孝文帝自らが撰文し墓誌のひな型を示した後、まず漢人が撰文し、後に宗室自身が墓誌の撰文を始めたという時期的な変遷があることも明らかにした。

第五章「北魏女性墓誌の特徴語の抽出および語義考証」では、テキストマイニングによって北魏女性墓誌の銘辞部分の特徴語を抽出し、語義の考証を行い、当時の北魏墓誌を作成する社会階層の女性に期待されていたジェンダーロール（性別による社会的役割）について考察した。北魏女性墓誌の特徴語は婦徳といった儒教倫理および本人の美貌（外見）や慎み（性格）に偏っていることが確認されたが、一方、従来指摘されている才学については確認されなかった。これは洛陽遷都後の北魏女性墓誌の内容は、南朝の漢文化を元に、北魏王朝側が理想とした婦徳という儒教倫理を備えた女性を描写した可能性が考えられる。

第六章「北魏男性墓誌の特徴語の抽出および語義考証」では前章と同様のテキストマイニング分析を用い北魏男性墓誌について検討した。その結果、北魏墓誌における男性の描写は、成人男性として王朝へ貢献している点を称賛する語句が顕著であったことが判明した。それは漢文化の男らしさであり、遊牧文化を反映したものではなかった。

「おわりに」では、今後の課題と展望について述べた。

以上が本書の構成と概要である。

注

（1） Stefan Sinclair and Geoffrey Rockwell, 'Text Analysis and Visualization: Making Meaning Count', in *A New Companion to Digital Humanities*, edited by Susan Schreibman, Ray Siemens, and John Unsworth, 2nd ed., 274–90. Chichester, West Sussex, UK: Wiley-Blackwell, 2016.

第一部　北魏の爵制に関する研究

序章　問題の所在と構成

は じ め に

　本書が対象とする北魏時代は、漢族と非漢族との間に政治的・文化的な衝突が起こり、それが次第に双方の選択的受容を経た融合の段階へと移行し、やがて唐代につながる新たな制度が生まれていった時期とされる。また同時に中国の周辺に位置する諸民族も「中華文明」を摂取しつつ、独自の秩序形成を模索した時期でもある[1]。

　周知のごとく五胡十六国時代を経て華北を統一したのは北魏であり、その後の東魏・北斉と西魏・北周および隋唐は民族的にも文化的にも北魏を継承したとされる。この点を今少し詳しく述べれば、北魏は中国史上初めて非漢族が支配層となった王朝だが、その非漢族による中国支配によって却って中国古来の支配体制が体系化され、唐代に律令制として完成を見るのである。一例を挙げれば、北魏で均田制が生み出され、続く西魏では府兵制が、更に北周では租庸調制が開始され、隋唐に至る。このように北朝から隋唐にかけての支配体制は北魏の華北統一と密接に関連していた。そのため、北魏の支配構造の特質を追究することは、北朝から隋唐にかけての支配構造の解明への鍵となることは多言を要しないだろう。

　その解明へのアプローチとして、第一部では爵制を主題とする。爵制は中国の歴代王朝により連綿と受け継がれた制度の一つであり、漢族によって高度に発展した支配の秩序であった。紀元前十一世紀からはじまる周王朝以来、公・侯・伯・子・男の五等爵制が用いられ[2]、その後、春秋末の社会変化に伴い、民をも取り込んだ軍功爵が整備されていった。特に前八世紀から後三世紀まで

14　第一部　北魏の爵制に関する研究

の秦漢帝国では二十等爵制が用いられ、上は王侯から下は庶民・刑徒までを含む国家全体を包括した身分秩序が形成されていた。この二十等爵制は実質上、秦漢時代でその役割を終えるが、その機能の一部は曹魏の五等爵制復活の際に受け継がれ、以降、廃されることなく中国最後の王朝・清王朝まで継続する。爵制は、中国国内においては儀礼における席次や、宗室や功臣の範囲を示す際の基準であったが、やがて中国国外にも徐々に拡散されてゆく。いわゆる「冊封体制」である。西嶋定生氏によれば、中国から周辺国の君長に王号が賜与され、両者に君臣関係が生じ、受封者は朝貢などの義務を負い、東アジア諸国は中国と関係を結ぶ事により自国の地位を保った、とされる(3)。近年、この「冊封体制」論の見直しが進んではいるが、四～六世紀の魏晋南北朝時代は、北方の騎馬遊牧民が強力な騎馬軍によって中原を支配し、中国王朝の伝統的な文明観を基礎としながら、これを継承や変容させ新たな秩序が再構築されていき、周辺世界にも文明の規範として伝播していく時期でもあった、とは言えよう(4)。この伝播に爵位の授与が大いに関わっており、それに基づき中国を中心とした国際関係が形成されていた。このように爵制は王朝の支配構造の根幹に関わるだけでなく、東アジアの国際関係の基盤ともなる制度であり、それがいかなる機能を有していたかという問題は中国前近代史において解決すべき課題の一つである。爵制が唐王朝を中心とした東アジア世界の形成に密接に関連した事を踏まえると、北魏の爵制を検討し隋唐帝国へ展望することは、皇帝を最高とする集権的な国家秩序確立の淵源を解明することに繋がると考えられる。

　第一部では、まず北魏の爵制の特質を解明し、更に他の位階制度との関係を考察することで、北魏の官爵体系に基づく身分秩序の全体像を描き出す。その結果を古代中国史上に位置付け、北魏の特質を浮かび上がらせ、隋唐への展望に繋げることを目的とする。

　本章では、これまでの主要な北魏史研究について整理し、更に古代中国における爵制についても概括した上で、その研究史を整理し、問題の所在を明らかにしたい。

第一節　北魏史研究および問題の所在

　まず北魏史の概要について述べた上で研究史を整理し、これまでにどのような議論がなされ、現在何が問題となっているかを示す[5]。

　北魏を建国した鮮卑拓跋部は、五胡十六国時代において国号を代（三一五～三七六）とした。代国は三七六年に滅亡するが、登国元（三八六）年、後の太祖道武帝、拓跋珪（在位三九八～四〇九年）が代王に即位し、北魏王朝が成立した。その後、孝文帝（在位四七一～四九九年）により、いわゆる「漢化政策」が実施された。これは洛陽遷都に象徴される抜本的改革であり、朝廷内での胡服胡語の禁止や漢族風一文字姓への改姓などが実施された。しかしその政策は洛陽から遠く隔たれる結果となった北方辺境地帯の六鎮の反乱を誘発する。そして建義元（五二八）年には爾朱栄が入洛し、事実上皇帝の権力が弱体化した。以降は拓跋（元）氏を中心としたそれまでの政治体制と異なるので、本書が扱う時期は道武帝の登国元（三八六）年から孝明帝（在位五一五～五二八年）の孝昌三（五二七）年までとする。また、北魏建国（三八六年）から孝文帝改革前（四九一年）までを北魏前期と称し、孝文帝改革（四九二年）から孝明帝末（五二八年）までを北魏後期と称し、孝文帝改革で区分する。

　次に研究史について主要なものを取り上げ、問題の所在を明らかにしたい。

　北魏から隋唐にかけての支配層については、夙に趙翼『二十二史箚記』に北周隋唐の支配層は皆、武川鎮という六鎮出身者である事が指摘されている[6]。実証研究としては一九三〇年代に内田吟風氏が北魏の支配層の変遷を明らかにしたのが先駆的である。氏によれば、北魏の支配層は代国時代から北魏前期までは胡族（北族）の貴族層「北族貴族」が主体であったが、中原支配により徐々に漢化の傾向を強め、孝文帝の改革でその頂点を迎える（「漢化した顕貴魏族」）。そして漢族の政治的地位が絶対的となったが、この漢化は反発を招き反乱が勃発し、以降、部族制が残存していた六鎮出身者（「北族系群小貴族」）が新たな支配層となった、とする。北魏前期から隋唐へ繋がる時期の支配層が「胡→漢（漢

16 第一部 北魏の爵制に関する研究

族および漢化した胡族）→胡」と変遷している点、および部族制に基づいた胡族
が北魏末に内乱を起こしたとする点は後の研究に影響を与えた[7]。そして四
〇年代に入ると、陳寅恪氏が北魏末に関隴地方（現在の陝西省）に移住した胡
族と、それと結んだ土着の漢族が西魏・北周から隋・唐初にかけて政権の中核
であったと論じ、近年まで定説化していた[8]。つまり五胡十六国から隋唐に
かけての北朝政権は、民族的な根源を共にし、文化的にも連続すると捉える理
解である[9]。その陳説を踏まえたうえで、谷川道雄氏が七〇年代初めに「武
川鎮軍閥」・「新貴族制」といった概念を提唱した[10]。「武川鎮軍閥」とは、政
府が胡族の豪傑を移住させ人為的に作り上げた鎮という空間の中で一種の仲間
社会が築かれ、その豪傑と漢人とが互いに影響し合いながら隋唐帝国の礎となっ
たとする説である。「新貴族制」はこの説を普遍化し、胡族の部族共同体と漢
人豪族が指導する郷党共同体との相克のなかから止揚して生じるものとする。
さらにこの谷川説を補強するのが直江直子氏であり、両氏は北魏前期の胡族が
漢化を経て普遍性を帯びた胡へと変化したと指摘した[11]。そして八〇年代ま
ではこのような観点から時代区分と深い関係を持つ貴族制・制度史研究が中心
に行われてきた。その後、谷川説を意識的に受け継ぎ発展させた制度史研究と
して、榎本あゆち氏の中書舎人の研究[12]が挙げられる。このような北魏の支
配層の「胡→漢→胡」という変遷において問題とされているのは、北魏前期の
「胡」と北魏末の「胡」とは同質なのか異質なのか、という点である[13]。谷川
説は二番目の「胡」は変質したという立場をとっている。また「漢」について
も単純な漢化、つまり胡族が漢族の文化に吸収され同質化されたと見るべきか
否か、という疑問も出てくる。更にはそもそも胡漢という民族区分について、
民族の境界は確定し難いという指摘もなされている[14]。それらの問題点を踏
まえ、近年の支配層の研究では「民族を相対化せずに、かつ民族的要素のみを
基準としない視点」が意識され研究が進められている[15]。たとえば松下憲一
氏は、「代人」を支配層に設定する。この「代人」とは代国建国以来徐々に拡
大してきた支配集団であり、建国以前に拓跋氏に帰順した漢族も含まれる。そ
の統合原理は「代人意識」を持つ点にあったとする[16]。また岡田和一郎氏の「代

人共同体」の研究では、北魏前期の支配構造が、編戸支配のために形成された北魏朝中央政府と、編戸・諸部民に掣肘を加える一方で、中央政府のヘゲモニーをも握った「代人共同体」の二層構造が存在した、とする[17]。これら一連の研究は北魏の支配層を「代人」集団と想定し、北魏前期ではこの集団が支配層を形成していたとする点が共通している。従来の「胡族」研究との最大の違いは、代人には胡族と漢族の両方が属しているとする点である[18]。そして彼らを団結せしめる紐帯は「代人意識」であった。このような地縁でもなく血縁でもない意識的な集団の実体を捉えることは困難であり、課題は多く残されているが、歴史学の新たな可能性を提示している点で重要である[19]。

　北魏から隋唐にかけての支配層の研究がこのような展開を見せる中で、七〇年代末からは川本芳昭氏が北魏の民族問題を主題に設定し、胡漢問題に焦点をあて、精力的に研究を進めた[20]。氏は魏晋時代に中国に流入し四世紀に中原を支配した胡族と、被支配民である漢族との抗争から融合の過程を示した。具体的には、北魏前期ではまだ胡族的な本質が濃厚であったこと、それだけに孝文帝改革の漢化政策が北魏王朝に劇的な変化をもたらしたことを明示し、その後の研究に大きな影響を与えた。北魏研究の議論は氏の問題提起に胚胎している点が多いため、以下、氏が切り開き、現在も争点となっている諸問題について述べたい。

　北魏研究の大きな課題のひとつに、数多くの五胡十六国の国々が興亡を繰り返す中、なぜ北魏だけが華北を統一し、その後王朝を持続し得たのかという問題がある。この疑問に対し、従来は道武帝が北魏建国初期に「部族解散」という部族制の解体を行い、いち早く漢化を進め中国王朝に転身したためという理解が通説であった。部族制の解体、すなわち部族を戸ごとに解体して戸籍に付し漢族とともに支配したとする説（解散説[21]）である。しかし、「部族解散」後も遊牧生活が存続していることから、解散説に疑問が持たれるようになった[22]。川本芳昭氏はこの視点を深化させ、北魏建国から末期にかけて徐々に行われた政策と捉えた。その後もこの理解は継承され、「部族解散」は戸ごとの解体ではなく、部族単位もしくは氏族単位で解体したとする、時間的にも形態

18 第一部 北魏の爵制に関する研究

的にも幅があったとする研究（部族再編説）が展開されている[23]。なお佐川英治氏は部族解散の例外とされてきた高車部族を検討することで、北魏の対部落政策は、①部落を維持させたまま中央集権的な支配下に置く、②部落を解体して郡県に編入、③緩やかな部族連合の形をとる、の三つに分かれたとする[24]。

　また川本氏はこの部族再編説の観点から北魏の内朝制度について検討し、内朝は部族制度の上層部としての一組織であったと結論付けた[25]。具体的には、北魏前期の内朝は胡族を中心に運営され、皇帝は内朝を通じて外朝を制御していたとする。この北魏の内朝制度についても氏が嚆矢となり、その後、議論が活発化する。加えて北魏前期における貴重な石刻史料である南巡碑が発見されたため、川本氏は更に『魏書』に記載が無い鮮卑的内朝官について研究を進めた。なお、氏の北魏の内朝制度の理解については、佐藤賢氏が北魏前期の政治体制が内朝と外朝の双方の高官を兼ねる執政集団が諸機関を統べる体制だったとし[26]、また内朝を後宮とのかかわりで捉えるべきとする見解を述べた[27]。この意見に対し、近年、川本氏からの反論もなされている[28]。

　このような民族問題（胡漢問題）の流れを受け、九〇年以降は北魏初期の支配構造の胡族的性格を強調した二重支配体制の研究が進んだ[29]。そして北魏では胡族に対する体制と漢族に対する体制が並存する二重統治体制であったとする理解が主流になりつつある。

　これら一連の研究では、北魏前期ではまだ部族的要素が強く残存していたという点に関して共通の理解が見られる。しかし、この点について更に研究を進めるにあたって、実は困難な状況が存在する。なぜなら北魏研究における主たる文献史料である『魏書』ではかなり鮮卑色が薄められた記載となっているからである。この問題について指摘を行ったのも川本芳昭氏だった[30]。その後、佐川英治氏により『魏書』の作為性とその背景についての詳細が示された[31]。また北魏史研究においても重要な史料となる正史『周書』の作為性についても明らかになっている[32]。このように正史の記述に作為性が認められる状況下で、近年は出土文物に注目が集まっている。それは中国で発掘調査が進み、出土文物、特に墓誌などの石刻史料の発見が相次いでいることが背景にある。北魏の

墓誌に関しては、梶山智史氏の墓誌目録によれば[33]、二〇一三年の段階で564点が公表されている。その後も墓誌の発見は頻発し、第二部第三章ではさらに100点を追加した。墓誌も当然、墓主を称揚する目的で書かれるバイアスのある史料ではあるが、当時の支配層のアイデンティティーや集団意識を探るために欠かせない一次史料と言える。現在は文献史料を中心的に扱った研究を再検証すべき時期を迎えており、新たな北魏像を描き直す動きが始まっている[34]。

　続いて北魏後期の研究状況について概括する。まず、川本芳昭氏が提示した最大の問題点は、孝文帝のいわゆる「漢化政策」をどのように捉えるか、についてである。氏はこの改革を胡族が漢族文化に「同化」したのではなく、漢民族の文化を自らの意志で選び採り、それを定着化せしめ「漢化」したと評価する。その「漢化」の典型例として、北魏における墓誌の急増・定型化および良奴制という国家身分制度の徹底を挙げる。そして北魏皇帝としての地位を超越した中華皇帝を目指す改革は、胡族を一部の支配層と圧倒的多数の下層に分断し、孝文帝は前者を重視したため、このような「漢化政策」が内部対立を生み、六世紀前半には遂に東西に分裂したとする。

　かくも抜本的な改革が行われた背景として、孝文帝の時代は北魏王朝が危機的状況であったことが明らかにされている。川本芳昭氏は、巨視的には北族集団は北魏王朝全般の漢化に伴い集団としては崩壊に近い状態であった、とする[35]。そして微視的には孝文帝のパーソナリティに原因を求める[36]。佐川英治氏は、北魏前期は遊牧と農耕を有機的に組み合わせたシステムであったが、環境の荒廃によりこのシステムが停止寸前であったと環境面での危機を指摘する[37]。

　また孝文帝改革と南朝・梁の武帝（在位五〇二～五四九年）の改革との関係についても争点となっている。梁の改革より北魏の改革の方が早い時期に実施されているが、南朝の方が制度的に進んでいた筈だという認識のため、宮崎市定氏は孝文帝の官制改革は南朝（宋・斉）の影響を受けたとする。川合安氏は[38]、南朝の動向を先取りした孝文帝改革が南朝に逆輸入されたとする。中国でも閻歩克氏が[39]、孝文帝改革は梁の武帝による天監七（五〇八）年の十八班導入に影響を与えたと主張している。このように、孝文帝の「漢化政策」は北魏史に

20　第一部　北魏の爵制に関する研究

おいて劇的な転換であるだけでなく、その後の隋唐への展望にも影響を与えるため、その位置付けについては多くの議論がなされている。

　このような研究状況の中で、北魏の制度の実態に踏み込んだ主要な研究として、祭祀研究・官僚制研究、位階制度の研究・服飾制度（服制）の研究などが挙げられる。これらは近年の北朝制度史研究の土台となっており、本書との関わりとも深いため、その内容について紹介したい。

　北魏の祭祀儀礼については金子修一氏[40]が中心的に研究し、鮮卑的伝統に基づく西郊祭祀と新しく導入された漢族的の伝統に基づく南北郊祀は、主催者が前者は皇帝、後者は有司摂事であり、両者に質的な差異があったことを明らかにした。

　官僚制度については窪添慶文氏[41]の研究が土台となっている。中央と地方の官僚制度を幅広く扱っている点、また、これまで空白地帯であった北魏後期の制度史研究が中心となっている点が特徴的である。特に「議」の研究を行い、北魏では漢族的な制度を採用しつつも、実際の運用は胡族的に行われていたという分析結果を出した点は非常に重要である。氏は最新の研究において、孝文帝の官制改革の変化や意味について明瞭にし、さらに官僚制度と密接に関わる考課についての研究も行っている[42]。

　この官僚制と密接に関わるのが位階制度である。位階とは官僚機構内における官人の地位を表示するものである。この分野では岡部毅史氏[43]が中心となり位階制度、およびそれを具現化する散官について、魏晋南北朝を中心に漢唐間に渡る変遷を明らかにしている。北魏に関する研究では「階」・「職人」・「官の清濁」をキーワードに唐代への展望を述べ、さらには北魏の爵と品の分析を中心に北魏前期の位階について検討を行っている。

　如上の祭祀儀礼は礼制と深く結び付き、官僚制や位階制度は法（律令）に沿って行われる行政と深く結び付くが、この礼と法という二大規範を結ぶ存在として服制に着目するのが小林聡氏[44]である。氏は服制が礼制世界上の官爵体系を可視的に表現するものとして北朝の服制を主題に研究を進めている。そこでは漢代以来の中国の服飾に北族的な外来要素がいかなる影響を与え、それが唐

代に包摂されていったのかを跡付ける試みが行われている。この研究は近年、中国で陸続と発掘・公開される豊富な出土史料（壁画など）を積極的に利用しているという特徴がある。そして孝文帝の服制の改革は、単に北族的服飾から中国的服飾への変化・魏晋南朝の模倣ではなく北魏独自のスタイルを持っていた、という重要な指摘を行っている。

　このような実証的な制度研究が行われる一方で、日本でのアジア史研究全体の研究動向として、中華史観・一国史観の相対化が進み、九〇年代からグローバル・ヒストリーの観点からの研究が活発化している。北朝隋唐史においてはユーラシアの視点から再検討が行われ、その成果として石見清裕氏は農業地域と遊牧地域を媒介する中間点である「農業―遊牧混合地帯」の重要性を指摘する[45]。また妹尾達彦氏はこの成果を活かし、アフロ・ユーラシア大陸に横たわる農業地域と遊牧地域の境界地帯である「農業―遊牧境界地帯」に隣接する農業地帯が、世界帝国の王都に定められることを示した[46]。また杉山正明氏により北魏から隋唐までを胡族政権としてとらえる「拓跋国家」という概念が打ち出されている[47]。この「拓跋国家」とは、北朝から隋唐王朝は漢とは異なる内陸系国家であるという特質を見出すことで民族問題を強調し、漢族中心の歴史観を相対化する概念である。なおこの概念は本節冒頭で示した北朝政権が民族的な根源を共にして文化的にも連続する王朝と捉える理解を強調するものである。また近年、川本芳昭氏は、比較史の観点から北魏と元・遼などいわゆる征服王朝および日本・朝鮮を含む東アジアとが検討されている[48]。さらに東アジアよりも広い中国とその近隣世界を示す概念として、最近は「東部ユーラシア」がキーワードになりつつある[49]。このように民族問題の相対化や世界史的な視点からの北朝史研究が進みつつあり、今後はこのような時代的にも空間的にも大きく捉える視角を持ちつつ実証研究を行う傾向が強まることが予想される。

　中国での北魏史の研究動向について主要な研究を挙げれば、田余慶氏の「部族解散」の研究[50]、張金龍氏の北魏の政局の分析[51]など民族問題に着目した制度史・政治史研究が中心となっている。更に歴史地理の分野でも、史念海氏

22 第一部 北魏の爵制に関する研究

により黄土高原研究が行われている[52]。

　以上、先学が切り開いてきた研究成果および残された課題について述べた。その点を踏まえ第一部の主題である北魏の爵制研究の意義について示したい。

　北魏前期ではまだ部族的要素が強く残存していた点がこれまでの北魏史の実証研究で明らかにされている。そして残された課題は、この実態を踏まえた上で孝文帝改革の意義を明示することである。更には後の北朝隋唐への展望を開く必要がある。

　その課題の解決方法について、かつて佐藤智水氏により提示されたこの時代を研究する上での分析方法は今なお有効であると考えられる[53]。即ち「貴族制の時代」・「多民族の時代」と性格付けて理解する方法である。なぜなら「これらはすべて漢帝国の崩壊をもたらした社会の矛盾を克服しようとする中国社会自身の歴史的な試行錯誤を分析して抽出した特徴的性格」だからである。氏は「貴族制の時代」とみなす場合、「いかなる階層によっていかなる秩序が構築されるかに焦点が当てられ、それは具体的に官僚制が問題となってくる」とする。また、「多民族の時代」とみなす場合、「非漢民族と漢族との複合的民族問題をどのように克服して公的権力を拡大していくかが問題となってくる」とする。

　このような視角は確かに有効であり、これまで多くの成果を上げてきたが、その中で筆者が着目しているのは爵制である。なぜなら爵制は「貴族制の時代」と「多民族の時代」の両方に関わり、総合的に研究できる重要なテーマであるからである。官僚制という点では爵と官職・将軍号とがいかなる関係にあり位階制度を構築していたが、民族問題という点では爵の保有者がどのような民族（漢族・胡族）から成り立ち秩序を構築していたかが鍵となる。先述したように近年の研究では、漢族的制度における胡族的運用の実態を描き出している点が共通している。また豊富な出土史料を積極的に利用している点も特徴的である。北魏一代を通じた爵制については川本芳昭氏・岡部毅史氏などの専論や張鶴泉氏の専書がある[54]。爵制は皇帝と宗室・功臣などの支配層とを結ぶものであり、その関係は官僚制度や位階制度とはまた異なった国家の特質を測る

重要な基準の一つと成り得る。以上の点から北魏史研究においては、前期の爵制の実態を明らかにした上で、孝文帝のいわゆる「漢化政策」についても見直しを行い、孝文帝改革の意義について追究してゆく課題が残されていると言えよう。本書はその課題に応えてゆくものである。また松下憲一氏により、北魏の制度史研究は「個別の制度に関する考察にとどまり、国家体制全体に収斂されていない」という問題点も指摘されている[55]。そこで本書は北魏の爵制を検討した後、その結果を元に他の位階制度との関係を総合的に検討し、北魏の官爵体系に基づく身分秩序の全体像に迫りたい。その結果得られる新知見は隋唐帝国の成立基盤を解決する糸口になると考える。

　以上、北魏の研究史および残された課題、そして北魏の爵制研究の意義について述べた。爵制そのものの概要および先行研究については節を改め詳述する。

第二節　古代中国における爵制の概要

　本節では古代中国における爵制の概要について示しておきたい[56]。

　西周では封建制が施行されていたが、これはヨーロッパ中世のフューダリズムとは異なり、王（この時代は天子に該当する）がその一族や功臣に五等爵（公・侯・伯・子・男）を与え諸侯として各地に分封し、その土地の氏族の支配を世襲的に行わせる制度である。この分封された土地を封土という。如上の天子が有爵者に国家権力を分かち持たせ国家の藩屏たらしめる方法は『孟子』万章編下に基づいた記載であり、実際にどれほど厳密に実施されていたかは不明である[57]。しかし、この爵制は理想とされ、後代の五等爵制の原型となった。次の春秋時代においても王（各諸侯をさす）と五等爵の同じく六等級の爵制であった。しかし、春秋末に兵制の改革が行われ、広く一般庶民も軍制に取り込まれるようになり、賜爵は広範な庶民を秩序づける身分制として整備されていった。この背景には、春秋初期には兵士身分は「士」以上の支配層であったため「民」は除外されていたのが、中期から民が兵士として従軍し、民を直接取り込む形で法秩序が拡大されていった事情がある。ここから軍事的秩序に深く関わる民

爵（軍功爵）の萌芽が見られはじめ、伝統的規範による秩序の原理（＝五等爵）と軍事集団における秩序の原理（＝軍功爵）が並立するようになった。その傾向は秦になると決定的になった。かの有名な商鞅の変法（第一回は前三五九年、第二回は前三四〇年）が実施され、①斬首の功のあった者に一律に賜爵し入官資格を与える、②軍職や官職や卿・大夫・士の名称を総合して爵という一本の系列へ統一する、③爵を十七等級に分け、その中で卿・大夫・士の三階層に大別する、という三点の改革がなされた。伝統的な王は廃止され、西周の爵制と連続しない新たな爵制が施行されたのである。これは軍功を基準に新しい卿・大夫・士の身分を再編成し、広く一般庶民に適用した爵制と言えよう。始皇帝が天下を統一すると封建制が廃止され、郡と県の地方には中央から官吏が派遣され、人民を統治するようになる。そして漢代に入ると、天子と諸侯王と二十等爵制（第八級まで民爵・第九～二十級まで官爵）から爵制が構成されるようになった。封土に関しては、諸侯王（皇帝の一族）は王国を分封され、また列侯（功臣）も封土を与えられた。爵位については伝統的な王が復活し、それと軍功爵とが組み合わされた。ただし、民まで爵制に組み込まれた時代は実質的に漢代で終わり、曹魏に入ると曹操が周の五等爵を復活させた。民爵は存在したが、廃れていった。更に曹魏では最終的に王と五等爵（宗室に限定）と列侯を分割した県侯・郷侯・亭侯・関内侯と官爵四等（名号侯・関中侯・関外侯・五大夫）と民爵八等という複数の爵制が組み合わされ実施された。五等爵が復活されたのは、曹操が後漢から禅譲される際に魏公という公爵を用いるためという目的があったのと、後漢のような郡県制では社会の分権化傾向に対処できないため諸侯を封建したのが理由である。その後、西晋では封王の制が実施される。これは曹魏の宗室冷遇を反省した西晋武帝が即位直後に諸王を封建したものである。この制度は王公が封国に赴くのを原則とし、封王の任地と封国を一致させるものであった。しかしその政策は封王がその支配を皇帝の支配と同質的なものに高めるべき可能性を持ち、実際に封国の官民と緊密なつながりを生み、八王の乱を勃発させた。また、晋代では五等爵が上層部の士大夫に殆ど自動的に与えられていたが、劉宋以降では皇帝に対する忠誠・功績によって与えられることになり、

寒門層（非士大夫）がそこに大幅に進出した。軍功に基づく民爵は、曹魏に廃れ西晋・東晋ではほとんど形骸化したが、それは兵制の崩壊および兵戸制の成立によって庶民が軍功爵を得られる機会を失ったことが背景にある。以上が南朝における爵制の概要である。五胡十六国時代の爵制についても基本的に五等爵制が用いられたが、王と皇帝の間に新たに天王の称号が用いられていた点が特徴的である。そして一人の天王が亡くなると代わって別の天王が現れ天王号を存続させた。北魏建国以後、天王は用いられず、基本的に五等爵制が用いられた。北魏前期の爵制の特徴としては異姓王が多い点が挙げられる。しかし、孝文帝改革により、道武帝以降の子孫のみを王爵の対象とし、それ以外の王爵を持つ者を公に降格し、順次繰り下げる「例降」という措置が行われた。併せて開国の号を付された封爵は封土を伴う実封であり、開国の号を付されない場合は封土を伴わない虚封とする「開建五等」という措置も実施された。この開建五等が実施される以前、つまり北魏前期では爵位に開国の号は伴わず、地名（郡県名）＋爵位という表示であり、一見して封土の有無が分からない状態だった。そのため、北魏前期の封土の有無が議論となっている。

第三節　古代中国における爵制研究および問題の所在

　前節での概要を踏まえ、本節では古代中国の爵制研究について概括し、問題の所在を明らかにしたい。

　秦漢時代は先述したように二十等爵が施行されていた。これは第二十級～第一級までの二十等の爵称からなり、本来は功績ある者を報奨する、いわゆる軍功爵であった。しかし漢代になると皇太子を立てる時など国家的大事に際し官吏だけでなく民衆にまで一律に爵位が賜与されるようになった。つまり漢代では上は宗室から下は民衆まで同じ秩序体系下におかれていたのである。その古典的研究としては西嶋定生氏の大著が挙げられる[58]。氏は民衆にまで爵位が与えられる理由として、賜爵と同時に牛肉・酒が与えられたことから郷里社会に郷飲酒礼を促し、その酒席では良民男子が自らの爵級に従い着席し相互に爵

26　第一部　北魏の爵制に関する研究

級を確認することで郷里社会の秩序が保たれていたと論じた。つまり民衆を爵
制体系に組み込むことで個別人身的に支配しており、その爵制体系が郷里社会
における年功序列に基づく秩序と合致していたという主張である。この西嶋説
に対し、籾山明氏は、民爵賜与が郷里社会を媒介することなく皇帝と民衆を公
共的事業の組織者と奉仕者として直接的に結びつける機能を果たしており、民
衆の爵級は皇帝との距離感を示すものと結論づけた[59]。この籾山明氏の問題
提起を受け、近年では爵位にいかなる特権が付随していたかを明らかにするこ
とで、なぜ賜爵することで人々を奉仕に駆り立てることが出来たのかという研
究テーマが主流となっている。更に二〇〇一年に張家山漢簡「二年律令」の全
釈文が公開され、爵制に関する条文から有爵者の特権が明らかになると、その
傾向をますます加速させた。そのような状況下で楯身智志氏は爵に伴う特権の
追究は行わず、国家が賜爵する意図をから爵の本質的機能に迫る研究を行って
いる。その結果、上は王侯から下は庶民・刑徒までを含んだ二十数等級からな
る秩序体系を「爵制的秩序」と呼称している[60]。また、佐川英治氏は軍功か
ら二十等爵の再検討をし、爵の価値の根源は斬首に由来し、皇帝が生み出すも
のではないが、しかし皇帝は指揮官や官僚の国家に対する貢献を軍功に読み替
えて賜爵する権限を持ったとした。更に民爵については、皇帝権の拡大ととも
に爵は皇室慶事の際に下賜され価値を消費されていった、とする。こうした爵
は吏爵まで突破できる力を持たず、吏爵と民爵の分化は二十等爵制の性格とい
うより漢代の賜爵の性格と結論づけた[61]。この説については特に終章にて集
中的に取り上げ、本書との関わりを示したい。

　最後に第一部のテーマである北魏の爵制研究について述べたい。先行研究で
はその本質的な機能が問題とされ、主に二点に議論が集中している。一つは爵
位と封土の関係であり、北魏前期の爵位に封土が伴ったのかどうかが中心に検
討されてきた。初めてこのことを本格的に論じたのは、内田吟風氏であり、北
魏の爵位の大部分が封土を伴わぬ虚封であったとした[62]。その後これが通説
的な見解となり、宮崎市定氏[63]や矢野主税氏[64]も封土に関してほぼ内田吟風
氏と同様の見解を示した。しかし、川本芳昭氏[65]はこれに異論を唱え、改革

以前も食邑制の存在は常にあったという見方を示した。川本芳昭氏の研究は、これまで研究が見落としてきた部分を浮き彫りにした意味で重要である。この封土の問題を第一章で詳述する。もう一つの論点は爵位と官品の関係であり、爵位の品と官品の間に対応関係があったとした上で、それが位階制度全体の設計とどのように関わったかが議論されてきた。爵位を官品体系に組み込むという魏晋以来の方法が北魏でも踏襲されたことは宮崎市定氏により夙に指摘されており(66)、近年では閻歩克氏が漢唐間の位階制度全体の変遷を示す大きな研究を行っている。その中で、魏晋南北朝は爵位が官品体系に組み込まれ爵級で位階を示すことができるようになる時代であり、初歩的「官本位」の段階であるという大きな枠組みを示した(67)。この爵の品と官職の官品との関係については第二～四章で詳述する。

　以上の論点を含む爵制研究として、楊光輝氏は爵称とその等級・封土とその収益などの漢唐間の変遷を概括している(68)。また、王安泰氏は魏晋南北朝の爵制について、爵と封土の関係および冊封体制の研究を行っている(69)。また、先述した閻歩克氏は精力的に漢唐間の官爵制度の変遷と位置付けを行っており、現在の古代中国制度史の主導的研究者となっている(70)。ただし、氏の研究方法は独自であり、現代行政学の概念を援用し、まず「品位分等」(官僚個人の地位の高低から定められる身分等級)と「職位分等」(職務の重要性から定められる身分等級)とに区分する。そして両者のどちらの色合いが濃いかで時代の傾向が把握できるとする。具体的には秦漢時代は禄秩制度に基づく職位分等であるが、魏晋南北朝では品位秩序に移行したと結論付ける。このような大きな流れを示す試みは評価できるが、以下の問題点が指摘されている(71)。それは、現代行政学の概念に基づき中国古代史を研究する方法はどれほど有効的か疑問である点、および、予め唐代の制度を制度発展の必然的な最終型として位置付けているため、結論に合わせて論旨が構築されるという問題点である。

　以上、爵制の研究状況について述べた。全体的な傾向を述べれば、出土史料の相次ぐ発見もあり秦漢時代は活発であるが、魏晋南北朝以降の研究は反して低調である。南朝の研究においては貴族制の研究が主流であるが(72)、その問

28　第一部　北魏の爵制に関する研究

題との関わりで爵制が一部論じられているにすぎない(73)。その原因をつきつめてみると、魏晋以降は爵が濫賜され制度自体が乱れると共にその機能は漸次薄れ形式化していくという漠とした共通認識があったと推察される。しかし、冒頭でも述べたように爵制は国家の支配構造の根幹に関わる重要な制度である。もし仮にその機能が完全に形骸化してしまったのであれば、なぜ廃されることなく最後の王朝・清王朝まで連綿と使い続けられたであろうか。筆者はこの点に疑問を感じると共に、一見形式化されたとみえる爵制がそれぞれの時代や王朝において生き延びていく姿に関心を持つものである。

第四節　課題の設定

　本節では北魏の爵制がいかなる機能を有していたか、という問題に関してどのように解決してゆくべきか、先述した先行研究の概要と合わせ、課題の設定を行いたい。

　先行研究においては、そもそも北魏の爵制の量的研究に余り関心が払われてこなかった。それは北魏では基本的に五等爵制が用いられていたため、伝統的な爵制として運営されたという漠然とした認識があったと推察される。しかし、北魏の諸制度は先学により漢族的制度における胡族的運用が実施されていたことが明らかにされている。ならば、北魏の爵制についてもその運用の全体像を確認する必要があるのではないだろうか。第一部ではまず北魏の爵制と民族問題に着目しながら検討する。

　次に、先行研究が問題とした北魏前期における封土の有無については、未だ共通の理解が得られていない。前期はそもそも史料が少なく、決定的な決め手に欠くためこのような問題が生じる。本書では先行研究が根拠とした史料を再検討するとともに、特に受爵者にとって爵位はいかなる価値があるのか、という視角からこの問題について検討する。

　もう一つの論点である爵の品と将軍号・官職の官品との関係について、そもそも対応関係にあるかどうかをまず明らかにする。なぜなら先行研究において

この関係を網羅的に検討したものは無く、対応関係の有無が明確ではないからである。そして対応関係に無い場合、爵は官品に還元されない価値があることになるが、その価値とはいかなるものかを追究する。その方法として、賜爵の理由を検討することで爵位は何への対価となるかを示したい。

　また孝文帝改革の直前は北魏が危機的状況であったとされるが、北魏爵制にもそのような状況が見られるのだろうか。この点について、北魏を通じての爵位の変化、特に賜爵の理由に着目し状況を確認したい。その際に、孝文帝改革を境に北魏を前期と後期に区分するだけでなく、更に改革直前の変化の有無を見るため、それぞれの皇帝ごとに時期を分け、細かく検討してゆく。爵制にも変化が見られる場合、その過程を明らかにし、改革という転換点をより深く理解することに繋げたい。そして、北魏史研究における大きな課題は孝文帝改革の意義であるが、改革前後の爵制の変化を精査することで考察する。具体的な孝文帝の爵制改革は、第二節にて述べたように例降と開建五等である。これは確かに大きな変化であり、『魏書』にも明記されている施策であるが、これ以外の爵制改革は行われなかったかについて検討したい。その検討結果を踏まえ、例降・開建五等と合わせ、爵制改革が全体としていかなる内容であったかについて明確にする。そして孝文帝の目指した改革の意義について迫りたい。

　更には爵の価値の解明についても検討すべき課題と言える。そのアプローチとして爵に付随する特権を調べることで具体的に追究する。北魏のみならず漢唐間を通じて検討することで、爵の価値の変遷を明らかにしたい。

　以上の検討を通じて明らかになった北魏爵制は古代中国史上においていかなる意味を持つのか、その歴史的位置付けも行う必要がある。加えて北魏の爵制と他の位階制度との関係を調べることで、北魏の官爵体系に基づく身分秩序の全体像を示したい。その際に、近年の出土文物の増加を踏まえ、墓誌を整理・分析した上で文献史料とも照らし合わせ北魏の爵制のあり方を復元する。そして豊富な出土史料を活用し、北魏の官爵体系に基づく身分秩序を解明してゆくことを目的とする。

　最後に本書が用いる「民族」という用語について定義しておきたい。川本芳

昭氏は、民族という言葉を用いると、近代になって出現したナショナリズム（民族主義）を過去に遡って適用する誤りを犯す危険性を承知しつつも、他の言葉を用いれば更に妥当性を欠くとする。そして人類のある種の集団が言語・文化などの一致点を核として「われわれ」という意識を持つことは厳然たる事実であり、「魏晋南北朝期段階における」という限定を加えつつ「民族」という言葉を用いている[74]。近年では森安孝夫氏が「民族」の定義を行い、①言語を同じくし②しかも風俗・習慣や歴史（神話も含む）を共有し③更に同じ民族に属しているという「民族意識」を持つ人々の集団、とする。ただし、内面的な宗教や外面的な身体的特徴は一致する場合も多いが、往々にして一致しないこともある点に注意するよう促している。更に人種と言語は関係ないことから、この三点の定義は実際には様々な不都合が生じるが、しかし大きな歴史の流れを捉えようとする時、「民族」という概念を便宜的に使わざるを得ない、とする[75]。筆者も両氏の意見に賛同するものであり、本書においても「民族」を用いることとする。

　この前提を踏まえ、漢族と非漢族（胡族）の分別についても確認しておきたい。この「漢族」もまた中国の近代化とともに生まれた用語であり、それ以前の時代に用いるには誤解が生じる余地がある。時代は下るが唐代トゥルファン研究を行っている荒川正晴氏も、トゥルファン社会を捉えるのに漢人と非漢人とに単純に分別することがどれほど有効か、と指摘している。しかしながら、大まかに見れば、六〜八世紀のトゥルファンで漢語・漢字を常用し漢文化を保持する漢人が多数派を形成していたことに疑いはなく、それ以外の言語・文字や文化を基盤にもつ人々とは分けて考えることが出来る、とする[76]。北魏は中国史上初めて少数の遊牧民集団が多数の漢人社会を統治した王朝であり、やはり漢族と非漢族に分別することは出来よう。この「漢族」と「非漢族（胡族）」という「民族」上の差異は、特に孝文帝の姓族詳定の際に史料上に顕著に現れる。例えば『新唐書』巻一一九、柳沖伝に、漢人名族の基準について、「郡姓なる者は、中國の士人を以て閥閲を差第して之を制と爲す」とし、門閥的な名族の存在を示している。また、『魏書』巻一一三、官氏志における太和十九（四

九五）年の姓族詳定の詔に、「原は朔土より出で、舊は部落大人と爲り、而して皇始より已來、三世の官の給事已上に有り、及び州刺史、鎭大將、及び品の王公に登る者は姓と爲す」とあり、旧部落大人という用語で「非漢族（胡族）」を表現している。このように同時代史料においても民族的差異が表出していることから、「漢族」と「非漢族（胡族）」に区分し検討することは十分に有効的であると考える。

注

（１）　川本芳昭『中華の崩壊と拡大（魏晋南北朝）』（講談社、二〇〇五年）参照。最新の研究は『中華世界の再編とユーラシア東部　四〜八世紀』（岩波書店、二〇二二年）参照。

（２）　なお西周の五等爵は、たとえば男爵が勲功により伯爵に進爵するといった単一の基準による序列、つまり天子を頂点とする一元的な秩序形成の機能はなかったことが指摘されている。李峰「論「五等爵」称的起源」（『古文字与古代史』第三輯、中央研究院歴史語言研究所、二〇一二年）参照。

（３）　西嶋定生『古代中国国家と東アジア世界』（東京大学出版会、一九八三年）。ただし近年ではこの西嶋定生氏が提唱した冊封体制論の見直しが進んでいる。山内晋次「日本古代史研究からみた東アジア世界論——西嶋定生氏の東アジア世界論を中心に——」（『新しい歴史学のために』二三〇・二三一、一九九八年）は西嶋説が東アジア世界に重点を置きすぎている問題点を指摘する。また石見清裕『唐の北方問題と国際秩序』（汲古書院、一九九八年）は、唐代の日本は唐から王号を授与されておらず朝貢義務も負っていなかった点などから冊封体制には該当しないとする。

（４）　佐川英治編『多元的中華世界の形成——東アジアの「古代末期」——』（臨川書店二〇二三年）は東アジアの三〜八世紀を漢文化の継承と変容の時代と捉える。

（５）　北朝史における日本の研究動向については、渡辺信一郎「三国五胡・南北朝」（礪波護・岸本美緒・杉山正明編『中国歴史研究入門』、名古屋大学出版会、二〇〇六年）・岡田和一郎「北朝史研究文献目録稿（1975—2006年）」（渡辺信一郎編『北朝楽制史の研究——『魏書』楽志を中心に——』（平成一六－一九年度科学研究費補助金（基盤研究Ｃ）研究成果報告書、二〇〇八年）・窪添慶文「日本近年的北

32　第一部　北魏の爵制に関する研究

　　朝史研究（演講稿）」（宋德熹編『中国中古社会与国家史料典籍研読会成果論文集』、
　　稲郷出版社、二〇〇九年）・佐川英治「日本魏晋南北朝史研究的新動向、四、五
　　胡北朝史研究的新動向」（《中国中古史研究》編委会編『中国中古史研究』第一巻、
　　中華書局、二〇一一年）など参照。

（6）　趙翼『二十二史箚記』巻一五、「周隋唐皆出自武川」。

（7）　内田吟風「北朝政局に於ける鮮卑及諸北族系貴族の地位」（『東洋史研究』第一
　　巻第三号、一九三六年。同『北アジア史研究――匈奴篇』、同朋舎、一九七五年
　　再収）。

（8）　陳寅恪『隋唐制度淵源略論稿』（生活・読書・新知三聯書店、二〇〇一年。初
　　出一九四三年）・同『唐代政治史述論稿』（生活・読書・新知三聯書店、二〇〇一年。
　　初出一九四四年）。ただし近年では氏が提唱する「関隴集団」の成立根拠が揺ら
　　いでいる。山下将司「唐初における『貞観氏族志』の編纂と「八柱国家」の誕生」
　　（『史学雑誌』第一一一編第二号、二〇〇二年）参照。

（9）　他の代表的な研究として岡崎文夫著・川合安補訂・秋月観暎解説『隋唐帝国五
　　代史』（平凡社、東洋文庫五八七、一九九五年）が挙げられる。

（10）　谷川道雄『隋唐帝国形成史論』（筑摩書房、一九七一年。増補版は一九九八年）。

（11）　直江直子「北朝後期政権為政者グループの出身について」（『名古屋大学東洋史
　　研究報告』五号、一九七九年）。

（12）　榎本あゆち『中国南北朝寒門寒人研究』（汲古書院、二〇二〇年）。

（13）　松下憲一『北魏胡族体制論』（北大出版会、二〇〇七年）。

（14）　川本芳昭「民族問題を中心としてみた魏晋南北朝隋唐時代史研究の動向」（『中
　　国史学』一一、二〇〇一年。同『東アジア古代における諸民族と国家』、汲古書院、
　　二〇一五年再収）。

（15）　この研究手法については、岡田和一郎「北斉国家論序説――孝文体制と代体制」
　　（『九州大学東洋史論集』三九号、二〇一一年）参照。

（16）　前掲注（13）松下憲一著書。

（17）　岡田和一郎「前期北魏国家の支配構造――西郊祭天の空間構造を手がかりとして」
　　（『歴史学研究』八一七、二〇〇六年）。

（18）　なお、「代人」については夙に宮川尚志「北朝における貴族制度（上）・（下）」（『東
　　洋史研究』第八巻第四、五・六号、一九四三～四四年）・宮崎市定『九品官人法
　　の研究――科挙前史』（東洋史研究会、一九五六年）、第二編第五章によりその存

在は指摘されている。ただ両者の定義は異なっており、宮川尚志氏は宗室と勲貴から成る「代人貴族」と平民階層から成るとし、一方、宮崎市定氏は平民層とする。その後、康楽『従西郊到南郊』（稲禾出版社、一九九五年初版。北京聯合出版公司、二〇二〇年重印）は「代人集団」が北魏前期の支配者層であったとした。

(19) 永田拓治「書評 松下憲一著『北魏胡族体制論』」（『都市文化研究』一〇、二〇〇八年）。

(20) 川本芳昭『魏晋南北朝時代の民族問題』（汲古書院、一九九八年）。以下、【川本一九九八】と称す。

(21) 主要な解散説に、前掲注（7）内田吟風論文・前掲注（18）宮崎市定著書、第二編第五章・谷川道雄「初期拓跋国家における王権」（一九六三年初出。同『隋唐帝国形成史論』、筑摩書房、一九七一年。増補版は一九九八年所収）・直江直子「北魏の鎮人」（『史学雑誌』第九二編第二号、一九八三年）および同「「領民酋長」制と北魏の地域社会覚書」（『紀要』（富山国際大学）八、一九九八年）・唐長孺「拓跋国家的建国及其封建化」（『魏晋南北朝史論叢』、三聯書店、一九五六年）・馬長寿『烏桓与鮮卑』（上海人民出版社、一九六四年）がある。

(22) 古賀登「北魏の俸禄制施行について」（『東洋史研究』第二四巻第二号、一九六五年）。のちに松永雅生「北魏太祖の「離散諸部」」（『福岡女子短大紀要』第八号、一九七四年）・古賀昭岑「北魏の部族解散について」（『東方学』第五九輯、一九八〇年）でも解散説に疑問が呈されている。

(23) 主要な部族再編説は、川本芳昭「北魏太祖の部落解散と高祖の部落解散」（一九八二年初出。【川本一九九八】再収）・松下憲一「北魏の領民酋長制と「部族解散」」（『集刊東洋学』八四、二〇〇〇年。同『北魏胡族体制論』、北大出版会、二〇〇七年再収）・太田稔「拓跋珪の「部族解散」政策について」（『集刊東洋学』八九、二〇〇三年）・窪添慶文「北魏服属諸族覚書」（『立正大学大学院紀要』第二六号、二〇一〇年。同『墓誌を用いた北魏史研究』、汲古書院、二〇一七年再収）・松下憲一「北魏部族解散再考——元萇墓誌を手がかりに」（『史学雑誌』第一二三編第四号、二〇一四年）などがある。

(24) 佐川英治「北魏道武帝の「部族解散」と高車部族に対する羈縻支配」（宮宅潔編『多民族社会の軍事統治 出土史料が語る中国古代』、京都大学学術出版社、二〇一八年）。

(25) 川本芳昭「北魏の内朝」（一九七七年初出。【川本一九九八】再収）。

34　第一部　北魏の爵制に関する研究

(26)　佐藤賢「北魏前期の「内朝」・「外朝」と胡漢問題」(『集刊東洋学』八八、二〇
〇二年)。

(27)　佐藤賢「北魏内某官制度の考察」(『東洋学報』八六巻一号、二〇〇四年)。

(28)　川本芳昭「北魏内朝再論――比較史の観点から見た」(『東洋史研究』第七〇巻
第二号、二〇一一年。同『東アジア古代における諸民族と国家』、汲古書院、二
〇一五年再収)。

(29)　勝畑冬実「北魏の郊甸と「畿上塞囲――胡族政権による長城建設の意義」(『東
方学』九〇輯、一九九五年) は二重の首都圏の存在を指摘し、北魏初期の胡族的
性格を強調する。また吉田愛「北魏雁臣考」(『史滴』二七、二〇〇五年) も北魏
の支配空間において二重構造があったと指摘する。

(30)　川本芳昭「魏晋南北朝時代における民族問題研究についての展望」(第一回中
国史学国際会議研究報告集『中国の歴史世界――統合のシステムと多元的発展』、
東京都立大学出版会、二〇〇二年)。

(31)　佐川英治「東魏北斉革命と『魏書』の編纂」(『東洋史研究』第六四巻第一号、
二〇〇五年)。

(32)　前島佳孝「西魏・八柱国の序列について――唐初編纂奉勅撰正史に於ける唐皇
祖の記述様態の一事例」(『史学雑誌』第一〇八編第八号、一九九九年。同『西魏・
北周政権史の研究』、汲古書院、二〇一三年再収) および前掲注 (8) 山下将司
論文。

(33)　梶山智史編『北朝隋代墓誌所在総合目録』(明治大学東アジア石刻文物研究所、
二〇一三年)。

(34)　最新の研究成果を反映させた概説書として、窪添慶文『北魏史:洛陽遷都の前
と後』(東方書店、二〇二〇年) や会田大輔『南北朝時代――五胡十六国から隋
の統一まで』(中央公論新社、二〇二一年) などがある。

(35)　【川本一九九八】、第二篇第四章「北族社会の変質と孝文帝の改革」参照。

(36)　【川本一九九八】、第二篇第五章「孝文帝のパーソナリティと改革」参照。

(37)　佐川英治「遊牧と農耕の間」(『岡山大学文学部紀要』四七号、二〇〇七年。同『中
国古代都城の設計と思想:円丘祭祀の歴史的展開』、勉誠出版、二〇一六年再収)。

(38)　川合安「北魏・孝文帝の官制改革と南朝の官制」(弘前大学人文学部特定研究
者報告、『文化における「北」』、一九八九年)。

(39)　閻歩克「論北朝位階体制変遷之全面領先南朝」(『文史』二〇一二年第三輯)。

(40) 金子修一「北魏における郊祀・宗廟の祭祀について」(『山梨大学教育学部研究報告』四七号、一九九六年。同『中国古代皇帝祭祀の研究』、岩波書店、二〇〇六年再収)。

(41) 窪添慶文『魏晋南北朝官僚制研究』(汲古書院、二〇〇三年)。官僚制については尚書省・門下省・将軍号・散官(光禄大夫)・州の等級・贈官・太子監国制度・州軍・都督・地方官の本籍地任用を検討している。また、官僚制や位階制度だけでなく政治システムや政治史の研究にまで及んでいる。

(42) 窪添慶文『墓誌を用いた北魏史研究』(汲古書院、二〇一七年)。

(43) 岡部毅史『魏晋南北朝官人身分制研究』(汲古書院、二〇一七年)。

(44) 小林聡「北朝時代における公的服飾制度の諸相——朝服制度を中心に——」(『大正大学東洋史論集』三、二〇一〇年)・同「朝服制度の行方——北朝隋唐における西晋服制の受容——」(『埼玉大学紀要教育学部(人文社会科学)』五九‐一、二〇一〇年)。

(45) 前掲注(3)石見清裕著書・同「ラティモアの辺境論と漢~唐間の中国北辺」(『東アジア史における国家と地域』、唐代史研究会報告八、刀水書房、一九九九年)・同「特集にあたって(特集 北朝史)」(『史滴』二七、二〇〇五年)・同『唐代の国際関係(世界史リブレット)』(山川出版社、二〇〇九年)。

(46) 妹尾達彦「都市と環境の歴史学——本シンポジウムでの議論をふまえて——」(『都市と環境の歴史学 第四集 特集 国際シンポジウム都市と環境の歴史学 5年間の成果』、二〇〇九年)。

(47) 杉山正明『遊牧民から見た世界史』(日経ビジネス人文庫、二〇一一年)および、森安孝夫『興亡の世界史〇五 シルクロードと唐帝国』(講談社、二〇〇七年)。

(48) 川本芳昭「遼金における正統観をめぐって——北魏の場合との比較」(『史淵』一四七、二〇一〇年)・同「倭の五王の自称と東アジアの国際情勢」(『史淵』一四九、二〇一二年)・同「前近代における所謂中華帝国の構造についての覚書——北魏と元・遼、および漢との比較」(『史淵』一五一、二〇一四年)。同『東アジア古代における諸民族と国家』(汲古書院、二〇一五年)再収。

(49) 佐川英治・杉山清彦『中国と東部ユーラシアの歴史』(NHK出版、二〇二〇年)参照。

(50) 田余慶「賀蘭部落離散問題——北魏「離散部落」個案考察之一」(『歴史研究』一九九七年第二期)および同「独孤部落離散問題——北魏「離散部落」個案考察

36 第一部 北魏の爵制に関する研究

之二」(『慶祝鄧広銘教授九十華誕論文集』、河北教育出版社、一九九七年)。同『拓跋史探』(生活・読書・新知三聯書店、二〇〇三年再収)。

(51) 張金龍『北魏政治史』一〜一〇巻(甘粛教育出版社、二〇〇八〜二〇一一年)。

(52) 史念海『黄土高原歴史地理研究』(黄河水利出版社、二〇〇一年)。半農半牧地域が黄土高原の東北から西南方向へ貫通していたことを明らかにした。

(53) 佐藤智水『北魏仏教史論考』(岡山大学文学部研究叢書十五、岡山大学文学部、一九九八年)、「序」参照。

(54) 張鶴泉『北朝封爵制度論稿』(長春出版社、二〇二三年)。

(55) 前掲注(13)松下憲一著書、「序」参照。

(56) 以下の概略については、西嶋定生『秦漢帝国』(講談社、一九九七年)を主に参照した。

(57) 水野卓「周王朝の封建制と滅亡——新出資料は歴史像を変えるか」(『論点・東洋史学』、ミネルヴァ書房、二〇二二年)では周の五等爵に関する最新の研究を簡潔に紹介しており、金文では侯しか確認できないことが示されている。

(58) 西嶋定生『古代中国帝国の形成と構造——二十等爵制の研究』(東京大学出版会、一九六一年)。

(59) 籾山明『古代中国訴訟制度の研究』(京都大学学術出版会、二〇〇六年)。

(60) 楯身智志『漢代二十等爵制の研究』(早稲田大学出版部、二〇一四年)。

(61) 佐川英治「中国中古軍功制度初探」(科学研究費補助金(基盤研究(B))研究成果報告書『古代中国軍事制度の総合的研究』、京都大学人文科学研究所、二〇一三年)。

(62) 内田吟風「北魏封邑制度考」(『研究』一〇、神戸大学文学会、一九五六年。同『北アジア史研究 鮮卑柔然突厥篇』、同朋舎、一九七五年再収)。

(63) 宮崎市定「北魏の封建制度」(同『九品官人法の研究』第二編第五章、東洋史研究会、一九五六年)。

(64) 矢野主税「北魏・北周・隋における封爵制」(『古代学』五巻二号、一九五六年)。

(65) 川本芳昭「北魏の封爵制」(『東方学』五七輯、一九七九年。【川本一九九八】再収)。

(66) 前掲注(63)宮崎市定論文参照。また、厳耀中「別具一格的封爵制度」(同『北魏前期政治制度』、吉林教育出版社、一九九〇年)も同様の指摘をする。

(67) 閻歩克「運作考慮与身分考慮」(同『古代中国官階制度引論』、北京大学出版社、

二〇一〇年)。

(68)　楊光輝『漢唐封爵制度』(学苑出版社、二〇〇一年)。

(69)　王安泰『再造封建：魏晋南北朝的爵制与政治秩序』(国立台湾大学出版中心、二〇一三年)。

(70)　古代中国における官爵体系に関連する研究は、閻歩克『品位与職位——秦漢魏晋南北朝官階制度研究』(中華書局、二〇〇二年)・同『従爵本位到官本位——秦漢官僚品位結構研究』(三聯書店、二〇〇九年)・同『中国古代官階制度引論』(北京大学出版社、二〇一〇年)・同『官階与服等』(復旦大学出版社、二〇一〇年)などがある。

(71)　岡部毅史「批評と紹介 閻歩克著 品位与職位 秦漢魏晋南北朝官階制度研究」(『東洋学報』八八巻一号、二〇〇六年)。

(72)　南朝における貴族制研究については膨大な研究があるが、中村圭爾『六朝貴族制研究』(風間書房、一九八八年)の序章、および小嶋茂稔「漢魏交替と「貴族制」の成立をめぐって」(『歴史評論』七六九号、二〇一四年)にその研究史がまとめられている。

(73)　たとえば、越智重明「五等爵制」(同『晋の政治と社会』、吉川弘文社、一九六三年)など。

(74)　【川本一九九八】、「はじめに」および同『東アジア古代における諸民族と国家』(汲古書院、二〇一五年)「あとがき」参照。

(75)　前掲注(47)森安孝夫著書、「序章」参照。

(76)　荒川正晴「唐代トゥルファン高昌城周辺の水利開発と非漢人住民」(森安孝夫研究代表『近世・近代中国および周辺地域における諸民族の移動と地域開発』、平成7・8年度科学研究費補助金基盤研究(B)(2)研究成果報告書、一九九七年)。

第一章　北魏爵制の概要と民族問題に着目した分析

は　じ　め　に

　序章で述べたように、北魏では漢族的制度における胡族的運用の実施や、胡族に対する体制と漢族に対する体制が並存する二重統治体制の存在が指摘されている。本章ではそのような視角を持ちつつ、北魏の爵制の運用について、民族問題に着目しながら検討したい。具体的には民族（胡漢）や社会的身分による授爵の傾向の違いという点から当時の爵位授受について明らかにする。更に北魏爵制における重要な議論の一つである封土の問題についても検討した上で、その機能や意味について考察を加える。

第一節　北魏爵制の概要

　まずは行論の都合上、該当時期における北魏爵制の概要を示したい。登国元（三八六）年、北魏王朝が成立し、建国初期から五等爵による爵制が導入された。『魏書』巻一一三、官氏志、皇始元（三九六）年の条に、

　　始めて曹省を建て、百官を備置し、五等を封拝す。

　　始建曹省、備置百官、封拝五等。

とあり、建国初期から五等爵制が開始されたことが確認できる[1]。実際に『魏書』において登国年代の有爵者の事例も散見される。続いて天賜元（四〇四）年九月の条には、

　　五等の爵を減し、始めて分ちて四と爲す、曰く王・公・侯・子、伯・男の二號を除く。皇子及び異姓の元功上勳者は王に封じ、宗室及び始蕃王は皆

降して公と爲し、諸公は降して侯と爲し、侯・子も亦此を以て差を爲す。是に於て王に封ぜらる者十人、公なる者は二十二人、侯なる者は七十九人、子なる者は一百三人。王は大郡に封ぜられ、公は小郡に封ぜられ、侯は大縣に封ぜられ、子は小縣に封ぜらる。王は第一品、公は第二品、侯は第二品、子は第四品なり。

減五等之爵、始分爲四、曰王・公・侯・子、除伯・男二號。皇子及異姓元功上勳者封王、宗室及始蕃王皆降爲公、諸公降爲侯、侯・子亦以此爲差。於是封王者十人、公者二十二人、侯者七十九人、子者一百三人。王封大郡、公封小郡、侯封大縣、子封小縣。王第一品、公第二品、侯第三品、子第四品。

とあり、五等爵が四等に減らされ、王は第一品・公は第二品・侯は第三品・子は第四品に比されていた。また皇子や宗室はその出自により自動的に爵が与えられたが、異姓の臣下に対しては基本的に論功行賞が行われてはじめて賜爵された。なお、爵の品および授爵の理由については第二〜四章にて後述する。この天賜元年九月の時点で計214人に爵が与えられたことが分かる。さらに、『魏書』巻二、太祖紀、同年十一月の条には、

諸部の子孫の業を失い爵を賜る者二千餘人。

諸部子孫失業賜爵者二千餘人。

とあり、十一月に入ると2000余人に爵が与えられた。ここで賜爵された「諸部の子孫の業を失」った者とは、いわゆる道武帝の部族解散に関係する者であると考えられている。以上が道武帝期における爵制に関する主要な条文である。その後、献文帝（在位四六五〜四七一年）期に入ると『魏書』巻六、顕祖紀、天安元（四六六）年七月条に、

詔すらく、諸そ爵位を詐取すること有るものの罪は、特に之を原し、其の爵職を削れ。其れ祖・父の假爵號有りて貨賕し以て正名とする者は、繼襲を聽さず。諸そ勞もて進むに非ずして超遷する者も、亦各々初めに還せ。實を以て聞せざる者は、大不敬を以て論ぜんと。

詔諸有詐取爵位罪、特原之、削其爵職。其有祖・父假爵號、貨賕以正名者、

不聽繼襲。諸非勞進超遷者、亦各還初。不以實聞者、以大不敬論。

とあり、仮爵という一時的な爵位を正爵とした者は襲爵できないという規定が見られるようになる。なお、この仮爵の問題については第二章で詳しく論じる。このような爵制は基本的に北魏建国から孝文帝改革以前までの北魏前期を通じて運営された。

　しかし、洛陽遷都の前々年、太和十六（四九二）年に至り、孝文帝の諸改革と並行し爵制についても抜本的な改革がなされた。具体的には『魏書』巻七下、高祖紀、太和十六（四九二）年正月の条に、

　　制するに諸々の遠屬にして太祖の子孫に非ざるもの、及び異姓の王たるものは、皆降して公と爲し、公は侯と爲し、侯は伯と爲し、子・男は舊に仍り、皆將軍の號を除く。

　　制諸遠屬非太祖子孫及異姓爲王、皆降爲公、公爲侯、侯爲伯、子男仍舊、皆除將軍之號。

とあり、道武帝以降の子孫のみを王爵の対象とし、それ以外の王爵を持つ者を公に降格し、順次繰り下げる例降という措置を実施した。ここでは天賜元年九月に除かれた伯・男が出現している。二つの爵位がどの時点で復されたか定かでないが[2]、男爵については道武帝期には既に事例が見られるため、本書では北魏前期は王・公・侯・子・男の五等の爵位で運営されたものとして扱う。

　また、孝文帝により封土についても改革が行われた。『魏書』巻七下、高祖紀、太和十六（四九四）年十二月己酉の条に、

　　詔すらく、王・公・侯・伯・子・男の開國して邑を食む者は、王は半を食み、公は三分の一を食み、侯・伯は四分の一を食み、子・男は五分の一を食む。

　　詔王・公・侯・伯・子・男開國食邑者、王食半、公三分食一、侯・伯四分食一、子男五分食一。

とある。以降、開国の号を伴う爵位は封土を有し「食邑〜戸」と併記されるようになり、開国の号を伴わない爵位は封土の無い虚封として区分された。これを開建五等という[3]。その後、爾朱栄が入洛すると建義元（五二八）年に再び

異姓王が復活した。

　次に先行研究とその問題の所在について述べたい。序章でも述べたように、北魏の爵制研究においてはその本質的な機能が問題とされ、爵位と封土の関係、および爵位と官品の関係の二点に議論が集中している。前者は北魏前期の爵位は封土を伴ったかどうかに主眼が置かれ、後者は爵位の品に着目して位階制度全体との関わりを解明することが中心となっている。しかし、漢族的制度における胡族的運用の実施という点に留意するのであれば、受爵者の民族や社会的身分の差異による爵位の違いを検討する視点が必要ではないかと考える。なぜなら、爵位は官位と補完し合いながら各王朝の秩序を作り上げてきたが、官位とは異なり個人的能力よりも皇帝との結び付きの強さが反映されやすい傾向があるからである。皇帝や宗室・功臣の両側面における爵位の授受を検討することで、官位体系とは異なった視点から当時の身分秩序について明らかに出来るのではないだろうか。また封土の問題についても、北魏前期は墓誌など石刻史料が少なく史料がほぼ『魏書』に限られるという制約があるため解明が難しい。しかし先学が扱った史料を再検討し、更に民族の観点から検討することで、新たな見解が生まれる余地がある。節を改め考察に移りたい。

第二節　授爵における有爵者の分析

　本節では民族問題の観点から爵位の授受における有爵者について、民族や社会的身分の差異による爵位の違いに着目して検討する。なお、宗室は功績により賜爵されるのではなく、皇帝との血縁関係によって賜爵され、爵位の持つ意味が異なると考えられるので本節では対象外とする。

（１）　外戚
　最初に、皇帝と婚姻を介して結び付いた外戚の爵位における特徴について検討する。該当時期における外戚の爵位の事例を『魏書』巻八三の外戚および北魏墓誌から整理し、系図としてまとめたのが表１−１である（墓誌の事例を追加

第一章　北魏爵制の概要と民族問題に着目した分析　　43

した場合は、その名称を「　」にて示した。以下、同様である）。更にその結果を数
値化したのが表1−5である。なお、この表において、有爵者の人数は延べ人
数を合計し、王〜男爵までの賜爵の件数は進爵・降爵した場合も1件と数えた。
従って、有爵者の合計人数と賜爵の合計件数が異なっている点に注意されたい。
これらの表を参考にして、以下のことが指摘できる。

①有爵者の割合が高い

これは該当時期を通した特徴である。総数100人中有爵者は79人であり、
79％を占める。このような高い割合を示すのは、外戚であれば一族全般にとり
たてての功績がなくとも爵位が与えられる場合が多いからである。例えば、『魏
書』巻八三上、外戚上、李峻伝に、文成帝期のこととして、

　　李峻、字は珍之、梁國蒙縣の人、元皇后の兄なり。父方叔、劉義隆の濟陰
　　太守なり。高宗の間、使を遣わして之を諭し、峻と五弟誕・嶷・雅・白・
　　永等前後して京師に歸す。峻に鎮西將軍・涇州刺史・頓丘公を拜す。雅・
　　嶷・誕等皆公に封ぜられ位顯る。後に峻の爵を進め王と爲し、徵せられ太
　　宰と爲り、薨ず。

　　李峻、字珍之、梁國蒙縣人、元皇后兄也。父方叔、劉義隆濟陰太守。高宗
　　遣間使諭之、峻與五弟誕・嶷・雅・白・永等前後歸京師。拜峻鎮西將軍・
　　涇州刺史・頓丘公。雅・嶷・誕等皆封公位顯。後進峻爵爲王、徵爲太宰、薨。

とあり、外戚の兄弟にみな公爵が与えられている。また、『魏書』巻八三上、
外戚上、常氏に、孝文帝期の改革前のこととして、

　　興安二年、太后の兄英、字は世華、肥如令より超えて散騎常侍・鎮軍大將
　　軍と爲り、爵遼西公を賜る。弟喜は、鎮東大將軍・祠曹尚書・帶方公。三
　　妹は皆縣君に封ぜられ、妹夫の王睹は平州刺史・遼東公と爲る。……諸々
　　の常、興安より是に至るに及び、皆親疏を以て爵を受け田宅を賜り、時に
　　隆盛と爲す。

　　興安二年、太后兄英、字世華、自肥如令超爲散騎常侍・鎮軍大將軍、賜爵
　　遼西公。弟喜、鎮東大將軍・祠曹尚書・帶方公。三妹皆封縣君、妹夫王睹
　　爲平州刺史・遼東公。……諸常自興安及至是、皆以親疏受爵賜田宅、時爲

44　第一部　北魏の爵制に関する研究

隆盛。

とあり、ここでも外戚の一族全体に賜爵されている。さらに、『魏書』巻八三上、外戚上、李恵伝に、

> 恵の従弟鳳、定州刺史・安樂王長樂の主簿と爲る。後に長樂、罪を以て死を賜り、時に卜筮する者あり、河間の邢巒は辭して鳳を引き、長樂の不軌、鳳は謀主を爲すと云い、伏誅せらる。惟だ鳳の弟道念と鳳の子及び兄弟の子とは皆逃免し、後に赦に遇い乃ち出ず。太和十二年、高祖は將に舅氏に爵せんとし、詔して存する者を訪ねしむ。而れども恵の諸従は再び挈戮に罹ると以い、命に應ずること難し。唯だ道念は敢えて先に闕に詣り、乃ち后妹及び鳳の兄弟子女の存する者を申ぶ。是に於いて鳳の子屯に爵柏人侯を賜い、安祖は浮陽侯、興祖は安喜侯、道念は眞定侯、従弟寄生は高邑子、皆將軍を加えらる。

> 恵從弟鳳、爲定州刺史・安樂王長樂主簿。後長樂以罪賜死、時卜筮者河間邢巒辭引鳳、云長樂不軌、鳳爲謀主、伏誅。惟鳳弟道念與鳳子及兄弟之子皆逃免、後遇赦乃出。太和十二年、高祖將爵舅氏、詔訪存者。而恵諸從以再罹挈戮、難於應命。唯道念敢先詣闕、乃申后妹及鳳兄弟子女之存者。於是賜鳳子屯爵柏人侯、安祖浮陽侯、興祖安喜侯、道念眞定侯、従弟寄生高邑子、皆加將軍。

とある。ここでは名誉回復を機に外戚の一族に広く賜爵されていることがわかる。なお、このような賜爵のあり方については第二章にて追求する。

　②高い爵位を与えられた事例が多い

　これも該当時期を通した特徴である。表１－５によれば、全108件のうち王爵は21件、公爵は50件と半数以上を占めている。これは極めて高い割合である。

　③死後贈爵の事例が多い

　死後贈爵の事例は13件ある。その内５件は、ある人物が外戚になるとそれまで無爵であった父や祖父に爵位が贈られた事例である。また贈爵されたのは王・公の高い爵位である。

　以上の結果をまとめると、次のことが指摘できる。外戚は功績が無くても一

族全般に広く爵位が与えられ、その賜爵のあり方はあたかも宗室と同様であった。つまり宗室のように皇帝との血縁関係により賜爵されていたのである。ただし表1－1を確認すると、例降以前であっても最初から最高位の王爵を与えられた者はいない[4]。この点において宗室とは区別されていたのではないか。そして、孝文帝の爵制改革によって王爵から除外され、宗室とより明確に区別されるようになったが[5]、それ以後も公爵など高い爵位を外戚の一族全般が有するという特徴自体に変化はない。このことから、外戚は爵制において該当時期を通じ宗室に準ずる対遇がなされていたと言えよう。

（2）宦官

次に、その性質上皇帝と深く結び付いていた宦官の爵位における特徴について検討する。宦官の爵位を『魏書』巻九四の閹官および北魏墓誌により整理し、系図としてまとめた表1－2と、その結果を数値化した表1－5を参考にして、以下のことが指摘できる。

①有爵者の割合が高い

これは該当時期を通した特徴である。総数43人中有爵者は32人であり、約74％を占める。そして一部を除き、宦官はとりたてた功の記載がなくとも爵位を与えられている。例えば『魏書』巻九四、閹官、張宗之伝に、北魏前期のこととして、

張宗之、字は益宗、河南鞏の人、家は世々寒微たり。……忠厚謹慎を以て、擢きて侍御中散と為り、爵鞏縣侯を賜る。
張宗之、字益宗、河南鞏人、家世寒微。……以忠厚謹慎、擢爲侍御中散、賜爵鞏縣侯。

とあり、特別な功績もなく「忠厚謹慎」であったため賜爵されている。

②高い爵位を与えられた事例がやや多い

これも該当時期を通した特徴であり、賜爵された事例は特に公・侯爵が多い。ただし、外戚ほど王爵は多くない。また外戚は一族全般に賜爵されていたが、宦官では一族の記述自体が少ない。これはある一族が誅殺された際、その一部

の者が宮刑に処せられ宦官になるという場合が多いことが背景にある。一方、
一族の記述のある宦官もいるが、彼等はその名前すら記されない場合が多く、
爵位が与えられた形跡もない。これは宦官が外戚のように皇帝と婚姻的な繋が
りがなく、個人的に皇帝に仕える性質を持つため、それが爵位に反映されたも
のと考えられる。このような外戚や宦官に高い爵が与えられた事例として、『魏
書』巻一三、皇后列伝一、文成文明皇后馮氏に、

> 太后は智畧多く、猜忍にして、能く大事を行い、生殺賞罰、之を決するに
> 俄頃にして、多く高祖に關わらざる者有り。是を以て威福は兼作し、内外
> を震動せしむ。故に道德・王遇・張祐・苻承祖等は拔かれて微閣より、歳
> 中にして王公に至り、王叡は臥内に出入し、數年にして便ち宰輔と爲り、
> 賞賚財帛は千萬億を以て計り、金書鐵券、許すに不死の詔を以てす。李沖
> は器を以て能く任を受くると雖も、亦た帷幄に寵せらるに由り、密に錫賚
> を加えらること、勝げて數うべからず。

> 太后多智畧、猜忍、能行大事、生殺賞罰、決之俄頃、多有不關高祖者。是
> 以威福兼作、震動内外。故道德・王遇・張祐・苻承祖等拔自微閣、歳中而
> 至王公、王叡出入臥内、數年便爲宰輔、賞賚財帛以千萬億計、金書鐵券、
> 許以不死之詔。李沖雖以器能受任、亦由見寵帷幄、密加錫賚、不可勝數。

とあり、文明太后の寵愛により外戚・宦官・寵臣へ王・公という高い爵位が与
えられた様子が示されている。

　③養子への襲爵が多い

　宦官はその特質上、子孫はいないため、襲爵させる場合には養子緑組を行う
必要がある。表１－２を確認すると、宦官が爵位を継がせた事例は９例、継が
せた形跡が見られない事例は５例ある。つまり宦官が自分の爵位を後世に伝え
た事例の方が多い。また養子は族子・族弟・兄子・從弟・弟子など血縁関係の
ある者が選ばれるが、有力者の子弟が養子の候補になる場合もある。例えば『魏
書』巻九四、閹官、抱嶷伝に、

> 先に從弟老壽を以て後と爲し、又太師馮熙の子次興を養う。嶷の死後、二
> 人爭立す。嶷の妻張氏は致訟すること經年にして、熙の子を以て後と爲す

を得。老壽も亦仍お陳訴し、終に爵を紹ぐを獲。次興は本族に還り、奴婢
三十口を給わる。

> 先以從弟老壽爲後、又養太師馮熙子次興。嶷死後、二人爭立。嶷妻張氏致
> 訟經年、得以熙子爲後。老壽亦仍陳訴、終獲紹爵。次興還於本族、給奴婢
> 三十口。

とあり、孝文帝期に勢力を持った外戚の馮熙の子が一時後継者となった。ただ
し最終的には一族の中から襲爵者が選ばれている。

④晩年に賜爵される事例が多い

宦官は皇帝や皇后と結び付き朝廷内で有力者となって初めて爵位が与えられ
たため、晩年の賜爵例が多い。最も顕著な事例としては、**表１－２**の王琚は明
元帝期から朝廷に仕えているが、賜爵されたのは孝文帝期に入ってからである。

⑤死後贈爵の事例が少ない

死後贈爵の事例は４件で、その内３件は宦官の父が生前に爵位を持たず死後
に贈爵されている。これは子が宦官となり皇帝の恩寵を得たので贈爵されたの
であるが、このような場合は全体から見ると非常に少ない。つまり外戚とは異
なり、朝廷内で有力者となっても祖先に爵位を贈る場合が殆ど無かったと言え
る。そして贈られるのは高い爵位のみならず、子爵の場合がある。

以上の結果をまとめると、次のことが指摘できる。宦官の有爵者は全般に功
の記載が無いまま爵位が与えられ、その形式はあたかも宗室や外戚と同様であっ
た。ただし該当時期を通して最初から王爵を与えられた者はいない。この点は
外戚と同様に宗室とは明確に区別されていた。一方、外戚とは異なり朝廷内で
有力者となっても一族全般に賜爵されることは少なかった。そして宦官は有力
者となるまで無爵であったことから、当時の朝廷内の大部分の宦官が無爵者で
あったと推測される。たとえ有爵者となってもその後失脚して除爵される場合
も多かった。このように宦官の政治的地位は不安定な状態であるためか、養子
縁組を行う際には家系の継続と爵位を後世に伝えることへのこだわりが感じら
れる。実際に養子は基本的には一族から選んでいた。この背景にはおそらく北
魏でも異姓不養子の原則が働いていたからだと考えられる[6]。

48　第一部　北魏の爵制に関する研究

（3）　胡族

　ここから一般の功臣の爵位について検討し、外戚や宦官との差異について明らかにする。その際に功臣を胡族と漢族に分けて検討する。それは民族による差異が爵制に現れているか探るためである。なお、その具体的な区分について最も参照したのは姚薇元『北朝胡姓考』[7]である。これは『魏書』官氏志を元に北朝関係史料中の複姓（鮮卑・匈奴語の姓を漢字で発音表記したもの）と単姓（漢民族風に改姓したもの）の同一氏族を収集した研究であり、多くの北朝研究の基礎となっている。

　本項ではまず胡族の爵位について考察する。ただし、胡族の中でも幾つかの社会的身分に分かれているので、胡族を二つの項目に分けて検討し、それぞれの爵制における待遇の差異を明らかにしたい。

　A、八姓[8]

　まず孝文帝による姓族詳定[9]にて最高とされた八姓（外戚・宦官は除く、以下同様）について検討する。この姓族詳定とは、胡漢のそれぞれの家格を定めた政策である。胡漢の胡族の中でも八姓は最高の名族として規定され、漢族も四姓（五姓）として同じく名族として認定されている。

　八姓の爵位を『魏書』と『周書』および北魏墓誌により整理し、系図としてまとめた表1－3Aと、その結果を数値化した表1－5を参考にして、以下のことが指摘できる。

　①過半数が有爵者である。

　総数178人中有爵者は102人であり、約57.3％を占める。これは宗主のみならず一族全般に有爵者が多いことを示す。

　②王・公・侯の高い爵位が多い

　有爵者の爵位は王・公・侯に集中していた。具体的には全152件中、王爵が26件、公爵が60件あり、王公だけで過半数に達している。更に侯爵は31件あり、合計すると王・公・侯爵で約76.9％を占める。これは胡族における名族の有爵者であればかなり高い爵位を保有していたと言えよう。ただし最初から高い爵

第一章　北魏爵制の概要と民族問題に着目した分析　49

位が与えられたのではなく、はじめは子・男の低い爵位を与えられ、徐々に進
爵していく形式が一般的であった⁽¹⁰⁾。一部、最初から王爵を与えられる場合もあ
るが、それはかなり特殊であった⁽¹⁰⁾。胡族が王となることは北魏王朝にとっ
ては異姓王が増えることに繋がる。この異姓王については第二章にて詳述する
が、魏晋南北朝期において基本的に「非皇子不王＝非親不王」という原則が守
られており、その中で北魏は特殊な状況にあった。この状況を改善するためか、
太武帝期に異姓王の数を減らす措置が行われた。『魏書』巻二九、奚斤伝附他
観伝に、

　　長子他観、爵（弘農王）を襲う。世祖曰く、斤の関西の敗、國に常刑有り。
　　其の先朝を佐命するを以て、故に其の爵秩を復し、将に孟明の効を収めん
　　とす。今斤は其の天年を終え、君臣の分は全うすと。是に於いて他観の爵
　　を降して公と爲し、廣平太守に除す。

　　長子他観、襲爵（弘農王）。世祖曰、斤関西之敗、國有常刑。以其佐命先朝、
　　故復其爵秩、将収孟明之効。今斤終其天年、君臣之分全矣。於是降他観爵
　　爲公、除廣平太守。

とある。敗戦したにもかかわらず受爵者本人の功績が勘案され存命中は王爵を
復されていたが、襲爵時には降爵されている。このような異姓王の襲爵時の降
格は他にも見られる。具体的には、宗族十姓では長孫観を除く四名全員の襲爵
者が、北族八姓では穆翰・楼伏連の襲爵者が公に降格されている⁽¹¹⁾。つまり
太武帝は、皇子の子孫は王爵を襲うことを認めるが、それ以外の王は受爵者本
人に限定したと言える。しかしこの措置は不徹底であった。さきほど宗族十姓
では長孫観が例外だと述べたが、その時の状況として、『魏書』巻二五、長孫
道生伝附観伝に、

　　抗の子観、少くして壮勇を以て名を知られ、後に祖爵上黨王を襲う。時に
　　異姓の諸王、爵を襲うに多く降せられ公と爲るも、帝、其の祖道生の先朝
　　を佐命するを以て、故に特に降せず。

　　抗子観、少以壮勇知名、後襲祖爵上黨王。時異姓諸王、襲爵多降爲公、帝
　　以其祖道生佐命先朝、故特不降。

とあり、祖先の功績が勘案され降格されない場合もあったことがわかる[12]。そもそも王爵を襲爵時に降格する措置は異姓王の全体数を減らすことはできても、王爵の賜爵そのものを禁じていないため異姓王の存在自体は制限できない。つまり太武帝期のこの措置は孝文帝改革の例降のように異姓王の存在そのものを禁ずる制度ではないのである。

　このように太武帝期には異姓王を減らそうとした痕跡が見られるが、文成帝期に入ると反対に皇帝自ら積極的に王爵を与える変化が生まれる。『魏書』巻四〇、陸俟伝附麗伝に、

　　興安初、平原王に封ぜられ、撫軍将軍を加えらる。麗辞して曰く、陛下は
　　一統の重きを以て、承基繼業す。奉迎守順に至るは、臣職の常、豈に敢え
　　て昧冒し以て大典を干さんやと。頻りに譲ること再三なるも、詔して聽さ
　　ず。麗、乃ち啟して曰く、臣の父、奉朝を歷し、忠勤にして稱さるること
　　著しく、今年西夕に至るも、未だ王爵に登らず。臣幼くして寵榮に荷し、
　　分に於いて已に過ぎ、愚款の情は未だ申さず、犬馬の効は未だ展ねず、願
　　わくは過恩を裁き、遂に請う所を聽さんと。高宗曰く、朕は天下の主爲り、
　　豈に能く二王を得て卿の父子を封ぜざるやと。乃ち其の父俟を以て東平王
　　と爲す。

　　興安初、封平原王、加撫軍将軍。麗辭曰、陛下以一統之重、承基繼業。至
　　於奉迎守順、臣職之常、豈敢昧冒以干大典。頻讓再三、詔不聽。麗乃啟曰、
　　臣父歷奉朝、忠勤著稱、今年至西夕、未登王爵。臣幼荷寵榮、於分已過、
　　愚款之情未申、犬馬之効未展、願裁過恩、聽遂所請。高宗曰、朕爲天下主、
　　豈不能得二王封卿父子也。乃以其父俟爲東平王。

とあり、陸麗が王爵を辞退したにも関わらず、文成帝が率先してその父も含め二王を封じている。なお、この現象については第二章にて詳述する。

　③死後贈爵の事例が少ない

　死後贈爵の事例は全4件と少ない。そのうち外戚の場合によく見られた祖先に爵位を贈る事例は1件だけである。残る3件は立功者本人に死後贈爵されている[13]。

B、内入諸姓[14]

　次に、姓族詳定の際に八姓よりも格下とされた内入諸姓の爵位を検討する。内入諸姓の爵位を『魏書』と『周書』および北魏墓誌により整理し、系図としてまとめた表１－３Ｂと、その結果を数値化した表１－５を参考にして、以下のことが指摘できる。

　①過半数が有爵者である

　総数118人中有爵者は69人であり、約58.4％を占め、八姓とほぼ同じ割合を示す。この結果もまた一族全般に有爵者が多いことを示す。

　②公・侯のやや高い爵位を与えられた事例が多い。

　有爵者の爵位は公・侯に集中している。具体的には全90件中、公爵が41件と最も多く、次に侯爵が24件である。割合としては公・侯爵を合わせて約72.2％になる。ただし、八姓ほど王爵の割合は高くない。そして、最初から高い爵位が与えられるのではなく、はじめは子・男の低い爵位を与えられ、徐々に進爵していく形式は八姓と共通する。

　③死後贈爵の事例がやや多い。

　まず、外戚の場合によく見られた祖先への贈爵は１件も無い[15]。つまり全事例は立功者本人にのみ死後贈爵されているのだが、その事例も計８件だけであり、外戚と比べると少ないと言える。ただし割合としては八姓よりも高い。

　以上、胡族Ａ・Ｂ項の結果をまとめると、次のことが指摘できる。まず、胡族は社会的身分にかかわらず一族全体に個人的に賜爵される場合が多い。なお一族の宗主の爵を嫡長子が代々襲ってゆく形式は基本的に順守されていた。例えば、『魏書』巻四〇、陸俟伝附琇伝に、孝文帝期のこととして、

　　琇、字は伯琳、馛の第五子なり。馛は爵を以て琇に傳うるの意有り。琇
　　年九歳にして、馛、之に謂いて曰く、汝の祖東平王は十二子有り、我は嫡
　　長と爲り、家業を承襲す。今已に年老にして、屬汝は幼沖たり。詎ぞ陸氏
　　の宗首と爲るに堪えんやと。琇、對えて曰く、苟くんぞ鬪力に非ざるや、
　　何ぞ童稚たるを患らわんやと。馛、之を奇とし、遂に琇を立て世子と爲す。
　　馛、薨じ、爵を襲う。

52　第一部　北魏の爵制に関する研究

　　琇、字伯琳、馥第五子。……馥有以爵傳琇之意。琇年九歳、馥謂之曰、汝
　　祖東平王有十二子、我爲嫡長、承襲家業。今已年老、屬汝幼沖。詎堪爲陸
　　氏宗首乎。琇對日、苟非鬪力、何患童稚。馥奇之、遂立琇爲世子。馥薨、
　　襲爵。

とあり、ここでは世子となって先祖代々の爵を継ぐことが宗主となることを指
している。また、『魏書』巻四〇、陸定国伝に、孝文帝期の改革以前のことと
して、

　　顯祖踐阼するに及び、散騎常侍を拜し、特に賜いて東郡王に封ぜられ、鎭
　　南將軍を加えらる。定國は父（麗）の爵（平原王）を承ぐを以て、頻りに
　　辭するも許されず。又、父の爵を以て弟叡に讓るを求め、乃ち之を聽さる。
　　及顯祖踐阼、拜散騎常侍、特賜封東郡王、加鎭南將軍。定國以承父（麗）
　　爵（平原王）、頻辭不許、又求以父爵讓弟叡、乃聽之。

とあり、陸定国は王に封ぜられそうになったが、父の爵を継ぐという理由で最
初は固辞し、最終的には弟に父の爵を譲ることで父爵の存続を図っている。な
お父である陸麗の爵を継いだ弟の陸叡の爵については、『魏書』巻四〇、陸定
国伝附叡伝に、「十六年、五等の爵を降す。麗の勳の前朝に著しきを以て、叡
を鉅鹿郡開國公に封じ、邑三百戸を食ましむ。」とあり、例降の際に父の勲功
が考慮された特別な優遇措置が取られている。つまり爵は最初に賜与された人
物の功績が襲爵された後でも影響を及ぼすのであり、ここにも爵が代々受け継
がれるものという特色が現れている。

　次に、胡族の八姓と内入諸姓とでは八姓の方がやや王爵の割合が多いが、特
徴はほぼ共通している。つまり両者の待遇は爵制においてはあまり格差が無かっ
たと言える。また外戚・宦官とは異なり、基本的には功績（具体的には軍功）を
立てはじめて賜爵されており、有爵者の割合自体も史料上では外戚・宦官より
低いという違いがある。

（4）　漢族

　最後に漢族の爵位について考察する。ただし漢族の中にもいくつかの家格が

あるので、四段階に分けて検討し、それぞれの爵制に現れた待遇の差異を明らかにしたい。

A、五姓[16]

まず、姓族詳定にて八姓と同様に最高とされた五姓について検討する。五姓の爵位を『魏書』と『周書』および北魏墓誌により整理し、系図としてまとめた表1－4Ａと、その結果を数値化した表1－5を参考にして、以下のことが指摘できる。

①有爵者は半数以下である

総数241人中有爵者は80人であり、約33.1％を占める。宗主とその直系子孫に有爵者が多く、それ以外の者は無爵者が多い。この宗主の爵について、『魏書』巻三九、李宝伝附承伝に、太安五年以降のこととして、

> 承、字は伯業、……爵姑臧侯を賜う。後に父の憂に遭い、喪に居するに孝を以て聞こゆ。承、應に先封を傳えんとするに、自ら爵有るを以て、乃ち弟の茂に讓り、時論之を多とす。

> 承、字伯業、……賜爵姑臧侯。後遭父憂、居喪以孝聞。承應傳先封、以自有爵、乃讓弟茂、時論多之。

とある。隴西李氏において、父の爵を弟に讓ったことが美徳とされており、宗主の爵がいかに貴重であったかが伺える。このような傾向は五姓に限らず漢人名族の間で該当時期を通じて見られる。たとえば『魏書』巻五五、游明根伝附肇伝に、孝明帝期のこととして、

> 肇、爵（新泰伯）を襲う。……肅宗の初に及び、近侍の羣官の豫め奉迎するに在る者、侍中崔光より已下竝びに封邑を加えらる。時に肇を文安縣開國侯に封じ、邑は八百戸なり。肇は獨り曰く、子は父の位を襲うは、今古の常なり。此れに因りて封を獲るに、何を以て自ら處せんと。固辭して應ぜず。論者、之を高とす。……子祥、字は宗良、頗る學有り。祕書郎を歷し、爵新泰伯を襲う。……肅宗、肇の昔文安の封を辭するを以て、復た祥を封ぜんと欲すれども、祥は其の父の意を守り、卒に亦た受けず。

54　第一部　北魏の爵制に関する研究

　　　肇襲爵（新泰伯）。……及蕭宗初、近侍羣官豫在奉迎者、自侍中崔光已下竝
　　　加封邑、時封肇文安縣開國侯、邑八百戶。肇獨曰、子襲父位、今古之常、
　　　因此獲封、何以自處。固辭不應。論者高之。……子祥、字宗良、頗有學。
　　　歷祕書郎、襲爵新泰伯。……蕭宗以肇昔辭文安之封、復欲封祥、祥守其父
　　　意、卒亦不受。

とあり、漢人名族は直系子孫が代々封爵を受け継ぐことが正統的という価値観
が示されている。さらに『魏書』巻六〇、韓子熙伝に、宣武～孝明帝期のこと
として、

　　　初め、子熙の父は爵を以て弟顯宗に讓るも受けず。子熙は父の素懷に緣り
　　　て、卒に亦た襲わず。顯宗の卒するに及び、子熙は別に蒙りて爵を賜り、
　　　乃ち其の先爵を以て弟仲穆に讓る。兄弟の友愛は此の如し。

　　　初、子熙父以爵讓弟顯宗、不受。子熙緣父素懷、卒亦不襲。及顯宗卒、子
　　　熙別蒙賜爵、乃以其先爵讓弟仲穆。兄弟友愛如此。

とあり、兄弟間で父の爵を譲り合うことが美徳とされている。ただし、このよ
うな方法はやはり正統的な襲爵のあり方ではなく、嫡子が別の兄弟などに譲る
場合は皇帝の許可（具体的には詔）が必要であった。『魏書』巻四七、盧玄伝附
道将伝に、

　　　長子道將、字は祖業、應に襲父の爵（固安伯）を襲わんとするも、而れど
　　　も其の第八の弟の道舒に讓らんとす。有司奏聞し、詔して曰く、長嫡の承重
　　　は、禮の大經なり、何ぞ輒ち授くるを得んやと。而れども道將は淸河王國
　　　常侍韓子熙の弟仲穆に魯陽男を讓るの例を引き、尙書李平は重ねて申奏し、
　　　詔して乃ち聽許す。

　　　長子道將、字祖業、應襲父爵（固安伯）、而讓其第八道舒。有司奏聞、詔
　　　曰、長嫡承重、禮之大經、何得輒授也。而道將引淸河王國常侍韓子熙讓弟
　　　仲穆魯陽男之例、尙書李平重申奏、詔乃聽許。

とある。この場合は最初に嫡子が襲爵することが正統であるという理由で否認
されたが、先ほどの韓子熙の事例を引き、上奏して初めて弟に父の爵位を讓る
ことが出来ている。

②侯と子の爵位を与えられた事例が多い。

　有爵者の爵位は侯・子に集中していた。具体的には全106件中、侯爵が最も多く35件、次に子爵が28件あり、この二つの爵位だけで過半数を占める。また、死後贈爵を除くと王になった者は該当時期を通して一人もいない。

　③死後贈爵の事例がやや多い

　外戚の場合によく見られた祖先への贈爵は１件だけである。その１件とは、趙郡李氏である敷が皇帝の寵愛を得て、献文帝期に祖先に高平王が贈爵された事例である[17]。死後贈爵における漢人名族に対する王爵の賜与はこの一例だけである。その他は立功者本人に死後贈爵されており、その事例は13件ある。ただし外戚や胡族とは異なり、子・男の低い爵位でも死後贈爵されている。

　B、一流名族[18]

　次に五姓よりも格下の一流名族の爵位を検討する。一流名族の爵位を『魏書』と『周書』および北魏墓誌により整理し、系図としてまとめた表１－４Ｂと、その結果を数値化した表１－５を参考にして、以下のことが指摘できる。

　①有爵者は半数以下である

　総数243人中有爵者は77人であり、約31.6％を占める。五姓と同様に宗主とその直系子孫に有爵者が多く、それ以外の者は無爵者が多い。

　②子・男爵を与えられた事例が多い

　有爵者は全般に低い爵位である子・男爵に集中していた。具体的には賜爵された全90例のうち、子・男だけで57例、過半数を占める。また、王になった者は該当時期を通して一人もいない。

　③死後贈爵の事例が多い

　祖先への贈爵は皆無である。但し、河東裴氏の上蔡県開国伯は父の功にて生前に賜爵されている[19]。その他は立功者本人に死後贈爵されており、その事例は15件ある。これは外戚と同様に割合が高いが、低い爵位でも死後贈爵されている点が異なっている。

56　第一部　北魏の爵制に関する研究

C、二流名族[20]

次に一流名族よりも格下の二流名族の爵位について検討する。二流名族の爵位を『魏書』と北魏墓誌により整理し、系図としてまとめた表1－4Cと、その結果を数値化した表1－5を参考にして、以下のことが指摘できる。

①有爵者が半数以上である

総数44人中有爵者は25人であり、約56.8％を占める。これは胡族と同様に一族全般に有爵者が多いことを示す。

②侯爵の事例がやや多い

有爵者の爵位は侯爵が最も多い。また、死後贈爵を除くと王になった者は該当時期を通して一人もいない。

③死後贈爵の事例が少ない

祖先への贈爵は無く、全て立功者本人に死後贈爵されており、その事例は2件だけである。これは、A・B項と比べると割合が低い。ただし、王爵を死後贈爵された事例がある。また死後贈爵ではないが、河東薛氏の孝文帝期における河東郡開国侯は父の功にて生前に賜爵されている[21]。

D、地方望族[22]

最後に二流名族よりも格下の地方望族の爵位について検討する。地方望族の爵位を『魏書』と『周書』および北魏墓誌により整理し、系図としてまとめた表1－4Dと、その結果を数値化した表1－5を参考にして、以下のことが指摘できる。

①有爵者の割合がとても低い

総数26人中有爵者は3人であり、約11.5％しか存在せず、漢族の中で最も割合が低い。

②低い爵が多い

そもそも賜爵される場合自体が少ないが、たとえ有爵者となっても子・男爵の低い爵が多い。王になった者は該当時期を通して一人もいない。

③死後贈爵の事例がない

死後贈爵は皆無であり、格上の漢人名族と比べると生前・死後の両方において賜爵される者がかなり少ない。

以上の胡漢の有爵者について検討した結果を比較すると次のことが指摘できる。

第一の特徴として、胡漢では爵位に異なる傾向が見られた。具体的には、胡族は一族全般に有爵者が多く、かつ高い爵位が多い。そして、家格による傾向の違いは見られない。これは、胡族は爵制においては家格ではなく自らの功績で爵位を与えられていたためと考えられる。それは姓族詳定が王朝主導型の官品体系を基準とする家格の序列化であり、漢族とは異なり社会的に形成された家格序列と噛み合わないことが多かったことも一因として考えられる。一方、漢族では一流の名族は宗主とその直系子孫が有爵者であるが、その他は無爵者である場合が多い。これは北魏王朝が与えた爵位は何らかの形で宗族結合に意味を持ったことが推測される。そして二流の名族は却って半数以上が有爵者であるが、これは二流ほど爵位を求め、北魏王朝もまた一流の名族よりも在地性の強い二流の名族と爵制を介して直接結び付こうとした現れではないかと考えられる。地方望族に至っては有爵者が殆ど見られなくなる。このように漢族は家格によって爵位の傾向が異なっていた。

第二の特徴として、外戚や宦官など皇帝から恩寵を受ける対象となる集団は受爵者が非常に高い割合であった。具体的には、外戚→宦官→胡族→漢族の順に有爵者の割合が減少していた。

以上の二点から、北魏では民族や社会的身分によって爵位に違いがあったと言える。このような違いが生まれる原因について、爵位を与える王朝側とそれを受け取る有爵者の双方の意思が働いていたためと考えられる。たとえば王朝の胡族と漢族に対する賜爵の違いについて、『資治通鑑』巻一二八、宋紀一〇、孝武帝大明二（四五八）年正月丙辰の条に、文成帝期のこととして、

　　（高）允の與に同じく徴せらる所の者の游雅等皆大官に至り、侯に封ぜられ、部下の吏の刺史二千石に至る者も亦數十百人、而るに允、郎と爲り、二十七年官を徒らず。帝、羣臣に謂いて曰く、汝等弓刀を執り朕の左右に在る

と雖も、徒だ立つのみにして、未だ嘗て一言して規正すること有らず。唯だ朕の喜悦の際を伺い、官を祈り爵を乞い、今皆功無くして王公に至る。允は筆を執り我が國家を佐けること數十年、益を爲すに小さからざるも、郎と爲るに過ぎず、汝等自ら愧じざるやと。乃ち允に中書令を拜す。

（高）允所與同徵者游雅等皆至大官、封侯、部下吏至刺史二千石者亦數十百人、而允爲郎、二十七年不徙官。帝謂羣臣曰、汝等雖執弓刀在朕左右、徒立耳、未嘗有一言規正、唯伺朕喜悦之際、祈官乞爵、今皆無功而至王公。允執筆佐我國家數十年、爲益不小、不過爲郎、汝等不自愧乎。乃拜允中書令。

とある。皇帝の左右に近侍する者（＝在朕左右）が皇帝の機嫌を伺い、功績無く爵位が与えられ、王公という高い爵位に至る状況が示されている。その一方で漢人名族である高允は官職としては「郎と爲るに過ぎず」、また爵位についてもこの時点では汶陽子であり、子爵に過ぎない。北魏前期では皇帝に武力でもって近侍する者は胡族が該当するが、文成帝期では彼らが皇帝に直接爵位を要求し賜爵されていた様子が読み取れる。これは本章で明らかにした胡族の有爵者の割合が高く、かつ高い爵位の者が多いが、漢人名族は有爵者の割合が低く、高い爵位の割合も少ない現象の背景の一つと考えられる。また、漢族に一人も王がいない理由として、『魏書』巻八三下、外戚下、李延寔伝に、

世宗初、父（李沖）爵清淵縣侯を襲う。累ねて左將軍・光州刺史に遷る。莊帝即位し、元舅の尊を以て、超えて侍中・太保を授けられ、濮陽郡王に封ぜらる。延寔は太保の祖諱を犯し、又王爵は庶姓の宜する所に非ざるを以て、抗表して固辭す。徙して濮陽郡公に封ぜられ、改して太傅を授けらる。

世宗初、襲父爵清泉縣侯。累遷左將軍・光州刺史。莊帝即位、以元舅之尊、超授侍中・太保、封濮陽郡王。延寔以太保犯祖諱、又以王爵非庶姓所宜、抗表固辭。徙封濮陽郡公、改授太傅。

とある。漢人名族の最高位・五姓に該当する隴西李氏は王爵を与えられそうになっても「王爵は庶姓の宜する所に非ざる」という理由で辞退している。これ

は孝荘帝（在位五二八〜五三〇年）期の事例だが、当時は孝文帝により廃止された異姓王が復活し、多くの王が存在していた。そのような状況にも関わらず王を辞退した点から、庶姓は王になるべきではないという漢人名族の伝統的な価値観が強固であった点が看取できよう。この漢人名族の爵に対する価値観は次節にて検討する封土の問題の面からも追究したい。

第三節　北魏前期の封土の問題

　本節では先行研究にて意見の相違がみられる北魏前期の封土の問題を検討する。先述したように爵制改革（厳密に言えば例降）以後、封土を持つ有爵者には開国の号が冠せられ、かつ食邑〜戸と記載されるようになるので、封土を伴う実封と封土を伴わない虚封の区別が明瞭になる。しかし爵制改革以前では「地名＋爵位」としか表現されず、一見しただけでは封土の所有状況が分かりにくい。この問題について先行研究の意見は大きく異なっている。そもそも北魏の爵位に封土が伴わなかったとする説は、後述する馬端臨『文献通考』に端を発する。実証研究では、内田吟風氏[23]は一部が封土を伴う爵であったが、大部分が封土を伴わない虚封であったとする（以下、実封・虚封説とする）。宮崎市定氏[24]は改革以前には封土は無かったとし、その出現は爵制改革以降とする（以下、虚封説とする）。一方、川本芳昭氏[25]は爵制改革以前にもかなりの数の有爵者に対し封土が与えられていたと、正反対の意見を述べる（以下、実封説とする）。さらに近年、王安泰氏[26]が北魏前期では封土を伴う「実封」と伴わない「虚封」とに区分されていたとし、内田吟風氏と近い説（実封・虚封説）を主張している。このように北魏前期の封土については三種類の仮説が立てられた状態となっている。もし仮に北魏前期の爵位に封土が伴ったとすれば、刺史・太守などを派遣し行っていた地方統治との兼ね合いはどうなるのか、また封土から得られる収益はいかばかりか、など北魏前期の国家構造そのものを見直す必要に迫られる。反対に封土を伴わなかった場合、そのような爵にいかなる価値があったか追究せねばなるまい。このような重要な問題であるからこそ、果たしてどの説

60　第一部　北魏の爵制に関する研究

が妥当であるのか再検討する必要がある。そこで諸氏が根拠とする史料について再検討した上で、見解を述べたい。

　まず北魏の封土問題に関して嚆矢となった馬端臨の説を確認したい。『文献通考』巻二七三、封建一四に、

　　高允、太武の時に在り、涼州を平ぐの勳を以て、汶陽子に封ぜらる。文成の時に至り、史言えらく、其の郎と爲ること二十七年にして、官を徙らずと。時に百官祿無く、允の第は唯だ草屋のみ、衣は唯だ縕袍のみ、食は唯だ鹽菜のみ。恆に諸子をして樵を採らしめ自給す。則ち其の時、封を受くるの名有りと雖も、而れども未だ嘗て之に食邑を與えず。又道武以來、封を受け建業公・丹陽侯・會稽侯・蒼梧伯と爲すの類有り。此れ皆江南の土地にして、未だ嘗て魏の所有するところと爲らず。當時の五等の爵、多くは虛封を爲すと見るべきなり。前史、魏の制は侯・伯は四分の一を食み、子・男は五分の一を食むと言うと雖も、然れども若し眞に五分の一を食めば、則ち高允のごとく貧乏に至らず、且つ丹陽・會稽等の處に封を受くる者、五分の一と雖も亦た何に於いて之を取らんや。

　　高允在太武時、以平涼州勳、封汶陽子。至文成時、史言、其爲郎二十七年、不徙官。時百官無祿、允第唯草屋、衣唯縕袍、食唯鹽菜。恆使諸子採樵自給。則其時雖有受封之名而未嘗與之食邑。又道武以來、有受封爲建業公・丹陽侯・會稽侯・蒼梧伯之類。此皆江南土地、未嘗爲魏所有。可見當時五等之爵多爲虛封。前史雖言魏制侯・伯四分食一、子・男五分食一、然若眞食五分之一、則不至如高允之貧乏、且受封丹陽會稽等處者、雖五分之一、亦於何而取之乎。

とある。ここでは第一に高允が汶陽子という爵位を持つにも関わらず生活が困窮していた事、第二に北魏では南朝系の地名が冠された封爵が与えられた場合もあったこと、この二点から北魏では食邑制が実施されていたとはみなせず、一代を通じて虛封であったとする。結論から言えば、孝文帝改革以降は開建五等が実施されたので一代を通じて虛封とする点は間違っている。しかし、馬端臨が根拠とした二点についての妥当性については、念のため確認しておきたい。

第一章　北魏爵制の概要と民族問題に着目した分析　　61

第一点の有爵者が困窮していた記載について、これは虚封というより漢人名族の美徳として清貧な生活が表現された可能性がある。たとえば『魏書』巻八一、山偉伝に、北魏末のこととして、

　　山偉、字は仲才、河南洛陽の人なり。其の先は代人なり。……初め、爾朱
　　兆の入洛するに……偉は自ら功を爲すと以い、爵賞を訴求す。偉は世隆に
　　挾附し、遂に東阿縣伯に封ぜらる。……産業を營まず、身亡の後、宅を賣
　　り葬を營み、妻子は飄泊するを免れず、士友は之を歎愍す。

　　山偉、字仲才、河南洛陽人也。其先代人。……初、爾朱兆之入洛、……偉
　　自以爲功、訴求爵賞。偉挾附世隆、遂封東阿縣伯。……不營産業、身亡之
　　後、賣宅營葬、妻子不免飄泊、士友歎愍之。

とあり、東阿県伯という実封であっても生活が困窮している記載がある。山偉は元来代人であり、漢人名族とは言えないが、「産業を營まず」という表現は清貧に対する賞賛であり、彼の美徳を褒め称える記載と言えよう。つまり、困窮した生活の描写から封土の有無は判断できないのである。

　次に第二点の南朝系の地名が冠された封爵に関して、宮崎市定氏は『魏書』巻二一上、広陵王羽伝に、

　　五等開建するに及び、羽は勃海の東光二千戸を食む。

　　及五等開建、羽食勃海之東光二千戸。

とあることから、それまで南朝の地名である広陵を冠された虚封であったのが、開建五等にて初めて北魏領土内の東光に寄食という形で封土が与えられた、とする。これは馬端臨が北魏一代を通じて封土は無かったとする点に対する反論である。この記載自体は開建五等における措置であり、南朝系の地名が冠された封爵は北魏全体の爵で見れば僅か一部にしか該当しないため[27]、北魏前期封爵の封土の有無については判断できない。このように、馬端臨が示す史料では判断材料としては不十分であった。では他の説の根拠を見てみよう。実封・虚封説と実封説が共通して挙げる史料は、『魏書』巻一一三、官氏志、天賜元（四〇四）年十二月の条の、

　　詔すらく、始めて王・公・侯・子の國に臣吏を賜い、大郡王は二百人、次

62　第一部　北魏の爵制に関する研究

　　郡王・上郡公は百人、次郡公は五十人、侯は二十五人、子は十二人、皆典
　　師を立て、職は家丞に比し、羣隷を總統す。
　　詔始賜王・公・侯・子國臣吏、大郡王二百人、次郡王・上郡公百人、次郡
　　公五十人、侯二十五人、子十二人、皆立典師、職比家丞、總統羣隷。
という記載である。「國に臣吏を賜い」という表現に着目し、封土へ臣吏が支
給されたとする。しかし臣吏の職務については「羣隷を總統す」とされており、
有爵者が所有する奴隷を監督していた事は伺えるが、具体的な封土の運営など
に関する任務については明記されていない。この群隷について、北魏前期では
しばしば立功者への褒賞として奴隷の賜与が行われているため[28]、褒賞の結
果所有していた可能性もあり、必ずしも封土に属するとは限らない。このよう
に職務内容の点では疑問が持たれるが、確かに「國」という表現は封土の存在
を想起せしめる。そこで「國の臣吏」、即ち国官の存在について追究してゆき
たい。

　　国官は太和前令には見られず、後令にて初めて見られる官職であり、各爵位
に郎中令・大農・中尉・侍郎・常侍・上中下将軍・中大夫が存在した。従来は
孝文帝改革の後、封土を伴うようになったため国官は太和後令に出現したと理
解されていたが、実は北魏前期でも数例の存在が見られる。この点は川本芳昭
氏および王安泰氏が北魏前期において封土を伴う爵が存在したとする根拠の一
つとなっている。その具体的事例を箇条書きすると、

①漢人の高懐が任城王雲の王国郎中令（『魏書』巻四八、「任城王雲郎中令」）

　　和平五（四六四）年〜太和五（四八一）年の間

②漢人の程駿が任城王雲の王国郎中令（『魏書』巻六〇、「任城王雲郎中令」）

　　和平五（四六四）年〜皇興（四六七〜四七一）年間の間

③漢人一流名族の高遵が楽浪王長命の王国侍郎（『魏書』巻八九、「樂浪王侍郎」）

　　太和三（四七九）年〜太和一五（四九一）年の間

④漢人一流名族の韋珍が京兆王子推の王国常侍（『魏書』巻四五、「京兆王子推常侍」）

　　太安五（四五九）年〜太和元（四七七）年の間

⑤漢人の辛鳳達が京兆王子推の王国常侍（『魏書』巻四五、「京兆王子推國常侍」）

第一章　北魏爵制の概要と民族問題に着目した分析　　63

太安五（四五九）年〜太和元（四七七）年の間

⑥漢族五姓の鄭羲が中山王王叡の王傅（『魏書』巻九三、恩倖、王叡伝）

太和四（四八〇）年

⑦漢人一流名族の封勱が太原王乙渾の王国左常侍（『漢魏南北朝墓誌彙編』「魏故使持節平東将軍冀州刺史勃海定公封使君墓誌序」、「太原王國左常侍」）

和平三（四六二）年〜天安元（四六六）年の間

以上、7例見られる。期間については、国官として在任した可能性がある時期の上限と下限を示す。ではその特徴を見てみよう。①〜⑤の事例はすべて宗室の王の国官に漢人名族が就任している。⑥は孝文帝前期に恩倖として寵を受けた王叡の王爵に対する国官である。この状況を示す史料として、『魏書』巻九三、恩倖、王叡伝に、

　（太和）四年、尚書令に遷り、爵を中山王に封ぜられ、鎮東大将軍を加えらる。王官二十二人を置き、中書侍郎鄭羲を傅と爲し、郎中令以下、皆、當時の名士なり。

　（太和）四年、遷尚書令、封爵中山王、加鎮東大将軍。置王官二十二人、中書侍郎鄭羲爲傅、郎中令以下皆當時名士。

とあり、「王官」二十二人を置いたこと、その就任者は漢人五姓の鄭羲に代表されるような「當時の名士」であったことが確認できる。⑦のみ墓誌の事例であり、漢人名族が国官に就任はしているが、乙渾という宗室ではない人物が有爵者である。この乙渾は『魏書』に立伝されていないが、文成帝期に臣下として台頭し、献文帝期に入ると摂政として朝廷の権力を掌握した人物である。その様子は『魏書』巻六、顕祖紀に、「（和平六年）秋七月癸巳、太尉乙渾は丞相と爲り、位は諸王の上に居し、事は大小と無く、皆渾に於いて決せらる」と記されている。つまり、権力者として宗室よりも格上の存在となった人物なのである。従ってこの7例は王の中でも宗室かそれと同等の権力を持つ有爵者に国官の存在があったことを示している。その国官は当時の名士と称される漢人名族が中心に就任していた。具体的事例として、北魏後期の史料ではあるが、『魏書』巻五六、崔楷伝に、宣武帝期のこととして、

64 第一部 北魏の爵制に関する研究

模の弟楷、字は季則。美き風望、性は剛梗にして、當世の幹具有り。奉朝
請に釋褐し、員外散騎侍郎・廣平王懷の文學なり。正始中、王國の官、其
の人に非ざるを以て、多く刑戮を被るも、惟だ楷と楊昱とは數々諫めるを
以て免るるを獲。

模弟楷、字季則。美風望、性剛梗、有當世幹具。釋褐奉朝請、員外散騎侍
郎・廣平王懷文學。正始中、以王國官非其人、多被刑戮、惟楷與楊昱以數
諫獲免。

とある。宣武帝期では広平王の国官はふさわしくない人物が多数であり粛清が
行われたが、漢人名族の崔楷と楊昱のみ王をしばしば諫めたことがあったため
刑を免れている。ここで崔楷は王文学という国官に就任しており、さらに王を
諫める事が本来の職務であったことが看取できよう。同様の事情を示す記載と
して、『魏書』巻五八、楊昱伝に、

子昱、字は元晷。廣平王懷の左常侍に起家し、懷は武事を好み、數々出で
て遊獵するも、昱は毎に規諫す。正始中、京兆・廣平二王の國臣、多く縱
恣すること有るを以て、公に屬請を行う。是に於て詔して御史中尉崔亮を
して之を窮治せしめ、都市に於て伏法する者三十餘人、其の死せざる者も
悉く除名して民と爲す。唯だ昱と博陵の崔楷とは忠諫するを以て免るるを得。

子昱、字元晷。起家廣平王懷左常侍、懷好武事、數出遊獵、昱每規諫。正
始中、以京兆・廣平二王國臣、多有縱恣、公行屬請。於是詔御史中尉崔亮
窮治之、伏法於都市者三十餘人、其不死者悉除名爲民。唯昱與博陵崔楷以
忠諫得免。

とある。ここでは楊昱が王国左常侍として王に「武事を好み、數々出でて遊獵
する」ことを諫めたことが示されている。更に『魏書』巻七七、楊機伝に、

楊機、字は顯略、天水冀の人なり。……奉朝請に解褐す。時に於て皇子の
國官、多く其の人に非ず、詔して清直の士を選ばしめ、機は舉げられ京兆
王愉の國の中尉と爲り、愉、甚だ之を敬憚す。

楊機、字顯略、天水冀人。……解褐奉朝請。於時皇子國官、多非其人、詔
選清直之士、機見舉爲京兆王愉國中尉、愉甚敬憚之。

第一章　北魏爵制の概要と民族問題に着目した分析　　65

とある。漢人名族の楊機が「清直の士」として選ばれ、王国中尉に就任している。そして王から敬憚されているが、これもまた王を諌める役割を期待されたためと考えられる。これら3例はすべて孝文帝改革を経た北魏後期の事例ではあるが、漢人名族であり、かつ当時の名士が国官に選ばれていたという傾向自体に変化は見られない。とすれば、この国官は封土の運営管理というより、王の教育係としての役割を担っていたのではないか。更に注目すべきは、この国官が王文学・王国左常侍・王国中尉と異なる職称であっても王を諭すという職務内容は同じである点である。従って北魏後期の王は封土を伴い国官を保有していた点に間違いは無いが、国官は実質的には王の教育係であるため、国官の存在から封土の存在は導き出せないと言えよう。仮に国官という名称を重視し、飽くまでそこから封土の存在を見出すとしても、北魏前期の史料では①〜⑦の宗室かそれに準ずる待遇の王に限られていたため、最上層の支配層の王には爵位に封土が伴っていた可能性を指摘できるに過ぎないのである。

　では、その他の民族・社会的身分の封爵はいかなる状況だったのだろうか。実封説の立場をとる川本芳昭氏は、第一節にて取り上げた天賜元（四〇四）年九月の条の王・公・侯・子の四等爵の所有者214人をこの時点の有爵者総数とする。次に同年十一月の条の失業した2000人に賜爵した記載と合わせると計2200余人となるが、当時の北魏の領域から考えてこの全員実封しうる封土は存在しない、とする。そこで前者は功臣であるため封土があったとし、後者は失業者に与えたので封土は無かったと推測する。この主張の最大の問題点は、天賜元年九月の条の214人が全員実封であったという部分の論証こそが重要だが、ほとんど論証されていないという点である。氏は後者の失業者に対する賜爵は封土を伴わずとも就官に有利だったとするが[29]、第二〜四章にて詳述するようにこの天賜元年の段階で就官に有利という状況はなかった。そもそも功臣の爵には封土が与えられ、失業者の爵には封土が与えられないとすれば、名称上で同じ爵位であるのに差異が生まれることになる。つまり氏の主張に従えば、封土は爵により賜与されるではなく、功臣であることにより賜与されることになり、「北魏前期の爵位に封土が伴ったかどうか」という問題解決には結び付

かなくなってしまうのである。以上、天賜元年九月と十一月の条から封土があったことの証明は難いと言えよう。

また川本氏は漢族の名族の封爵がその本貫と一致する場合が多いので北魏は一代を通して封土を伴う爵位が多かったとする。その点についても検証したい。

氏の根拠をまとめると次の通りである。

①『魏書』巻四八、高允伝の徴士頌を検討し「封地と本貫との間に密接な関係が存在した」。

②「北魏一代を通してその封爵を本貫に受ける」ものがいる。

③「賜爵されたものがその封土に墳墓をもたない場合、その封土に墳墓を移させた」のは「国家が受封者とその封土とを結びつけようとした」から。

④以上から「五胡十六国から北魏にかけての華北では漢人士大夫が宗族としての強固なまとまりと在地性とを保ちながら郷村の指導者として厳存していたため、異民族諸国家が郷村の支配を行なう場合、彼らに依存」し、「（国家が）受爵者の郷村との結びつきを利用し郷村の支配を行なっていこうとしていた」ので「食邑制が存在」した[30]。

以上の四点について、各項目について確認してゆきたい。

①について、まず史料の問題性が挙げられる。即ち、この徴士頌は神䴥四（四三一）年に徴召された士人について、高允が晩年に記憶をたどって著したものである。その中の若干名は本伝と記載が異なっている。また、徴士頌は徴召された士人の最終的な官爵を記載していると思われ、彼等の官爵の変遷はこれだけでは分からない。従って、漢族の封地と本貫との関係を考察するには徴士頌は史料として不十分であると言える。

②について、氏は任意の事例を引用するのみで悉皆調査を行っておらず、全体的にこのような傾向があるかどうかは不明である。そこで前節で用いた表1－1・2・4A～Dに基づいて本貫地と封爵の関係を調べ、その結果を表1－6に示した。この表を用いて以下のことが指摘できる。

（1） 外戚

　外戚とその一族が保有する爵は襲爵および贈爵を含め121件あるが、その内約15.7％に相当する19件が本貫地の封爵を与えられている。この数値は一見低いように見えるが、このデータの元となる表１−１を確認すると、それぞれの外戚ごとに異なる傾向があることが分かる。例えば、外戚の中でも遼西常氏と長楽信都馮氏は本貫地の封爵の割合が非常に高い。

（2） 宦官

　宦官とその一族が保有する爵は襲爵および贈爵を含め62件あるが、その内約33.8％に相当する21件が本貫地の封爵を与えられている。

（3） 漢族の名族

　五姓が保有する爵は襲爵および贈爵を含め119件あるが、その内約27.7％に相当する33件が本貫地の封爵を与えられている。

　一流名族が保有する爵は襲爵および贈爵を含め105件あるが、その内約29.5％に相当する31件が本貫地の封爵を与えられている。割合としては五姓とほぼ同様である。

　二流名族が保有する爵は襲爵および贈爵を含め37件あるが、その内約64.8％に相当する24件が本貫地の封爵を与えられている。事例数が少ないとはいえ、割合が非常に高い。

　地方望族が保有する爵は襲爵および贈爵を含め４件あるが、その内25％に相当する１件が本貫地の封爵を与えられている。これは事例数が少なすぎるため、参考程度にとどめておきたい。

　これらの結果を比較すると、事例数が少ない地方望族を除外すれば、二流→宦官→一流→五姓→外戚の順に割合が低くなる。つまり名族中の名族である筈の五姓や一流が却って二流や宦官よりも本貫地の封爵が少ないのである。そして漢族の名族のみならず、外戚・宦官においても本貫地（出身地）の封爵を与

68　第一部　北魏の爵制に関する研究

えられる場合があり、特に宦官の割合は高かった。この問題は④にて後述する。

　③について、氏が引用された3件の事例についてそれぞれ検討する。まず、『魏書』巻八三上、外戚上、閭毗伝附常英伝に、

　　興安二年、太后の兄英……爵遼西公を賜わる。……英の祖・父に追贈し……勃海太守澄を侍中・征東大将軍・太宰・遼西献王と為す。……献王を遼西に改葬し、碑を樹ち廟を立て、守冢百家を置く。

　　興安二年、太后兄英……賜爵遼西公。……追贈英祖・父、……勃海太守澄為侍中・征東大将軍・太宰・遼西献王、……改葬献王於遼西、樹碑立廟、置守冢百家。

とあるが、これは遼西献王を追贈されたのでその封土に墳墓を移させたというよりは、『魏書』巻一三、保太后伝に、

　　高宗の乳母常氏、本は遼西の人なり。

　　高宗乳母常氏、本遼西人。

とあるように出身地に墳墓を移した事例であり、国家がわざわざ受封者とその封土とを結びつけようとしたとは言えないだろう。次に、『魏書』巻八三下、外戚下、高肇伝に、

　　高肇……自ら本は勃海蓨の人と云う。……景明初……録尚書事・北海王詳等奏すらく、（肇の父）颺宜しく左光禄大夫を贈り、爵勃海公を賜うべし……と。詔して可とす。又詔して颺の嫡孫猛に勃海公の爵を襲わしめ、肇を平原郡公、肇の弟顕を澄城郡公に封ず。……父兄の封贈は久しきと雖も、竟に改瘞せず。（延昌）三年、乃ち詔して遷葬せしむ。

　　高肇……自云本勃海蓨人。……景明初……録尚書事・北海王詳等奏、颺宜贈左光禄大夫、賜爵勃海公……。詔可。又詔颺嫡孫猛襲勃海公爵、封肇平原郡公、肇弟顕澄城郡公。……父兄封贈雖久、竟不改瘞。三年、乃詔令遷葬。

とある。これは漢族の一流名族である勃海高氏であるように見せかけるため、その封爵を得ただけでなく墳墓まで移した事例である。最後に、『魏書』巻九三、恩倖、王叡伝に、

第一章　北魏爵制の概要と民族問題に着目した分析　69

　叡は既に貴にして、乃ち家本は太原の晋陽と言い、遂に移して焉に属せし
　む。故に其の兄弟の封爵も移すに幷州の郡縣を以てす。……父子並びに城
　東に葬され……遷洛の後、更に徙して太原の晋陽に葬る。

　叡既貴、乃言家本太原晋陽、遂移屬焉、故其兄弟封爵移以幷州郡縣。……
　父子竝葬城東……遷洛後、更徙葬太原晋陽。

とある。この事例は漢族五姓の太原の王氏であると自ら主張し、その封爵を与
えられ墳墓も移した事例である。高肇と王叡の事例は、名族出身を装うために
本人あるいは周囲の者が封爵を求め、更に墳墓を移して名族出身の証としよう
としたものである。

　以上、３件の事例について、氏が引用される史料から国家が受封者とその封
土とを積極的に結びつけようとした形跡を読み取ることは難しいと言える。

　④について、まず②にて検討したように、封爵を本貫に受けるのは外戚・宦
官にも見られ、漢人名族に限られる現象ではなかった。外戚・宦官は寒門出身
者が多く、彼等が「郷村の指導者として厳存」していたとは思えない。この点
からも氏の主張について疑問が残る。

　また先述したように例降以後は開国の号が冠されない封爵は基本的に虚封で
あった。となれば、例降以前から封土を所有していたなら開建五等にて有爵者
に開国の号が冠されるはずである。これを漢族の名族において調べてみると、
本貫地の封爵に開国の号が冠されたのは二流名族の河東薛氏[31]と清河傅氏の
みであった[32]。それ以外の封爵は虚封であった可能性が高い。仮に「（国家が）
受爵者の郷村との結びつきを利用し郷村の支配を行なっていこうとしていた」
ならば、五姓や一流名族に開国の号が付せられた、つまり封土を伴った有爵者
が一人も存在しないのは不可解である。従って、川本芳昭氏が主張するような
国家の意図は史料上実証できず、まして北魏前期には「食邑制が存在」したと
は言えないのである。以上の検討から、漢人名族は該当時期を通して本貫地の
爵位を代々襲爵しているので、一見その土地に封土を所有し統治していたよう
だが、それはごく一部、むしろ例外的な存在であった可能性が高い。また、表
１－１・２・４Ａ～Ｄを見ると、死後贈爵にて初めて本貫地の封爵を与えられ

る場合も多い。死後贈爵は原則として子孫が襲爵することも封土を所有することもない。従って、本貫地の封爵を有することは一種の名誉であり、必ずしも封土を伴わなかったのではないか。

以上①～④の検討の結果、川本芳昭氏の見解とは異なり、爵制改革以前において本貫地に受けた封爵に封土は伴わない可能性が高まった。ならば、封土を所有しない本貫地の封爵はどういう意味があったのだろうか。第一に、外戚・恩倖など寒門出身者が名族出身であるかのように装った事例から、封爵は国家がその出身を承認する働きがあったと言える。第二に、本貫地の封爵は在地性の高い漢族の二流名族が多く与えられていることから、その地域の秩序を維持する要素の一つを国家から承認される働きがあったと想定できよう。第三に、本貫地の死後贈爵が多いことから一種の名誉であったと言える。その内容について吟味してみると、この名誉は受爵者本人に与えられるだけでなく、その子孫が同名の正爵を与えられる場合があることから[33]、世代を通して影響を及ぼす性質がある。本貫地の封爵は実質的具体的な封土を所有しなくとも、爵位そのものを介して本貫地との結び付きを強化し、それが子々孫々と受け継がれて機能する点に漢人名族は価値を見出していたのではないかと考える。

以上の検討を通じ、実封説は成り立ち難い点が確認できた。虚封および実封・虚封説については、やはり北魏前期の史料不足が問題となり断定する事は難しいが、恐らく封土は伴っていないか、たとえ封土が存在していたとしても、上層の支配層である宗室かそれに準ずる待遇の一部の王、およびごく一部の漢人二流名族に限られていたと思われる[34]。

お わ り に

本章では民族や社会的身分によって北魏の爵位は異なる傾向が見られることを明らかにした。具体的には外戚や宦官は有爵者の割合が圧倒的に高く、かつ高い爵が多い。胡族ではいかなる身分でも有爵者の割合が過半数で、かつ高い爵が多い。一方、漢族は社会的身分が高い一族は有爵者の割合が低く、かつ低

い爵位が多いが、逆に社会的身分が低い一族の方が有爵者の割合も多く、高い
爵も増えるという逆転現象が見られた。これは、胡族は各個人が自らの功績で
爵を得ていたが、漢族は一族の家長が代々爵を受け継ぐのが伝統的という観念
があったことに起因すると考えられる。また北魏前期では爵に封土が伴ったと
する説も見られるが、恐らく封土は伴っていないか、仮に存在していたとして
も最上層の支配層である宗室かそれに準ずる待遇の一部の王、およびごく一部
の漢人二流名族に限られていた可能性が高いことを指摘した。また、漢人名族
がその本貫地に爵を得る場合は名誉であり、封土は伴わない可能性が高い点も
明らかにした。爵は実質的な封土を伴わずとも爵そのものを介して本貫地との
結び付きを強化する機能があったのである。以上の検討から、北魏の爵位と封
土は胡漢により機能が異なっていることが明らかになった。そのことから北魏
の爵制もまた、先行研究にて指摘されている「北魏では胡族に対する体制と漢
族に対する体制が並存する」状態に該当すると言えるのではないだろうか。

　以上、民族問題および爵位と封土の関係について考察を加えた。北魏の爵制
におけるもう一つの重要な課題である爵位と官品の関係については、章を改め
検討したい。

注
（１）　また、建国初期からしばらくは関内侯や列侯という二十等爵制も一部併用して
　　　いた形跡が見られる。しかしその事例数は少なく、実態も不明である。
（２）　伯・男の復活について、岡部毅史「北魏前期の位階秩序について──爵と品の
　　　分析を中心に──」（『東洋学報』九四号一号、二〇一二年。同『魏晋南北朝官人
　　　身分制研究』、汲古書院、二〇一七年再収）は、男爵は道武帝期末、遅くとも太
　　　武帝初期までとし、伯爵は孝文帝の爵制改革時とする。
（３）　但し改革以後に開国の号を有するにも関わらず、列伝などでその記述が抜けて
　　　いる事例も散見するので、開国の号が無ければ即ち封土を伴わない虚封であると
　　　即断はできない。なお、筆者の検討では、『魏書』オリジナルの巻は開建五等・
　　　食邑〜戸・開国の号の記載があるが、『北史』及び高峻『高氏小史』によって補
　　　われた巻はこれらの記載が欠けている場合が多く、改革後に実封である場合は地

72 第一部 北魏の爵制に関する研究

名の後に開国を記さずに郡県が加えられる傾向が見られた。『北史』及び『高氏小史』において「開国」の記載が抜ける原因については、両者とも唐代に著された書物であり、唐代では開国の号は使われていなかったためだと考えられる。

（4）　『魏書』巻八三上、外戚上、閭毗伝によると文成帝期に閭氏の二人に王が賜爵されている。但しその詳細は明記されておらず、それ以前に既に爵位を有していたのか最初から王爵が与えられたのか判別し難い。よってここでは除外する。

（5）　なお孝文帝は爵制のみならず、賜与する物によっても宗室と外戚とを区別しようとした。『魏書』巻一九上、京兆王子推伝附元遥伝に「高祖所以國秩祿賦復給衣食、后族唯給其賦不與衣食者、欲以別外內限異同也。」とみえる。

（6）　この原則については、楊光輝「非親不王的変異」（同『漢唐封爵制』、学苑出版社、一九九九年）参照。

（7）　姚薇元『北朝胡姓考』（科学出版社、一九五八年刊行、中華書局。一九六二年初版、二〇一二年修訂）。

（8）　北族八姓は孝文帝の姓族詳定時に胡族において最高とされた八つの一族であり、具体的には穆・陸・賀・劉・楼・于・嵇・尉氏が該当する。

（9）　『魏書』巻一一三、官氏志に、「代人諸冑、先無姓族、雖功賢之胤、混然未分。故官達者位極公卿、其功衰之親、仍居猥任。比欲制定姓族、事多未就、且宜甄擢、隨時漸銓。其穆・陸・賀・劉・樓・于・嵇・尉八姓、皆太祖已降、勳著當世、位盡王公、灼然可知者、且下司州、吏部勿充猥官、一同四姓。」とみえる。なお姓族詳定については宮崎市定『九品官人法の研究』（東洋史研究会、一九五六年）第二編第五章七参照。

（10）　『魏書』巻四〇、陸俟伝附定国伝に、「定國在襁抱、高宗幸其第、詔養宮内、至於遊止常與顯祖同處。……及顯祖踐阼、拜散騎常侍、特賜封東郡王、加鎮南將軍。」とある。

（11）　なお外戚について、竇漏頭は『魏書』における記載が少なく襲爵者がいたかは不明である。杜超は子の鳳皇が太武帝期に襲爵したが降格されなかった。これは本章第一節における外戚の伸張が太武帝に始まるのと綿密な関係があると考えられる。

（12）　宮崎市定「北魏の封建制度」（同『九品官人法の研究』第二編第五章、東洋史研究会、一九五六年）では「従前存在した異姓の王爵は凡て例降されたが、ただ長孫観のみ、その祖道生の王爵を保有することを許された」とし、この事例を孝

第一章　北魏爵制の概要と民族問題に着目した分析　　73

文帝期の記載とする。恐らく『資治通鑑』巻一三七、斉紀三、武帝永明十（四九二）年正月乙丑の条が例降の記載に続いて「唯上黨王長孫觀、以其祖有大功、特不降」としたのに拠るのだろう。しかし『魏書』巻四下、世祖紀下によると道生が薨じた時期は太武帝の正平元（四五一）年十月己巳であり、また同書巻六、顕祖紀、皇興四（四七〇）年二月の条で既に長孫観は上党王となっているので、この記載は太武帝期に行われた襲爵時の降格を示していると言える。

(13)　『魏書』巻四〇、陸俟伝に、「高宗踐阼、以子麗有策立之勳、拜俟征西大將軍、進爵東平王。」とあり、生前に子の勲功によって父が進爵している事例はある。

(14)　『魏書』巻一一三、官氏志に、「神元皇帝時、餘部諸姓內入者。」とあり、以下その姓が列挙されている。本項ではその中で前項にて既に検討した八姓を除き、残る諸姓を扱う。但し、北魏王朝から冊封された異藩王は特別な待遇にあったので除外する。

(15)　『魏書』巻三四、盧魯元伝に、「賜爵襄城公、……賜其父爲信都侯。」とあり、生前に子の勲功によって父に賜爵されたと思われる事例はある。

(16)　貴族としての社会的声望が最も高く、かつ婚姻ネットワークを形成していた名族を指し、具体的には范陽盧氏・清河崔氏・滎陽鄭氏・太原王氏・趙郡李氏・隴西李氏が該当する。この根拠として、有名な記載ではあるが、『資治通鑑』巻一四〇、斉紀六、三年の条に、「魏主雅重門族、以范陽盧敏・清河崔宗伯・滎陽鄭羲・太原王瓊四姓、衣冠所推、咸維其女以充後宮。隴西李沖以才識見任、當朝貴重、所結姻連、莫非清望、帝亦以其女爲夫人。……時趙郡諸李、人物尤多、各盛家風、故世之言高華者、以五姓爲首。」とあり胡三省の注に「盧・崔・鄭・王并李爲五姓。趙郡諸李、北人謂之趙李、李靈・李順・李孝伯輩從子姪、皆趙李也。」とあり、当時五姓が重んじられていた様子が看取できる。漢族ではこの五姓を最高の名族とみなす点については、田村実造「北魏孝文帝の政治」（『東洋史研究』第四一巻第三号、一九八二年）を参照。最新の研究としては、窪添慶文「北魏後期の門閥制度」（同『墓誌を用いた北魏史研究』、汲古書院、二〇一七年）が姓族詳定について詳細に検討している。

(17)　『魏書』巻三六、李順伝。

(18)　五姓についで貴族的性格の強い名族を指し、具体的には勃海高氏・広平宋氏・勃海封氏・弘農楊氏・河東裴氏・河東柳氏・河間邢氏・京兆韋氏・京兆杜氏・博陵崔氏が該当する。なお、一流以下の家格の分け方については、佐藤智水「北魏

74　第一部　北魏の爵制に関する研究

前期の政治と宗教」(『北魏仏教史論考』、岡山大学文学部、一九九八年) や長部
悦弘「北朝士大夫の通婚関係の研究」(『日本東洋文化論集』第三号、琉球大学法
文学部、一九九七年) を参考にした。

(19)　『魏書』巻七一、裴叔業伝。

(20)　地方の有力宗族ではあるが、上記の一流名族よりは望が低いとされる名族を指し、
具体的には范陽祖氏・広平遊氏・中山劉氏・清河傅氏・河東薛氏が該当する。

(21)　『魏書』巻六一、薛安都伝。

(22)　二流名族につぐもので、二流名族と近接して交流をも有する地方の有力望族を
指し、具体的にはここでは太原張氏・中山張氏・長楽潘氏・勃海李氏が該当する。

(23)　内田吟風「北魏封邑制度考」(『研究』一〇、神戸大学文学会、一九五六年。同『北
アジア史研究　鮮卑柔然突厥篇』、同朋舎、一九七五年再収)。

(24)　前掲注 (12) 宮崎市定論文。

(25)　川本芳昭「北魏の封爵制」(『東方学』五七輯、一九七九年。同『魏晋南北朝時
代の民族問題』、汲古書院、一九九八年再収)。

(26)　王安泰『再造封建:魏晋南北朝的爵制与政治秩序』(国立台湾大学出版中心、
二〇一三年) 第三章第三節「十六国北朝的各類実封与虚封爵」参照。

(27)　南朝系の地名が冠された北魏の封爵の意味については、堀内淳一「儀表としての
漢——北魏の領域と漢の領域」(『漢とは何か』、東方書店、二〇二二年) 参照。

(28)　一例を挙げれば、『魏書』巻二九、奚斤伝に、「涼州平、以戦功賜僮隷七十戸」
とある。

(29)　なお、岡田和一郎「前期北魏国家の支配構造——西郊祭天の空間構造を手がか
りとして」(『歴史学研究』八一七、二〇〇六年) ではこの二千余人への賜爵は各
部族内に存在した拓跋氏が影響を及ぼしにくいかつての序列を北魏朝の序列に一
元化し、そこに形成された代人集団を位置づけることが目的であったとする。

(30)　前掲注 (25) 川本芳昭著書、259〜261頁。

(31)　『魏書』巻六一、薛安都伝附達伝によると、達は河東侯から河東郡開国侯に改め
られている。なおこの封爵は献文帝期に父の安都が賜爵されたのを襲爵したも
のであり、従って河東薛氏は倒降以前から本貫に封土を所有していた可能性が高い。

(32)　『魏書』巻七〇、傅永伝によると、永は貝丘男から貝丘県開国男に改められて
いる。なお永の宗族である越は文成帝期に貝丘子を賜爵されており、清河傅氏は
例降以前から本貫に封土を所有していた可能性が高い。

(33)　例えば『魏書』巻八三上、外戚上、閭毘伝附常英伝では、祖父の衷は遼西公、父の澄は遼西王を追贈され、英は遼西公を賜爵されている。その他にも特に外戚に同様の事例が見られる。これは代々受け継がれている正当的な封爵であると装うための措置であろう。

(34)　五姓や一流および地方望族は開建五等時に開国の号が与えられなかったためこのように判断した。なお、北魏前期の爵位は大部分が虚封であった原因については、三長制の施行前は宗主制が障害となって国家の民衆の把握力が低かったため、封土を与えられるだけの制度が整っていなかったことが考えられる。

表1－1　外戚

	道武帝	明元帝	太武帝	文成帝	献文帝	孝文帝	宣武帝	孝明帝
代人賀氏	納 なし　盧 遼西公 ×　鉅鹿侯→北新公　悦 ○	→肥如侯	→琅邪公　迷 長郷子　贈五原公	醜建 ○				
竇氏			漏頭 遼東王	求頭 なし				
代人子氏			殊暉 ○			勁 富昌子　天恩 なし　爾頭 なし	→太原郡公	暉 ○　仁生 なし　仁之 なし
代人劉氏	羅辰 永安公							
姚氏		黄眉 隴西公	贈王					
魏郡鄴杜氏	豹 なし　超 なし		贈陽平王　→陽平公→王　鳳皇 △　道生 城陽侯　道儁 発干侯	→河東公 ×　贈南康公				

道武帝	明元帝	大武帝	文成帝	献文帝	孝文帝	宣武帝	孝明帝
		遺 広平公 元宝 爵 嵐宝 なし	→王 世衡 △ →広平公 × →京兆王 ×				

渤海高氏（自称）「魏故持節征虜将軍営州刺史長岑侯韓使君賄夫人高氏墓銘」

道武帝	明元帝	大武帝	文成帝	献文帝	孝文帝	宣武帝	孝明帝
					颺 河間子→ 贈渤海開国公 乗信 なし 偃 なし	現 ○猛 △ 貞 なし 肇 平原郡公 顕 澄城郡公 植 なし	

代人閭氏

道武帝	明元帝	大武帝	文成帝	献文帝	孝文帝	宣武帝	孝明帝
		昆 なし 紇 なし	→河東公→王 →零陵公→王 染 江夏公 延 贈定襄公 辰 贈定襄王 王2人 公5人 侯6人 子3人	恵 ○	荘 ○→公？		

遼西常氏 「魏故斉郡王妃常氏墓誌銘」

道武帝	明元帝	大武帝	文成帝	献文帝	孝文帝	宣武帝	孝明帝
			支　なし贈遼西公 澄　なし贈遼西王 英　遼西公→王 喜　帯方公→燕郡 罔　遼西公 泰　朝鮮侯 訴　爵 伯夫　なし 員　なし	振　× →なし →范陽公	贈王 ×		

長楽信都馮氏 「魏故楽安王妃馮氏墓誌銘」「魏熙平元年歳在丙申岐州刺史趙郡王故妃馮墓誌銘」
「魏故使持節鎮東将軍冀州刺史長平県開国男元公墓誌銘」

道武帝	明元帝	大武帝	文成帝	献文帝	孝文帝	宣武帝	孝明帝
		朗　西郡公× 熙　肥如侯 邈　楽陵公	→昌黎王		贈燕王 →京兆郡公　穆△ →扶風 誕　南平王→長楽 郡公　顕△ 修　東平公× 豊　信都伯　× 夙　北平王→侯 次興　なし		孝簀　なし

梁国蒙県李氏

道武帝	明元帝	太武帝	文成帝	献文帝	孝文帝	宣武帝	孝明帝
			暧　頓丘公→王　公　5人	→王2人			

中山李氏

道武帝	明元帝	太武帝	文成帝	献文帝	孝文帝	宣武帝	孝明帝
		蓋　南郡公　贈中山王	恵　○	→王	侃略△→博陵郡公　寄生　高邑子　屯　柏人侯→伯　安祖　浮陽侯→伯　興祖　安喜侯→伯　道念　真定侯→伯	贈中山公	

安定胡氏「魏故胡昭儀墓墓誌銘」

道武帝	明元帝	太武帝	文成帝	献文帝	孝文帝	宣武帝	孝明帝
		淵　武始侯		洪　高平侯	国珍　○→伯	楽　陰槃伯	→安定郡公　祥△→　東平　僧洗　愛徳県公→僕　陽郡公　寧　武始伯→臨涇　公　虎　安陽県侯

表1-2 宦官

「魏故中常侍大長秋卿平北将軍并州刺史曇陽男張君墓誌銘」「魏故使持節平東将軍冀州刺史曇陽公封海定公封使君墓誌」

道武帝	明元帝	太武帝	文成帝	献文帝	孝文帝	宣武帝	孝明帝
		宗愛 秦郡公	×		抱嶷 安定公→侯		
		仇洛斉 文安子→	儉 △		老寿 △	×	疾 △
		零陵公			振 △		
		段覇 武陵王			張鐅 雲陽男		
		崔黒 睢陽侯→		→中都侯	→王 燆 △→公	→侯	→華陰子
		河内公					
		孫小 泥陽子	張孟訢 贈肇県侯	宗之 肇県侯	→彭城公→侯		
		賈 贈石安県子			襲		
			李堅 なし		鸞旗 洛陽男→侯	曇景 △	
			楊範 なし		→魏昌伯		
王琚 なし					→広平公→高平王		
封磨奴 富城子→					→公 蓋海 △		
高城侯					贈勃海公 回△		
					劇鵬 なし		
					買奴 なし		
					張祐 黎陽男→隴		
					東公→新平王 顕		
					明△→隴東公→侯		適洛 △

官宦続き

道武帝	明元帝	太武帝	文成帝	献文帝	孝文帝	宣武帝	孝明帝
					王守貴 贈滎城公		
					王遇 富平子→若昌公→侯 ×	復 属 △	→開国子→長楽県開国公 ×
					符承祖 略陽侯→公×		
					王質 永昌子→魏昌侯		
					秦松 高都子 ×	復	→県開国伯
					劉騰 なし		→欒城伯→開国侯→武陽県
					賈粲 なし	→始平伯	
					成軌 なし		
					王温 なし		
					孟鸞 なし		
					憑季 なし		平季 なし
					答律 なし		封津 東光県開国王

表1－3A　北族八姓　穆氏「魏兖州故長史穆君墓誌銘」

道武帝	明元帝	太武帝	文成帝	献文帝	孝文帝	宣武帝	孝明帝
崇観	寿　○	→王　平国　○	羆　△	亮	恵　なし →魏郡開国公× →趙郡王→長楽 →公	紹　○	建
歴陽公→安邑→宜都→贈王△		伏干 相国　上洛公		なし	→頓丘郡開国		なし
	西海王　なし	正国		吐萬	長戍　なし	清林　なし	彦
		応国　張掖公 安国　新平子 国　なし	伏真　任城侯 多侯　長寧子 乙斤　富城公	胡兒　○ 真　なし	毚狐　度　○ 仁　なし	金宝	紹
	翰	遠留　零陵侯	紐頭　なし 豊国　○	蒲坂　なし	常貴 秦　馮翊侯→公 →開国侯	士儁　なし	
	顗	龍仁　○→公 →泥陽子→長楽 侯→建安公		×寄生　○ 栗　安南公 泥乾　臨安男	留　なし 朔　なし 祁　なし 渾　○	遵伯　なし	景相　なし 令官　なし

穆氏続き　「魏羽林監輩車将軍大嗣府中兵参軍元珽字珍平妻穆夫人墓誌銘」

道武帝	明元帝	太武帝	文成帝	献文帝	孝文帝	宣武帝	孝明帝
魏善 なし / 莫提 なし / 提 なし	吐 なし	敦 富平子 / 袞 昌国子	纂 なし	純 ○	？ なし / 如意 昌国子 / 恩 なし	盛 ○ / 袼 なし	纂 なし

乎氏　「魏故仮節征虜将軍岐州刺史富平伯乎君墓誌銘」「魏故武衛将軍正虜将軍懐荒鎮将恒州大中正乎公墓誌銘」

道武帝	明元帝	太武帝	文成帝	献文帝	孝文帝	宣武帝	孝明帝
栗磾 なし / 混泥 なし	→新城男→新安侯→公	染干 富平伯	洛抜 ○	烈 なし	→昌国子→洛陽侯 / →聊城県開国子 / 玗 なし / 忠 なし / 吐抜 なし / 景 なし / 敦 なし / 果 武城子 / 須 なし / 文仁 なし / 提 五等男 / 洛侯 なし / 纂 ○ / 澄 なし	→侯 贈鉅鹿郡開国公 / 開国公→魏郡開国公 / 亮 東城子	景 なし / →常山→霊寿県 / 永超 ○ / 昕 なし / 礫 ○ / 祇 なし / 栄 なし

陸氏「大魏故顯懿騶大将軍散騎常侍済袞二州諸軍事二州刺史二州諸軍事安王大妃墓誌銘」「故司空城爲君墓誌銘」「周書」巻二八、陸騰伝

	道武帝	明元帝	太武帝	文成帝	献文帝	孝文帝	宣武帝	孝明帝
	洛侯 なし	侯 ○	真 関内侯→石城侯	→都昌	→河南公	延 ○→汝陽侯	復 景祚○	
	突 関内侯		→建業公	→東平王	○→建安	琇 △→公 ×	暐	
			石跋 なし	毅 聊城侯		什寅 なし		
			煏 なし			凱 なし		
			尼 なし		弥 なし	旭 なし		
			麗 章安子	→平原王	叡 △			子彰 △
			陸成 新城子		定国 東郡王	→鉅鹿郡開国公		
			龍成 永安子			昕之 △→公	祖 ○	
				雋 なし	→安楽公		希道 淮陽男	
					? 広牧子	麒麟 なし	季悦 なし	高貴 なし
						登 なし	希静 なし	順宗 なし
							希質 なし	匡 なし
							紹 なし	
? 酒泉公		宣 なし	? なし					

楼氏

	太武帝	文成帝	孝文帝
伏連 安邑侯	→広陵公→王	→侯	稟 ○
	真○→公→湘東		贈陽平公
	干○		毅 常山公→侯
	大抜 永平侯		龍児 なし
	安文 覇城男		

尉氏　[故太尉公穆妻尉太妃墓誌銘]

人名	道武帝	明元帝	太武帝	文成帝	献文帝	孝文帝	宣武帝	孝明帝
古真	東州侯	億万 ○				？ なし		聿 なし
大真	なし	→侯→武陵公	観 △				那 △	
諾	安楽子	箸 なし	→遼西 →山桒侯→漁陽公 力斤 焉陳 晉陽侯 安楽侯 贈燕郡公	盛 ○ 崘 ○ →王 多侯 ○	→安城侯	建 ○→公		祐之 なし
		地干 なし	長寿 会稽公 侯頭 なし 揆 介休男→子	弥真 ○	→博陵公→王	状徳 △ 洛侯 武都公		
			元 富城男 普文 緒陽子 ？ 西陽公	→太昌侯	淮陽→王	→山陽郡開国公 羽 ○→博陵		△→深沢県
那	なし	目斤 なし					景興 ○ 景僑	
祐	なし	建 なし						

賀氏

人名	道武帝	明元帝	太武帝	文成帝	献文帝	孝文帝	宣武帝	孝明帝
狄干	襄武侯		多羅 河東公			羅 なし 頭 陽平侯		
帰	なし							
昆	なし							

劉氏

人名	道武帝	明元帝	太武帝	文成帝	献文帝	孝文帝	宣武帝	孝明帝
敦	なし	眷 なし	尼 昌国子→鉅鹿	→建昌侯→東 安公→王		遥 なし		
提	信都男	潔 ○→会稽公	婁 なし ×			社生 ○→公		

86 第一部 北魏の爵制に関する研究

紇氏

	道武帝	明元帝	太武帝	文成帝	献文帝	孝文帝	宣武帝	孝明帝
	抜 任城公	敬 長楽王	護 ○			彦 ○→公		

表1-3B 内入諸姓 「魏故大尉府参軍元君之墓誌銘」「屯騎校尉建威将軍洛州刺史昌国子封君墓銘」「魏故平州刺史鑪郡開国公子君妻和夫人之墓誌銘」「魏故使持節後将軍肆州刺史和君墓誌銘」

	道武帝	明元帝	太武帝	文成帝	献文帝	孝文帝	宣武帝	孝明帝
梁紇男						景儁		崇遠 烏氏県開国伯 賓 なし
荀烏提 呉寧子		洛抜 なし 孤 博陵公	頽 建徳男 若同 なし			→成徳侯 河南公 ○→公 儃 →頴川侯 寿楽 晋安侯 侯莫仁 なし		
羅結 屈蛇侯		斤 なし	→帯方公 敦 ○	伊利 ○	雲 なし 抜 済南公	吐盖 →侯 →王 →趙郡→公	盖 なし 阿奴 ○ 道生 なし	
封豆 関内侯 なし		涅 贈章武侯	勃文 天水公 和突 なし ? 帰 天水侯 成皐男→ 高陽侯	→平昌公	翰 △ 万護 なし	他莫汁真 ○	静 臨洮子 →昌国子贈同	熙
和拔 日南公→ 定陵					度 ○			

内入諸姓続き　「魏故議議大夫建城侯山君之墓銘」「魏故建城侯山君之墓銘」「魏故使持節平北将軍恒州刺史行唐伯元菁君墓誌銘」『周書』巻二九、侯植伝
「魏侍中車騎大将軍儀同三司武陽公斉故斉ス諱ス志」「斉故斉ス諱ス墓誌」「斉陽公高公墓銘」

	道武帝	明元帝	太武帝	文成帝	献文帝	孝文帝	宣武帝	孝明帝
奚	なし		柴奴 東陽子／栄 なし／陵 △		贈王 天受○／頭 なし		蓬 なし	
頓岳 西昌公／路 高平公／呂肥 なし			匹知 柴陽公	洛抜 成武侯	文祖 なし			

	道武帝	明元帝	太武帝	文成帝	献文帝	孝文帝	宣武帝	孝明帝
盧魯元		なし	→襄城公贈王 統○ 中山○／醜 済陰公／→信都侯／肉 なし		贈王 興仁○	弁頭○→侯		
		？ なし	→霊寿侯→建興公 ？○	贈王弥娥 △	庵生 なし	？／稚之 なし→建城侯 なし	歆 ○／飲 なし	偉 なし／念 なし
古弼		古弼 なし		×	強 なし	悦 なし		
山？泰山公								
莫題扶柳公→高邑 ×			于和笑 新城侯／侯恕 なし／石抜 →蒲陰子→九門侯→安定公	喪命 なし／贈王 →○		何舎 なし	欣 奉義県公／→武陽県開国公	植 なし／詳 なし
韓耆		茂 なし	備 江陽男→行唐侯	→△		宝石 ○		

表1-4A　漢族五姓　范陽盧氏

「魏故使持節侍中太保大司馬録尚書事司州牧城陽王墓誌銘」

「魏故使持節侍中司徒公都督雍岐華五州諸軍事驃騎大将軍雍州刺史章武王妃盧墓誌銘」

道武帝	明元帝	太武帝	文成帝	献文帝	孝文帝	宣武帝	孝明帝
高湖東阿侯			均 なし 天生 なし 真 各抜 なし 謐 なし 稚 信 なし	→范陽子 頽 襄城王 猛虎 なし 陀 なし 抜 なし 賭児 なし	剛 樹生 なし 翻 なし	敏 なし 帰義 なし	仁 香 なし
信 涇県侯		道 ○			幹 ○→伯		

内入諸姓続き

道武帝	明元帝	太武帝	文成帝	献文帝	孝文帝	宣武帝	孝明帝
屈遵下蔡子 垣	須○→信都侯	贈昌黎公 →済北公 道賜○	処珍 △ 抜 ○	車渠 ○ 永興 ○			
宿文陳なし	若豆根 なし	沓干漢安男 石○ 乙瑰 西平公→王 延 なし	→蔡陽子→義陽 乾帰 運 東郡公→太 原王	→大山公 海 なし ×	贈太原王 倪○ ?　広川公		

道武帝	明元帝	太武帝	文成帝	献文帝	孝文帝	宣武帝	孝明帝
		玄　固安伯 度世 ○	→侯		淵　○→伯　×復	道舒 △ 道将 なし 道裕 なし	

清河崔氏 「大魏征北将軍金紫光禄大夫南陽鄧恭伯夫人崔氏之墓誌銘」「魏故員外散騎常侍清河崔府君墓誌銘」
「魏故使持節仮黄鉞侍中太師領司徒都督中外諸軍事彭城武宣王妃李氏墓誌銘」

道武帝	明元帝	太武帝	文成帝	献文帝	孝文帝	宣武帝	孝明帝
溥 なし						道畟 なし	
煥 なし						道偘 なし	
						道和 なし	
						道約 なし	
						義僖 なし	
						義悰 なし	
					利 なし	義敦 なし	元事 なし
					尚之 なし		文甫 なし
						洪 なし	子剛 なし
			輔 なし			仲義 なし	
						幹 なし	観 なし
					神宝 なし	光宗 なし	仲宣 なし
					同 なし		
					静 なし		
					延集		

道武帝	明元帝	太武帝	文成帝	献文帝	孝文帝	宣武帝	孝明帝
玄伯 白馬侯	→公 ○	→東郡公 ×					

道武帝	明元帝	太武帝	文成帝	献文帝	孝文帝	宣武帝	孝明帝
	浩　武城王	→陽武侯　×					
	簡　侯	徴　貝丘侯→	→武陵公	道固　清河公	衡○→斉郡　猷○	朏　なし	景茂　武城男
	恬　繹幕子	済南公		→臨淄子	→侯	鍾　なし	
		剖　贈武陵公→	法始　△			×	
		寛　沂水男→		僧佑　層城侯	景猷　○	休纂　○	復
		安国子		僧淵　なし	景業　昌国子	休緒　○	延族　○
		模　武陵男			景淵　武城子		睦　なし
		邪利　臨淄王	霊瑰　なし		伯麟　なし	道寧　なし	
		曠　なし	霊之　なし		伯驎　なし	伯鳳　なし	
					和　なし	相嶙　なし	眴　朝陽伯
					猷　なし		
					延伯　なし		

清河崔氏統き　『周書』巻三六、崔彦穆伝　「魏故鎮遠将軍秘書郎中崔君墓誌銘」「魏故使持節鎮東将軍督青州諸軍事尚書度支尚書青州刺史崔文貞侯墓誌銘」「有魏持節冠軍将軍清州刺史崔使君墓誌銘」

道武帝	明元帝	太武帝	文成帝	献文帝	孝文帝	宣武帝	孝明帝
逞　なし	顗　なし	賾　清河侯 広　△ 軌　なし 叡哲　なし 蔚　なし			叡　なし 延寿　なし 亮 敬黙　なし 光韶　なし 光　朝陽子→伯 敬友　なし 渾　なし 長文　なし 楟　なし 休　なし 鸓　なし 頤　なし	思伯　なし 彧　なし 隆宗　なし	士安　なし 士和　なし 士泰　男 思韶　武城子 混　なし

大原王氏　「魏故比丘尼統慈慶墓誌銘」「魏故勃海太守王府君墓誌銘」『周書』巻三六、王士良伝

道武帝	明元帝	太武帝	文成帝	献文帝	孝文帝	宣武帝	孝明帝
	慧龍　なし	→長社侯 更象　なし	宝興　○		瓊　○→伯 五龍　新塗県開国侯		遵業　なし 徽　なし

趙郡李氏

道武帝	明元帝	太武帝	文成帝	献文帝	孝文帝	宣武帝	孝明帝
		芬　なし 融　贈汝南公 景仁　なし		?　長楽公 公礼　なし	昌　○→侯		

趙郡李氏

道武帝	明元帝	太武帝	文成帝	献文帝	孝文帝	宣武帝	孝明帝
系　贈平棘男	順　なし 修基　なし	→平棘公→ 高平公 惲　なし 霊　高邑子	敷　平棘子 　→○ 式　僕陽侯 栾　安平侯 洪驎　なし 贈　鉅鹿公 恢　　○	贈　高平王× × →侯　贈　鉅鹿公	憲　○→伯 同　なし 悦祖　○→伯　瑾　○ 顕甫　平棘子 華　鑾坡子 憑　なし 遵　なし	祐　大 なし なし	×　復

趙郡李氏続き　「魏故博陵太守邢府君墓誌」「魏故元華嬪盧氏墓誌銘」「魏故世華嬪盧氏墓誌」「魏故世宗宣武帝嬪墓誌」

道武帝	明元帝	太武帝	文成帝	献文帝	孝文帝	宣武帝	孝明帝
		均　なし	瑑　なし	→始塁侯	元茂　○　秀之　○ なし 官茂 叔胤　なし	籍之　なし 志　なし 弼　なし	

道武帝	明元帝	大武帝	文成帝	献文帝	孝文帝	宣武帝	孝明帝
曾 なし	贈柏仁子	読 なし 熙 元氏子 祥 なし 孝伯 南昌子→ 寿光侯贈宣城公	善 なし 李生 〇 贈平棘子 安世 安民 〇	顕進 なし	仲胤 なし 遵元 〇 →趙郡公 秀林 なし 焕 なし	翼 なし 子仁 なし 場 なし 郁 なし →容城伯 粛 なし 曒 なし	映 なし 育 なし 豹子 なし 商 なし 景義 なし →昌楽伯
			静 固安侯	特顕 なし	睡 なし 孝怡 なし	宝 なし	

滎陽鄭氏

「□魏正光三年歳次壬寅十二月己未朔廿六日壬申故鎮遠将軍統軍将軍（下欠）」
「魏故使持節仮黄鉞侍中大師領司徒領中大師都督中外諸軍事彭城武宣王妃李氏墓誌銘」

道武帝	明元帝	大武帝	文成帝	献文帝	孝文帝	宣武帝	孝明帝
			義 なし		→平目男→南陽公 謐 〇 道昭 なし	恭業 〇 道樗 なし	
			小白 なし		胤伯 なし		

隴西李氏 「魏故仮節龍驤将軍豫州刺史李荀墓誌銘」「魏故使持節仮黄鉞侍中大師領司徒都督中外諸軍事彰武宣王妃李氏墓誌銘」
「魏故使持節侍中仮黄鉞都督中外諸軍事大師領司徒公彭城武宣王墓誌銘」

道武帝	明元帝	太武帝	文成帝	献文帝	孝文帝	宣武帝	孝明帝
					平城 なし	先護 なし	幼儒 なし
					敬叔 なし	康業 なし	伯飲 陽武子
					士恭 なし	同 汝陽男	籍 なし
					伯夏 なし		瓊 なし
					謹 なし		儼 なし
					思明 なし		道忠 なし
					思和 なし	雲 なし	蒙 なし
					季長 なし	洪建 なし	崇賓 ○
				德玄 贈陽武侯	穎考 贈開封侯	祖育 なし	貫賓 なし
						仲明 なし	次珍 なし
						季苑 なし	敬賓 なし
				浜 洛陽侯	→雲陽伯 長飲○	季明 なし	→安徳県開国伯
						師 ○	

道武帝	明元帝	太武帝	文成帝	献文帝	孝文帝	宣武帝	孝明帝
宝	敦煌公 茂 △				→侯	静 ○ / 孚 なし / 季安 なし	遄 ○

孝明帝	宣武帝	孝文帝	献文帝	文成帝	太武帝	明元帝	道武帝
晒　なし 曖　なし 該　なし 義慎　なし 義遠　なし 延慶　なし 東　なし 神儁　なし 斌　○	×　復 →高平男 季凱　なし 遵　○ 元珍　なし 仲遵　なし 休纂　なし 延考　なし 延定　○ 琰之　なし	詔　○→伯 彦　なし 慶　なし 茲　なし 贈襄武侯 伯尚 仲尚　なし 佐　真定子→山陽侯→ 河内公→澀陽県開国子 思穆　南陽伯 →順陽侯→隴西公→滎 陽郡開国侯→陽平→清 淵県　贈公 超　なし	輔　なし 沖　なし				承　姑臧侯

表1－4Ｂ　漢族一流

渤海高氏　「大魏武泰元年歳次戊申二月己丑朔廿一日己酉故員外散騎侍郎元君墓誌銘」「周書」巻三七、高賓伝

道武帝	明元帝	太武帝	文成帝	献文帝	孝文帝	宣武帝	孝明帝
		允　汝陽子	→梁城侯		→咸陽公　忱○→侯	貴賓△	
					聡　なし		長雲　なし
					蒿　なし		叔山　なし
		推　贈臨邑子			懐　なし		
		なし			緯　なし	聿　なし	
		變		嶠　○	市賓　なし	元榮　なし	
		済　浮陽子	欽　なし		諶　なし	師　○	和仁　○
		毘　なし	酢　○			雅　なし	
		讜　南皮子	祐　健康子			当　なし	
						顕　△	

広平宋氏　「侍中太傅録尚書事馮翊郡開国公第四子散騎常侍征東将軍金紫光禄大夫西華県開国侯長孫士亮妻広平郡君宋氏墓誌」

道武帝	明元帝	太武帝	文成帝	献文帝	孝文帝	宣武帝	孝明帝
隠　なし		温　贈列人侯	顕　○	演　なし	弁△　維○	鮒　なし	欽仁　△
		宣　中都侯　謨○		鸞　○	機　なし	宝積　なし	紀　なし
		倍　列人子			頴　なし		
					燮　なし	鴻貴　なし	

渤海封氏　「魏故使持節平東將軍冀州刺史勃海定公封使君墓誌」「魏故諮議封府君墓誌」「魏故侍中大司徒尚書左僕射封公墓誌銘」「大魏興和三年歲次辛酉十月己亥朔廿三日辛酉綏遠將軍東安東觀二郡大守封靈第三息妻畢墓誌銘」「魏故博陵大守邢府君墓誌」

道武帝	明元帝	大武帝	文成帝	献文帝	孝文帝	宣武帝	孝明帝
懿	→侯	景 なし		琳 なし	仲霊 なし		隆之 なし
章安子		勖 なし		休笙 なし	→安陵子	進寿 ○	興之 なし
		鑑 なし		霊祐 下密子	軌 なし	胖 なし	延之 なし
						綦 なし	肅 なし
							偉伯 なし
							襲 なし

弘農楊氏　「魏故使持節鎮西將軍雍州刺史華陰莊伯墓誌銘」「魏故鎮遠將軍華州刺史楊君墓誌銘」「魏故比丘尼統慈慶墓誌銘」「魏故清水太守恒農楊公之墓誌」「魏故朔州刺史華陰伯楊君墓誌銘」「普泰二年歲次壬子三月乙丑朔廿日甲申韓使君墓誌銘」

道武帝	明元帝	大武帝	文成帝	献文帝	孝文帝	宣武帝	孝明帝
珍 なし		弁 恒農子		悦 ○	→男	乾 ○	復
		仲真 なし			懿 贈弘農王→伯	×	侃 ○
					播 華陰…	昱 なし	
					椿 なし		
					穎 なし		
					順 なし		道 なし
					津 なし		逸 華陽男
					舒 なし		謐 弘農伯
				暉 贈弘農公	暐 なし	釣 なし	
					恩 なし		

弘農楊氏続き

道武帝	明元帝	太武帝	文成帝	献文帝	孝文帝	宣武帝	孝明帝
屈 なし		継 なし 談 なし 景 なし			興宗 祐 長蜜男	胤 ○ 素 殖 高平男	贈公 贈華陰伯

河東柳氏 『周書』巻二二、柳慶伝

					孝文帝	宣武帝	孝明帝
					崇 なし	僧習 なし 援 なし 仲景	慶和 なし 楷 元章 猗氏伯 永 なし 暢 なし 範 なし 粋 なし 遠
					敬起 なし	玄達 南頓県開国子 →夏陽 緕 ○ 玄瑾 なし	諧 なし
					仲起 なし 僑起 なし		

京兆杜氏 『周書』巻三九、杜杲伝

道武帝	明元帝	太武帝	文成帝	献文帝	孝文帝	宣武帝	孝明帝
銓 新豊侯 贈魏県侯					振 なし 洪太 なし	遺 なし	祖悦 なし 長文 顕 平陽県開国伯 始平伯

第一章　北魏爵制の概要と民族問題に着目した分析　99

道武帝	明元帝	太武帝	文成帝	献文帝	孝文帝	宣武帝	孝明帝
							建　なし

河東裴氏　「魏故使持節鎮東将軍督青州軍事支尚書支青州刺史崔文貞侯墓誌銘」『周書』巻三四、裴寛伝、巻三・巻五、裴俠伝、巻三六、裴果伝、巻三七、裴文挙伝

道武帝	明元帝	太武帝	文成帝	献文帝	孝文帝	宣武帝	孝明帝
	雙頎　贈閣督侯	駿　なし 天明　なし	雙虎　なし	贈閣督侯 修官 綜 なし なし	詢　なし 延儁 夙 良 仲規 叔義 韋 瑗 なし なし	なし　なし　なし 敬憲　荘伯　幼儁 礼知　なし 叔業　蘭陵郡開国公 譚之　上蔡県開国伯　○ 芬之　約○ 萬之　なし 彦先　雍正県開国子 植　崇義県開国侯 飀　義安県開国伯 贈侯 瑗　下密県開国子 粲　舒県子 衍　なし	元直　なし 敬猷　なし 慶孫　なし 伯茂　平陽伯 景融　なし 景顔　なし →山荏　渉　○ 約　○ 愀　○ 爛　城平県開国伯→高 城県開国侯 →灌津子 →安陽県開国子→臨汝 県開国公

博陵崔氏

「斉故博陵郡君崔夫姫墓誌銘」「魏故持節龍驤将軍督営州諸軍事営州刺史征虜将軍太中大夫臨淄男崔公之墓誌銘」

道武帝	明元帝	太武帝	文成帝	献文帝	孝文帝	宣武帝	孝明帝
						秀業 なし 欣 なし 徳歓 なし	思賢 なし 俟 なし

博陵崔氏

道武帝	明元帝	太武帝	文成帝	献文帝	孝文帝	宣武帝	孝明帝
		綽 なし 殊 なし	双護 贈安平侯	鑒 なし 弁 贈饒陽侯	→桐廬県子 贈安平侯 合 ○ 秉 なし 習 なし 広 なし 文業 なし 逸 なし 模 なし 挺 泰昌子 振 なし 瑜之 なし 修和 なし 敬邑 なし	楷 なし 巨倫 なし 孝芬 ○ 孝暐 なし 孝演 なし 孝直 なし 孝政 なし 遊 なし →臨淄男	修義 ○ 忻 なし 仲哲 安平県男 世儒 なし 叔彦 なし →槐里県開国伯 勉 なし →高邑男 孟舒 俟 なし 緒 なし 孝忠 なし 子盛 ○

道武帝	明元帝	太武帝	文成帝	献文帝	孝文帝	宣武帝	孝明帝
					接　なし	纂　なし	
						穆　なし	
						融　なし	
					延伯　定陵男		→当利県開国男
							→新豊子

河間邢氏　「魏故博陵太守邢府君墓誌」「斉故大都督是連公妻邢夫人墓誌」
「魏故使持節侍中都督定冀相殷四州軍事驃騎大将軍定州刺史尚書令儀同三司文静孝公墓誌銘」

道武帝	明元帝	太武帝	文成帝	献文帝	孝文帝	宣武帝	孝明帝
		穎子　城平(武亙)侯	修年　なし		韶　なし	→平舒県開国伯	遙　○
		贈侯			儁　なし	贈公	
					偉　なし		
				祐　なし	季彦　なし		
			公義　なし		晏　なし		
			粛　なし		→城平男		
					産　贈楽城子		
					虬　なし		臧　なし
					瓚　なし		

京兆韋氏　『周書』巻三一、韋叔裕伝

道武帝	明元帝	太武帝	文成帝	献文帝	孝文帝	宣武帝	孝明帝
		閻　なし	範　興平男		儁　○		栄緒　○
		真喜　なし			祉　なし		栄茂　なし
					楨　なし		元恢　なし

1−4C　漢人二流

范陽祖氏

道武帝	明元帝	太武帝	文成帝	献文帝	孝文帝	宣武帝	孝明帝
		尚　なし		道福　高密侯	合宗	眪　なし	猷之　なし
				欣　杜県侯	崇	彧　なし	休之　なし
					珍　覇城子→侯	伯昕　雲陵県開国男	→陰盤県開国男
					績　なし	直善　なし	彫　○
							旭　なし

道武帝	明元帝	太武帝	文成帝	献文帝	孝文帝	宣武帝	孝明帝
敏　安固子		季真　なし			瑩　なし		
疑○→侯		遒　なし					
		偃　なし					

広平游氏

道武帝	明元帝	太武帝	文成帝	献文帝	孝文帝	宣武帝	孝明帝
		雅　広平子→侯	→安楽男	僧奴○	綏　なし	双鳳○	祥○→高邑県開
		明根　なし		→新泰侯	→伯　肇○		国侯
		矯　なし			馥　なし		晧　なし
					思進　なし		

中山劉氏 「熙平元年歳次丙申十月甲午朔四日甲午魏故博陵太守劉府君之銘」「魏宮品一大監墓誌銘」

道武帝	明元帝	大武帝	文成帝	献文帝	孝文帝	宣武帝	孝明帝
		箕　蒲陰県子	遂　なし		銀之　なし 顔　なし	桃符　なし なし	景均　なし 斉　なし

清河傅氏 「魏故員外散騎常侍清河崔府君墓誌銘并序」

道武帝	明元帝	大武帝	文成帝	献文帝	孝文帝	宣武帝	孝明帝
			霊越　貝丘子× 霊根　なし 三宝　貝丘子		永　貝丘男→ 開国　×	→清河男 豎眼　なし 文驥　なし	豊生　△

河東薛氏

道武帝	明元帝	大武帝	文成帝	献文帝	孝文帝	宣武帝	孝明帝
				安都王　河東公贈道㯂○ 道異　贈安邑侯 道次　安邑侯 碩明　蒲坂侯 真度　なし	達○→侯→開国→華陰県 糸替○→平温子→河北侯→伯→臨晋県開国公	懐儁汾陰男 懐吉　なし 懐直　なし 懐朴　襄陵男 懐景　安定男 懐徹○→敷西	承華○

表1-4D　漢人地方望族　太原張氏

道武帝	明元帝	太武帝	文成帝	献文帝	孝文帝	宣武帝	孝明帝
	偉 成皋子			→建安公	仲慮 なし 仲継 なし		

「大魏武泰元年歳次戊申二月己丑朔廿一日己酉故員外散騎侍郎元君墓誌銘」

中山張氏

道武帝	明元帝	太武帝	文成帝	献文帝	孝文帝	宣武帝	孝明帝
珍 なし	綱 なし		種 なし	赫提 なし	算 なし 元賓 なし	宣軌 なし	

長楽潘氏

道武帝	明元帝	太武帝	文成帝	献文帝	孝文帝	宣武帝	孝明帝
なし		天符 なし				霊虬 なし	永基 なし

渤海李氏　「魏故博陵太守邢府君墓誌」「魏故持節左将軍平州刺史宜陽子司馬使君墓誌銘」「周書」巻四六、孝義伝

道武帝	明元帝	太武帝	文成帝	献文帝	孝文帝	宣武帝	孝明帝
昇 なし 雄 なし		金 なし 景仲 なし			叔虎 なし 叔宝 なし 鳳 なし 長仁 延陵男 述 修県男 璧 なし 孝義 なし	伯胄 なし 伯貴 なし	

表1-1～4　凡例
○ 嫡長子が襲爵　△ 嫡長子以外が襲爵　→ 爵位の変化（昇格もしくは降格）　× 奪爵　復 復爵
なし 爵位なし　贈 死後贈爵　爵 本貫地の爵　名 名（官官と内大諸姓は姓名）　? 名不明

第一章　北魏爵制の概要と民族問題に着目した分析　105

表1-5　北魏における爵の内訳

	王(件)	公	侯	伯	子	男	贈爵	有爵者(人)	無爵者
外戚	21	50	22	8	7	0	13	79	21
宦官	6	17	18	4	10	3	4	32	11
北族八姓	26	60	31	2	23	10	4	102	76
内入諸姓	7	41	24	2	10	6	8	69	49
漢族五姓	0	19	35	19	28	5	13	80	161
一流名族	0	5	14	14	37	20	15	77	166
二流名族	0	5	13	4	7	6	2	25	19
地方望族	0	1	0	0	1	2	0	3	23

＊王～男までと贈爵は事例の件数を示す。有爵者および無爵者はその延べ人数を示す。

図　胡族（非漢族）と漢族の五等爵の割合

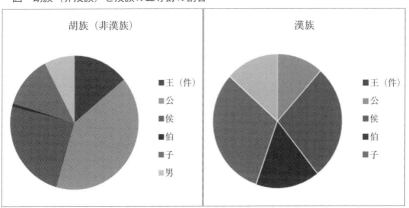

表1-6　封爵と本貫地との関係

	外戚	宦官	五姓	一流名族	二流名族	地方望族
全件数	121	62	119	105	37	4
該当件数	19	21	33	31	24	1

＊全件数は王～男までの爵の件数と死後贈爵の件数の合計を示す。
＊該当件数は表1-1・2・4の傍線部を付した本貫地と一致する封爵の件数を示す。

第二章　北魏前期の爵制とその特質
——仮爵の検討を手掛かりに——

は じ め に

　本章では北魏前期の爵位と官品の関係について焦点を絞って考察する。序章で既に述べたように、従来、この問題については爵位の品と官品の間に対応関係があったとした上で、それが位階制度全体の設計とどのように関わったかが議論されてきた。宮崎市定氏は魏晋南北朝を通じて爵位が官品体系に組みこまれたとし[1]、近年では閻歩克氏が、魏晋南北朝では爵位が官品体系に組み込まれ爵級で位階を示すことができるようになる時代とした[2]。北魏前期における爵位が任官や位階制度全体の設計とどのように関わったかという問題については、川本芳昭氏が爵位は官職への就任への権利であり、爵位の品＝将軍号の官品＝官職の官品という関係であったと結論付けた[3]。また、近年では北魏前期の爵制と官品の関係を位階制度全体の設計の中でより多角的に捉えようとする研究が増えており、孫正軍氏は北魏初期の爵制改革について爵位の位階秩序としての性格から考察を加えている[4]。爵位と官品の関係を論じたこれらの研究は、北魏前期の爵位の品と将軍号・官職の官品とが対応していたという点についてはほぼ一致している。岡部毅史氏は、三者が対応関係にあるということは、爵位が官品と融合して官人個人の身分を表示し、実職を担う官職の官品との対応関係にあったと理解するが[5]、そもそも爵位は任官や官僚体系内における地位の表徴たる位階制度の一つと捉えてよいのだろうか。確かに、次節以降の検討から明らかなように、少なくとも三者の間に緊密な関係があることは認められる。しかし、三者が一致しない事例がまた数多く存在するのも事実である。従来の研究では、将軍号や官職の官品に対応している実例を数例挙げるにとどまり、不

108 第一部 北魏の爵制に関する研究

一致の場合は例外扱いにするが、『魏書』や石刻史料などの事例を網羅的に検討しているわけではないので、実際にどの程度の例外が存在し、その例外がいかなる理由によって出現し、出現の傾向がどのような特徴を持つのかという点は明らかにされていない。また、前章にて指摘したように、北魏においては民族（胡族と漢族）や社会的身分によって賜爵に異なる傾向があるが、このことは北魏の爵位賜与の基準において、官品との対応関係以外の要素が存在したことを示唆している。

　そこで本章では、そもそも爵位と官品両者に従来言われてきたような対応関係があるのかどうかという問題に立ち戻って検討していきたい。そして、具体的な着手点として筆者が着目するのが仮爵制度である。北魏の本来の爵位は襲爵することにより子孫が代々受け継ぐことが可能であるが、北魏前期では仮爵という襲爵できない爵制も運用されていた。張鶴泉氏[6]、明健氏[7]は仮爵と正爵（仮爵に対して襲爵できる本来の爵）の関係を検討し、仮爵は正爵よりも高い爵位が与えられていた事実を明らかにした。しかし襲爵することの出来ない爵位がなぜ必要とされたのか、またいかなる機能を有していたのかは十分に論じられていない。仮爵は北魏前期に特徴的な制度であり、当該期の爵制を理解する上での鍵となると考えられるため、これを官品や正爵などと関連させながら詳細に検討したい。また、最近の北魏研究では平城時代にも政治的な画期があった事が指摘されており、従来ひとまとめにされることが多かった北魏前期の爵制をより細かく時期区分し検討する必要もあるので[8]、そういった点も考慮しつつ検討を進めたい。

第一節　仮爵と正爵の差異

　考察に入る前に、まずは行論の都合上、爵位と品および仮爵についての基本史料を再確認しておきたい。前章にて既に引用した史料もあるが、本章での考察に必要なため再掲載する。

　『魏書』巻一一三、官氏志、天賜元（四〇四）年九月条に、

第二章　北魏前期の爵制とその特質　109

五等の爵を減じ、始めて分ちて四と為す、曰く王・公・侯・子、伯・男の
二號を除く。皇子及び異姓の元功上勳者は王に封じ、宗室及び始蕃王は皆
降して公と為し、諸公は降して侯と為し、侯・子も亦此を以て差と為す。
是に於いて王に封ぜらるる者十人、公なる者は二十二人、侯なる者は七十
九人、子なる者は一百三人。王は大郡に封ぜられ、公は小郡に封ぜられ、
侯は大縣に封ぜられ、子は小縣に封ぜらる。王は第一品、公は第二品、侯
は第三品、子は第四品なり。

減五等之爵、始分為四、曰王・公・侯・子、除伯・男二號。皇子及異姓元
功上勳者封王、宗室及始蕃王皆降為公、諸公降為侯、侯・子亦以此為差。
於是封王者十人、公者二十二人、侯者七十九人、子者一百三人。王封大郡、
公封小郡、侯封大縣、子封小縣。王第一品、公第二品、侯第三品、子第四
品。

とあり、北魏建国初期から、王は一品・公は二品・侯は三品・子は四品に比さ
れていた[9]。そして仮爵制度については、『魏書』巻六、顯祖紀、天安元（四
六六）年七月条に、

詔すらく、諸そ爵位を詐取すること有るものの罪は、特に之を原し、其の
爵職を削れ。其れ祖・父の假爵號有りて貨賕し以て正名とする者は、繼襲
を聽さず。諸そ勞もて進むに非ずして超遷する者も、亦各々初めに還せ。
實を以て聞せざる者は、大不敬を以て論ぜんと。

詔諸有詐取爵位罪、特原之、削其爵職。其有祖・父假爵號、貨賕以正名者、
不聽繼襲。諸非勞進超遷者、亦各還初。不以實聞者、以大不敬論。

とあり、不正に仮爵を正爵とした者は襲爵できないという規定があった。また、
『魏書』巻一一三、官氏志、延興二（四七二）年五月条に、

詔して曰く、功に非ずんば以て爵を受くること無く、能に非ずんば以て祿
を受くること無し。凡そ出でて外遷する者皆此を引き奏聞し、假品を求乞
す。職に在りて效有れば、下して正に附するを聽し、若し殊稱無からば、
隨いて之を削る。舊制の諸鎮將・刺史にして五等爵を假せられたるもの、
及び貢獻する所有りて假爵を得たる者は、皆世襲することを得ずと。

110　第一部　北魏の爵制に関する研究

　　詔曰非功無以受爵、非能無以受祿、凡出外遷者皆引此奏聞、求乞假品。在
　　職有效、聽下附正、若無殊稱、隨而削之。舊制諸鎮將・刺史假五等爵、及
　　有所貢獻而得假爵者、皆不得世襲。

とあり、仮爵は「出でて外遷する者」に与えられ、外任時に功績があれば正爵
となるが特別な功績がなければ削られる点、および仮爵は世襲できない点が知
られる[10]。また仮爵は仮品とも表記され、天賜元年条と併せ考えると、明ら
かに官品体系と関連することが予想される。本章の問題設定において仮爵と官
品の対応関係および仮爵と正爵の差異が生じる意味が重要となるが、これらに
関しては先行研究では言及されていない。そこでまず前者について、仮爵は兼
任するところの将軍号の官品といかなる関係にあるかを検討する[11]。

　表1－1は『魏書』や墓誌から仮爵の全事例を収集し[12]、これに対し『魏書』
巻一一三、官氏志にみえる太和十七年制定の職員令（以下、太和前令と称す）を
基準に品を記したものである[13]。この表を一瞥すると、道武帝期から孝文帝
期まで仮爵制度が実施されていた点が確認できる[14]。より厳密に言えば最終
の事例は太和十三年のNo.25と50なので、孝文帝の爵制改革以降、仮爵制度は
見られなくなる。また延興二年条では「出でて外遷する者」が仮爵授与の対象
者とされているが、その点に関しても実際に諸鎮将・刺史などの地方長官や使
者に授与されたことが確認できる[15]。具体的には全53例中、諸鎮将・刺史な
どの地方長官が33件、使者は5件である。次に仮爵・将軍号・地方長官の関係
については、33例中29例で三者が同時授与され、うち2例を除き仮爵の品と将
軍号の官品が完全に一致する。つまり約93％が一致するのであり、後述するが
これは極めて高い一致度である。さらに全53例中29例が元来の正爵を仮爵によ
り一時的に上位の爵位に高められている。特に刺史の仮爵は1例のみ王だが、公・
侯が中心で、かつ侯を公に上げる場合が多い点が特徴的である[16]。なお公・
侯の差異は州の上下とは対応関係にない[17]。

　このように、仮爵の品は従来考えられてきたとおり、ほぼ将軍号の官品と一
致することが確認できた。ただし、今回明らかになったのは、この臨時的な爵
位は将軍号の官品に意図的に合わせられていたということである。

第二章　北魏前期の爵制とその特質　111

　ここまでは仮爵について検討し、外任の場合に臨時的に与えられる点、および将軍号の官品に合わせ与えられている点を明らかにした。では、襲爵できる正爵の場合はどのような傾向が見られるのであろうか。仮爵の対象者が外任であったことから、比較的事例数が豊富な刺史および使者における正爵の場合を検討する。

　表1－2は刺史任命時に同時に正爵が与えられた事例である。この表によると、刺史の正爵は王～侯の範囲内にあるが、基本的に公・侯が中心でありつつも公が最多であり、仮爵と同様の傾向が読み取れる。また、将軍号を併せ持つ場合、53例中16例が爵位の品と不一致であり、うち3例を除き将軍号の官品の方が高い。つまり約70％の一致率である。以上の検討結果から、正爵の品と将軍号の官品は仮爵ほどの一致率ではなく、不一致の場合は正爵の品より将軍号の官品が高いことが判明した[18]。その理由については第三節にて検討したい。次に、使者の場合を検討する。表1－3は使者として正爵を同時授与された事例を示す。使者の場合は爵位と将軍号の品は一致するが、事例数自体が少ないため完全な一致と考えるには躊躇される。爵位は子・男に限られ、かつほぼ子である。

　以上の検討から、刺史や使者など外任において、仮爵の場合は将軍号の官品に合わせ一時的に爵位を高められ、その結果、爵位の品と将軍号の官品はほぼ完全に一致しており、また正爵の場合は仮爵ほどの一致率ではないことが判明した。そして、不一致の場合は将軍号の官品の方が高いという傾向が見られた。そこで問題となるのは、正爵は必ずしも将軍号の官品と一致しないのに対し、仮爵は将軍号の官品に合わせるのはなぜかという点、および高い官品の将軍号を持つ人物に対しても正爵を将軍号に合わせて与えず、わざわざ仮爵を与えた理由は何か、換言すればなぜ仮爵という特殊な爵制が生み出されたのかという点である。この問題について節を改め検討したい。

112　第一部　北魏の爵制に関する研究

第二節　北魏前期爵制の特質

　前節では仮爵は将軍号の官品に合わせ一時的に爵位が高められている事実を指摘した。このような特殊な爵制が運用されていたことから、仮爵が与えられた人々に対し正爵を与えなかったのは、彼らが何らかの理由で正爵を得るに相応しくなかったためであると言える。正爵を実際に得た人々の傾向を明らかにすることで、仮爵が生み出された理由および北魏前期爵制の特質を知ることができよう。

　まず、北魏前期において正爵がいかなる理由で与えられたのかを検討し、爵位が何の対価であったかについて追求する[19]。表１－４は『魏書』における授爵の理由を皇帝ごとに示したものである。なお孝文帝期は爵制改革が行われる太和十六（四九二）年までを扱う。これによると道武帝・明元帝期は軍功・来降の割合が約半数を占める点が特徴的である。太武帝期も軍功・来降が首位を占めるが割合はやや減り、その他の理由が増え始める。例えば外戚という理由で、功績がなくとも賜爵され始める。変化が顕著に見られるのは文成帝期からである。功績が第一ではなくなり、外戚という理由で賜爵される場合が第一位となる。そのような状況は、例えば『魏書』巻八三上、外戚上、周畿伝に、

> 高宗太安二年、畿を以て平北将軍と爲し、爵河東公を賜い、弟紇は寧北将軍と爲し、爵零陵公を賜う。其の年、竝びに侍中を加え、爵を進めて王と爲す。畿は征東将軍・評尚書事、紇は征西将軍・中都大官たり。自餘の子弟の爵を賜わり王と爲る者二人、公は五人、侯は六人、子は三人、同時に受拝す。舅氏を隆崇する所以にして、當世之を栄とす。
>
> 高宗太安二年、以畿爲平北将軍、賜爵河東公、弟紇爲寧北将軍、賜爵零陵公。其年、竝加侍中、進爵爲王。畿征東将軍・評尚書事、紇征西将軍・中都大官。自餘子弟賜爵爲王者二人、公五人、侯六人、子三人、同時受拝。所以隆崇舅氏、當世栄之。

とあり、文成帝期に外戚の一族に広く賜爵されていることが読み取れる。そし

第二章　北魏前期の爵制とその特質　113

て献文帝期では軍功・来降が再び上位を占めるが、割合は半数以下と低く、その他の理由の割合がさらに高まる。そして孝文帝期は地方長官任命時が第一位となるが、これは前節にて検討したごとく功績によらない賜爵である。その次は外戚や寵愛という理由が多い。これは文明太后が寵臣や外戚に賜爵した場合が多く、『魏書』巻一三、皇后列伝、文明皇后に、

　　太后の臨朝専政より、高祖雅に性孝謹、決に参するを欲せず、事は巨細無
　　く、一に太后に禀す。太后智畧多く、猜忍、能く大事を行い、生殺賞罰、
　　之を俄頃に決し、多く高祖に關せざる者有り。是を以て威福兼ねて作し、
　　内外を震動せしむ。故に杞道德・王遇・張祐・苻承祖等拔かるるに微閹よ
　　りし、歳中にして王公に至り、王叡は臥内に出入し、數年にして便ち宰輔
　　と爲り、賞賚財帛は千萬億を以て計り、金書鐵券、許すに不死の詔を以て
　　す。

　　自太后臨朝專政、高祖雅性孝謹、不欲參決、事無巨細、一禀於太后。太后
　　多智畧、猜忍、能行大事、生殺賞罰、決之俄頃、多有不關高祖者。是以威
　　福兼作、震動内外。故杞道德・王遇・張祐・苻承祖等拔自微閹、歳中而至
　　王公、王叡出入臥内、數年便爲宰輔、賞賚財帛以千萬億計、金書鐵券、許
　　以不死之詔。

とあり、前章にて指摘したように文明太后が宦官を抜擢するとすぐ王公とした。このように孝文帝期においても地方長官任命時・外戚・寵愛という、功績によらない賜爵が多く行われていた。つまり北魏における爵位は、太武帝期までは軍功・来降という国家に対する功績に賜与されていたが、文成帝期からは外戚という功績に基づかない賜爵が顕著になり[20]、その傾向は孝文帝改革直前まで続く。これらの事例は爵位が国家に対する功績の対価であるという本来の基準から大きく逸脱しているからこそ史料に示されたと考えられる。

　以上、授爵の理由を検討した結果、文成帝期から功績によらず賜爵する場合が顕著になるという変化が見られた。では北魏前期の爵制は他の面でも変化があるのだろうか。

　爵位授与のもう一つのあり方として、宗室、特に皇子とその兄弟に限り王爵

114 第一部　北魏の爵制に関する研究

を与える方法があり、それは「非皇子不王＝非親不王」という原則に基づく[21]。
魏晋南北朝においても基本的にその原則は踏襲されていたが、北魏前期では異
姓王が多く存在し、その特徴は趙翼により既に指摘されている[22]。また、万
斯同により北魏の異姓王の整理がなされているが、遺漏も多い[23]。そこで具
体的に北魏前期における異姓王はいかなる状態であったのかを検討する。異姓
王について皇帝ごとに『魏書』から検索し整理したものが表１－５である。こ
の表によると異姓王は明元帝期から胡族の功臣を中心に現れ、文成帝期から外
戚やその親族が顕著に増える。そして献文帝期もその傾向は続き、孝文帝改革
直前には遂に宦官や恩倖にまで幅広く王爵が及ぶ。例えば『魏書』巻八三上、
外戚上、馮熙伝に、

> 聿の同産弟風、幼くして宮に養われ、文明太后特に愛念を加う。數歳にし
> て、爵を賜わり北平王に至り、太子中庶子を拝し、禁闥に出入し、寵二兄
> に侔し。
>
> 聿同産弟風、幼養於宮、文明太后特加愛念。數歳、賜爵至北平王、拝太子
> 中庶子、出入禁闥、寵侔二兄。

とあり、文明太后による寵愛のため年少で王に封ぜられている。このような異
姓王の増加は前述した検討結果と軌を一にし、功績によらない賜爵が増えたの
が原因である。

　以上、授爵の理由・異姓王の二点において、北魏の爵制は文成帝期に大いに
変化し、孝文帝改革前に顕著となることを明らかにした。これと関連し、北魏
前期の爵制を論じる上で大変興味深い指摘が馬端臨によってなされている。『文
献通考』巻二七三、封建一四に、

> 右元魏の時、封爵の及ぶ所の者は尤も衆し。蓋し道武代北に興りてより以
> 來、凡そ部落の大人と鄰境の降附者、皆封ぜらるるに五等の爵を以てし、
> 其れをして世襲せしめ或いは賜わるに王封を以てするも、中世以後に逮び
> 則ち有功に縁らずして封ぜらるる者愈々多し。程駿傳載す。献文崩じ、初
> めて神主を太廟に遷すに、有司奏すらく、舊事、廟中執事の官、例により
> 皆爵を賜わる、今宜しく舊に依るべしと。詔して百寮に詳議せしめ、羣臣

第二章　北魏前期の爵制とその特質　115

咸以て宜しく舊に依るべしと爲すも、駿獨り以て不可と爲す。表して曰く、
臣聞く、名器は帝王の貴ぶ所爲りて、山河は區夏の重爲り。是を以て漢祖
約有り、功に非ずんば侯ならずと。未だ事を宗廟に預かりて、賞を疆土に
獲るを聞かず。復た帝王の制作と雖も、相沿襲せず。然れば一時の恩澤、
豈に長世の軌と爲すに足らんやと。書奏せられ之に從う。當時の封爵の濫
を見るべし。

右元魏時、封爵所及者尤衆、盖自道武興於代北以來、凡部落之大人與鄰境
之降附者、皆封以五等之爵、令其世襲或賜以王封、逮中世以後則不緣有功
而封者愈多。程駿傳載。獻文崩、初遷神主於太廟、有司奏、舊事、廟中執
事官、例皆賜爵、今宜依舊。詔百寮詳議、羣臣咸以爲宜依舊事、駿獨以爲
不可。表曰、臣聞、名器爲帝王所貴、山河爲區夏之重。是以漢祖有約、非
功不侯。未聞預事於宗廟、而獲賞於疆土。雖復帝王制作、弗相沿襲。然一
時恩澤、豈足爲長世之軌乎。書奏從之。可見當時封爵之濫。

とあり、北魏は「中世」以後、功績によらない賜爵が増えたことを指摘し、具
体例として程駿の事例を挙げる。これは『資治通鑑』巻一三四、宋紀一六によ
れば元徽四年＝延興六（四七六）年二月戊寅の事例であり、廟中執事の官に爵
位を与える「舊事」があったとする。ではこのような「封爵の濫」とされる事
例はいつから始まるのだろうか。類似の事例を整理したのが表１－６である。
この表によれば廟での奉仕により賜爵された事例は８例見られる。その事例は
すべて文成帝期から孝文帝改革前に該当する。従って馬端臨の指摘する「中世」
はこの時期を指すとして良いだろう。つまり北魏前期では文成帝期から皇帝が
恩寵的に賜爵しており(24)、爵位の面から軍功の無い新興勢力の台頭が見られ
るのである。

　しかし爵位の伝統的価値観としては、第一節引用の天賜元年条に「元功上勳
者は王に封じ」とあるように、本来国家に対する功績に対し賜与するものであ
る。そもそも第一節引用の延興二年条にも「功に非ずんば以て爵を受くること
無く」という原則が示されている。ここで確認しておきたいのは、功によらな
い賜爵は文成帝期から始まるのであり、北魏建国初期には爵位と功とは密接な

116　第一部　北魏の爵制に関する研究

関係にあった点である。この功に着目し考察を深めたい。

　先述した廟への奉仕による賜爵は、皇帝からの任務を遂行したという意味では功とも考えられるかもしれない。しかし程駿は「漢祖約有り、功に非ずんば侯ならずと。未だ事を宗廟に預かりて、賞を疆土に獲るを聞かず」と言い、賜爵の対象となる功ではないとする。ここでいう「漢祖の約」における「功」とは劉邦とともに天下を定めた臣下の軍功を示す[25]。そして上引『文献通考』程駿の事例は『北史』の記載を引くが、『魏書』巻六〇の伝に、程駿の賜爵に対する認識が示されており、「必ず當に有命を大君の辰に屬ね、心力を戦謀の日に展べるべきにして、然る後に以て茅土の錫に應ずべし。」とある。すなわち「漢祖の約」とともに、建国に関わるような大きな軍功を立てた後に爵位が賜与されるべきという認識が示されている。では、皇帝側にはいかなる認識があったのだろうか。『魏書』巻四三、劉休賓伝附文曄伝に、孝文帝期の改革直前のこととして、

　　文曄對えて曰く、……亡父は延興二年を以て孤り明世に背き、血誠微心は、
　　未だ申展するを獲ず。臣等の比のごときは、竝びに榮爵を蒙るも、事に在
　　りて孤抑するが爲に、人を以て動を廢さると。高祖曰く、卿、父の賞を訴
　　うるも卿の父は動無し。歴城は齊の西關にして、歸命請順す。梁鄒は小戍
　　にして、豈に能く全きを獲んや。何ぞ以て功と爲すに足らんやと。

　　文曄對曰、……亡父以延興二年孤背明世、血誠微心、未獲申展。如臣等比、
　　竝蒙榮爵、爲在事孤抑、以人廢動。高祖曰、卿訴父賞而卿父無動。歴城齊
　　之西關、歸命請順。梁鄒小戍、豈能獲全。何足以爲功也。

とあり、劉文曄が父の賜爵を請求したが、孝文帝は文曄の父の業績は賜爵するには功が不足だと述べる[26]。つまり爵位は本来、国家の存亡の危機を救うような軍功や、領土を拡大させ国家繁栄に繋がる内附という大功への対価であった。だからこそ程駿は「廟中執事」は賜爵の対象となるような「功」ではないと述べ、劉文曄の父は北魏へ帰順したが梁鄒は小戍なので賜爵の基準に満たないとされたのである。そして表１－４の賜爵の第四位以下の理由も、皇帝の馬を制御・内附に賛同・大亀を献上など大功とは言い難い場合が北魏建国以降増

第二章　北魏前期の爵制とその特質　117

加する傾向が見られる。また表１－４・５によると、文成帝期から外戚や宦官
など皇帝に近侍する者に対し賜爵する特徴も見られる。つまり、皇帝が功績に
よらず自らに近い者に対し恩寵的に賜爵する状況は、文成帝期から顕著になる
のである。これは確かに「功に非ずんば以て爵を受くること無く」という原則
からすれば「封爵の濫」と言えるが、爵位が大功に対し機械的に賜与される制
度から、皇帝の自らの意思を反映できる制度に変化したとも言える。例えば、『魏
書』巻四〇、陸俟伝附麗伝に、

　　興安初、平原王に封ぜられ、撫軍将軍を加えらる。麗、辞して曰く……臣
　　の父、先朝に歴奉し、忠勤にして著称せらるるも、今年西夕に至り、未だ
　　王爵に登らず。臣幼くして寵栄を荷い、分に於いて已に過ぎ、愚款の情未
　　だ申べず、犬馬の効未だ展べず。願わくは過恩を裁ち、請う所を遂ぐるを
　　聴せと。高宗曰く、朕は天下の主爲り、豈に二王もて卿の父子を封ずるを
　　得ること能わざるやと。乃ち其の父俟を以て東平王と爲す。
　　興安初、封平原王、加撫軍将軍。麗辞曰……臣父歴奉先朝、忠勤著称、今
　　年至西夕、未登王爵。臣幼荷寵栄、於分已過、愚款之情未申、犬馬之効未
　　展。願裁過恩、聴遂所請。高宗曰、朕爲天下主、豈不能得二王封卿父子也。
　　乃以其父俟爲東平王。

とあり、陸麗が王爵を辞退したにも関わらず、文成帝は自らの意思としてその
父も含め二王を封じている。このように、爵位は本来国家への大功に対し与え
られたが、文成帝期から皇帝の意思を直接反映し、功績によらず与えられる場
合が増加した。ここで想起されるのは、仮爵が道武帝期、すなわち北魏建国初
期の、皇帝が恩寵的に爵位を与えることが出来ない時代に生まれた点である。
仮爵という特殊な爵制が生み出されたのは、このような国家への大功の対価と
しての爵位が強く認識されていたからであり、だからこそ一時的に利用はでき
ても正爵として代々襲うことは禁止したのである。北魏初期はその基準が意識
されていたからこそ、外任の者に仮爵を与えた。仮爵は功という基準がないた
め将軍号の官品を基準として与えられたと考えられる。そして文成帝期から実
態として基準から大きく逸脱し、仮爵を襲う場合が増えたので、仮爵は在任限

118　第一部　北魏の爵制に関する研究

りという再確認の詔が献文帝・孝文帝期に出されたのであろう。

　以上、外任における爵位と官品の対応関係について明確になったが、では内任の場合はどうだろうか。そもそも「爵位＝官品」説は正しいのか。節を改め検討する。

第三節　北魏前期の爵位と官品

　これまで外任における爵位と官品との対応関係について検討したが、内任についてはどのような傾向が見られるのであろうか。その代表例として編纂史料や出土史料の事例数が比較的豊富な尚書について検討する。

　表１－７は尚書の官職と将軍号の官品と爵位の品とを比較したものである[27]。例えば従１品の尚書令であれば、第一品の王爵をもって一致とみなし、それ以外を不一致とみなす。最初に尚書令について検討する（表１－７のa参照）。16例中５例が王、８例が公、３例が無爵者である。時期としては孝文帝期に王が増加する。王が増える原因は第二節で詳述したように、異姓王が増加するためである。つまり王爵の品に合わせ従１品である尚書令に任命されたのではなく、王爵を与えられた者が増加し彼らが政権の中枢を担い尚書令に就官したので、結果的に爵と官職の品が合致してくるのである。次に尚書左右僕射について検討する（表１－７のb参照）。道武帝期から献文帝期まではほぼ公が中心であり、官品とは不一致である。孝文帝期になると王が増加するが、約半数は王以外である。次に吏部尚書について検討すると（表１－７のc参照）、尚書左右僕射とほぼ同様の傾向が読み取れる。また列曹尚書については（表１－７のd参照）、全107件中48例が不一致である。すなわち吏部尚書・列曹尚書では約半数が不一致であり、爵位の品と対応関係にないと言える。また将軍号を伴う場合は爵位より高い官品である傾向も指摘できる。

　このように、そもそも爵位の品と尚書の官品は一致が図られていないという結果が得られた。ここで更に尚書の事例を検討すべく、文成帝期の貴重な石刻史料である南巡碑を用い考察する[28]。南巡碑における尚書と爵位の関係をま

とめたのが表１－８である。尚書と爵位が併記されている事例は20例あり、そのうち14例が官品と一致しているが、６例は不一致である。更に５例が筆者の検討では不一致である可能性がある。具体的には列曹尚書の場合は王から侯（もしくは男）までの幅がある。南巡碑は太和前令の約百年前の状況を示すものであるが、この時点でも尚書の官品を基準にすると爵位にばらつきが見られる。

　以上の検討から尚書の場合は外任の場合とは異なり、爵位の品と官品の対応関係が見られないことが確認できた。また、尚書における爵位の品と将軍号の官品の関係は、将軍号の方が高くなる傾向が見られるが、仮爵のように高い将軍号に合わせ仮に爵位を高める措置は行われていない。また第二節の検討結果に鑑みれば、孝文帝期に王が増えるのは異姓王が増えた結果であり、尚書の官品に合わせたわけではないと言える。

　これまでの検討結果から、爵位と官品との結び付きは官職によって異なることが判明した。つまり先行研究にて指摘された爵位の品と官品の一致は、全ての場合に該当するのではなく、仮爵における将軍号と仮爵との関係についてのみ該当するのである[29]。また尚書の検討から、従来の理解とは逆に、爵位の品と官品とは必ずしも一致させる必要は無かったことが明らかになった[30]。また第一節にて明らかにした、刺史の正爵の品と将軍号の官品は仮爵ほどの一致率ではなく、不一致の場合は正爵の品より将軍号の官品が高いという結果は、たとえ高い官品の将軍号を持つ人物に対してであっても、正式な爵位を将軍号に合わせ賜与できなかったことを示す。そのため仮爵という臨時的な爵位が必要とされたのであり、基本的に爵位の品と将軍号の官品が対応関係に無かったことは指摘できる。以上、官職により爵位の品との結び付きに差異が見られる点が確認できた。仮爵は外任の場合に特別に与えられるものであり、尚書という内任の場合はたとえ官職の官品より爵位が低くても、そのような措置は必要無かったことが知られる[31]。これが官職の性質と関わる問題であることは容易に想定される。そこで爵位と官品の関係について外任と内任の差異を中心に考察を深めたい。まず外任の仮爵の特徴として、『魏書』巻一九上、元新成伝附衍伝に、

120　第一部　北魏の爵制に関する研究

　　頤の弟衍、字は安樂、爵廣陵侯を賜わり、梁州刺史に位するに、假王を表
　　請し、以て威重を崇めんとす。詔して曰く、求むるに厭く無しと謂うべき
　　なり、請う所合わずと。

　　頤弟衍、字安樂、賜爵廣陵侯、位梁州刺史、表請假王、以崇威重。詔曰、
　　可謂無厭求也。所請不合。

とあり、元衍は梁州刺史となった際、既に侯爵であったにもかかわらず仮王を
求めている。この時、仮王となることで「以て威重を崇め」ようとしている点
が注目される。つまり、外任の場合に威儀が必要であり、その機能を仮爵が担っ
たのである(32)。次に、『魏書』巻四〇、陸俟伝附馛伝に、献文帝期のこととして、

　　興安初、爵聊城侯を賜わり、出でて散騎常侍・安南將軍・相州刺史と爲り、
　　長廣公を假せらる。爲政は清平たり、彊きを抑え弱きを扶く。……馛の還
　　るや、吏民大いに布帛を歛め以て之に遺るも、馛、一に皆受けず、民も亦
　　取らず、是に於いて物を以て佛寺を造り、長廣公寺と名づく。

　　興安初、賜爵聊城侯、出爲散騎常侍・安南將軍・相州刺史、假長廣公。爲
　　政清平、抑彊扶弱。……馛之還也、吏民大歛布帛以遺之、馛一皆不受、民
　　亦不取、於是以物造佛寺焉、名長廣公寺。

とあり、正爵と仮爵を併せ持つ場合、仮爵の方が爵位として認識されている。
以上の二点から、仮爵は外任時に権威を高め、在地では爵位として認識されて
いたと言えよう。

　外任、特に地方長官に仮爵が与えられる理由については、文成帝以前の地方
は王朝の統制が及ばず(33)、王朝としても地方長官に仮爵を用い、彼らにより
高い威望を与えることが統治の上で有効であったと考えられる。その際に将軍
号が一つの基準とされたのであって、一般的に爵位の品と将軍号の官品を一致
させる原則があったわけではない。一方、内任である尚書は皇帝の側仕えとい
う性質上、爵位が低くとも職務上特に問題ではなかったと考えられる。爵位に
おける外任と内任の差異に関しては更なる検討が必要であるが、例えば『魏書』
巻七下、孝文帝紀、太和十（四八六）年八月乙亥条に、「尚書・五等品爵已上に
朱衣・玉珮・大小組綬を給う」とあり、尚書の官員と五等爵保持者とは重なり

第二章　北魏前期の爵制とその特質　121

合わないからこそ併記されたと考えられる[34]。

おわりに

　仮爵は地方長官や使者のような外任の在任期間に限って与えられ、世襲され
ず、将軍号の官品を基準として一時的に権威を高める効果があった。このよう
な仮爵制度が北魏初期に生み出されたのは、当初は正爵が国家に対する功績の
対価として付与されていたことが背景にある。仮爵は功績を前提とせず授与さ
れ、一時的に機能するものであったので世襲が禁止され、正爵のように功とな
る基準がないため、将軍号の官品に合わせて与えられた。仮爵と将軍号の官品
は一致するよう意図的に措置されたが、正爵の品と将軍号の官品は必ずしも対
応しておらず、また正爵の品と官職の官品の対応関係も、職種により異なるこ
とが判明した。具体的には外任の場合は品の乖離が小さいが、内任の場合は乖
離が大きいという傾向が見られた。このような差異が生じた理由は、外任の場
合は威儀を高める必要があり、その機能を仮爵が担っていたからだと考えられ
る[35]。北魏前期の爵制の特質として、建国初期は国家への大功に対し賜爵さ
れたが、徐々に皇帝の意思を直接反映し賜爵されるという変化が見られた。即
ち功績に基づくにせよ皇帝の恩寵に基づくにせよ、官品とは異なる基準で与え
られたと言える。このように魏晋以降、爵位が官品に擬せられていくとはいえ、
北魏前期の爵位には官品に還元しきれない独自性があり、文成帝以降の宦官や
恩倖たちが欲したのも王公の地位であった。冒頭にて述べたように、閻歩克氏
は位階が爵本位から官本位へ移行するとし、魏晋南北朝はその初歩的段階と位
置付けたが、本章の考察で見る限り、爵位と官品の関係は初歩的というよりは
ごく例外的なものに過ぎなかったと言える。また岡部毅史氏は北魏前期の爵制
を位階制度の一部と捉え、爵位が官品と融合し官人の身分を表示したと理解し
たが、本章の考察において爵位は国家への大功の序列化という機能が第一義で
あることが判明したため、北魏の爵制は官僚体系内の身分表示である位階制度
とはまた異なる評価基準であったと言えよう。もとより北魏の爵制および位階

122　第一部　北魏の爵制に関する研究

制度は孝文帝改革により大きな変革を被る。本章で論じた爵位と官品の関係が孝文帝改革にてどう扱われたかは、章を改めて検討する。

注

（１）　宮崎市定「北魏の封建制度」（同『九品官人法の研究』第二編第五章、東洋史研究会、一九五六年）。また、厳耀中「別具一格的封爵制度」（同『北魏前期政治制度』、吉林教育出版社、一九九〇年）も同様の指摘をする。

（２）　閻歩克「運作考慮与身分考慮」（同『中国古代官階制度引論』、北京大学出版社、二〇一〇年）。

（３）　川本芳昭「北魏の封爵制」（『東方学』五七輯、一九七九年。同『魏晋南北朝時代の民族問題』、汲古書院、一九九八年再収）。

（４）　孫正軍「従"五等"到"三等"──北魏道武帝"制爵三等"原因鈎沈」（『文史』、二〇一〇年第一輯）。

（５）　岡部毅史「北魏前期の位階秩序について──爵と品の分析を中心に──」（『東洋学報』九四号一号、二〇一二年。同『魏晋南北朝官人身分制研究』、汲古書院、二〇一七年再収）。

（６）　張鶴泉「北魏仮爵制度考」（『吉林大学社会科学学報』四九-五、二〇〇九年。同『北朝封爵制度論稿』、長春出版社、二〇二三年再収）。

（７）　明健「北魏仮爵制度考補」（『魏晋南北朝隋唐史資料』第二五輯、二〇〇九年）。

（８）　佐川英治「遊牧と農耕の間」（『岡山大学文学部紀要』四七号、二〇〇七年。同『中国古代都城の設計と思想：円丘祭祀の歴史的展開』、勉誠出版、二〇一六年再収）。

（９）　このとき除かれた伯・男の復活について、前掲注（６）岡部毅史論文では、男爵は道武帝期末、遅くとも太武帝初期までとし、伯爵は孝文帝の爵制改革時とする。なお本章では川本氏や岡部氏の検討に従い、男爵を五品として扱う。

（10）　なお『通典』巻三一に、「舊制、諸鎭將刺史假五等爵及有所貢獻而得假爵者、皆得世襲。延興二年、詔革此類、不得世襲。」とあり、延興二年以前は仮爵を襲えたとするが、これは実態としては不正に襲爵していたかもしれないが、制度上は正爵に変換出来ないようになっていたので、正しい理解ではない。

（11）　北魏前期の地方長官の官品は記載がないため、仮爵の品との対応関係は将軍号に限る。

（12）　検討した墓誌は趙超『漢魏南北朝墓誌彙編』（天津古籍出版社、二〇〇八年。

第二章　北魏前期の爵制とその特質　123

初版一九九二年）と、羅新・葉煒『新出魏晋南北朝墓誌疏証』（中華書局、二〇
〇五年）所収のものである。なお、『北史』巻三七、孔伯恭伝にも仮爵の事例が
見られるが、『魏書』巻五一の伝では仮爵と記されていないため事例に含めなかっ
た。

(13)　太和前令という名称は宮崎市定「孝文帝の新官制」（前掲宮崎市定著書所収）
に従った。なお、爵位と官品の対応関係を検討する上で困難を伴うのは太和前令
が北魏前期を通じ該当するのか疑わしい点である。『魏書』巻一一三、官氏志に
は「自太祖至高祖初、其内外百官屢有減置」とあり、道武帝から孝文帝までの間
に官職の変動があったことが分かる。宮崎氏は「当時（孝文帝期）の現実の制度
を纏め上げた」とし、少なくとも太和前令の官品を孝文帝期に当てはめるのは妥
当だと思われる。また窪添慶文「北魏初期の将軍号」（『東洋文化』六〇号、東京
大学東洋文化研究所、一九八〇年。同『魏晋南北朝官僚制研究』、汲古書院、二
〇〇三年再収）では、将軍号の序列は北魏初期においても太和前令とほぼ同じで
あるとする。以上の二点により、太和前令の官品体系を用い爵位の品と将軍号・
官職の官品との対応関係を比較検討することは有効として大過ないと思われる。

(14)　前掲注（6）張鶴泉論文では孝文帝の爵制改革時に仮爵も廃止されたとする。
その理由として氏は仮爵制度の散爵制度への移行を想定する。しかし、仮爵は在
任期間中の一時的な爵位であるのに対し、散爵は封土を伴わないが子孫が代々襲
うことができる爵位であり、両者は性質が異なるため単純に同一視はできないで
あろう。

(15)　前掲注（6）張鶴泉論文では仮爵の対象者は延興二年条から、「諸鎮将・刺史」
と「貢献する所有」る者とし、「貢献する所有」る者は使者を指すとする。しか
し貢献について『魏書』における用例を調べると、周辺諸国からの貢物という文
脈で使われており、使者という意味はない。また表1－1では貢物をして仮爵を
与えられた事例は一例もない。ただし、『南斉書』巻三七、劉悛伝に「悛仍代始
興王鑑爲持節・監益寧二州諸軍事・益州刺史、将軍如故。悛既藉舊恩、尤能悦附
人主、承迎權貴。賓客閨房、供費奢廣。罷廣・司二州、傾資貢献、家無留儲。」
とあり、州刺史が皇帝に進貢する事例がある。南朝では地方長官から皇帝への進
貢は広く行われており、北朝でも同様であった可能性がある。厳耀中「東晋南朝
地方財政収支述論」（同『魏晋南北朝史考論』、上海人民出版社、二〇一〇年）参照。

(16)　前掲注（6）張鶴泉論文では、刺史は王〜侯の仮爵が与えられたと指摘するが、

124 第一部 北魏の爵制に関する研究

本章の検討結果から王は例外的事例と言える。また、張氏は仮爵の品級と官職の官品とは結びついていないとするが、仮爵と将軍号の官品とが関連している点について見落としがある。

(17) 州の等級に関しては窪添慶文「北魏の州の等級について」(『高知大学教育学部研究報告』第二部四〇、一九八八年。前掲注(13)窪添慶文著書再収)参照。

(18) 表1−1と表1−2を比較すると、仮公爵は文成帝期以降に多いが、正爵の場合、道武帝・明元帝期は侯の割合が多く、太武帝期以降は徐々に公の割合が高まることが分かる。この理由について考えたい。筆者が歴任の刺史の将軍号と爵位の関係を調べると、仮爵保有者の将軍号は前任刺史の将軍号の官品と同等である傾向が見られた。一例を挙げると、表1−1の事例No.38は仮公爵と従2上の将軍号を授与されているが、前任刺史(『魏書』巻五五、游明根)は侯爵と従2上の将軍号である。表1−2によれば文成帝期以降、全体的に将軍号の官品が上昇しており、第一節にて述べた仮爵・将軍号・地方長官が同時授与される場合が多いことと併せ考えると、前任刺史の将軍号が高まった故に後任者の将軍号も高まり、その将軍号の官品に合わせ仮公爵が増加すると考えられる。

(19) 矢野主税「北魏・北周・隋における封爵制」(『古代学』五巻二号、一九五六年)においても授爵の理由について整理しているが、韋氏の場合のみを検討しただけで全事例を扱っておらず、また皇帝ごとの時期の分類もなされていない。

(20) 太武帝まで軍功や来降による賜爵が多いのは当時の北魏建国以降の戦争によるものだと考えられる。それが文成帝時期に軍功や来降が減少するのは実際に戦争が少なかったことが理由であるが、外戚に対し広く賜爵したのは彼らによって政治基盤が成り立っていたからであろう。当時の政治的背景については張金龍『北魏政治史』五(甘粛教育出版社、二〇〇八年)参照。

(21) この原則の漢唐間の変遷については、楊光輝「非親不王的変異」(同『漢唐封爵制』、学苑出版社、一九九九年)参照。

(22) 趙翼「異姓封王之濫自後魏始」(『廿二史箚記』巻一四)。

(23) 万斯同「魏異姓諸王世表」(『二十五史補編』第四冊、開明書店、一九三六年)。

(24) なお、この表における孝文帝期の事例はすべて文明太后の父の廟に参拝し爵を賜っており、厳密に述べれば皇帝ではなく文明太后が賜爵したと言えよう。先述した『魏書』巻八三上、外戚上、馮熙伝の事例においても異姓王に封じたのは文明太后の寵愛による。しかし、賜爵の理由自体は文明太后の意思によるものだとしても、

第二章　北魏前期の爵制とその特質　125

伝統的な爵制において最終的に賜爵を決定するのは皇帝である。より厳密に言えば賜爵の理由自体は国家への大功に基づき、それが大功かどうか認定するのが皇帝である。この点に関しては第五章にて詳述する。そして当時の文明太后が皇帝と同等の権力を持ち北魏王朝を牛耳っていたのは周知の事実である。従ってここで皇帝が恩寵的に賜爵していたと解して大過ないであろう。

(25)　「漢祖の約」とは封爵の誓・白馬の盟を指す。具体的内容については李開元「秦末漢初の盟誓――封爵の誓と白馬の盟をめぐって――」(『東方学』九六輯、一九九八年)および、楯身智志「漢初高祖功臣位次考――前漢前半期における宗廟制度の展開と高祖功臣列侯の推移」(『東洋学報』九〇巻四号、二〇〇九年。同『前漢国家構造の研究』、早稲田大学出版部、二〇一六年再収)参照。

(26)　なおこの記載は孝文帝が方山へ巡幸した際の問答であり、具体的には太和三(四七九)〜十四(四九〇)年の間に該当する。

(27)　尚書令と尚書左右僕射の就官者については、長部悦弘「北魏尚書省小考――録尚書事・尚書令・尚書左右僕射に関して――」(『日本東洋文化論集』一三、二〇〇七年)を参照し、適宜訂正補足した。

(28)　南巡碑に関する代表的な先行研究は、川本芳昭「北魏文成帝南巡碑について」(『九州大学東洋史論集』、第二八号、二〇〇〇年。同『東アジア古代における諸民族と国家』、汲古書院、二〇一五年再収)、松下憲一「北魏石刻史料に見える内朝官「北魏文成帝南巡碑」の分析を中心に」(『北大史学』四十、二〇〇〇年。同『北魏胡族体制論』北海道大学出版会、二〇〇七年再収)、窪添慶文「文成帝期の胡族与内朝官」(張金龍主編『黎虎教授古稀記念中国古代史論叢』、世界知識出版社、二〇〇六年)がある。また最新の釈文と拓本については藤井律之「北魏文成帝南巡碑碑陰図釈」(『センター研究年報』、二〇二二年)参照。

(29)　先行研究が指摘する爵位の品と官品の一致が成立し難い点については次章にて詳述する。

(30)　筆者の検討では尚書以外の、例えば中書などでも官品との一致は見られなかった。

(31)　川本芳昭氏は『魏書』巻九三、王叡伝附襲伝の「年十四、以父(王叡)任擢爲中散、仍總中部。叡薨、高祖詔襲代領都曹、爲尚書令、領吏部曹・中部、如其品職、依典承襲。文明太后令曰、都曹尚書令百僚之首、民所具瞻。襲年少、智思未周。其都曹尚書令可權記。使閑習政事、後用不晩。終太后世、寵念如初。襲王爵……。」という記載に依拠し、王襲が継ぐ予定の王が一品なので同じ一品の尚書

126 第一部 北魏の爵制に関する研究

令に就官が図られたとする。しかし筆者が襲爵時における官職の官品との対応関係を調べた結果、両者が一致しない場合が圧倒的多数を占めた。従って、これは父の王叡から続く文明太后の寵愛により、子の襲の任命が図られた特殊な事例と見た方が良いだろう。

(32) 表1－2によると、爵位が低いまま地方長官・官品の高い将軍号が与えられる場合もある。ただし、この場合、品の差はほぼ全て1品以内に収まる。一方、表1－1によると正爵を持たない場合、つまり仮爵がなければ無爵の場合や、正爵と将軍号の差が2品以上の場合が過半数もある。将軍号の官品との差が余りに大きい場合、仮爵で調整したと言えよう。

(33) 佐川英治「北魏の編戸制と徴兵制度」(『東洋学報』八一巻一号、一九九九年)。

(34) この記載について、小林聡「北朝時代における公的服飾制度の諸相——朝服制度を中心に——」(『大正大学東洋史研究』第三号、二〇一〇年)は『資治通鑑』巻一三六では相当箇所が「尚書・五等爵已上」としていることから、尚書省の官員と五等爵保持者が併記されたとする。肯首すべき意見であり、本章もその解釈に従う。

(35) なお、北魏前期における将軍号について、将軍号も「仮」制度があり、爵位と同時に世襲できたという、一見爵位と近似した性質を持ち、本章が爵位とともに将軍号について論ずる以上、将軍号の特質についても言及すべきであるが、それは第五章にて後述する。

表1－1　仮爵の品と将軍号・官職の官品との対応関係

No	時期	巻	人名	正→仮(品)	将軍号(官品)	官職(官品)	理由
1	道武帝	31	于栗磾	子(4)	冠軍(3上?)		
2		31	于栗磾	公(2)			
3	明元帝	30	周大肥	侯→公(2)		使持節	出鎮
4		51	韓耆	侯(3)	龍驤(3上)	常山太守	〔太守〕
5		29	叔孫建	公(2)			討伐
6		38	刁雍	侯(3)	鎮東(従1下)	青州刺史(上)	〔刺史〕
7	太武帝	54	游雅	侯→公(2)	平南(従2上)	東雍州刺史	〔刺史〕
8		30	周大肥	侯→公(2)		使持節・冀青州刺史(上)	〔刺史〕
9		45	裴双碩	子(4)	建威(4中)	弘農太守	〔太守〕
10		4	元太毘	王(1)	平南大(2上)		使者
11		57	高讜	子→侯(3)	平東(従2上)		使者
12		65	邢穎	子(4)	寧朔(4上)		使者
13		95	赫連昌	公(2)	常忠(不明)		異姓王
14		27	穆莫提	侯(3)	寧南(従2上?)	相州刺史(上)	〔刺史〕
15	文成帝	64	郭逸	侯(3)		徐州刺史(上)	〔刺史〕
16		30	陸真	侯→公(2)	安西(2下)	長安鎮将	〔鎮将〕
17		40	陸馛	侯→公(2)	安南(2下)	相州刺史	〔刺史〕
18		49	李恢	侯・公(2)	安西(2下)	長安副将	〔鎮副将〕
19		34	陳建	侯→公(2)		幽州刺史(上)	〔刺史〕
20		91	晁暉	侯→公(2)	寧東(従2上?)	済州刺史(下)	〔刺史〕
21		55	游明根	男→侯(3)	冠軍(3上?)		使者
22	献文帝	89	張赦提	侯(2)	冠軍(3上?)	幽州刺史(上)	〔刺史〕
23		30	丘麟	侯→公(2)	平南(従2上)	瑕丘鎮将	〔鎮将〕
24	孝文帝	42	酈範	侯→公(2)	平東(従2上)	青州刺史(上)	〔刺史〕
25		62	薛道次	侯→公(2)	安西(2下)	秦州刺史(上)	〔刺史〕
26		42	韓秀	子→公(2)	平東(従2上)	青州刺史(上)	〔刺史〕
27		43	厳雅王	侯→公(2)	平南(2上?)	東兗州刺史	〔刺史〕
28		44	苟寿楽	公(2)	安南(2下)	懐州刺史	〔刺史〕
29		51	皮喜	公(2)		領涼州枹罕高平諸軍	討伐
30		51	皮喜	公(2)	平西(従2上) 開府(1下)	使持節・都督秦雍荊梁益五州諸軍 ・仇池鎮将	〔鎮将〕
31		56	鄭羲	男→子(4)	寧朔(4上)		使者
32		56	鄭羲	男→侯(3)	兼太常卿(従1下)		廟中執事
33		56	鄭羲	男→侯(3)	安東(2下)	西兗州刺史	〔刺史〕
34		61	薛真度	侯→公(2)	鎮遠(従3下)	平州刺史(上下)	〔刺史〕
35		61	沈文秀	公(2)	平南(従2上)	持節・懐州刺史	〔刺史〕
36		94	王琚	公→王(1)	征西(従1中)	冀州刺史(上)	〔刺史〕
37		53	李安世	公(2)	安平(2下)	仮節・相州刺史(上)	〔刺史〕
38		61	畢元賓	侯→公(2)	平南(従2上)	使持節・兗州刺史	〔刺史〕
39		60	韓麒麟	男→侯(3)	冠軍(3上?)	斉州刺史(下)	〔刺史〕
40		19	元英	公(2)	平北(従2上)	武川鎮都大将	〔鎮将〕
41		55	游明根	公(2)	安南(2下)		参謀軍計
42		37	司馬躍	公(2)	安北(2下)	雲中鎮将・朔州刺史	〔刺史〕
43		62	李彪	子(4)	建威(4中)		使者
44		57	高祐	子→侯(3)	輔国(3上)	持節・西兗州刺史	〔刺史〕
45		42	尭暄	公(2)	中護軍(2中)	使持節・都督南征諸軍事	討伐
46		40	陸龍成	子→公(2)	安南(2下)	青州刺史(上)	〔刺史〕
47		89	胡泥	侯→公(2)		幽州刺史(上)	〔刺史〕
48		50	尉元	公→王(1)			
49		14	元丕	公→王(1)			討伐
50		65	邢産	子(4)			使者
51		7	元嘉	公(2)			
52		7	元嘉	王(1)			討伐
53		I	山徽父	侯・公(2)	平東(従2上)	使持節・徐州刺史(上)	〔刺史〕

128　第一部　北魏の爵制に関する研究

＊巻は『魏書』の巻数を示す（以下同様）　＊正→仮は爵を示す　＊██は不一致を示す（以下同様）
＊州の上下の等級は窪添慶文「北魏の州の等級について」（『高知大学教育学部研究報告 第２部』
　四〇、一九八八年原載、同『魏晋南北朝官僚制研究』、汲古書院、二〇〇三年再収）に依る
＊理由の〔 〕は地方官赴任〔爵職名〕
＊Ⅰ…「魏故諫議大夫建城侯山君之墓銘」（『漢魏南北朝墓誌彙編』262頁）

表１－２　刺史任命時に正爵を同時授与された場合

時期	人数	爵（品）	将軍号（官品）件数
道武帝	1	公（2）	なし
	5	侯（3）	征虜（3上）・奮武（4下）・晋兵（不明）2件・なし
明元帝	1	公（2）	鎮軍大（従1中）
	5	侯（3）	東統・黒稍・宋兵（以上不明）・平西（従2上）・龍驤（3上）
太武帝	2	王（1）	車騎（1下）・征南大（従1上）
	14	公（2）	鎮東大（従1上）・鎮西（従1下）・寧西（従2上？）・四安（2下）6件
			四平（従2上）2件・龍驤（3上）・安遠（従3下）・なし
	9	侯（3）	四平（従2上）3件・龍驤（3上）・冠軍（3上？）・安遠（従3下）
			平遠（従3下？）・なし2件
文成帝	8	公（2）	四鎮（従1下）3件・安南（2下）・寧南（従2上？）・四平（従2上）2件・なし
献文帝	1	王（1）	征南大（1下）
	6	公（2）	四鎮大（従1下）2件・安南（2下）・寧南（従2上？）・四平（従2上）2件
	2	侯（3）	冠軍（3上？）・なし
孝文帝	2	王（1）	鎮南大（従1上）・征南（従1中）
	1	公（2）	鎮西（従1下）
	3	侯（3）	冠軍（3上？）3件

＊件数は2件以上の場合は明記し、1件の場合は省略する（以下同様）

表１－３　使者任命時に正爵を同時授与された場合

時期	人数	爵（品）	将軍号（官品）	官職（官品）
太武帝	3	子（4）	建威（4中）・なし2件	散騎侍郎（4上）・仮員外常侍（従3上）・なし
献文帝	1	子（4）	建威（4中）	なし
孝文帝	1	男（5）	伏波（5上）	仮散騎常侍（2下）

表１－４　『魏書』による授爵の理由の変化

時期	件数（内理由不明）	第一位	第二位	第三位
道武帝	85件（17件）	軍功37件（44%）	来降13件（15%）	功7件（8%）
明元帝	57件（8件）	軍功15件（26%）	来降13件（23%）	即位8件（14%）
太武帝	264件（53件）	軍功75件（28%）	来降40件（15%）	地方官任命17件（6%）
文成帝	118件（34件）	外戚40件（34%）	即位12件（10%）	地方官任命9件（8%）
献文帝	74件（18件）	来降17件（23%）	軍功8件（11%）	地方官任命7件（9%）
孝文帝	97件（39件）	地方官任命14件（14%）	外戚・寵9件（各9%）	

第四位以下の事例
＜道武帝＞
即位…3件、地方官…2件、親族の功・著名・皇帝の意にかなう・寵・厚遇・使者の功…各1件
＜明元帝＞
地方官…5件、寵…2件、親信・親族の功・御者・皇帝の意にかなう・討伐・徴…各1件
＜太武帝＞
即位…13件、使者の功…9件、巡幸・徴…各8件、外戚…7件、寵・功…各6件、使者…5件、親族の
寵・親族の功…各3件、討伐…2件、飲食・忠・答弁・旧恩・厚遇・皇帝の意にかなう・文才・公主に
尚す・廉清…各1件

＜文成帝＞
来降…6件、軍功…4件、廟…3件、馬を制す・親族の功・功臣の子・勲・師伝の子・自ら祖先の功績を訴える・巡幸・忠・使者・東宮の旧臣…各1件
＜献文帝＞
外戚…5件、功…3件、他人の寵・討伐・即位…各2件、内附に賛同・廟・巡幸・軍屯・使者・公主に尚す・皇帝に信用される・専権・寵・政策決定に参与…各1件
＜孝文帝＞
功…7件、廟…4件、使者・討伐…各3件、来降…2件、大亀を献上・軍功・功臣の子・即位・忠・労を積む・皇帝の意にかなう…各1件

表1－5　異姓王の事例

時期	北族八姓	内入諸姓	宗族十姓	外戚	宦官	恩倖
明元帝	1					
太武帝	3		5	2		
文成帝	4	1	2	10		
献文帝	1	1		4		
孝文帝	2	2		4	3	1

＊数字は人数を示す

表1－6　廟での奉仕による賜爵の事例

巻	人名	時期	事例
42	酈範	文成帝	以治禮郎奉遷世祖・恭宗神主於太廟、進爵爲子。
47	盧度世	文成帝	立保太后父燕西獻王廟、加鎮遠將軍、進爵爲侯。
56	鄭羲	孝文帝	文明太后爲父燕宣王立廟於長安、初成、以羲兼太常卿、假荼陽侯、具官屬、詣長安拜廟、刊石建碑於廟門。還、以使功、仍賜侯爵。
57	崔挺	孝文帝	以工書、受勅於長安書文明太后父燕宣王碑、賜爵泰昌子。
70	傅永	孝文帝	兼治禮郎、詣長安、拜文明太后父燕宣王廟、賜爵貝邱男、加伏波將軍。
72	陽藻	孝文帝	詔兼禮官、拜燕宣王廟於長安。還、授寧遠將軍、賜爵魏昌男。
72	李述	孝文帝	拜太常博士、使詣長安、册祭燕宣王廟。還除尚書儀曹郎、賜爵修縣男。
89	高遵	孝文帝	涉歷文史、頗有筆札、進中書侍郎。詣長安、刊燕宣王廟碑、進爵安昌子。

表1－7　尚書の官品と爵位・将軍号の品の対応関係

a.尚書令（従1上）　一致は王（1）　　　　b.尚書左右僕射（従1中）　一致は王（1）

時期	爵	件数	将軍号（官品）	爵	件数	将軍号（官品）
道武帝	公	1件		公	1件	撫軍大（従1中）
	無	2件				
太武帝	公	3件	鎮西（従1下）	公	5件	征南大（1下）・征南（従1中）
文成帝	公	2件	征南大（1下）	王	1件	
	無	1件		公	2件	
献文帝	公	2件		公	1件	安南（2下）
孝文帝	王	5件	鎮東大（従1上）	王	6件	撫軍大（従1中）・鎮南（従1下）
				公	4件	鎮西（従1下）
				侯	1件	

c.吏部尚書(従1下)　一致は王(1)　　　d.列曹尚書(2中)　一致は公(2)

時期	爵	件数	将軍号(官品)	爵	件数	将軍号(官品)件数
道武帝				公	1件	龍驤(3中)
				王	1件	
				侯	1件	
明元帝				公	1件	
太武帝	侯	1件	安西(2下)	公	23件	征西(従1中)・鎮軍(従1下)・鎮南(従1下)・中護軍(2上)・寧西(従2上?)・四安(2下)2件・平南(従2上)2件・左(従2上)・冠軍(3上?)＊Ⅰ
				侯	9件	鎮軍(従1下)＊Ⅱ
				子	3件	安遠(従3下)
				無	1件	
文成帝	公	2件		公	14件	征北大(従1上)・鎮東大(従1中)・鎮西(従1下)・四東(2下)3件・右(従2上)
				王	2件	
				侯	6件	寧西(従2上?)・冠軍(3上?)
				子	1件	右衛(従2下)
献文帝	公	2件		公	5件	鎮西大(従1中)安東将軍(2下)
				王	3件	
				侯	5件	征西(従1中)・龍驤(3上)
				子	1件	
孝文帝	王	2件	征西(従1中)	公	13件	鎮北大(従1中)・寧南(従2上?)・四安(2下)5件
	公	2件		王	7件	征南大(従1上)＊Ⅲ
	侯	1件		侯	10件	左(従2上)2件・後(従2上)

＊無は無爵を示す
＊Ⅰ…内1例『資治通鑑』巻一二五
＊Ⅱ…内1例「顕祖献文皇帝第一品嬪侯夫人墓誌銘」(『漢魏南北朝墓誌彙編』42頁)
＊Ⅲ…内1例「魏故楽安王妃馮氏墓誌銘」(『漢魏南北朝墓誌彙編』155頁)

表1－8　<南巡碑>における尚書と爵位の対応関係

一致　公(2)　　　　　不一致

将軍号(官品)	官職(官品)	位置	爵(品)	将軍号(官品)	官職(官品)	位置
寧東(従2上?)	尚書(2中)	1列4	王(1)	車騎大(1中)	尚書(2中)	1列2
寧西(従2上?)	儀曹尚書(2中)	1列5	王(1)	安南大(2上)	殿中尚書(2中)	2列18
寧南(従2上?)	尚書(2中)	1列6	公(2)	安南(2下)	尚書左僕射(従1中)	2列19
寧東(従2上?)	西起部尚書(2中)	1列7	侯(3)	平東(従2上)	選部尚書(2中)	2列20
寧南(従2上?)	殿中尚書(2中)	1列8	侯(3)	(不明)	□部尚書(2中)	2列28
平西(従2上)	駕部尚書(2中)	2列15	△侯(3)	寧(東)(従2上?)	(□□尚書?)(2中)	2列29
安南(2下)	尚書(2中)	2列21	侯(3)	(不明)	殿中尚書(2中)	2列34
□□□(不明)	□部尚書(2中)	2列23	△侯(3)	龍讓?(3上)	(□□尚書?)(2中)	2列36
安東?(2下)	儀曹尚書(2中)	2列26	△侯(3)	(不明)	(□□尚書?)(2中)	2列38
(不明)	□部尚書(2中)	2列27	△男(5)	鷹揚?(5上)	(□□尚書?)(2中)	2列39
(不明)	殿中尚書?(2中)	2列30	△男(5)	(不明)	(□□尚書?)(2中)	2列40
(不明)	選部尚書(2中)	2列31				
安南?(2下)	(南部)尚書(2中)	2列32				
(不明)	(北部尚)書(2中)	2列33				

＊△は筆者が南巡碑の配列を検討した結果、尚書であると推定した事例。

第三章　北魏前期における爵と品の対応の考察
——南巡碑を中心に——

は じ め に

　前章では北魏前期の爵制の特質について検討した。その結果、仮爵の品と将
軍号の官品は一致するよう意図的に措置されたが、正爵の品と将軍号の官品は
必ずしも対応しておらず、また正爵の品と官職の官品の対応関係も、外任の場
合は乖離が小さいが、尚書のごとく内任の場合は乖離が大きいという職種によ
る違いが見られた点を明らかにした。爵制と官品体系との関係は北魏の爵制研
究における重要なテーマであり、爵の本質的機能に迫るため、本章では更に北
魏前期における爵と品の対応関係について追究する。ただし、北魏前期を検討
するにあたり史料上の制約がある。序章でも述べたように北魏研究の第一の編
纂史料である『魏書』は北魏前期の記載自体が少なく、かつ相当に鮮卑色が薄
められた記載になっているからである。さらに一級の出土史料である北魏墓誌
は洛陽遷都後に急激に増加し、北魏前期においては数が非常に少ない[1]。加
えて墓誌に記載された祖先に関する記述は死後に贈られた官爵が中心であるた
め、北魏前期の官爵の実態解明には利用し難い。北魏前期では以上のような状
況ではあるが、その中において貴重な石刻史料として「文成帝南巡碑」（以下、
南巡碑と称す）が存在する。本章ではその南巡碑を用い検討を加えた上で『魏書』
と比較し、爵と品の対応関係を考察したい。

第一節　南巡碑にみられる序列

（1）　南巡碑の先行研究および概要

　最初に南巡碑とはいかなる石刻史料なのか、その概要について説明したい。一九八〇年代に山西省霊丘県文物管理所が「皇帝南巡之頌」と刻まれた碑額と石碑の台座の石亀を発見した[2]。碑陽の内容は『魏書』巻五、高宗紀、和平二（四六一）年三月の記載と合致し[3]、九〇年代に再調査したところ新たに残碑が発見され、九七年に碑文の文字2600余を校勘したことから研究が本格化した[4]。南巡碑は碑陰に皇帝の南巡に従事した人物の官爵が列挙され、『魏書』に見られない姓名や官職が散見するため非常に注目された。例えば鮮卑的内朝官や氏名に基づき民族問題に着目した研究[5]や、南巡碑における位階に着目した研究[6]が代表的である。このように南巡碑に関する研究は多数あるが、碑自体の全体的な構造については、川本南巡論文が「第一列から第七列にかけて北魏皇帝への近侍の度合いの強弱如何という原則のもとに上から下へと諸官の名を記載」されたと指摘するにとどまり、具体的には十分に検討されていない。また黄楨氏は内職武衛組織の序列について明確化しているが、全体的な構造は示していない[7]。この序列は碑の特質を示すものと考えられるため、南巡碑の全体的構造・序列を検討したい。

（2）　南巡碑の構造および特徴

　本項では南巡碑がいかなる構造により序列化されているのか、またその構造はどのような特徴を持つのかを明らかにする。表1－1は南巡碑の爵・官職・将軍号に特に着目して整理し、南巡碑の構造を簡潔に示したものである[8]。またその根拠となる元データを表1－6として付した。以下、各列について詳細に検討したい。なお本章で用いる官品は『魏書』官氏志にみえる太和十七年前職令（以下、太和前令と称す）の官品表に基づく。

　第一列は最後に「右五十一人内侍之官」と刻まれているように内侍官によっ

て構成されており、川本南巡論文は「皇帝にどれだけ近侍しているか否かという点に基づいて配列するという原則」と指摘する[9]。確かに第一列の1〜8の人物は文成帝の側近が該当する。具体的には1は文成帝即位における最大の功労者である陸麗であり[10]、次は文成帝亡き後に専権をふるう乙渾が来るので明らかに皇帝と近く、当時の権力者の順序になっている。3は『魏書』など編纂史料に残っておらず全く不明な人物であるが、（大）羽真であることから、おそらく北魏王朝に帰順した来降者であると思われる[11]。4・5・6は宦官である[12]。16・17も宦官であるが、鮮卑的官職の内阿干を帯びており、恐らくその順序が優先されているため、同じ宦官でも離れて記載されていると考えられる。7は散騎常侍、8は殿中尚書を以って内侍していたと思われるが、むしろ1〜8は鮮卑的官職を持たず、文成帝期における皇帝と近しい実力者から構成されていると言えよう[13]。そして、高い官品の将軍号と官職を併せ持つ点が特徴である。次に、9〜24は基本的にほぼ全員が将軍号と鮮卑的官職と爵を持ち、一部中国的官職も併せ持つが、1〜8よりは官品が低目になっている。鮮卑的官職については、9の内都幢将は武官系であり[14]、次に10〜25の内阿干は文官系の鮮卑的官職であり[15]、その次の26・27の内行内三郎は再び武官系である[16]。28は内行令、29〜39は内行内小、40・41は内行令というように、ここは内行内小を挟む形になっているが、内行内小は初任の文官で、内行令が束ねる官職と指摘されており[17]、変則的ではあるが鮮卑的官職の高低が基準となっている。以上、9以降は鮮卑的官職、具体的に述べれば全て「内」が付く鮮卑的内朝官が基準となって並んでおり、武官と文官が交互に現れていることが分かる。

　ここで官爵に着目すると、全体的に高い品から低い品へと並んでいるが、必ずしも順序通り厳密に並んでいる訳ではない。また、1〜24までは構造的にみておそらくほぼ全員が爵と将軍号を帯びる。一方、25以降は爵と将軍号を帯びる者がほとんどいない。その理由について最も可能性が高いのは、内行内小が初任の官であり、年齢が若くまだ功績を立てていないため無爵であった場合である。またまれに爵を保有している場合については、父の爵を襲えば若年でも

134　第一部　北魏の爵制に関する研究

有爵者である場合もある[18]。もしくは自らの功績で得た子・男という低い爵であった可能性もある。ただし、爵は起家に関連するという宮崎市定氏および川本芳昭氏の指摘があるが[19]、爵の品に合わせて将軍号および官職が与えられたのかどうかについては検討を要する。なぜなら前章にて詳述したように、爵・将軍号・官職の品が大きく離れる場合もあり、三者が厳密に対応関係にあったとは言い難いからである。この爵の品と起家官との関係については第三節にて詳しく検討したい。

　以上、南巡碑の第一列は最後に「右五十一人内侍之官」と刻まれているように、内侍官により構成されていた。しかしその具体例を調べると、9以降は全て鮮卑的内朝官を保有していたため「内侍の官」に該当すると言えるが、1〜8までは特定の官職が「内侍の官」に該当するのではなく、皇帝との近侍の度合いによる序列化であったと言える[20]。

　爵と将軍号の関係についても見てみよう。将軍号は1品から4品へと、官品の高いものから低いものへ順に並んでいる。爵は1〜8までは一例（3の子爵）を除き王公という高い爵で占められているが、9以降は子・男という低い爵位が中心的となりつつも、公という高い爵も見られ、その並び方に規則性がない。

　次に第二列は前半部分の破損が激しく見難いのだが、おそらく1〜13は全員将軍号（1・2品）と王と直懃を併せ持つことから[21]、王爵を持つ宗室が該当すると思われる[22]。14〜47は28・30・43以外直懃ではなく、『魏書』による記載から外戚・姻戚関係および功臣が該当すると思われる[23]。後半部分が判読し難いが、その文字数から推測するとおそらくほぼ全員が尚書と将軍号と爵を帯びると考えられる。この範囲内の序列の原則は、特進や侍中や散騎常侍を併せ持つかどうか、および爵と将軍号の高下が基準となっている。爵と将軍号を比較した場合、将軍号の方がやや高い品から低い品へと並んでいる。

　ここでこれまで検討した第一列と第二列の差異について考えたい。第一列は「内侍之官」とされるが、第一列1〜8までは官品の高低の差はあるにしろ、第二列14以降の構成と変わりない。つまり両者とも基本的に尚書と将軍号と爵を帯び、一部、特進や侍中や散騎常侍を併せ持つという構成なのである。最大

第三章　北魏前期における爵と品の対応の考察　135

の差異は皇太子に関わる官職（東宮属官）を併せ持つかという点であるが、これも第一列3・7・8は保有していないのに対し、第二列26は保有しているという逆転の現象が見られるため、大まかな原則は示せるが、厳密には説明できない。従って第一列1～8は「内侍之官」と記されつつも、やはり特定の官職が該当するという訳ではなく、皇帝との親疎により決定されていると考えられる。

　また、第一列に東宮属官が明らかに多く見られる点については、皇太子時代に近侍し、皇帝即位後も内侍し昇進する、という遷官ルートが想定できよう。更に南巡碑における東宮属官は胡族および宦官にほぼ限定されている点も特徴的である。

　加えて第一列1～8と9～24および第二列は全員有爵者であることから、側近・宗室・外戚および内都幢将・内阿干・尚書と爵位の結びつき緊密であることが指摘できる。つまり文成帝期において皇帝に近侍する者や高い官職を帯びる者はほぼ全員が有爵者であったことが確認できるのである。これは前章での検討結果である文成帝期から皇帝が恣意的に賜爵しており、爵位の面から軍功の無い新興勢力の台頭が見られる状態を如実に反映していると言えよう。

　第三列は1～7が将軍号と内三郎幢将を帯び、文字数から推測しておそらく爵は持たない。内三郎幢将は内三郎を束ねる存在である。内三郎には有爵者が一部いるが、内三郎幢将には却って一人もいない点は興味深い。鮮卑的官職の高低が必ずしも爵に反映されないというのは、爵は官職とは別の原則で与えられていることを推察せしめる。8～25は給事を帯びほぼ全員が将軍号を併せ持つが、有爵者は半々である。第三列10～13は2品もしくは5品の高い将軍号を保有しているにも関わらず爵は無い。第三列26～52および第四列1～20は内三郎が基準となっており[24]、ほぼ全員が将軍号を帯びるが、有爵者は半数以下である。6品の将軍号に対して爵を有する場合は一例もなく、爵と将軍号との品の関係は同等か高めになっている。またここでも高い将軍号を帯びていても必ずしも爵を伴う訳ではないことが確認できる。

　第四列21～28はほぼ全員が内三郎のみであり、爵と将軍号はない。第四列29

136 第一部 北魏の爵制に関する研究

〜36は折紇真が[25]、37〜49は破損が激しいが、その他の鮮卑的官職が中心となっており、ほぼ全員が将軍号を帯びるが、有爵者は半数以下である。ただし37以降は破損している部分に爵が刻まれていた可能性が高いため、有爵者の割合はおそらく増えるであろう。

第五列1〜16は三郎幢将、17〜23は雅楽真幢将、24〜36は欠けていて不明であり、37〜40は再び三郎幢将、41は欠けていて不明である。ほぼ全員が将軍号を帯びるが、有爵者は2名だけであり、かつ子という低い爵である。第五列は破損が激しく、特に爵の部分が欠けているため、有爵者の割合は増える可能性はあるが、比較的破損の少ない14〜21および36〜40を見ても有爵者は少ないため、第五列はおそらく爵を保有する人物は、第四列までと比較すると少なかった可能性が高い。

第六列以降は欠損が激しく判読が難しいが、11〜16は〜令という官職が共通している。そしてほぼ全員が将軍号を帯びる。第七列も破損が激しいが、少なくとも5〜12は斛洛真であり[26]、約半数は将軍号を帯びるが、有爵者は皆無であり、欠損を考慮しても爵はおそらく殆ど保有していなかったと思われる。なお不明列二の2・3はおそらく斛洛真であることから、第七列に入る可能性が高い。この推測に大過なければ、第七列の将軍号を帯びる割合は高くなる。最後に不明列一は「受禮也□」という表記から、最後尾にくるべきものと思われる。

以上の検討から、南巡碑の序列は官職・官品の高低や鮮卑的もしくは中国的官職のいずれかを規準としているとは言い難いことが判明した。つまり様々な基準が複合的に組み合わさって構成されているのである。その複合的な基準は以下の四点にまとめられる。

①第一列はその中で序列が完結しており、当時文成帝と近しい権力者の順序となっている。内侍官たる所以は、中国的官職については東宮属官が基準となっていると思われるが絶対的ではなく、鮮卑的官職では「内行」を冠するかどうかが基準となっている[27]。また武官と文官が交互に現れる。

②第二列は13までが王爵を持つ宗室、18以降は文官と武官が交互に記され[28]、

総体として徐々に官品が下がっていく。

③第二列18以降は尚書のグループだが、全員が尚書を持つ訳ではない。ただし全員が将軍号と爵を帯び、将軍号はおおむね官品の高低の順になっているが、爵の高下には差異がある。

④同じ官職が離れて記される場合がある。例えば第一列の内行令、第五列の三郎幢将が該当する。第一列の内阿干が列曹尚書の鮮卑系「比官」であるとすると、第一列1～8・第二列18～末の尚書に挟まれている。

この四点が南巡碑の序列の基準である。なお、川本南巡論文では「皇帝への近侍の度合い、及び官爵の高下を基準として諸官を配置しており、前者の基準は後者を凌駕する場合もあった」とする。この指摘は確かに第一列には該当するが、第二列18～末は尚書であるのに対し、第三列～第四列28は側近で警護にあたる武官である内三郎という鮮卑的色彩が濃い官職および、禁中の出入りが可能な給事から構成されており[29]、皇帝への近侍の度合いの順序とは言えない。また、爵の高低や有無は序列の基準となっていない。将軍号は全体的に高い官品から低い官品の順に並んでいるとは言えるが、詳細に見てみると第一列と第二列はほぼ官品の高低の順に並んでいるが、第三列以下は順序がかなり乱れている部分がある。

ではこのような構造の中で爵の品と将軍号・官職の官品はいかなる関係にあるのであろうか。また編纂史料である『魏書』と比較した場合、その傾向に差異は見られるのか、節を改めて検討したい。なお官職に関しては、官品との関係を調べるため、それが判明する太和前令に記載された官職に限定し考察する。

第二節　文成帝期における爵の品と将軍号・官職の官品との関係

北魏では建国当初から爵制が導入されたが、前章にて述べたように、爵と品との対応が企図されていたという先行研究の指摘がある。確かに『魏書』巻二、天興元（三九八）年十一月辛亥の条に「詔して尚書吏部郎中鄧淵をして官制を典し、爵品を立てしむ」とあり、「爵品」という表現は爵と品とが意識されて

いたことを想起させる。また天賜元（四〇四）年九月の条に北魏建国初期から、王は一品・公は二品・侯は三品・子は四品に比されていたことも読み取れる[30]。ただし、『魏書』の条文通りに実際に運営されたか、その実態については検討の余地がある。また、第二章で述べたように北魏の爵の品と将軍号・官職の官品の対応関係があったとする先行研究もあるが、該当する事例を数例挙げるのみで網羅的に検討した研究はない。そこで本節では南巡碑における爵と品の対応関係を調べ、次に『魏書』を検討することにより、文成帝期における爵と品の実態について明らかにしたい。

（１）　南巡碑における爵の品と将軍号・官職の官品との関係

まず南巡碑における爵の品と将軍号・官職の官品との関係を検討する。三者の対応関係を検討した結果が表１－２である。この表を元にして以下の事が指摘できる。

最初に有爵者と将軍号・官職の関係を概観する。将軍号は王〜男までのほぼ全員が帯びるが、子・男の低い爵では一部将軍号を帯びない場合もある。また官職の件数は王・公の人数よりも多い。これは中国的官職を一人で複数併せ持つ場合が多いことを示している。逆に侯〜男は人数よりも件数が少ないため、ここから中国的官職に就いていない者が多いことが分かる。

次に爵と将軍号の関係について考えたい。第一節の検討によれば有爵者は推定も含めると計97名であり、第一列18と第五列39以外の95名は総て将軍号を帯びる。これはかなり高い割合で爵と将軍号を併せ持っていたと言えよう。将軍号を持たない場合は官職を帯び、爵のみ保有する者は１名もいなかった。このような爵と将軍号の関係について、窪添慶文氏によると、孝文帝以前の宗室の有爵者は将軍号を併せ持ち、官職は無いまま軍を率いて活動できたことが指摘されている[31]。つまり爵のみでは実際に活動する際の資格が得られなかったことを示す。その一方で、将軍号のみを帯びる場合も、南巡碑では見られない。また、５品以上の将軍号を帯びていても無爵の場合もある。以上の結果から、爵に将軍号は付随する場合が多いが、将軍号には必ずしも爵は伴わなかったと

第三章　北魏前期における爵と品の対応の考察　139

言える。

　では爵の品と将軍号の官品はいかなる対応関係にあったのだろうか。第一列
１〜24では、基本的に将軍号の品の高低が基準となって並んでいるが、それに
対応する爵は必ずしも高低の順になっておらず、順序が前後する場合がある。
つまり爵と将軍号の品が大きく食い違う事例が出てくるのである。この現象に
ついて、表１−２を元に王〜男のそれぞれの爵に分け、官職も含め検討したい。

　まず王（１品）の場合に中心的に見られる官品は、将軍号は１品・官職は２
品である。また爵の品と官職の官品が大きく離れる事例として、駙馬都尉（従
４上）という公主の婿の起家官が挙げられる。公主の婿になる対象者は身分の
高い王・公が中心であるが、駙馬都尉自体の官品は低いため齟齬が生じる。次
に公（２品）の場合に中心的に見られる官品は、将軍号も官職も２品であり、
爵の品と合致する。しかし該当する官品の幅としては１〜３品まで広がってい
る点にも留意したい。次に侯（３品）の場合に中心的に見られる官品は、将軍
号も官職も２品であり、爵の品よりも高くなっている。該当する官品の幅も将
軍号は２〜３品だが、官職は２品であり、やはり爵の品よりも高い。次に子（４
品）の場合に中心的に見られる官品は、将軍号も官職も３品であり、爵の品よ
りも高い。該当する官品の幅も将軍号は２〜４品であるが、官職は１〜３品で
あり、やはり爵の品よりも高い。最後に男（５品）の場合に中心的に見られる
官品は、将軍号が５品であるが官職は３品であり、爵の品より高い。該当する
官品の幅も将軍号は２〜５品であるが、官職は２〜３品であり、圧倒的に爵の
品よりも高い。

　以上の検討から、全体的に爵の品よりも官職の官品の方が高くなっており、
将軍号の官品においても爵の品よりやや高めになっているという結果が得られ
た。

　従来、北魏における爵の品は将軍号・官職の官品と親和性があるとされ、特
に北魏前期では爵と同時に将軍号も世襲できた点、および爵と将軍号が同時授
与される場合が多い点から、両者の近似性が強調されてきた。しかし今回網羅
的に検討すると、爵と将軍号の場合でさえも官品が大きく食い違う事例が散見

140　第一部　北魏の爵制に関する研究

された。その齟齬は特に低い爵に対して高い将軍号・官職を帯びることで生じている。南巡碑においては、第一列 9・11の子爵（4品）に対し将軍号が従 2 上、第四列 2 の男爵（5品）に対し将軍号が従 2 上、および第二列22の子爵（4品）に対し官職が 1 下の事例が顕著な隔たりがある事例である。ではこの現象は南巡碑のみに見られるのであろうか。次項では『魏書』における関係を網羅的に検討し、考察を加えたい。

（2）　『魏書』における文成帝期の爵の品と将軍号・官職の官品との関係

　ここまでは南巡碑を用い検討してきたが、そもそも南巡碑に記載された人々は当時の北魏官僚の全員を網羅しているとは言えない(32)。そこで『魏書』を用いて文成帝期の爵の品と将軍号・官職の官品との関係を検討し、南巡碑の結果と比較することで全体の傾向を明らかにしたい。

　表 1 － 3 は『魏書』から検索した文成帝期の爵の品と将軍号・官職の官品との対応関係を示したものである。この表を用いて以下の点が指摘できる。

　将軍号の中心的な官品はほぼ爵の品と合致するが、官職の中心的な官品は王（ 1 品）・公（ 2 品）・侯（ 3 品）のどの場合も 2 品となっている。例外的事例を見ると、高い爵を持つ場合は起家官で齟齬が生じている。具体的には王は駙馬都尉（従 4 上）と侍御中散（ 5 上）、公・侯は中散（ 5 中）が該当する。一方、低い爵は高い将軍号・官職を持つ事により齟齬が生じており、具体的には侯は列曹尚書（ 2 中）、子は太常卿（従 1 下）・左将軍（従 2 上）、男は給事中（従 3 上）という事例がある。

　以上の検討結果から、『魏書』においても爵の品は将軍号よりも官職の官品との齟齬が大きいという南巡碑と同様の傾向が得られた。またその齟齬は、低い爵を持ちつつも高い将軍号・官職を保有することで生じている点も同様である。更に南巡碑では一例のみ見られた高い爵を持つ場合は起家官で齟齬が生じていた現象も『魏書』では多く確認できた。では、このような現象は文成帝期にのみ見られる特徴なのであろうか。節を改め検討したい。

第三章　北魏前期における爵と品の対応の考察　141

第三節　北魏前期における爵の品と将軍号・官職の官品との関係

　本節では北魏前期における爵・将軍号・官職と品の関係を検討することにより、前節までに明らかになった爵の品と将軍号・官職の官品の齟齬がなぜ生じるのか、その一方で集中的に見られる官品がなぜ爵の品に合致してくるのかについて明らかにする。

　北魏前期における爵の品と将軍号・官職の官品はいかなる関係にあるのかを明らかにするために『魏書』および墓誌における全事例を検討した結果が表1－4である。その特徴は以下の四点にまとめられる。

　①集中的に見られる官品は天賜元年の条に概ね対応している。

　②将軍号の方が官職の官品よりも爵位の品との差異が小さい。

　③例外的事例も見られる。

　④低い爵位になるほど官品の幅が広がり、集中的に見られる官品も減少する。

　この結果を元に例外的事例を詳細に検討したい。

（1）　爵の品が高く官職の官品が低い場合

　前節では、爵の品が高く官職の官品が低い場合は起家官にて生じていることを指摘した。そこで本節では『魏書』における爵と起家官との関係を検討する。表1－5はその結果を示したものである。この表によれば、起家官はほぼ中散（5中）であり、それに対する爵は王～男までと幅広い。また時期については北魏前期を通じて見られる。ここで想起されるのは陳長琦氏の魏晋における爵と品の研究である[33]。氏によると魏晋貴族の爵位によって仕官する者は、その起家官と資品との間に4品の差があるとする。爵位は国家から賜与されるのであり、爵位により起家官が決まるということは、中正ではなく国家が起家官を決定していたと理解できる。南朝における起家官は家格を決定する重要な指標であるのは周知の事実であり、爵位が起家官を決定するのであれば国家が貴族を決定していた事を意味することになるため、これは従来の南朝貴族像を塗

り替える重要な指摘だと言えよう。一方、北魏前期においてはこの4品の差のような爵位に基づく起家による一定の対応関係は見られない。つまり爵の品と起家官の品とは一致が企図されていないのである[34]。なお鄭欽仁氏の研究では、中散は襲爵者が甚だ多いことから襲爵によって中散となる情勢が明らかであると指摘する[35]。しかし第一章での検討結果では、胡族は一族全体に有爵者が多く、かつ高い爵位が多いという結果が出ており、中散は有力な子弟の初任の官であることと合わせて判断すると、襲爵によって中散に就任するというより、むしろ有力者の子弟はほぼ有爵者であり、かつ中散で起家すると捉えたほうが実態に近いのではないか。このことからも北魏では起家と爵とは別の法則で動いていると言えよう。

　本項での結果をまとめると、基本的に高い爵を襲った者が低い官品の官職で起家する場合にこのような齟齬が生まれていると言える。

（2）　爵の品が低く官職の官品が高い場合

　本項では爵の品が低く官職の官品が高いという前項とは反対の状況について検討する。この現象は枚挙に暇が無い。全事例を明示すると繁雑に過ぎるため、結果のみを示すと以下の如くである。

　まず、散騎常侍や光禄大夫の場合が挙げられる。これは使者としての散騎常侍や兼官はあくまでも一時的なもので、しかも散騎常侍は加官でもあるので官品に差が出るのは特に不自然ではない。しかしこのような一時的に身分を高める官職だけでなく、実務を担う官職においても齟齬が生じている。具体的には給事・東宮属官・尚書・太常卿が該当する。この結果は爵の品よりも官職の官品の方が高いというこれまでの検討結果と合致するため、この傾向は北魏前期を通じた特徴であると言える。

　では、前項で明らかにした爵に基づく起家という法則が見られなかった点、および本項で明らかにした爵の品と官職の官品の差異が大きいという検討結果と、第二章で述べた爵の品と将軍号・官職の官品の親和性が高いとする先行研究の指摘とはどのように考えれば整合性を持つのだろうか。今回の検討結果に

第三章　北魏前期における爵と品の対応の考察　143

よれば高い爵の品と将軍号・官職の官品は比較的差異が小さかったと言える。
例えば表１－４を見ると、王の将軍号と官職の官品は１～２品、公は１～３品
の範囲内であり、例外的事例として起家官にて官品が食い違っているが、おお
むね差異は小さい。しかし子爵以下になるにつれ将軍号と官職の官品が幅広く
分散してくるようになる。この現象が生じる理由は、高い爵は身分の高い者な
ので高い官品の将軍号・官職が与えられ、結果的に爵の品と合致してくると考
えられる。例えば北魏前期の宗室は基本的に王と１品の将軍号を併せ持ち、そ
れを代々受け継いでいた。しかし臣下は爵を獲得するには基本的に軍功を立て
なければいけなかった。このように爵と官職・将軍号はそれぞれ別の基準によ
り与えられていたため、王以下の低い爵になるにつれ離齬が大きくなったと考
えられる。この別の基準については第五章で詳細に検討するが、そのような状
況を示す事例として、『魏書』巻五三、李孝伯伝に、太武帝期のこととして、

　　李孝伯、趙郡の人なり、高平公順の従父弟たり。……従兄順、之を世祖に
　　言い、徴されて中散（5中）と爲り、世祖、見えるに之を異とし、順に謂
　　いて曰く、眞に卿の家は千里駒なりと。祕書奏事中散（5上？）に遷り、
　　侍郎・光禄大夫（従2中）に轉じ、爵南昌子（4）を賜わり、建威將軍（4
　　中）を加えられ、委ぬるに軍國の機密を以てし、甚だ親寵せらる。謀謨切
　　祕にして、時人能く知る莫し。北部尚書（2中）に遷る。頻りに征伐に従
　　いて規畧の功を以て、爵壽光侯（3）に進められ、建義將軍（従3下？）を
　　加えらる。

　　李孝伯、趙郡人也、高平公順從父弟。……從兄順言之於世祖、徵爲中散、
　　世祖見而異之、謂順曰、眞卿家千里駒。遷祕書奏事中散、轉侍郎・光禄
　　大夫、賜爵南昌子、加建威將軍、委以軍國機密、甚見親寵。謀謨切祕、時
　　人莫能知也。遷北部尚書。以頻從征伐規畧之功、進爵壽光侯、加建義將軍。

とあり、爵が低いまま官職が上昇し、乖離が進んだ後に進爵している。また、『魏
書』巻二六、尉古眞伝に太武帝期のこととして、

　　子長壽、幼くして散騎常侍（2下）を拜し、殿中右曹尚書（2中）に遷り、
　　仍お散騎常侍（2下）を加えらる。劉義隆を征するに従い、江に至る。爵

144　第一部　北魏の爵制に関する研究

　　会稽公（2）を賜り、冠軍將軍（3上？）を加えらる。

　　子長壽、幼拜散騎常侍、遷殿中右曹尚書、仍加散騎常侍。從征劉義隆、至

　　江。賜爵會稽公、加冠軍將軍。

とあり、官職が先に与えられ、爵が後に与えられている。つまり、川本芳昭氏
が想定した爵位は官職への就任への権利であり、爵位の品・将軍号の官品・官
職の官品の三者が一致する関係は、実態としては成立しないのである。

おわりに

　本章では石刻史料の南巡碑を用い、その序列を明確に提示した。その規準は
以下の四点である。①第一列はその中で序列が完結しており、当時文成帝と近
しい権力者の順序となっており、また武官と文官が交互に現れる。②第二列は
13までが王爵を持つ宗室、18以降は文官と武官が交互に記され、総体として徐々
に官品が下がっていく。③第二列18〜末は尚書のグループだが、第三列から内
朝官となるため、皇帝近侍の順序で並んでいるとは言えない。④同じ官職が離
れて記される場合がある。また、南巡碑においては皇帝に近侍する者や高い官
職を帯びる者はほぼ全員が有爵者であったことが特筆すべき文成帝期における
特徴である。

　更に南巡碑および『魏書』を用い、北魏前期の爵と品の検討を行った。そし
て従来、北魏の爵の品と将軍号・官職の官品とが対応していたといわれてきた
が、今回網羅的に検討した結果、必ずしもそのような対応関係にあるとは言え
ないことが明らかになった。また爵の品に基づき起家官が決まるという実態も
見られなかった。北魏の爵の品と将軍号・官職の官品の親和性は特に高い爵に
現れるが、それは王・公などの高い爵の保有者は身分の高い者であるので高い
官品の将軍号・官職が与えられ、結果的に爵の品と合致してくるのである。

　前章と本章を通じ明らかにした北魏前期における爵の品と将軍号・官職の官
品との関係は以上の通りである。このような北魏前期の状況は孝文帝改革によ
りいかなる変化を被るのだろうか。次章では孝文帝改革を中心に北魏後期につ

第三章　北魏前期における爵と品の対応の考察　145

いて検討してゆきたい。

注

（1）　川本芳昭『魏晋南北朝時代の民族問題』（汲古書院、一九九八年）および窪添
　　　慶文「墓誌の起源とその定型化」（『立正史学』一〇五、二〇〇九年。同『墓誌を
　　　用いた北魏史研究』、汲古書院、二〇一七年再収）参照。

（2）　山西省考古研究所・霊丘県文物局「山西霊丘北魏文成帝《南巡碑》」（『文物』、
　　　一九九七年第一二期）、以下「南巡論文」と称す。

（3）　『魏書』巻五、高宗紀に、「和平二年二月辛卯、行幸中山。丙午、至于鄴、遂幸
　　　信都。三月、劉駿遣使朝貢。輿駕所過、皆親對高年、問民疾苦。詔民年八十以上、
　　　一子不従役。霊丘南有山、高四百餘丈。乃詔羣官仰射山峰、無能踰者。帝彎弧發矢、
　　　出山三十餘丈、過山南二百二十歩、遂刊石勒銘。是月、發并・肆州五千人治河西
　　　獵道。辛巳、輿駕還宮。」とある。

（4）　靳生禾・謝鴻喜「北魏《皇帝南巡之頌》碑考察報告」（『山西大学学報』、哲学
　　　社会科学版、一九九四年第二期）、同「北魏《皇帝南巡之頌》碑考察清理報告」（『文
　　　物季刊』、一九九五年第三期）、張慶捷「北魏文成帝〈南巡碑〉碑文考証」（『考古』、
　　　一九九八 年第四期）参照。また最近の碑文の考証としては劉澤民・李玉明総主編
　　　『三晋石刻大全・大同市霊丘県巻』（三晋出版社、二〇一〇年）がある。

（5）　川本芳昭「北魏文成帝南巡碑について」（二〇〇〇年初出。同『東アジア古代
　　　における諸民族と国家』、汲古書院、二〇一五年再収。以下「川本南巡論文」と
　　　称す）、松下憲一「北魏石刻史料に見える内朝官：「北魏文成帝南巡碑」の分析を
　　　中心に」（二〇〇〇年初出。同『北魏胡族体制論』北海道大学出版会、二〇〇七
　　　年再収。以下「松下南巡論文」と称す）、窪添慶文「文成帝期的胡族与内朝官」（張
　　　金龍主編『黎虎教授古稀記念中國古代史論叢』、世界知識出版社、二〇〇六年、
　　　以下、「窪添南巡論文」と称す）、張慶捷・郭春梅「北魏文成帝《南巡碑》所見拓
　　　跋職官初探」（『中国史研究』、一九九九年第二期）、張金龍「文成帝《南巡碑》所
　　　見北魏前期禁衛武官制度」（『民族研究』、二〇〇三年第四期、以下、「張金龍南巡
　　　論文」と称す）、張慶捷『民族匯聚与文明互動、北朝社会的考古観察——中国中
　　　古社会和政治研究叢書』（商務印書館、二〇一〇年）参照。

（6）　閻歩克「軍階的演生」（同『品位与職位——秦漢魏晋南北朝官階制度研究』、中
　　　華書局、二〇〇二年）、および岡部毅史「北魏前期の位階秩序について——爵と

146　第一部　北魏の爵制に関する研究

品の分析を中心に――」（二〇一二年初出。同『魏晋南北朝官人身分制研究』、汲古書院、二〇一七年再収）参照。

（7）　黄楨「胡漢遭遇下的制度与制度書写――北魏前期官制結構考論」（二〇一六年初出。同『漢唐間的制度文献与制度文化』、上海古籍出版社、二〇二三年再収）。

（8）　表1－1は主に南巡論文・川本南巡論文・松下南巡前掲載論文に依拠し、佐川英治氏から提供して頂いた画像を参照しながら移録・作成したものである。また藤井律之「北魏文成帝南巡碑碑陰図釈」（『センター研究年報』、二〇二二年）も参照した。

（9）　川本南巡論文では第一列を内侍の中の内侍と表現する。

（10）　『魏書』巻四〇、陸俟伝附麗伝に、「太武崩、南安王餘立、既而爲中常侍宗愛等所殺。百僚憂惶、莫知所立。麗以高宗世嫡之重、民望所係、乃首建大義、與殿中尚書長孫渇侯、尚書源賀、羽林郎劉尼奉迎高宗於苑中、立之。社稷獲安、麗之謀矣。」とあり、『魏書』巻四八、高允伝に、「及高宗即位、允頗有謀焉。司徒陸麗等皆受重賞、……」とあることから、陸麗が文成帝即位における第一の功労者であることがわかる。なお当時の政治状況については張金龍『北魏政治史』（甘粛教育出版社、二〇〇八年）参照。

（11）　松下南巡論文では羽真を鮮卑的爵位と捉え、内附者に賜与されたとする。

（12）　第一列4の尉遅其地は『魏書』に記載がないが、当時は評（平）尚書事の尉眷がおり、その一族の可能性がある。

（13）　第一列7の楊保年は『魏書』巻四四、和其奴伝に、「高宗崩、乙渾與林金閭擅殺尚書楊保年等。」とあり、乙渾に殺害されていることから当時の権力者に該当すると思われる。

（14）　南巡論文では内都幢将は禁軍の首領（長官の意味）とするが、川本南巡論文では内都幢将の定員は一名ではないので禁軍長官とは考えがたいとする。また以下頻出する幢将を川本南巡論文では禁軍の指揮官とする。

（15）　松下南巡論文では内阿干を列曹尚書（2品中）に比す鮮卑系官職とする。

（16）　張金龍南巡論文では内三郎は禁衛武官の起家官であり、内行は取殿内（内廷）行走の意味か、とする。

（17）　窪添南巡論文参照。松下南巡論文では内行内小を中散とするが、張金龍「北魏前期的内侍・内行諸官」（『北大史学』七、二〇〇〇年）ではこの説を否定し、佐藤賢「北魏内某官制度の考察」（『東洋学報』第八六巻第一号、二〇〇四年）も窪

添南巡論文も松下説は成立し難いとする。

(18) 例えば『魏書』巻四〇に、「琇、字伯琳、馛第五子。……（陸）馛有以爵傳琇之意。琇年九歳、馛謂之曰、汝祖東平王有十二子、我爲嫡長、承襲家業、今已年老、屬汝幼沖、詎堪爲陸氏宗首乎。琇對曰、苟非鬭力、何患童稚。馛奇之、遂立琇爲世子。馛薨、襲爵。」とあり北魏前期において幼少（ここでは九歳かそれ以降）で襲爵した事例が見られる。

(19) 宮崎市定「北魏の封建制度」（同『九品官人法の研究』第二編第五章、東洋史研究会、一九五六年）および川本芳昭「北魏の封爵制」（一九七九年初出。同『魏晋南北朝時代の民族問題』、汲古書院、一九九八年再収）参照。また、窪添慶文「北魏の宗室」（『中国史学』九巻、一九九九年。同『魏晋南北朝官僚制研究』、汲古書院、二〇〇三年再収。以下、「窪添宗室論文」と称す）によると、孝文帝親政以降ではあるが、宗室の王の中では起家官の上で大差がないが、王と王でないその兄弟との間には起家に当たって明確な等差があったとする。ただし始蕃王と二蕃王と三蕃王の兄弟の間にも大きくは無いが起家の上で差があったとも指摘する。つまり爵の高低のみが起家を決定するのではなく、その他の要素も関連していたことが示唆されている。

(20) なお、『資治通鑑』巻一二八、宋紀一〇、孝武帝大明二（四五八）年正月丙辰の条に、「(高) 允所與同徴者游雅等皆至大官、封侯、部下吏至刺史二千石者亦數十百人、而允爲郎、二十七年不徙官。帝謂羣臣曰、汝等雖執弓刀在朕左右、徒立耳、未嘗有一言規正、唯伺朕喜悦之際、祈官乞爵、今皆無功而至王公。允執筆佐我國家數十年、爲益不小、不過爲郎、汝等不自愧乎。乃拜允中書令。」とあり、文成帝期の状況は「今皆無功而至王公」であったとの認識が示されている。

(21) 羅新「北魏直勤考」（『歴史研究』、二〇〇四年第五期。同『中古北族名号研究』、北京大学出版社、二〇〇九年再収）によると直勤は神元帝力微の子孫を指すとする。

(22) 第二列28と30も直勤であるが王ではないので第二列13までに入らなかったと思われる。

(23) 外戚に該当する人物を『魏書』および張金龍南巡論文にて確認すると以下の如くである。第二列14の杜豊は張金龍氏によると、外戚杜氏の家族の杜世衡とし、杜氏は魏郡鄴人なので中山公の爵は本貫と合うとされる。また第二列16は外戚の閭毗であるとし、『魏書』巻八三上、外戚上、閭毗伝の記載により□□郡王は河東郡王であるとする。第二列20は外戚の常氏である。

148　第一部　北魏の爵制に関する研究

(24)　南巡論文は内三郎を『魏書』の三郎とするが、川本南巡論文では内三郎幢将→内三郎→三郎幢将の順序で刻まれているため、欠けている第六列以下に三郎がある可能性を指摘し、三郎は内三郎の簡称とは言いがたいとする。

(25)　南巡論文は「折紇真」を『魏書』の下大夫あるいは大夫に相当する鮮卑の職官とし、『南斉書』魏虜伝の「折潰眞」とする。この点については、龐博「北魏前期北族官職的漢訳与改書――以"下大夫"為中心」(『中国史研究』二〇二三年第四期) に詳しい。

(26)　南巡論文は、「斛洛真」は『南斉書』魏虜伝に「帶杖人」と見える「胡洛眞」とする。

(27)　松下南巡論文では内行という言葉を冠することでより皇帝に近侍していることを示すと指摘する。また張金龍南巡論文も内行が即ち内侍官であると指摘する。

(28)　川本南巡論文は南巡碑が武官を中心に記されているとするが、割合から考えれば特に上層部は必ずしも武官中心ではない。

(29)　鄭欽仁『北魏中書考』(国立台湾大学文史叢刊之十四、一九六五年) では中書令が給事中を加えられて初めて禁中の出入りが可能であったと指摘する。

(30)　前掲注 (6) 岡部毅史論文では、男爵が復活され第五品に比せられたとする。本章も男爵を5品として検討する。

(31)　窪添宗室論文参照。

(32)　川本南巡論文では、司衛官や中散官といった当時の内朝において重要な役割を果たしていた官がこの巡幸に加わっていない点を指摘する。

(33)　陳長琦「六朝貴族と九品官人法」(『魏晋南北朝における貴族制の形成と三教・文学――歴史学・思想史・文学の連携による――』、汲古書院、二〇一一年) 参照。

(34)　窪添宗室論文では、『魏書』巻八、世宗紀、永平四年十二月の詔に「五等諸侯、比無選式。其同姓者出身、公正六下、侯従六上、伯従六下、子正七上、男正七下……」とあり、起家官の差は保持する爵位による可能性が考えられるが、氏の検討の結果、この詔通りに運用されていなかったと指摘する。

(35)　鄭欽仁『北魏官僚機構研究』(台北牧童出版社、一九七六年) 参照。

第三章　北魏前期における爵と品の対応の考察　149

表1－1　南巡碑の構造

第一列
1～8　　将軍号(1・2品)＋中国的官職(1～3品)＋爵(王・公まれに子)、→側近
9～24　　将軍号(2～4品)＋鮮卑的官職＋爵(公～男)、まれに中国的官職(2・3品)
　　9　　　　　内都幢将(武官)
　　10　　　　宰官内阿干(文官)
　　11～24　　内阿干(文官)
25～41　鮮卑的官職、まれに将軍号(4品)＋爵(子・男)
　　25　　　　庫部内阿干(文官)
　　26・27　　内行内三郎(武官)
　　28　　　　内行令(文官)
　　29～39　　内行内小(文官)
　　40・41　　内行令(文官)
右五十一人内侍之官
第二列
1～13　将軍号(1・2品)＋爵(王)＋直勲→宗室
14～47　将軍号(1～5品)＋尚書(2品・文官)＋一部特進(1品)と散騎常侍(2品)＋爵(王～男)→外
戚・姻戚関係および功臣
第三列
1～7　　将軍号(2～5品)＋鮮卑的官職(内三郎幢将・武官)爵なし
8・9　　将軍号(4・5品)＋都長史＋給事中(3品・文官)＋爵(子・男)
10～25　将軍号(2～6品・まれに7品)＋給事(3品・文官)＋爵(子・男)、爵半々
26～52　将軍号(4～6品まれに2・3品)＋鮮卑的官職、まれに爵(子・男まれに侯)
　　26～33　　内三郎(武官)
　　34　　　　斛洛真軍将　内三郎(武官)
　　35～48　　内三郎(武官)
　　49　　　　賀渾吐略渥(不明)
　　50～52　　内三郎(武官)
第四列
1～20　将軍号(5・6品まれに2・4品)＋鮮卑的官職(内三郎・武官)、爵(男)半々
21～28　鮮卑的官職(内三郎・武官)
29～49　将軍号(4～6品まれに2・3品)＋鮮卑的官職(文官)、まれに爵(侯・子・男)
　　29　　　　北部折紇真(文官)
　　30　　　　南部折紇真(文官)
　　31　　　　主客折紇真(文官)
　　32　　　　□□折紇真(文官)
　　33　　　　内都坐折紇真(文官)
　　34　　　　折紇真(文官)
　　35　　　　中都坐折紇真(文官)
　　36　　　　外都坐折紇真(文官)
　　37　　　　欠けていて不明
　　38　　　　賀渾吐略渥(不明)
　　39　　　　なし
　　40　　　　庫部内小幢将(文官)
　　41・42　　内小幢将(文官)
　　43～49　　欠けていて不明
第五列
1～41　将軍号(5・6品まれに3・4品)＋鮮卑的官職、まれに爵(子)
　　1～16　　　三郎幢将(武官)

150 第一部 北魏の爵制に関する研究

17～23	雅楽真幢将(不明)
24～36	欠けていて不明
37～40	三郎幢将(武官)
41	欠けていて不明

第六列
1～18	将軍号(5・6品まれに3品)以下は不明
11～16	～令

第七列
1～12	将軍号(6品)+鮮卑的官職(斛洛真)以下は不明
4～12	斛洛真(武官)

不明列
2・3 おそらく斛洛真(武官)

表1-2 南巡碑における爵・将軍号・官職と品の対応関係

爵(人数)	将軍の品(件数)	官職の品(件数)	例外
王(8)	1中～従2上(8)	1中～2下、従4上(13)	従4上(駙馬都尉)
中心	1中(2)従1中(2)	2中(3)2下(3)	
公(20)	従1中～3上(20)	従1上～従3上(27)	
中心	従2上(8)	2中(15)2下(10)	
侯(10)	従2上～3上(10)	2中～2下(8)	
中心	従2上(5)	2中(3)	
子(24)	従2上～4下(22)	1下、3上～従3上(4)	従2上(左衛将軍)
中心	従3上(7)	従3上(3)	従2下(武衛将軍)1下(特進)
男(26)	従2上、5上～5中(25)	2下～従3上(9)	従2下(寧東将軍)従2上(右将軍)
			従3上(給事・給事中)2下(散騎常侍)・従3上(太子庶子)
中心	5上(13)	従3上(4)	

表1-3 『魏書』における文成帝期の爵・将軍号・官職と品の対応関係

爵(品)	将軍の品(件数)	官職の品(件数)	例外
王(1)	1中～従1下(22)	1中～2中、従4上～5上(28)	従4上(駙馬都尉)
中心	従1上(10)従1中(8)	2下(13)	5上(侍御中散)
公(2)	従1上～従2上(40)	1中～従3上、5中(49)	5中(中散)
中心	従1下(9)従2上(12)	2中(15)2下(21)	
侯(3)	2下～従3下(20)	2中～5中(18)	5中(中散)
中心	従2上(6)3上(9)	2中(6)	2中(列曹尚書)
子(4)	従2上～4下(11)	従1下～従5中(11)	従2上(左将軍)
中心	4上(3)	－	従1下(太常卿)
男(5)	5上・5中(6)	従3上(1)	従3上(給事中)
中心	5上(6)		

表1-4 『魏書』における北魏前期の爵・将軍号・官職と品の対応関係
●道武帝～太武帝

爵(品)	件数	将軍の官品	件数	官職の官品
王(1)	66件	1上～従2上、3上	36件	1上～従2下、従4上
中心		従1上(19)従1中(20)		2下(13)
公(2)	106件	1中～従3下、5上	135件	1上～3上、4中～従4上
中心		2下(18)従2上(24)		2中(28)2下(47)
侯(3)	75件	従1中～従3下、4下	55件	1下～4下、従4上、5中

中心		従2上(17) 3上(26)		2中(9) 2下(17)
子(4)	39件	従2上～従4下、5中、5上	33件	2中～5中
中心		4上(9) 4中(11)		従3上(6) 4上(10)
男(5)	14件	従3下～6上	7件	3中～5中
中心		5上(7) 5中(4)		5中(3)

●文成帝～孝文帝改革前

爵(品)	件数	将軍の官品	件数	官職の官品
王(1)	88件	1上～従2上	140件	1上～従3上、従4上～5上
中心		従1上(44)従1中(26)		2下(51)
公(2)	112件	従1上～4上	132件	1中～従3上、5中
中心		従1下(23)2下(32)		2中(34)2下(53)
侯(3)	62件	従1中～4下	77件	従1中～5中
中心		従2上(14)3上(24)		2中(19)2下(25)
子(4)	32件	従2上～6上	36件	従1下～6下
中心		4上(10)		従3上(9)
男(5)	13件	従2上～5中	9件	2下～5中
中心		5上(10)		－

表1－5 『魏書』における爵と起家官との関係

巻	姓名	時期	爵(品)	官職(品)	将軍(品)
30	来大千	明元帝	武原侯(3)	中散(5中)	
51	韓備	太武帝?	江陽男(5)	中散(5中)	揚烈将軍(5上)
26	長孫平成	太武帝	平陽公(2)	中散(5中)	
27	穆寿	太武帝	宜都公(2)	下大夫(4上)	
30	宿石	太武帝	漢安男(5)	中散(5中)	
42	薛初古抜	太武帝	永康侯(3)	中散(5中)	
49	李霊	太武帝	高邑子(5)	中散(5中)	建威将軍(4中)
41	源延	文成帝	武城子(4)	侍御中散(5上)	
30	来丘頽	文成帝	晋興侯(3)	中散(5中)	右将軍(従2上)
51	韓均	文成帝	范陽子(4)	中散(5中)	寧朔将軍(4上)
94	張宗之	文成帝	鞏県侯(3)	侍御中散(5上)	
26	長孫頭	文成帝	呉郡公(2)	中散(5中)	
44	乙乾帰	文成帝	西平王(1)	侍御中散(5上)	
24	許白虎	献文帝	東光子(4)	侍御中散(5上)	
24	張状	孝文帝前	臨渭侯(3)	中散(5中)	
26	長孫呉児	孝文帝前	南康公(2)	中散(5中)	
26	長孫渾	孝文帝前	平陽公(2)	中散(5中)	

＊ は爵の品と官職・将軍号の官品が不一致であることを示す

表1－6　南巡碑の爵位の品と将軍号・官職の官品

番号	姓	字	門下省	散騎省	特進と光禄大夫	将軍号	東宮属官	尚書	給事	鮮卑的内朝	爵位	直懃	その他	順序	不明
1	歩六孤	伊□覆	侍中(2下?)			撫軍大将軍(従1中)	太子太傅(従1上)				平原王		司徒公(中)	1列1	
2	一弗	歩□	侍中(2下?)		特進(1下)	車騎大将軍(1中)	□太子太保(従1上)	尚書(従1上)			太原王			1列2	
3	呂	河一西				六□将軍				羽真	襄邑子			1列3	
4	尉遲	其地	中常侍(3上)			寧東将軍(2中?)	太子太保(従1上)	尚書(従1上)			西部公			1列4	
5	張	益宗	中常侍(3上)			寧西将軍(2中?)	太子少師(2上)	礼曹尚書(2中)			彭城公		領中秘書	1列5	
6	林	金閭	中常侍(3上)			寧南将軍(2中?)	太子少傅(2上)	尚書(従1上)			平涼王			1列6	
7	楊	保年		散騎常侍(2下)		寧東将軍(2中?)		西起部尚書(2中)／殿中尚書(2中)			東海公			1列7	
8	附骨	乙莫干				寧東将軍(2中?)					日南公			1列8	
9	乙旃	惠也拔				左衛将軍(従2上?)				内都幢将	福禄子			1列9	
10	代伏	云右子				寧東将軍(2中?)				宰官内阿干	魏昌男			1列10	
11	乙旃	阿奴				左衛将軍(従2上?)	太子左衛帥(3上)			内阿干	安呉子			1列11	
12	鑒菱	大拔				□将軍	太子庶子(従3上)			内阿干	晋安男			1列12	
13	杜利	幡乃婁(安)				揚烈将軍(5上)				内阿干	陰陵男			1列13	
14	是婁	勒万斯				安北将軍(2下?)				内阿干	東平子			1列14	
15	尉遲	杳亦干	中常侍(3上)			寧東将軍(2中?)				内阿干	建安男			1列15	
16	張	天度	中常侍(3上)			寧南将軍(2中?)	太子率更令(従3上)			内阿干	南陽公			1列16	
17	賈	愛仁	中常侍(3上)	散騎常侍(2下)		寧南将軍(従3?)	太子家令(従3上)			(内阿干?)	平陽公			1列17	
18	若干	若同								内阿干	平陽男			1列18	
19	拔	抜忍听				不明				不明	嘉寧男			1列19	
20	□	晋陵				不明				不明				1列20	
21	一弗	子知則				不明				不明	□陽男			1列21	
22	韓	阿伏真				不明				不明	江樂男			1列22	
23	賀若	天愛				不明				不明	范陽子			1列23	
24	盤大羅	賀若				寧朔将軍(4上)				不明	□武子			1列24	
25	伊婁?	車蘭				中堅将軍(4上)				順部内阿干				1列25	

番号	姓	名	将軍	官	爵	勲	典拠
26	高	平国		内行内三郎			1列26
27	段	魚陽		内行内三郎			1列27
28	胡	墨田	寧朔将軍(4上)	内行令	永平子		1列28
29	賀若	賀別	広威将軍(4下)	内行内小	建德子		1列29
30	歩六孤	龍成		内行内小			1列30の1
31	賀頼	去斤		内行内小			1列30の2
32	素和	莫各豆		内行内小			1列31の1
33	□	金		内行内小			1列31の2
34	乙旃	伏洛汗		内行内小			1列32の1
35	□	□		内行内小			1列32の2
36	□	他仁		内行内小			1列33の1
37	伊婁	諮		内行内小			1列33の2
38	俠庫	仁貴		内行内小			1列34の1
39	馬	鼇		内行内小			1列34の2
40	高	□各抜		内行内小			1列35の1
41	叱羅	騏		内行内小			1列35の2
42	吐伏盧	大引		内行内小			1列36の1
43	歩六孤	羅		内行内小			1列36の2
44	衛	道温		内行内小			1列37の1
45	乙旃	俟		内行内小			1列37の2
46	同□	各抜		内行内小			1列38の1
47	呂	□		内行内小			1列38の2
48	韓	生		内行内小			1列39の1
49	莫	耐頼婁		内行内小			1列39の2
50	宿六斤	阿□	鷹揚将軍(5上)	内行令	蔡陽男	勲	1列40
51	□	□六孤	右将□(従2上)	内行令			1列41
52	□						2列1
53	□						2列2
54	□	天□	□将□			勲	2列3
55	□					勲?	2列4
56	□						2列5
57	□						2列6
58	□						2列7
59	□						2列8
60	□						2列9
61	□	提折閭	□□将軍		□□王	□	2列10
62	□	何艮	衛大将軍(1中)		楽安王	直勲	2列11

番号	姓	名	侍中	散騎常侍	特進・光禄	将軍	尚書	羽真	爵	直懃	2列
63	出大汗				光禄□(従2下)	平東将軍(従2上)			楽良王	直懃	2列12
64	□□連	茂烈		散騎常侍(2下)		征西将軍(従1中)			常山王	直懃	2列13
65	杜	豊		散騎常侍(2下)		征東将軍(従1中)	翼部尚書(2中)		中山公		2列14
66	□□	尸婆				平西将軍(従2上)			□陽公		2列15
67	茄茹	常反		散騎常侍(2下)		征東大将軍(従1上)			□□郡王		2列16 騎馬都尉(従4上)
68	素和	勅使侯		散騎常侍(2下)		龍□将軍(3上)			□□公		2列17
69	独孤	侯尼須	侍中(2下?)		(特進)(1下)	安南大将軍(2中)	殿中尚書(2中)		東安王		2列18
70	素和	其奴	侍中(2下?)	散騎常侍(2下)		安南将軍(2下)	尚書左僕射(従1中)		平昌公		2列19
71	常	伯夫		散騎常侍(2下)		平東将軍(従2上)	選部尚書(2中)		陽楽侯		2列20
72	毛	法仁				安南将軍(2下)	尚書(従1上)	羽真	南部公		2列21
73	比子	乙得		散騎常侍(2下)	特□(1下)	武衛将軍(従2下)			□城子		2列22
74	符	真衡		散騎常侍(2下)			□部尚書(2中)		丹陽公		2列23
75	胡	優比西□陀		散騎常侍(2下)		寧東将□(2中?)			□□侯		2列24
76	抜抜	俟侯頭		散騎常侍(2下)		不明	儀曹尚書(2中)		安復侯		2列25
77	李	真奴		散騎常侍(2下)		(安東将軍?)(2下)	□□尚書(2中)		扶鳳公		2列26
78	袁紇	尉辥		散騎常侍(2下)		不明	□部尚書(2中)		汝南公		2列27
79	渇侯	渇侯仁				不明	□部尚書(2中)		興平侯	宣懃	2列28
80	熱	阿久仁			□太子少保(2上)	寧(東)将軍(2中?)	不明		永興公		2列29
81		郁豆眷				不明	(殿中尚書?)(2中)		順陽公	直懃	2列30
82	豆連	求周				不明	選部尚書(2中)		長広公		2列31
83	黄	盧頭	侍中(2中?)(2下?)			(安南将軍?)(2下)	(南部)尚書(2中)		東(部)公		2列32
84	蔡容	白曜				不明	(北部尚)書(2中)		高部公		2列33

No.	姓	名	前將軍?(従2上)	殿中尚書?(2中)	内三郎	給事	官職	勲	魯陽侯	河中	列
85	韓		不明						不明		2列34
86	呂	力勲真	龍驤将軍?(3上)	不明					野王侯		2列35
87	翮律	羅漢	不明	不明					不明		2列36
88	斛律	諾斗坂	不明						□侯		2列37
89	斛律	頹拔	鷹揚将軍?(5上)	不明					□侯		2列38
90	孔	伯恭	不明	不明					済陽男		2列39
91	胡	莫那	不明	不明					不明		2列40
92	素和	匹于提	不明	不明					不明		2列41
93	□	右以斤	不明	不明					不明		2列42
94	□	倍斤	不明	不明				□勲	不明		2列43
95	□	天愛	不明	不明					不明		2列44
96	□	□乾	不明	不明					不明		2列45
97	□	□児	不明	不明					不明		2列46
98	□		不明	不明	□□□				不明		2列47
99	南□		中堅将軍(4上)		内三郎(幢将)						3列1
100	□		折衝将軍(5上)		内三郎(幢将)						3列2
101	特土	何□	将軍								3列3
102	素□	与頺㦃	右将軍(従2上)		内三郎(幢将)						3列4
103	□		□□将軍		内三郎(幢将)						3列5
104	爾	婁	鷹揚将軍(5上)								3列6
105	素和	侯若須	中塁将軍(4上)		内三郎(幢将)						3列7
106	蓋婁	内亦干	寧朔将軍(4上)			給事中(従3上)	都長史		□子	河中	3列8
107	楊	壯頹	威速将軍(5中)			給事中(従3上)	都長史		高平男		3列9
108	□	右以斤	左将軍(従2上)			給事(従3上)	夷都将	越勲			3列10
109	蔡容	男呉部	鷹揚将軍(5上)			太官給事	夷都将				3列11
110	□楊	乙弐小	右衛将軍(従2下)			駕部給事					3列12
111	□	□連豪	寧遠将軍(5上)			駕部給事					3列13
112	丘目陵	仁	右軍将軍(従3上)			殿中給事			(長舜)子		3列14
113	□	烏地干	振武将軍(4下)			殿中給事					3列15
114	胡	翼以吉 智	□□将軍			殿中給事			寿張子		3列16

	姓	名	将軍号	中書給事	爵	直勤	列
115	李	何思	綏遠将軍(7上)	中書給事(従3上)			3列17
116	趙	騰	驍騎将軍(従3上)	給事(従3上)	新安子		3列18
117	任	玄通	驍騎将軍(従3上)	給事	武安子		3列19
118	楊	思福	鷹揚将軍(5上)	給事(従3上)	聰魚男		3列20
119	胡	比他紀	折衝将軍(5上)	東鋪枚庫給事	南□男		3列21
120	拔烈	蘭黄樹		殿中給事			3列22
121	出大汗	僧徳	宣威将軍(6上)	殿中中給事			3列23
122	屈引	立真□	驍騎将軍(従3上)	殿中給事	武原子		3列24
123	奚那	愛仁	驍騎将軍(従3上)		新安子		3列25
124	斛律	呈羯	驥軍将軍(従3上)	内三郎			3列26
125	楷	三月	軽車将軍(5中)	内三郎	泰昌男		3列27
126	斛律	莫烈	武毅将軍(6下)	内三郎			3列28
127	高	長威		内三郎			3列29
128	其連	受洛拔		内三郎			3列30
129	独孤	□□		内三郎			3列31
130	拔烈	蘭黄頭	宣威将軍(6上)	奥野庫内三郎			3列32
131	斛律	羽郡居	前将軍(従2上)	内三郎	鍾離侯		3列33
132	万俟于	忿提	明威将軍(6上)	解诸真軍将・内三郎			3列34
133		苟黄	奮威将軍(4中)	内三郎	永寧子	直勤	3列35
134	叚	烏地延	後軍将軍(従3上)	内三郎	逢安子	直勤	3列36
135	叚	普陵	明威将軍(6上)	内三郎			3列37
136	斛律	出六拔	建明将軍(4上)	内三郎	晋安子		3列38
137	独孤	去頹	折衝将軍(5上)	内三郎	沙安男		3列39
138	達奚	居陵	廣威将軍(6上)	内三郎			3列40
139	封	平興	廣威将軍(6上)	内三郎			3列41
140	大□	三次	廣威将軍(6上)	内三郎			3列42
141		長命	威烈将軍(6上)	内三郎			3列43
142	達奚	庫勾	伏波将軍(5上)	内三郎			3列44
143	契胡	庫力延	威冠将軍(6中)	内三郎	比陽男		3列45
144	盍毛	万言真	威寇将軍(6中)	内三郎			3列46
145		烏地干		内三郎		直勤	3列47
146		解悉	威冠将軍(6中)	内三郎		直勤	3列48
147	和猞	乞伏貴	威壊将軍(6中)	内三郎			3列49
148	独孤	他头	武威将軍(6中)	賀頭叱略屋内三郎			3列50

番号	氏	名	将軍	内三郎	爵(男)	直勲	参照
149	素和	真文	広威将軍(4下)	内三郎			3列51
150	奉斗官	索六弧	広威将軍(4下)	内三郎			3列52
151	□□	斤	折衝将軍(5上)	内三郎	北徳男		4列1
152	□和	拔	右将軍(従2上)	内三郎	□男		4列2
153	□比	首	□□将軍	内三郎			4列3
154	王		軽車将軍(5中)	内三郎			4列4
155	□□	崎	武烈将軍(6下)	内三郎		直勲	4列5
156	□敷	他莫行	武烈将軍(6下)	内三郎	野陸男		4列6
157	□□	勤	軽車将軍(5中)	内三郎	比陽男		4列7
158	抜烈	蘭奉愛	寧遠将軍(5上)	内三郎			4列8
159	独孤	乙以愛	武烈将軍(6下)	内三郎			4列9
160	蹬	道生	奮武将軍(4下)	内三郎	火道男		4列10
161	独孤		軽車将軍(5中)	内三郎			4列11
162	□王	夫斤	武毅将軍(6下)	内三郎	□男		4列12
163	段	夫斤	武烈将軍(5上)	内三郎	祁陽男		4列13
164	大野	□石頂	揚烈将軍(6下)	内三郎	霊岡男		4列14
165	茹茹	命以斤	揚烈将軍(5上)	内三郎			4列15
166	斛律	西堵	揚烈将軍(5上)	内三郎	永寧男		4列16
167	斛盧		宣威将軍(6上)	内三郎		直勲	4列17
168	勤頃	阿六敦	武毅将軍(6下)	内三郎			4列18
169	比羅	呉提	武毅将軍(6下)	内三郎			4列19
170	斛律	伏和真	武毅将軍(6下)	内三郎			4列20
171	袁紇	退賀紇		内三郎			4列21
172	契胡	陳烏孤		内三郎			4列22の1
173	契胡	烏已		内三郎			4列22の2
174	折枋	侯提		内三郎			4列23の1
175	素和	呉提		内三郎			4列23の2
176	怡	弧□		内三郎			4列24の1
177	奚斗			内三郎		直勲	4列24の2
178		阿各抜		内三郎		直勲	4列25の1
179		来豆春		内三郎			4列25の2
180	比干	幡引		内三郎			4列26の1
181	孟	菩薩		内三郎			4列26の2
182	丘日陵	呉提		内三郎			4列27の1
183	王	右右引		内三郎			4列27の2
184	張	小蘭		内三郎			4列28の1
185	王	洛生		内三郎			4列28の2
186	泛利	傅但	騰揚将軍(5上)	北部折紘真 宣道男			4列29

番号	姓	注記	将軍号	官職	爵	直懃	印	列
187	李	敷	左衛将軍(従2上)	南部折紇真	平棘子			4列30
188	俟文	出六千	宣威将軍(6上)	主客折紇真	建德子			4列31
189	独孤	平城	建威将軍(4中)	□折紇真	建德子			4列32
190	叱奴	地□	遊撃将軍	内都坐折紇真	曲栄子			4列33
191		□…	宣威将軍(6上)	折紇真		直懃		4列34
192				中都坐折紇真				4列35
193				外都坐折紇真				4列36
194	庫秋□		宣威将軍(6上)	□…				4列37
195				賀蘭比略陽				4列38
196	素和		征勇将軍(3上)		方興侯		令	4列39
197			中堅将軍(4上)	庫部内小幢			都	4列40
198			揚武将軍(4下)	内小幢将			□	4列41
199			宣威将軍(6上)	内小幢将				4列42
200			中堅将軍(4上)	身染				4列43
201			前軍将軍(従3上)					4列44
202			鷹揚将軍(5上)					4列45
203							大	4列46
204			奮武将軍(4下)					4列47
205			威虜将軍(6中)					4列48
206			中塁将軍(4上)					4列49
207			宣威将軍(6上)	□□三郎幢将				5列1
208			宣威将軍(6上)	三郎幢将				5列2
209				三郎幢将				5列3
210				三郎幢将				5列4
211				三郎幢将				5列5
212			宣威将軍(6上)	三郎幢将				5列6
213				三郎幢将				5列7
214				三郎幢将				5列8
215			陵江将軍(5上)	三郎幢将				5列9
216			折衝将軍(5上)	三郎幢将			□	5列10
217			鷹揚将軍(5上)	三郎幢将			□	5列11
218			宣威将軍(6上)	三郎幢将			□	5列12
219				三郎幢将			□	5列13
220	抜抜	古斤□	宣威将軍(6上)	三郎幢将			□	5列14

第三章　北魏前期における爵と品の対応の考察　159

	姓名1	姓名2	将軍号	三郎幢将／雅楽真幢将		列	備考
221			折衝将軍(5上)	三郎幢将		5列15	□□□
222	独孤			三郎幢将		5列16	
223	常貫	□真		雅楽真幢将		5列17	□□
224	素和	佐其恩	前軍将軍(従3上)	雅楽真幢将	直勤	5列18	
225		□□思超	宣威将軍(6上)	雅楽真幢将		5列19	
226		木□	後軍将軍(従3上)	雅楽真幢将	□子	5列20	
227	歩六孤			雅楽真幢将		5列21	
228			宣威将軍(6上)	雅楽真幢将		5列22	
229				雅楽真幢将		5列23	
230			陵江将軍(5上)			5列24	
231			威遠将軍(5中)			5列25	
232			宣威将軍(6上)			5列26	
233			宣威将軍(6上)			5列27	
234			揚武将軍(4下)			5列28	
235			後軍将軍(従3上)			5列29	
236			宣威将軍(6上)			5列30	
237			後軍将軍(従3上)			5列31	
238			□□将軍			5列32	□□□□
239			西□将軍			5列33	以
240			□将軍		□子	5列34	□□□
241			□将軍			5列35	
242	乳樹					5列36	
243	尉	瑊比		三郎幢将		5列37	
244	張			三郎幢将		5列38	□軍
245	長児	大賀勤		三郎幢将		5列39	
246	采	洛生		三郎幢将		5列40	
247			威□			5列41	
248			威			6列1	
249			丹東将軍			6列2	
250			軽車将軍(5中)			6列3	
251			折衝将軍(5上)			6列4	
252						6列5	
253	□□					6列6	軍史
254			□□将軍		□招子	6列7	
255	□		□将軍			6列8	…□
256	□□		□□将軍			6列9	□□□
257						6列10	

160　第一部　北魏の爵制に関する研究

番号	人名	将軍号	解洛貴	令等	列
258	厚□于	宣威将軍(6上)		□令	6列11
259	…愛□	□将軍			6列12
260	□抜　天封河　光	右軍将軍(従3上)		□□	6列13
261	□抜　扎□有	後軍将軍(従3上)		都□令	6列14
262	紇　莫成	宣威将軍(6上)		大□令	6列15
263	怡　長命			都長史	6列16
264		建中将軍(従3下)		棟軍令	6列17
265		宣威将軍(6上)			6列18
266		宣威将軍(6上)			7列1
267		宣威将軍(6上)			7列2
268		宣威将軍(6上)			7列3
269		威□将軍			7列4
270			解洛貴		7列5
271	□叱	宣威将軍(6上)	解洛貴		7列6
272			解洛貴		7列7
273	紇　■		解洛貴		7列8
274	直		解洛貴		7列9
275	(小)賀頼　内□□		解洛貴		7列10
276	□□□		解洛貴		7列11
277	闍頭				7列12
278					不明列1の1
279	豆豆　賜…				不明列1の2
280	受　禮也				不明列1の3
281		鷹揚将軍(5上)			不明列2の1
282		鷹揚将軍(5上)	解…		不明列2の2
283		鷹揚将軍(5上)	解…		不明列2の3
284		宣威将軍(6上)			不明列2の4
285		鷹揚将軍(5上)			不明列2の5

第四章　北魏後期の爵制とその特質
──孝文帝の爵制改革を中心に──

は じ め に

　序章で述べたように北魏王朝では、建国初期から五等爵制が導入された。その後、爵制は多少修正が加えられながら運営されたが、抜本的な爵制改革が行われたのは孝文帝の太和十六（四九二）年である。その内容をいま一度確認すると、道武帝以降の子孫のみを王爵の対象とし、それ以外の王爵を持つ者を公に降格し、順次繰り下げるというものであった（例降）。そして封土の有無については、開国の号を付された封爵は封土を伴う実封であり、食邑〜戸と併記され（食邑制）、開国の号を付されない、即ち封土を伴わない虚封と区別された（開建五等）。これは北魏の爵制上画期的な変化であり、孝文帝が行った他の改革と関連してしばしば研究の対象となっている。

　孝文帝の爵制改革に関する代表的な先行研究として川本芳昭氏の研究が挙げられる。そこではこの爵制改革が他の諸改革同様に孝文帝による北魏政治の中央集権化という路線と軌を一にしており、胡族上層部の「一体」感を打破する目的で行われたとする[1]。しかし第一章にて明らかにしたように、氏が前提とする北魏前期の漢族における封土の存在が認められず、また第二・三章にて明らかにしたように爵の品と将軍号・官職の官品とは必ずしも対応関係になく、爵は国家への大功への対価という官品に還元しきれない独自性があった。このような北魏前期の爵制に対する理解が大過ないとすれば、次に問われなければいけないのは孝文帝改革の意義であろう。本章は、孝文帝の爵制改革を中心に北魏後期の爵制の特質について検討し、爵制からみた北魏の身分秩序に迫ろうとするものである。

第一節　孝文帝の爵制改革

　これまでの孝文帝の爵制改革に関する研究は、例降および開建五等と食邑制の導入を中心に議論されてきた。そこでまず行論の都合上、例降についての基本的史料を再確認したい。『魏書』巻七下、高祖紀、太和十六年正月乙丑の条に、

　　制するに、諸々の遠屬にして太祖の子孫に非ざるもの、及び異姓の王たるものは、皆降して公と爲し、公は侯と爲し、侯は伯と爲し、子・男は舊に仍り、皆將軍の號を除く。

　　制、諸遠屬非太祖子孫、及異姓爲王、皆降爲公、公爲侯、侯爲伯、子・男仍舊、皆除將軍之號。

とあり、例降により王爵を道武帝以後の子孫に限定している。これは川本芳昭氏の指摘のごとく、宗室の範囲を明示した政策であると言える。

　次に、開建五等および食邑制の導入について検討する[2]。先述したように開建五等の実施により封土の有無が明確化され、実封の場合は食邑～戸と併記されるようになった。では実際に爵の高低と食邑の戸数にはいかなる関係にあるのだろうか。具体的な開建五等時の爵と食邑との関係について調べたのが表１－１である。この表によると、例えば同じ郡開国侯の爵であっても食邑の戸数は三百～八百戸と幅があり、大きな差異がみられる。また、更に上級の郡開国公が却って下級の郡開国侯より戸数が低い場合もみられる。つまり、爵の高下と食邑の戸数は比例しておらず、両者に齟齬がみられるのである。ではこのような齟齬はなぜ生じるのであろうか。封土の戸数の決定方法について詳述した大変興味深い史料として、『魏書』巻七八、張普恵伝に、

　　……故尚書令臣（高）肇、未だ遠く古義を稽え、近く成旨を究むること能わず、初封の詔を以て、親王は二千戸、始蕃は一千戸、二蕃は五百戸、三蕃は三百戸有りとし、是を親疏世減の法と謂う。又開國五等を以て、之を減ずる所の言有りとし、以て世減の趣と爲す。遂に格を立て奪を奏し、是を高祖の本意と稱し、仍りて旨可を被る。差謬の來、亦た已に甚だしきか

な。遂に勲親をして懷屈、幽顯をして冤を同じうせしめ、紛訟すること彌
年にして、之れを能く息むこること莫し。臣、輒ち遠く旨格を研め、深く
其の事を窮むるに、世々變じ減奪すること、今古據る無し。又詔書を尋ぬ
るに、昔未だ采るべからずと稱し、今始めて辭を列するは、豈に混一する
を得、久近を分かつこと罔きや。故樂良（景穆十二王の二蕃王(3)）・樂安（明
元六王の三蕃王）は、同蕃異封にして、廣陽（太武五王の四蕃王）・安豐（文
成五王の始蕃王）は、別屬の戸等なり。安定の嫡（胡国祥）、邑は親王に齊
しく、河間（文成五王の始蕃王）の戚近、更に蕃食に從う。是れ乃ち太和の
降旨、初封の倫級にして、勲親兼ね樹つるは、世減の大驗に非ざる者なり。
博陵爵を襲うに、亦た太和の年に在るも、時に世減たらず、父嘗て全食す
るを以て、戸を足し本を充たし、之を始封と同じうし、減ずるに今（令？(4)）
式に從う。此のごとくんば、則ち減ずる者は其の足らす所の外を減じ、足
らす者は其の減ずる所の内を足らす。減足の旨、乃ち貢する所を食む所と
爲すのみ。諸王をして開國せしむるを欲し、其の民を專らにせず、賦役の
差、貴賤は等有り。蓋し周禮の公侯伯子男の貢税の法に準擬し、王は其の
半を食し、公は三分の一を食し、侯・伯は四分の一、子・男は五分の一と
す。是れを以て新興（諸帝子孫の元丕）は本を充たすに足るを得、清淵（李沖）
は更多くして戸を減ず。故に始封承襲すること倶に稱う。減ずる所は之を
貢を以て減ずるを謂い、食は之を國に食するを謂い、斯れ實に高祖需然の
詔なり。實を減ずるの理は、聖明自ら釋き、之を史帛に求むるも、猶お未
だ盡さざること有るがごとし。時に尙書臣琭は減足の參差を疑い、旨も又
之を判じ、以て減ずる所の旨を開訓し、以て世々減ずるを疑わざるべし。
而るに臣（高）肇は往事に稽みずして曰く、五等、減ずる所の格有り、用
いるに世減の法を爲し、王封、親疏の等有るを以て、是を代削の條と謂う
と。妄りに成旨を解し、世奪に雷同す。……此において遂に停せらる。
……故尙書令臣（高）肇、未能遠稽古義、近究成旨、以初封之詔、有親王
二千戸、始蕃一千戸、二蕃五百戸、三蕃三百戸、謂是親疏世減之法。又以
開國五等、有所減之言、以爲世減之趣。遂立格奏奪、稱是高祖本意、仍被

旨可。差謬之來、亦已甚矣。遂使勳親懷屈、幽顯同冤、紛訟彌年、莫之能息。臣輒遠研旨格、深窮其事、世變減奪、今古無據。又尋詔書、稱昔未可采、今始列辭、豈得混一、罔分久近也。故樂良・樂安、同蕃異封、廣陽・安豐、屬別戶等。安定之嫡、邑齊親王、河間戚近、更從蕃食。是乃太和降旨、初封之倫級、勳親兼樹、非世減之大驗者也。博陵襲爵、亦在太和之年、時不世減、以父嘗全食、足戶充本、同之始封、減從今（令？）式。如此、則減者減其所足之外、足者足其所減之內。減足之旨、乃爲所貢所食耳。欲使諸王開國、弗專其民、賦役之差、貴賤有等。蓋準擬周禮公侯伯子男貢稅之法、王食其半、公食三分之一、侯・伯四分之一、子・男五分之一。是以新興得足充本、清淵吏多減戶。故始封承襲俱稱。所減謂減之以貢、食謂食之於國、斯實高祖需然之詔。減實之理、聖明自釋、求之史帛、猶有未盡。時尚書臣琇疑減足之參差、旨又判之、以開訓所減之旨、可以不疑於世減矣。而臣肇弗稽往事日、五等有所減之格、用爲世減之法、以王封有親疏之等、謂是代削之條。妄解成旨、雷同世奪。……於此遂停。

とあり、寵臣である高肇がかつて宣武帝（在位四九九～五一五年）期に世代が下るにつれ自動的に戸数を減らす「親疏世減の法」を施行したことがわかる。高肇はその措置を孝文帝の本意と称したが、それは張普恵により「差謬の來、亦た已に甚だし」「妄りに成旨を解し、世奪に雷同す」と評され、実際に封土に関する訴訟が絶えず、孝明帝（在位五一五～五二八年）期に至り遂に廃止される。つまり機械的・等差的に戸数を決定する「親疏世減の法」は宣武帝期に行われていたが、それは高肇の勝手な決定であり、孝文帝の意図した政策ではなかったことが看取できるのである[5]。

　では、孝文帝自身はいかなる基準で戸数を決定していたのだろうか。まず宗室の場合について、『魏書』巻二一上、咸陽王禧伝に、

　　詔して禧の元弟の重を以て、邑三千戸を食ましめ、自餘の五王は皆邑二千戸を食ましむ。

　　詔以禧元弟之重、食邑三千戸、自餘五王皆食邑二千戸。

とあり、たとえ同じ王爵・同じ宗室であっても一番年長の弟という理由で戸数

に差がつけられている。この元弟の禧は後述するが孝文帝に重用された人物であった。また、朝臣の場合については、『魏書』巻六一、薛真度伝に、

　　詔して曰く、……六師の南邁するに及び、朕、超えて新野に據るを欲し、羣情皆異なれども、眞度、獨り朕と同じ。蠻を撫し夷を寧んずるに、實に勤績有り、邑二百戸を増すべしと。

　　詔曰、……及六師南邁、朕欲超據新野、羣情皆異、眞度獨與朕同。撫蠻寧夷、實有勤績、可増邑二百戸。

とあり、薛真度だけが孝文帝の進軍（新野の攻略）に同意し、軍功もあるため増邑されたことが述べられている。この二つの史料から、孝文帝が重視する人物に戸数が多く与えられていた共通点が看取できる。そしてこの点に留意し表１－１を再確認すると、穆泰・李沖・薛達が開国侯でも戸数が多いという特徴がある。ではこれらの人物と孝文帝とはいかなる関係にあったのだろうか。まず穆泰について、彼自身は孝文帝により名を賜った人物であり、また孝文帝は姓族詳定において穆氏を含めた北族八姓を身分制原理に基づく階層社会の上層部に位置づけ、胡族上層を重視していたことが先行研究により指摘されている[6]。次に李沖について、『魏書』巻五三、李沖伝に、

　　高祖も亦深く相杖信し、親敬すること弥々甚だしく、君臣の間、情義は二莫く……沖の女を以て夫人と爲す。

　　高祖亦深相杖信、親敬弥甚、君臣之間、情義莫二……以沖女爲夫人。

とあり、孝文帝と親密であった点が確認できる。最後に薛達について、彼は漢人名族の河東薛氏である[7]。第一章にて北魏前期における漢人名族の本貫地の封爵はごく一部を除き基本的に虚封であったと指摘したが、その中で例外的に封土を所有していた可能性が高い漢人名族が河東薛氏であり、それは孝文帝が彼らを重視した表れととらえた。以上の検討から、この３人は孝文帝に特に重視され親密な人物であったことが確認できた。

　これまでの結果を総合すると、孝文帝の意に沿う人物に封土の戸数が多いと言える。このことから孝文帝自身は封土の戸数を増減することで皇帝の意志・恩寵を表示していたと考えられる。換言すれば孝文帝は各個人に戸数の差をつ

166 第一部 北魏の爵制に関する研究

けることで、血縁および君臣関係を含めた皇帝との親疎・距離を示したのである。

　以上、例降および開建五等・食邑制を検討した結果、前者は宗室の範囲、後者は皇帝との距離を示していたことが明らかになった。ところで孝文帝が洛陽遷都（四九四年）を行ったことは周知の事実であるが、洛陽周辺が旬畿となったことによる大幅な封土の移動（改封）が実施された点については余り注目されていない[8]。この旬畿というのは『周礼』夏官大司馬職方氏に基づく理念であり、首都→畿内→旬畿（＝郊旬＝旬服）の順に支配が及ぶものとされ、伝統的に旬畿に封土は置かれなかった[9]。しかし孝文帝による改封の措置では、封土の配置に差異があり、また旬畿に含まれない封土でも改封される場合もある。では封土の配置はいかなる基準で決定されたのであろうか。その具体的分布について調べたのが図と表のＡ・Ｂである。この図表は封土が洛陽付近の相州・雍州・予州に配置される場合がＡ、遠隔地の場合はＢと区分している。これに基づき、それぞれいかなる傾向がみられるか、特に有爵者の民族や社会的身分に着目し比較したい。

　まず、図と表のＡについては合計15人該当するが、その中でも三つのパターンがある。第一に洛陽遷都を経ても封土が洛陽付近のまま変化のない場合は４人が該当する。１人目は景穆十二王系の陽平王（相州）頤であるが、『魏書』巻一九上、陽平王新成伝附頤伝に、

　　高祖名を賜う。……恆州刺史穆泰の謀反するに及び、使いを遣わして頤を推して主と為す。頤、密かに状を以て聞し、泰等伏誅し、帝、甚だ之を嘉す。

　　高祖賜名。……及恆州刺史穆泰謀反、遣使推頤爲主。頤密以状聞、泰等伏誅、帝甚嘉之。

とあり、彼が孝文帝に重用されていたことが述べられている。２人目は孝文帝の兄弟に該当する献文六王の咸陽王（雍州）禧である[10]。『魏書』巻二一上、咸陽王禧伝に、

　　高祖、閑宴従容として禧等に言うに、我の後の子孫、邂逅に逮ばざれども、

第四章　北魏後期の爵制とその特質　167

　　汝等、輔取の理を観望し、他人をして有らしむることなかれと。

　　高祖閑宴従容言於禧等、我後子孫、邂逅不逮、汝等観望輔取之理、無令他

　　人有也。

とあり、皇帝権を恩倖などの第三勢力から庇護することを期待されていた[11]。

なおこの咸陽王禧は先述した爵位に比して封土の戸数が多い人物である。『魏書』

同巻には更に、

　　有司奏すらく、冀州の人蘇僧瓛等三千人、禧の清明にして惠政有るを稱し、

　　冀州に世胙するを請う。詔して曰く、利建は古しと雖も、未だ必ずしも今

　　宜しからず、經野は君に由り、理において下の請に非ず。邑采の封、自ら

　　別式有りと。

　　有司奏、冀州人蘇僧瓛等三千人、稱禧清明有惠政、請世胙冀州。詔曰、利

　　建雖古、未必今宜、經野由君、理非下請。邑采之封、自有別式。

とあり、民が彼の封土を冀州に移すように求めたが、封土の決め方には別の規

定があるため、その要求は拒否され封土は変更されなかったことが示されてい

る。「自ら別式有り」の具体的内容について史料中に言及はないが、これまで

の検討から皇帝との親疎・距離が該当すると考えられる。残る２人はともに北

族八姓であり、穆羆が魏郡開国公（相州）、穆泰が馮翊郡開国侯（雍州）である。

なお穆泰は開建五等時に爵位に比して封土の戸数が多い人物であり[12]、また

穆氏は孝文帝に重視された胡族上層部に該当する。第二に、洛陽付近に授封さ

れた場合があり、これは４人が該当する。孝文帝の息子達である孝文五王は３

名が京兆・清河・広平であり、残る２名は雍州・相州に封土を与えられている。

また、漢人の一流名族である王肅は汝陽県開国子（予州）に封ぜられたが、彼

は宣武帝の後見役として孝文帝が任命した人物である[13]。第三に洛陽の近隣

に改封された場合があり、これは７人が該当する。宗族十姓では、奚緒が弘農

郡開国侯から澄城県（雍州）へ改封されている。北族八姓では、穆亮が穆泰の

反乱後に長楽公から頓丘郡開国公（相州）へ、于烈が洛陽侯から聊城県開国子（相

州）へ改封されている。なお、『魏書』巻三一、于烈伝に、

　　穆泰・陸麗、舊京に謀反し……代都の舊族、同悪の者多けれども、唯だ烈

168　第一部　北魏の爵制に関する研究

の一宗、染預する所無し。高祖、其の忠操を嘉し、益々之を器重す。

　　穆泰・陸麗謀反舊京……代都舊族、同惡者多、唯烈一宗、無所染預。高祖
　　嘉其忠操、益器重之。

とあり、孝文帝に重用されたことがわかる。外戚では長楽の馮熙が昌黎王→京
兆郡開国公→扶風郡へ改封されている[14]。この馮氏について『魏書』巻八三上、
外戚上、李惠伝に、

　　高祖、馮氏を奉ずること過厚にして、李氏に於いては過薄なり。

　　高祖奉馮氏過厚、於李氏過薄。

とあり、孝文帝は外戚の中でも特に馮氏を厚遇していたことがわかる[15]。ま
た昌黎という祖先の出自である遼東方面からわざわざ本貫地とは無関係な洛陽
付近に改封されている点も注目される。次に漢人名族五姓である隴西の李沖は
滎陽郡開国侯→陽平→清淵県と司州から相州へ改封されている。彼は先述した
ように孝文帝と特に親密で、開建五等時の戸数が多い人物である。漢人の二流
名族である河東の薛達は河東郡開国侯→華陰県、薛真度は河北伯→臨晋県開国
公と両者とも司州から雍州へ改封されている。河東薛氏は先述したように漢人
名族としての望はやや低いが、孝文帝により重視されていた漢人名族である。

　以上、遷都後も封土が洛陽付近にある場合の該当者について仔細に検討する
と、孝文帝が親密に交流し重視した人物が多数占めることが確認できた。では
反対に、洛陽からの遠隔地の封土についてはいかなる傾向が見られるのであろ
うか。図と表のBでは合計26人該当するが、その中でも二つのパターンがある。
第一に封土が遠隔地のまま改封されない場合は、Aの事例以外の明元帝から献
文帝の皇子及び子孫が該当する（具体的人名は表BのNo1～16参照）。彼らは例降
以降も宗室の範囲に入る有爵者達だが、封土の面では格差が設けられているこ
とが分かる[16]。外戚では中山の李侃晞が博陵郡公（定州）だが、これは先述し
たAの外戚の馮熙に関する史料にて「李氏に於いては過薄なり」とされた李氏
に該当する[17]。北族八姓では陸叡が鉅鹿郡開国公（定州）である。なお彼は表
１－１において同じ郡開国公の中では戸数が一番少ない人物である[18]。第二
に洛陽から遠隔地に改封された場合があり、これは８人が該当する。まず景穆

第四章　北魏後期の爵制とその特質　169

十二王系では京兆（雍州）→西河（汾州）に改封されているが、これは罪により削爵された後に復爵されたので、降格の措置とも考えられる（『魏書』巻一九上）。献文六王では、河南（司州）→趙郡（定州）・頴川（司州）→高陽（瀛州）・始平（雍州）→彭城（徐州）と３名が改封されている。彼らが孝文帝と疎遠であったことを示す直接的史料はないが、宣武帝期に入り側近達から攻撃目標にはされていなかったことから、孝文帝から輔政を期待される人物ではなかったことが推測される。特に彭城王勰は孝文帝に輔政を期待されたが当時は消極的であった（『魏書』巻二一下(19)）。代国時代の王の子孫である諸帝子孫では、元丕が平陽郡（司州）公→新興郡（肆州(20)）、元大曹が高涼郡（司州）公→太原郡（并州）に改封されている。つまり諸帝子孫は例降により宗室の範囲から外され王から降格されただけでなく、更に封土も遠隔地に改められている者もいるのである。北族八姓では尉羽が山陽郡（司州）開国公→博陵郡（定州）に改封されている。孝文帝は北族八姓を重視したと述べたが、『魏書』巻五〇、尉元伝附羽伝に、

　　子羽、……詔して爵を襲い、平南将軍を加えらる。高祖親ら百司を考するに、羽の怠惰なるを以て、常侍を降して長兼と為し、仍お尚書を守し、禄一周を奪う。洛に遷るに、山陽の畿内に在るを以て、改めて博陵郡開國公と為す。

　　子羽、……詔襲爵、加平南將軍。高祖親考百司、以羽怠惰、降常侍爲長兼、仍守尚書、奪禄一周。遷洛、以山陽在畿内、改爲博陵郡開國公。

とあり、官僚としては怠惰であったので官職を降格され禄を奪われている。この時爵は降格されなかったが、代わりに遷都で遠隔地へ改封された可能性が考えられる。漢人名族五姓では隴西の李佐が河内（司州）公→涇陽県開国子（涇州）に改封されている。

　以上、封土が洛陽からの遠隔地の場合は孝文帝と疎遠であったと断定はできないが、外戚の馮氏が厚遇され李氏が冷遇されている状況下で洛陽からの封土の遠近に差が出ている点、例降にて宗室の範囲外とされた諸帝子孫がわざわざ遠隔地に改封され、洛陽付近には孝文帝が宗室の範囲内と定めた人物が集中している点は、洛陽からの遠近が皇帝との親疎・距離を示したという私見を支え

170　第一部　北魏の爵制に関する研究

よう。孝文帝は宗室対策として依拠する宗室に軽重の差を加え、それを墓葬にも表現したが[21]、今回の検討から、封土の洛陽からの遠近を用い宗室と君臣関係を含めた有爵者全体の皇帝との親疎・距離を示したことが判明した。つまりこの封土を用いた一連の政策は、皇帝との距離を直接的に示す措置であり、孝文帝の意志を強く反映したものと言えよう[22]。

　本節の検討から孝文帝の爵制改革は以下の五点が実施されたと言える。第一に、例降により王爵を道武帝以後の子孫に限定し宗室の範囲を明示した。第二に、開国の号を用い封土の有無を明確にした。第三に、食邑制が導入され封土が戸数により示されるようになった。この三点については『魏書』に明記され、先行研究においても言及されている。第四に、戸数はしばしば皇帝の恩恵により決定され、皇帝との親疎・距離を表現する手段として機能した。第五に、洛陽遷都時に大幅な改封を行い、洛陽からの遠近により皇帝との親疎・距離を明示した。この二点については本章にて初めて明らかになった点である。以上の五点を総合すると、例降は爵位により宗室の範囲内を示し、開建五等・食邑の多寡・都からの遠近は封土により皇帝との距離を表徴する措置であったと言えよう。即ち、孝文帝は北魏前期とは違い、爵位と封土をそれぞれ異なる基準で与えたのである。では、封土が皇帝の意志を反映し距離を示すものであったとすれば、爵そのものは何を示したのであろうか。この点について、節を改め追求したい。

第二節　北魏後期の賜爵の理由および官品との関係

　本節では爵そのものは何を示したか、換言すれば爵の本質的機能について追及するが、その着手点として、爵は何の対価であったかについて検討したい。第二章では北魏前期の爵について検討し、北魏初期では爵は軍功・来降という国家への大功の対価であったのが、文成帝期から皇帝が恣意的に与えるものへと変化していた点を明らかにした。ではこの点について、爵制改革による変化はみられるのであろうか。そこで北魏後期における授爵の理由について調べ数

第四章　北魏後期の爵制とその特質　171

値化したのが**表１－２**である[23]。これによると、北魏後期では全期を通じて軍功が第一位となる点が最も顕著な特徴である[24]。北魏前期と比較すると寵による賜爵の割合が激減しており、特に孝文帝期においては地方官任命時や寵という功績によらない賜爵が皆無である。そして孝明帝期に入ると、于忠を保護した勲で増封が行われたり、霊太后が爵を濫賜したり[25]、賄賂で爵を得るなど不正な賜爵が横行しているが、そのような状況下でも軍功による賜爵が圧倒的多数である。この点が北魏前期における文成帝期とは大きく異なるのである。このような状況を具体的に示す事例として、『魏書』巻九三、恩倖、王仲興伝に、

　　　後に領軍于勁と共に機要に参し、自ら馬圏を理め侍疾する及び金墉に入るの功により、同じ元賞を乞い、遂に上黨郡開國公に封ぜられ、邑二千戸を食む。
　　　後與領軍于勁共參機要、因自理馬圏侍疾及入金墉之功、乞同元賞、遂封上黨郡開國公、食邑二千戸。

とあり、孝文帝に対する馬圏での侍疾と宣武帝を謀反から救った金墉の功により賞を請求し、宣武帝期に開国公となっている。つまり恩倖といえども形式上は功績を理由に賜爵されており、文成帝期のように皇帝が寵臣に理由もなく賜爵することが出来なかった状況が垣間見られる。

　これを第一節で明らかにした点とあわせれば、自ずと孝文帝改革の意図が見えてくる。孝文帝は爵は国家への功績の対価という北魏建国初期の原則に戻し、一方、皇帝の意志示し恩寵を表す場合は封土を用いるという体制を確立したのである。換言すれば、文成帝期には皇帝の恩寵を示すために爵が賜与されることがあったが、これでは国家の功績の価値が維持できないという問題が起きるため、孝文帝は爵が国家への功績によってのみ得られるものとし、それまで爵に内包されていた皇帝の恩寵を示す機能を封土に分離したのである。そしてその原則は北魏後期を通じ基本的に遵守された。

　ここまでは爵が何の対価であるかについて検討した。次に爵の本質的機能を追求するにあたり重要な論点の一つである爵と官品の関係について検討する。

第二章では北魏前期における爵と官品の関係を検討し、正爵の品と将軍号の官品は必ずしも対応しておらず、正爵の品と官職の官品の対応関係も職種により異なり、外任の場合は品の乖離が小さいが、内任の場合は乖離が大きい傾向が見られる点を明らかにした。また、第三章では爵の品は将軍号より官職の官品との差異が大きく、それは低い爵に対して高い将軍号・官職を帯びることで生じていた点も明らかにした。そして低い爵ほど官品の幅が広がり、集中的に見られる官品も減少することから、爵の品と官品両者に一体化した対応関係があるとは言えず、両者の親和性は特に高い爵に現れるが、それは王・公などの高い爵は身分の高い者であるので高い官品の将軍号・官職が与えられ、結果的に爵の品と合致するという結論を得た。では北魏後期では爵・将軍号・官職と品の関係はいかなる傾向がみられるのだろうか。

　まず、爵の品と将軍号の官品の関係について調べたのが表１－３である。これによると、王（１品）は３品の将軍号がどの時期も一番多く、次に２品、三番目に１品という順番となっている。そして公（１品）も王ほど顕著ではないが同様の傾向がみられる。侯（２品）は２～４品の将軍号と幅があるが、一番多いのは３品であり、１品はほぼ皆無である。つまり、王・公・侯の高い爵は３品の将軍号が中心であり、かつ５品という低い将軍号の官品はほぼ皆無という同様の傾向が見られた。では低い爵についてはどうであろうか。伯（３品）は３品の将軍号が一番多く爵の品と将軍号の官品は一致する。しかし孝明帝期になると１～６品まで幅広くみられるようになる。子（４品）は３品の将軍号が一番多い。また男（５品）は３品の将軍号が圧倒的に多い。つまり低い爵においても将軍号は３品が多く、全体的に将軍号の官品は爵の品と連動しないと言える。

　以上の検討から、北魏後期では将軍号の官品は爵の品と連動せず、たとえ高い爵を保有していても高い将軍号を帯びない点が明らかになった。その原因については以下のような可能性が考えられる。北魏前期においては特に宗室が王爵と高い官品の将軍号を同時に継承する場合が多かったが、今回そのような現象が見られなかったのは、例降により襲爵時に将軍号も同時に継承することが

第四章　北魏後期の爵制とその特質　173

廃止された影響が考えられる（第一節の『魏書』巻七下、高祖紀、太和十六年正月乙丑の条）。次に全体的に３品の将軍号が多い理由については、北魏後期は将軍号が軍階を基準に動き始める時期であると指摘されており[26]、将軍号が独自の基準で高下するようになったためと考えられるが、将軍号や階の問題は別個に検討する必要があるため次章にて検討したい。

　次に、爵の品と官職の官品の関係について考察する。先述したように北魏前期では外任と内任の場合で両者の関係に差異がみられたが、本章ではまず内任の場合について、各官職に分け両者の関係を検討したい。まず、爵の品と尚書の官品の関係について調べたのが表１－４である。これによると、尚書は基本的に王・公の爵が多いと言える。次に、爵の品と中書の官品の関係について調べたのが表１－５である。これによると、中書は王・公の爵が多いが、ばらつきも見られる。以上、内任の代表的官職である尚書と中書の検討から、爵の品と内任の官職の官品は対応関係にない点が確認できた。では、外任である地方官の場合はいかなる関係にあるのだろうか。北魏前期のように内任と外任は異なる傾向が見られるのだろうか。その点に留意しながら爵の品と地方官の官品の関係について調べたのが表１－６である。これによると、全体的にばらつきが多く、特に集中的に見られる官品はない。

　内任と外任の検討結果から、北魏後期ではいかなる官職においても爵の品と官職の官品に対応関係が見られないことが判明した。ではなぜこのような関係が生じるのか、北魏後期の任官の基準から考察したい。まず、孝文帝期の事例として、『魏書』巻五七、高祐伝に、

　　祐又上疏して云えらく、今の選挙、識治の優劣を採らずして、専ら年労の多少を簡び、斯れ盡才の謂に非ず。宜く此の薄藝を停め、彼の朽労を棄て、唯だ才是れ舉ぐれば、則ち官方斯れ穆らぐべし。又勲舊の臣、年勤は錄すべきと雖も、而るに才は人を撫するに非ざる者なれば、則ち之に加うるに爵賞を以てすべし、宜く之に委ぬるに方任を以てすべからず、所謂王者は人を私するに財を以てし、人を私するに官を以てすべからざるなりと。高祖、皆之を善とす。

174　第一部　北魏の爵制に関する研究

祐又上疏云、今之選舉、不採識治之優劣、專簡年勞之多少、斯非盡才之謂。
宜停此薄藝、棄彼朽勞、唯才是舉、則官方斯穆。又勳舊之臣、雖年勤可錄、
而才非撫人者、則可加之以爵賞、不宜委之以方任、所謂王者可私人以財、
不私人以官者也。高祖皆善之。

とあり、勲旧の臣はその年勤を記録すべきであるが、人を使う才能がなければ
爵位と褒賞を与え、地方官に任用してはならないと上疏され、孝文帝の同意を
得たことが述べられている。つまり孝文帝は爵と地方官の任命を異なる基準で
与える意向を示しているのである。では、このような孝文帝の方針は外任であ
る地方官に限るのであろうか。孝文帝期の任官方法として、『魏書』巻七下、
高祖紀下、太和十八年九月壬申の条に、

詔して曰く、……各々當曹をして其の優劣を考ぜしめ、三等と爲さしめよ。
六品以下、尚書重ねて問い、五品以上、朕將に親ら公卿と其の善惡を論ぜ
んとす。上上の者は之を遷し、下下の者は之を黜し、中中の者は其の本任
を守れと。壬午、帝、朝堂に臨み、親ら黜陟を加う。

詔曰、……各令當曹考其優劣、爲三等。六品以下、尚書重問、五品以上、
朕將親與公卿論其善惡。上上者遷之、下下者黜之、中中者守其本任。壬午、
帝臨朝堂、親加黜陟。

とあり、6品以下の官僚の考課と黜陟は吏部尚書の職権であり、5品以上は天
子の親裁であったことが分かる。これは北魏の定制であることから[27]、北魏
後期を通じ5品以上の官職は皇帝が直接決定するので、1～5品に配列された
爵の品とは直接対応しないことが確認できる。また宣武帝期に入ると、『魏書』
巻八、世宗紀、永平二年十二月の条に、

詔して曰く、五等諸侯、比ごろ選式無し。其れ同姓者の出身、公は正六下、
侯は從六上、伯は從六下、子は正七上、男は正七下。異族の出身、公は從
七上、侯は從七下、伯は正八上、子は正八下、男は從八上。清修の出身、
公は從八下、侯は正九上、伯は正九下、子は從九上、男は從九下とし、此
に依りて之を敍すべしと。

詔曰、五等諸侯、比無選式。其同姓者出身、公正六下、侯從六上、伯從六

下、子正七上、男正七下。異族出身、公従七上、侯従七下、伯正八上、子
正八下、男従八上。清修出身、公従八下、侯正九上、伯正九下、子従九上、
男従九下、可依此銓之。

とあり、永平二（五〇九）年の起家の方法が詳述されている[28]。この記載から
有爵者は起家において優遇されていたことが確認できる。ただし、ここで注意
したいのは同姓＝元氏・異族＝胡族・清修＝漢人名族と各民族により起家の官
品が異なる点である。即ち、有爵者の出自により起家官が決定されるのであり、
爵の品により絶対的に起家の官品が決定される訳ではないのである。

　以上、北魏後期には爵の品は官職の官品とは対応せず、爵も官職も各々の基
準で賜与されたことが明らかになった。そして賜爵される理由については、北
魏前期では爵は国家への功績の対価であったのが、徐々に恩寵など皇帝が恣意
的に与えるものへと変化していったが、北魏後期では孝文帝により国家への功
績によってのみ賜与される軍功爵本来の姿に戻されたのである。

おわりに

　本章では、従来漠然と中央集権化を推進したものであると考えられていた孝
文帝爵制改革の中央集権のあり方の具体像を明らかにすることが出来た。孝文
帝の爵制改革は従来、例降と開建五等に特に着目されていたが、賜爵の基準・
封土の戸数・都からの封土の遠近など爵と封土の関係を詳細に検討した結果、
爵は軍功など国家への大功により賜与され、皇帝の意志表示として血縁および
君臣関係を含んだ親疎・距離を表す場合は封土が用いられていたことが判明し
た。また、爵の品と将軍号・官職の官品の関係を検討した結果、各々の対応関
係は全く見られなかった。北魏前期では二章で明らかにしたように、仮爵とい
う一時的な爵が将軍号の官品を基準に与えられており、また内任と外任という
職種による対応関係の違いが見られたが、北魏後期ではこのような傾向は一切
見られなくなったのである。爵は本来国家への大功によって賜与される、言わ
ば軍功を評価するシステムであり、官品とは直接連動しない。この点からも孝

176　第一部　北魏の爵制に関する研究

文帝は賜爵の基準を北魏建国初期の軍功への対価へと戻したと言えよう。ただし建国初期とは異なり、恩寵など皇帝の意志表示を封土によって示した点が孝文帝の爵制改革の特徴である。換言するならば、孝文帝は改革前に爵の機能の一部であった皇帝が自分の意志を反映し恩寵として賜爵する状況を爵から切り離し、新たに封土によってそれを表す仕組みを構築したのである。

　次章では北魏爵制の歴史的位置付けを行い、他の位階との関係を明らかにした上で、北魏の官爵体系に基づく身分秩序を示してゆく。

　注

（１）　川本芳昭「北魏の封爵制」（『東方学』五七輯、一九七九年。同『魏晋南北朝時代の民族問題』、汲古書院、一九九八年再収）参照。

（２）　開建五等および食邑制の導入については北魏の創設ではなく、曹魏から西晋へ禅譲が行われることを想定し曹魏末に施行されている。楊光輝『漢唐封爵制』（学苑出版社、一九九九年）および王安泰『再造封建──魏晋南北朝的爵制与政治秩序』、国立台湾大学、二〇一三年）参照。

（３）　王を襲った有爵者で一代目を始蕃王、二代目を二蕃王、三代目を三蕃王、四代目を四蕃王という。

（４）　宮崎市定『九品官人法の研究』（東洋史研究会、一九五六年。同『宮崎市定全集』六、岩波書店、一九九二年再収）第二編第五章七では今は令の間違いだと指摘する。

（５）　『魏書』巻八三下、外戚下、高肇伝に「肇既當衡軸、毎事任己、本無學識、動違禮度、好改先朝舊制、出情妄作、減削封秩、抑黜勳人」とあり、この点からも親疏世減の法は高肇が実施した制度であることが確認できる。前掲注（２）楊光輝著書、第三章第四節参照。

（６）　前掲注（１）川本芳昭著書、第五章第二編参照。

（７）　河東薛氏は出自としては「蜀人」であり非漢族の可能性が高いが、孝文帝の姓族詳定時には漢人名族として郡姓入りを果たしている。林宗閲「試論河東「蜀薛」的淵源問題」（『早期中国史研究』第一巻、二〇〇九年）参照。

（８）　たとえば『魏書』巻六一、薛安都伝附達伝に、「封達河東郡開國侯、食邑八百戸。後以河東畿甸、改封華陰縣侯」とあり、同様の事例が散見される。

（９）　畿甸に封土を配置しない原則は漢代以来の伝統である。前掲注（２）楊光輝著書、

第四章　北魏後期の爵制とその特質　177

第二章第二節参照。また、北魏前期における北魏の郊甸の範囲とその意味については、勝畑冬実「郊甸と「畿上塞囲」——胡族政権による長城建設の意義」(『東方学』九〇、一九九五年) に詳しい。

(10)　長部悦弘「北魏孝文帝代の尚書省と洛陽遷都 (2) 宗室元氏の尚書省官への任官状況に焦点を当てて」(『琉球大学法文学部人間科学科紀要』二九号、二〇一三年) では孝文帝の兄弟達は最も近い血縁者であるが故、孝文帝と親しい関係を取り結んでいたと指摘する。

(11)　長堀武「北魏孝文朝における君権安定策とその背景」(『秋大史学』三二、新野・諸戸両先生還暦記念号、一九八五年) 参照。

(12)　前掲注 (10) 長部悦弘論文では穆泰が文明太后による孝文帝廃位の危機を救ったことから寵待されたこと、また「泰」の名前を与えられた点が孝文帝の寵遇の証であることを指摘する。

(13)　長部悦弘「北魏孝文帝代の尚書省と洛陽遷都 (3) 宗室元氏の尚書省官への任官状況に焦点を当てて (高嶺豊教授退職記念号)」(『琉球大学法文学部人間科学科紀要』三一、二〇一四年) では孝文帝が北魏の中央官僚機構の中枢機関中重視したのが尚書省であり、王粛はその中でも上位の尚書令に孝文帝の遺詔により任命されたことを指摘する。この点からも孝文帝が重視した人物とみてよいだろう。なお、この開建五等が行われた時期において王粛は予州刺史として対南斉戦の最前線で活動していた。

(14)　孝文帝自ら馮熙の墓誌の文章を作成したことから、編纂史料のみならず石刻史料からも孝文帝が外戚の中でも特に馮氏を厚遇した点が確認できる。窪添慶文「長楽馮氏に関する諸問題」(『立正史学』一一一、二〇一二年。同『墓誌を用いた北魏史研究』、汲古書院、二〇一七年再収) 参照。

(15)　前掲注 (10) 長部悦弘論文では孝文帝は馮氏の中でも馮熙・穆父子は厚遇したが、馮修・風・廃皇后に対しては厳酷に処分したことを指摘する。

(16)　なお表Bにおける州名が南朝となっている場合、封爵の地名は南朝であるが実際に食邑のある土地は北魏領土内となっている。例えば『魏書』巻二一上、広陵王羽伝に、「及五等開建、羽食勃海之東光二千戸」とある。

(17)　前掲注 (10) 長部悦弘論文では文明太后が逝去した後、李氏は孝文帝の親政時代を無官のまま過ごしたことを指摘する。

(18)　前掲注 (10) 長部悦弘論文では陸叡を孝文帝から厚遇を受けた人物の一人に数

178 第一部　北魏の爵制に関する研究

えている。しかしその根拠についてはただ単に開建五等時に食邑を与えられた点および文成帝の即位を助けた点を挙げるのみであり、孝文帝から重用された具体的事例は示されていない。

(19)　窪添慶文「北魏の宗室」（一九九九年初出。同『魏晋南北朝官僚制研究』、汲古書院、二〇〇三年再収）および前掲注（11）長堀武論文参照。

(20)　前掲注（10）長部悦弘論文は元丕を孝文帝の優遇を受けた人物とする。ただしその根拠のひとつとして、「爵制改革時に東陽王から平陽郡公に落とされた。ただし平陽郡は旬畿に属しており、優遇の一端を示している。」とするが、『魏書』巻一四、元丕伝に、「後詔以平陽旬畿、改封新興公。」とあり、本章にて検討したように洛陽遷都時になって初めて平陽が旬畿に属し、かつその際に改封されているので、この点における解釈は間違っている。更にこの記載の前に「及罷降非太祖子孫及異姓王者、雖較於公爵、而利享封邑、亦不快。」とあり、洛陽遷都前までは優遇されていたが、元丕はそれでも不快感を示したため孝文帝の心が離れ、遷都時にこのような措置が取られたと考えられる。

(21)　前掲注（19）窪添慶文論文参照。また同「遷都後の北魏墓誌に関する補考」（『東アジア石刻研究』第五号、二〇一三年。同『墓誌を用いた北魏史研究』、汲古書院、二〇一七年再収）は、同じ宗室内でも皇帝からの距離が近い者ほど孝文帝の示した体例に近い墓誌を作る傾向があることを指摘する。

(22)　前掲注（10）長部悦弘論文では孝文帝が厚遇した人物の検討を通じ、孝文帝は自身の意思により支持集団を構成し直したことを指摘する。

(23)　第二章にて北魏前期の賜爵の理由について検討したが、北魏前期までは墓誌の出土が少ないため、文献史料である『魏書』から事例を収集した。本章では比較しやすいように『魏書』と墓誌の事例数を分け、墓誌の事例数は□に囲み示した。

(24)　張鶴泉「北魏孝文帝実行散爵制度考」（『史学月刊』、二〇一〇年第六期。同『北朝封爵制度論稿』、長春出版社、二〇二三年再収）は孝文帝期の賜爵の理由について検討し、軍功が第一であったと指摘するが、北魏後期を通じて検討していない点、北魏前期から授爵の理由に変化がないとする点が筆者とは異なる。

(25)　靈太后による濫賜について一例を挙げると、『魏書』巻九四、閹官、劉騰伝に、「肅宗踐極之始、以騰預在宮衛、封開國子、食邑三百戸。是年、靈太后臨朝、以與于忠保護之勳、除崇訓太僕、加中侍中、改封長樂縣開國公、食邑一千五百戸。拜其妻時爲鉅鹿郡君、每引入内、受賞賚亞於諸主外戚。」とある。しかし、孝文帝が

廃止した異姓王の復活はされていない。

(26) 岡部毅史「北魏の「階」の再検討」(『集刊東洋学』第八三号、二〇〇〇年。同『魏晋南北朝官人身分制研究』、汲古書院、二〇一七年再収) および閻歩克『品位与職位——秦漢魏晋南北朝官階制度研究』(中華書局、二〇〇二年) 参照。

(27) 福島繁次郎「北魏孝文帝中期以降の考課」(同『中国南北朝史研究』、名著出版、一九七九年増補版) 参照。

(28) この条文の解釈については前掲注 (4) 宮崎市定著書参照。なお前掲注 (19) 窪添慶文論文は、孝文帝が道武帝以降の諸帝の子孫という新たに設けた宗室の枠に更に等差を設け、王と王でないその兄弟との起家の官品に明確な等差があるだけでなく、始蕃王以下の兄弟の間でも大きくはないが起家の上で等差があったと指摘する。この点からも、同じ爵 (宗室の場合は王爵) であっても起家の官品が異なると言える。

180　第一部　北魏の爵制に関する研究

図　洛陽遷都（494）〜孝文帝期末（499）

A. 洛陽付近

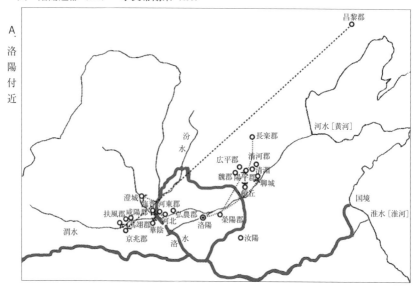

B. 洛陽からの遠隔地

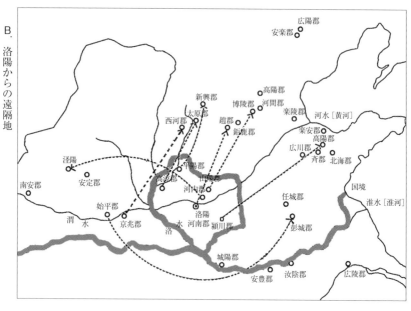

第四章　北魏後期の爵制とその特質　181

表1－1　開建五等時の爵位と食邑の関係

人名	出身	爵位	食邑（戸数）	『魏書』巻
奚緒	宗族十姓	弘農郡開国侯	300	29
穆泰	北族八姓	馮翊県開国侯	500	27
穆羆	北族八姓	魏郡開国公	500	27
穆亮	北族八姓	頓丘郡開国公	500	27
陸叡	北族八姓	鉅鹿郡開国公	300	40
尉元	北族八姓	山陽郡開国公	600	50
李沖	漢族五姓	滎陽郡開国侯	800	53
薛達	漢人二流	河東郡開国侯	800	61

表A　封土が洛陽付近（相州・雍州・予州）の場合

人名	出身	爵位（改封前→後）	州名（改封前→後）	『魏書』巻	No
元頤	景穆十二王	陽平王	相州	19上	1
元禧	献文六王	咸陽王	雍州	21上	2
穆羆	北族八姓	魏郡開国公	相州	27	3
穆泰	北族八姓	馮翊郡開国侯	雍州	27	4
元愉	孝文五王	京兆王	雍州	22	5
元懌	孝文五王	清河王	相州	22	6
元懐	孝文五王	広平王	相州	22	7
王粛	漢人一流名族	汝陽県開国子	予州	63	8
奚緒	宗族十姓	弘農郡開国侯→澄城県	雍州	29	9
穆亮	北族八姓	長楽公→頓丘郡開国公	相州	27	10
于烈	北族八姓	洛陽侯→聊城県開国子	相州	31	11
馮熙	外戚	昌黎王→京兆郡開国公→扶風郡	営州→雍州	83上	12
李沖	漢族五姓	滎陽郡開国侯→陽平郡→清淵県	司州→相州→相州	53	13
薛達	漢人二流名族	河東郡開国侯→華陰県	司州→雍州	61	14
薛真度	漢人二流名族	河北伯→臨晋県開国公	司州→雍州	61	15

表B　封土が洛陽から遠隔地の場合

人名	出身	爵位（改封前→後）	州名（改封前→後）	『魏書』巻	No
元緒	明元六王	楽安王	青州	梶山目録83[1]	1
元嘉	太武五王	広陽王	安州	18	2
元景和	景穆十二王	汝陰王	南朝	7下	3
元澄	景穆十二王	任城王	兗州	19中	4
元楨	景穆十二王	南安王	秦州	19下	5
元思誉	景穆十二王	楽陵王	冀州	19下	6

182　第一部　北魏の爵制に関する研究

元休	景穆十二王	安定王	涇州	19下	7
元鸞	景穆十二王	城陽王	南朝	19下	8
元長楽	文成六王	安楽王	安州	20	9
元譜	文成六王	広川王	斉州	20	10
元簡	文成六王	斉郡王	青州	20	11
元琛	文成六王	河間王	瀛州	20	12
元猛	文成六王	安豊王	南朝	20	13
元雍	献文六王	高陽王	青州	21上	14
元羽	献文六王	広陵王	南朝	21上	15
元詳	献文六王	北海王	青州	21上	16
李侃晞	外戚	博陵郡公	定州	83上	17
陸叡	北族八姓	鉅鹿郡開国公	定州	27	18
元太興	景穆十二王	京兆王→西河郡	雍州→汾州	19上	19
元幹	献文六王	河南王→趙郡	司州→定州	21上	20
元雍	献文六王	潁川王→高陽郡	司州→瀛州	21上	21
元勰	献文六王	始平王→彭城郡	雍州→徐州	21下	22
元丕	諸帝子孫	平陽郡公→新興郡	司州→肆州	14	23
元大曹	諸帝子孫	高涼郡公→太原郡	司州→并州	14	24
尉羽	北族八姓	山陽郡開国公→博陵郡	司州→定州	50	25
李佐	漢族五姓	河内公→涇陽県開国子	司州→涇州	39	26

＊改封後に同じ爵位である場合は地名のみを示した。

（1）　梶山目録＋数字は、梶山智史編『北朝隋代墓誌所在総合目録』（明治大学東アジア石刻文物研究所、二〇一三年）の目録内のNoを示す。

表1－2　北魏後期の賜爵の理由

時期	第一位	第二位	第三位	第四位	2件以上の事例
孝文帝後 全58件	軍功　19[2][1] 36%	功　9(2)[1][2] 21%	遷都　5(1) 10%	内附　4 7%	異姓王…3・祖先の功…3
宣武帝 全66件	軍功　19[1][3] 30%	内附　17 26%	地方官　5 8%	寵　4 6%	勲…2[1][4]・父の勲…2・勤…1(1)
孝明帝 全105件	軍功　29[4][5] 31%	功　66[6] 11%	内附　6 6%	地方官　4 4%	即位…3・霊太后の寵…3・他人の功…3・別封…2・元叉に賄賂…1(1)・于忠を保護…1(1)・異姓王…2・寵…2

第四章　北魏後期の爵制とその特質　183

＊数字は賜爵された件数・（）内の数字は増邑された件数・□内の数字は墓誌の賜爵された件数を示す。

《残る事例》孝文帝後

南伐に乗輿…1・明揚天下…1・皇帝の治療…1・参定典式…1・使者の功…1・孝文帝を援助…1・孔子の子孫…1・出納の労…(1)・不明…1

宣武帝

即位…1・功…$\boxed{1}^{(7)}$・父が内附…1・内附を迎える…1・侍講の労…1・皇帝の治療…1・異姓王…1・不明…5$\boxed{1}^{(8)}$

孝明帝

親例…1・内附を迎える…1・于忠が自分に賞を加えさせる…1・労…1・忠…1・近侍…1・褒賞…$\boxed{1}^{(9)}$・不明…19$\boxed{5}^{(10)}$

（1）元龍墓誌（梶山目録62）・李遵墓誌（梶山目録330）
（2）元頊墓誌（梶山目録502）
（3）元珍墓誌（梶山目録145）
（4）趙道徳墓誌（梶山目録849）
（5）楊済墓誌・（梶山目録445）・元延明墓誌（梶山目録501）・元鑽遠墓誌（梶山目録544）・長孫子澤墓誌（梶山目録552）
（6）元紹墓誌（梶山目録301）・苟景墓誌（梶山目録466）・爾朱紹墓誌（梶山目録471）・元壽墓誌（梶山目録489）・李挺墓誌（梶山目録631）・叔孫固（梶山目録658）
（7）穆紹墓誌（梶山目録496）
（8）楊泰墓誌（梶山目録196）
（9）苟景墓誌（梶山目録466）
（10）元颺妻李媛華墓誌（梶山目録306）・元邵墓誌（梶山目録421）2件・唐耀墓誌（梶山目録449）・王偃墓誌（梶山目録637）・

表1－3　爵と将軍号の官品の関係

王（1品）

将軍号	孝文帝後		宣武帝		孝明帝	
1・従1	6件	22％	5件	16％	12件	21％
2・従2	9	33	6	19	18	32
3・従3	11	41	16	52	24	43
4・従4	1	4	4	13	2	4
5・従5	0	0	0	0	0	0

184　第一部　北魏の爵制に関する研究

公（1品・従1品）

将軍号	孝文帝後		宣武帝		孝明帝	
1・従1	8件	35%	4件	21%	7件	18%
2・従2	8	35	3	16	19	49
3・従3	6	26	10	53	11	28
4・従4	1	4	2	10	2	5
5・従5	0	0	0	0	0	0

侯（2品・従2品）

将軍号	孝文帝後		宣武帝		孝明帝	
1・従1	0件	0%	1件	4%	0件	0%
2・従2	6	29	2	7	7	39
3・従3	9	43	22	78	9	50
4・従4	5	24	3	11	2	11
5・従5	1	4	0	0	0	0

伯（3品・従3品）

将軍号	孝文帝後		宣武帝		孝明帝	
1・従1	0件	0%	0件	0%	2件	6%
2・従2	2	6	14	31	14	45
3・従3	17	55	27	60	12	40
4・従4	8	26	3	7	2	6
5・従5	4	13	1	2	0	0
6・従6	0	0	0	0	1	3

子（4品・従4品）

将軍号	孝文帝後		宣武帝		孝明帝	
1・従1	0件	0%	0件	0%	0件	0%
2・従2	2	14	3	8	6	20
3・従3	6	43	18	50	24	77
4・従4	6	43	11	31	1	3
5・従5	0	0	3	8	0	0
6・従6	0	0	1	3	0	0

男（5品・従5品）

将軍号	孝文帝後		宣武帝		孝明帝	
1・従1	0件	0%	1件	3%	1件	3%
2・従2	0	0	3	9	10	26
3・従3	7	78	18	56	22	59
4・従4	2	22	5	16	1	3
5・従5	0	0	4	13	1	3

| 6 ・ 従 6 | 0 | 0 | 0 | 0 | 2 | 6 |
| 7 ・ 従 7 | 0 | 0 | 1 | 3 | 0 | 0 |

表1−4 爵と尚書の官品の関係

尚書令（2品）

爵		孝文帝後		宣武帝		孝明帝	
王	1	1件	50%	1件	33%	4件	66%
公	1 ・ 従 1	1	50	2	67	1	17
侯	2 ・ 従 2	0	0	0	0	0	0
伯	3 ・ 従 3	0	0	0	0	1	17
子	4 ・ 従 4	0	0	0	0	0	0
男	5 ・ 従 5	0	0	0	0	0	0

尚書左右僕射（従2品）

爵		孝文帝後		宣武帝		孝明帝	
王	1	3件	75%	1件	20%	2件	33%
公	1 ・ 従 1	0	0	3	60	2	33
侯	2 ・ 従 2	1	25	0	0	0	0
伯	3 ・ 従 3	0	0	1	20	2	33
子	4 ・ 従 4	0	0	0	0	0	0
男	5 ・ 従 5	0	0	0	0	0	0

表1−5 爵と中書の官品の関係

中書監（従2品）

爵		孝文帝後		宣武帝		孝明帝	
王	1	1件	50%	1件	50%	1件	33%
公	1 ・ 従 1	1	50	0	0	1	33
侯	2 ・ 従 2	0	0	0	0	0	0
伯	3 ・ 従 3	0	0	1	50	1	33
子	4 ・ 従 4	0	0	0	0	0	0
男	5 ・ 従 5	0	0	0	0	0	0

中書令（3品）

爵		孝文帝後		宣武帝		孝明帝	
王	1	1件	100%	0件	0%	0件	0%
公	1 ・ 従 1	0	0	2	50	0	0
侯	2 ・ 従 2	0	0	0	0	0	0
伯	3 ・ 従 3	0	0	1	25	1	100

186　第一部　北魏の爵制に関する研究

| 子 | 4・従4 | 0 | 0 | 1 | 25 | 0 | 0 |
| 男 | 5・従5 | 0 | 0 | 0 | 0 | 0 | 0 |

表1－6　爵と地方官の官品の関係

上州刺史（3品）・中州刺史（従3品）

爵		孝文帝後		宣武帝		孝明帝	
王	1	7件	19%	16件	26%	16件	33%
公	1・従1	10	28	7	11	6	12
侯	2・従2	6	17	10	16	1	2
伯	3・従3	8	22	16	26	12	24
子	4・従4	4	11	6	10	8	17
男	5・従5	1	3	7	11	6	12

下州刺史（4品）

爵		孝文帝後		宣武帝		孝明帝	
王	1	2件	67%	1件	33%	2件	50%
公	1・従1	0	0	0	0	0	0
侯	2・従2	1	33	1	33	1	25
伯	3・従3	0	0	0	0	0	0
子	4・従4	0	0	0	0	0	0
男	5・従5	0	0	1	33	1	25

＊表1－3～6は『魏書』の事例数である。

第五章　北魏の官と爵の関係

は じ め に

　第一から四章にわたり北魏の爵制について多角的に検討した結果、二点の主
要なテーマが浮かび上がってきた。第一点は爵と功との関係である。第二点は
爵と官との関係である。本章ではこの二点を手掛かりにして北魏の官爵体系に
基づく身分秩序を追究する。具体的には国家の功績に対する評価制度である考
課について考察し、官爵体系の全体像を描き出す。これは序章にて述べた、北
魏の制度史研究が個別の制度に関する考察にとどまり国家体制全体に収斂され
ていないという課題に応える試みである。

第一節　北魏の爵と功の関係

　まず、これまで明らかにした北魏の爵と功績の関係を整理したい。北魏にお
いて建国初期は爵が軍功など国家への大功に対し賜与されたが、徐々に皇帝の
意思を直接反映し寵臣などに恩寵的に賜与されるようになった。本来軍功のよ
うな大功でしか得られない爵を何の功績も無い寵臣に与えることは、軍功の価
値が落ちることになる。なお、軍功の価値と軍功爵の価値は同一のものではな
く、爵のインフレ（濫賜）により下がるのは、それ以前に立てられた軍功の価
値と軍功の価値を保障するものとしての爵の利用価値である。

　そもそも北魏において軍功爵を得ていたのは具体的にどのような人物だった
のであろうか。第一章にて明らかにしたように、胡族ではいかなる社会的身分
においても有爵者の割合が過半数を超え、かつ高い爵が多いという結果が得ら

188　第一部　北魏の爵制に関する研究

れた。これは胡族各個人が自らの功績で爵を得、更にその爵を襲っていたこと
に起因する。一方、漢族の場合、名族は有爵者の割合が低く、かつ低い爵位が
多いが、反対に一流ではない名族は有爵者の割合も多く、高い爵も増えるとい
う逆転現象が見られた（第一章の図：胡族（非漢族）と漢族の五等爵の割合参照）。
これは漢人名族の場合、多くは軍功を立てることでは国家に仕えていなかった
背景がある。例えば第一章で見たように、漢人名族では侯爵以下の低い爵位が
中心的であった。そのような状況下で第一章第三節にて扱った高允という人物
は、北魏で四代の皇帝に仕え、国家への貢献が評価され、最終的に漢人として
は最高位の公爵まで登りつめている。つまり漢人名族は高允ほどの高い評価が
得られてようやく公爵まで達するのであり、それ以外の人物がいかに爵位獲得
の機会が少なかったかを推察せしめよう。しかし、漢人名族が評価されていな
かった訳ではない。爵位が表現する軍功を中心とした国家への功績に対する序
列化においては低い地位にあるが、官僚としては評価されその地位は高かった
のである。先ほど述べた高允は中書令（太和前令では２品中）となっても爵位は
子爵（４品）のままであり、後に侯爵（３品）、そして最晩年にようやく公爵（２
品）となっている。この公爵も『魏書』巻四八、高允伝に、「高宗より顯祖迄、
軍國の書檄、多くは允の文なり。末年乃ち高閭を薦め以て自ら代わる。定議の
勳を以て、爵を咸陽公に進められ」とあり、長年の勤務（国家への功績）に対
し報いられたことでようやく得たものである。また、二流の漢人名族の方が却っ
て一流の漢人名族より有爵者も高い爵位の割合も高かったことから、彼らが積
極的に軍功を立て北魏国家に仕えていたことが想定できる。たとえば漢人の二
流名族に該当する河東薛氏は、『魏書』巻四二、薛初古抜伝に、太武帝期のこ
ととして、

　　　長子初古抜……眞君中、蓋呉の關右に擾動するに、薛永宗は河側に據りて
　　　屯し、世祖は親ら之を討つ。乃ち詔して（初古）拔をして宗郷を糾合せしめ、
　　　河際に壁し、二寇を往來の路に斷せしむ。事平らぎ、中散に除せられ、爵
　　　永康侯を賜る。

　　　長子初古拔……眞君中、蓋呉擾動關右、薛永宗屯據河側、世祖親討之。乃

第五章　北魏の官と爵の関係　189

　詔（初古）抜絉合宗郷、壁於河際、斷二寇往來之路。事平、除中散、賜爵
　　永康侯。

とあり、軍功により賜爵されている。このように北魏の爵位は漢族内では名族
の格により異なる傾向が見られたが、胡族内では有爵者の割合が過半数を超え
ていたことから、国家への功績、特に軍功に対し非常に有効に序列化できてい
たと言える。この序列が中期での爵の濫賜により動揺する。ただし、たとえ軍
功の価値に対して軍功爵の価値が低い場合でも、爵に封土の賜与や刑罰の減免
のような特権が付随するのであれば、そこでバランスが取れるので爵の価値は
下がらない。しかし第一章でみたように北魏前期の爵には基本的に封土は伴わ
ず、第六章で後述するが爵の刑の減免効果は律令には規定されつつも実態とし
ては適用されない場合が多かった。このように爵位に特権が伴わない北魏の爵
制は「国家への大功の序列化」が第一義であり、インフレ（濫賜）状態になる
と爵自体の価値が下がるのである。そして軍功爵の価値の低下は胡族の身分低
下へと繋がる恐れがあった。そこで孝文帝は爵を国家への大功への対価、特に
軍功への対価へと回帰せしめた。更に皇帝の恩寵を示したい場合は封土を用い、
中期において混同されていた爵と封土の機能を分離させ、両者の基準が混在し
ない方策を取った。

　ここで爵の濫賜がなぜ生じるのか、その仕組みについても追究したい。北魏
の爵は「国家への大功の対価」であり、本来、皇帝が功績も無い寵臣に対し賜
与して良いものではない。ただし皇帝は賜爵の対象となる功績を決定できるた
め、皇帝自らの恩寵を示す賜爵、ひいては濫賜に繋がる余地を生んだ。たとえ
ば第二章にて扱った史料ではあるが、『魏書』巻四三、劉休賓伝附文曄伝に、

　　高祖曰く、卿、父の賞を訴うるも卿の父は勳無し。歷城は齊の西關にして、
　　歸命請順す。梁鄒は小戍にして、豈に能く全きを獲んや。何ぞ以て功と爲
　　すに足らんやと。
　　高祖曰、卿訴父賞而卿父無勳、歷城齊之西關、歸命請順。梁鄒小戍、豈能
　　獲全。何足以爲功也。

とあり、孝文帝が文曄の父の業績は賜爵するには功が不足だと決定している。

190　第一部　北魏の爵制に関する研究

このように皇帝が功績を算定して爵を与えていた。爵が国家への大功、具体的には軍功や国外からの来降に対して与えられる原則が守られず、皇帝が自らの意志で小さな功績にまで賜爵するようになると、それは爵の濫賜という状況になる。第二章にて引用した『文献通考』巻二七三、封建一四における廟中執事という小さな功績で爵位を与える行為が「封爵の濫」と称される所以である。ここでも「未だ事を宗廟に預かりて、賞を疆土に獲るを聞かず」とあり、功績が賜爵に値するかどうかという点が問題とされている。

　このように皇帝が恩寵的に自らの意志で功績を算定することが爵の濫賜に繋がるのだが、ではなぜ爵を濫賜するのか、その理由についても考えたい。北魏の爵制はかつての周代のように分権統治させる形態はとっておらず、爵に大きな特権が伴っていないため、統治者側にはさして懐を痛めず賜爵により論功行賞できるシステムであった。このような爵は使い勝手が良かったため、皇帝が自らの裁量で功績の算定を恩寵的に行ったものと思われる。それが爵の濫賜を生み、孝文帝改革の前においては一時的に爵の価値が動揺した。しかし、孝文帝改革に伴い、爵は国家の功績への対価という原初の姿に復帰させられたのである。

　以上の検討から、北魏の爵は本貫地との結び付きの強化・刑が減免される特権などがあるが、やはり最大の特徴、本質的機能は「国家への大功に対する序列化」であると結論づけられる。

第二節　北魏の爵と考課制度との関係

　前節では第一点の問題から北魏の爵の本質的機能を考察した。本節ではその検討結果を踏まえつつ、第二点の問題である北魏の爵と官との関係について論を進めたい。

　第二から四章において北魏では該当時期を通じて爵の品と将軍号・官職の官品とに対応関係が無かったことを明らかにした。この結果は、これら三者がそれぞれ独立した体系を持っていた事を想起せしめよう。では三者は独立した体

系を持ちつつも全体としていかなる秩序を築いていたのだろうか。その問題の解決の糸口として、そもそも爵や官職はどのように評価・算定された上で賜与されたのかという点に着目したい。

　まず北魏前期の人事評価である考課について、宮崎市定氏によれば北魏は部族民から部民を取り上げ、これを八部に編成し直して八国と称し、天賜元（四〇四）年には各国に大師小師を立て、人事評価を行ったとされている[1]。しかし残念ながら北魏前期は史料が乏しいため、その具体的な中央の考課のシステムは不明である。地方の考課について福島繁次郎氏の研究によれば、道武帝の頃から地方官に対しては考課が実施されていたが、その内実は巡察使が官吏の勤務評定と弾劾の両側面があったようだ[2]。

　このように北魏前期の考課については史料不足の面から不明瞭な点が多いが、北魏後期についてはかなり研究が進んでいる。その議論の中心となっているのは官僚の昇進システムとして「階」が導入された点である。岡部毅史氏によればこの「階」は孝文帝改革により南朝梁の十八班制の影響を受け施行され、昇進コースを遷転していく過程で蓄積される資格であり、官職獲得のための個々の単位であった[3]。「階」による昇進を示す有名な史料として、『魏書』巻二一上、高陽王雍伝に、

　　……復た正始の格を尋ぬるに、汎の後に任事して上中なる者、三年して一
　　階を升る。汎の前にして任事して上中なる者、六年して一級を進める。
　　復尋正始之格、汎後任事上中者、三年升一階、汎前任事上中者、六年進一
　　級。

とあり、宣武帝期に三年に一度「一階」上がるという考課が行われていた。この正始の格は官僚が一律に昇進する「汎階[4]」と称される措置であるが、「任事して上中なる者」という表現から勤務についての成績の査定も行われていたことが分かる。

　官僚の昇進については以上のように運営されていたが、一方、孝文帝改革により三長制が導入され兵役が民に課されるようになると、それに対応した軍功制度も形成された。功績は勲簿に記録され、斬首の功と「階」とが対応関係に

192　第一部　北魏の爵制に関する研究

あった。その様子を詳細に示す代表的な事例として、『魏書』巻七八、盧同伝に、孝明帝期のこととして、

> 粛宗の世、朝政稍衰え、人多く軍功を窃冒す。(盧) 同は吏部の勲書を閲し、因りて検覆を加え、覈べるに窃階せし者三百餘人を得。同は乃ち表して言えらく、窃かに吏部の勲簿を見るに、多く皆改換す。乃ち中兵の奏按を校し、並びに乖舛を復せ。臣聊爾にして揀練し、已に三百餘人を得、明らかに隠するを知り而れども未だ露われざる者、動もすると千數有り。……頃來但だ階を偸み名を冒し、勲簿を改換するのみに非ずして、或いは一階再取し、或いは名を易え級を受け、凡そ此のごとき者、其の人は少なからず。良に吏部に簿無く、塞を防ぎ方を失う。何者ぞや。吏部、階を加うるの後、簿は注記されず、此の故に縁り、僥倖を生み易し。今より敍階の後、名簿は具に注し加えて日月を補い、尚書は印記し、然る後に曹に付せ。……斬首して一階已上を成せば、即ち給券せしめよ。

> 粛宗世、朝政稍衰、人多窃冒軍功。(盧) 同閲吏部勲書、因加検覆、覈得窃階者三百餘人。同乃表言、窃見吏部勲簿、多皆改換。乃校中兵奏按、並復乖舛。臣聊爾揀練、已得三百餘人、明知隠而未露者、動有千數。……頃來非但偸階冒名、改換勲簿而已、或一階再取、或易名受級、凡如此者、其人不少。良由吏部無簿、防塞失方。何者。吏部加階之後、簿不注記、縁此之故、易生僥倖。自今敍階之後、名簿具注加補日月、尚書印記、然後付曹。……。斬首成一階已上、即令給券。

とある(5)。この記載から孝明帝期では「窃階」という虚偽の軍功により「階」を得る者が非常に多かったことが伺える(6)。このような現象が横行していた理由として、盧同は勲簿に注記が無く容易に改竄できるためと認識している。ここでは軍功にて得られる「階」について記載されているが、【岡部二〇〇〇】は先に引用した官僚の考課による「階」と、この軍功で得られる「階」(軍階)は同一の昇進基準ではないと想定する。また閻歩克氏も唐代の散官の成立を研究する中で、北朝では考課制度と密接に関係する「官階」と軍功による昇進の拠り所である「軍階」という二つの序列が構成されていたとする(7)。さらに (将)

軍号によって構成される軍階と、秩満・考課・増位によって獲得する官階は交差する、即ち軍勲により得られる将軍号か官職の授与と結びつくという重要な指摘を行っている。閻歩克氏は「階」＝将軍号もしくは官職の官品としており、【岡部二〇〇〇】と「階」の解釈が異なっている。しかし両氏とも「階」と「軍階」を異なる基準として区分する点は同様である。一方、佐川英治氏は古代中国における爵と軍功の関係を検討し、軍階は将軍号に限られない品官の資となり得るという見通しを述べた(8)。また窪添慶文氏も最新の研究にて、軍階は累積したその数によって対応する将軍号に置き換えられ、将軍号と同等あるいは下位の官職を得るが、勤務上の功績は軍階とは異なるがやはり階として加算され、考課の結果も階の上昇として示され、将軍号もしくは官職を得ることを明らかにした(9)。これまでに検討したように北魏の爵は軍功と密接に関係がある。この「階」と「軍階」の差異の有無、および軍功と爵・将軍号・官職の関係は北魏後期の身分秩序の根幹となるため、この点を整理・追究してゆきたい。

　まず「階」と品の関係について、宮崎市定氏は太和後令の官職表において４品から従９品までの正従各品が上下階に分けられていることから「一階＝0.5品」と理解する。しかしこの法則に当てはまらない事例も多数存在することから、【岡部二〇〇〇】は「一階＝0.5品」説を否定する。この二つの見解に対し、【窪添二〇一五】が以下のシステムを明らかにした。正４品以下では「階」官品と官品の間隔は一階、官品内の上下の間隔は半階であったが、従３品以上では将軍号（群）の間隔が半階であり、上層部と下層部とでは境界線があったことを示した。これは氏が悉皆調査を行った成果であり、宮崎説と岡部説の矛盾点を整合的に説明しているため、非常に説得力がある。

　ところで【岡部二〇〇〇】は北魏の「階」の特質について重要な指摘を行っている。それは南朝とはまったく異なり、北魏の「階」が第三者に与えることが可能であった点である。このことから北魏の「階」が官人個人の昇進の基準に止まらず、全官人の昇進に普遍的な基準として機能していたと推測する。この指摘は北魏の位階制度の根幹に関わる重要な問題であるため、爵と「階」の関係、およびその機能について更に検討を進めたい。

194　第一部　北魏の爵制に関する研究

　【岡部二〇〇〇】が指摘した「階」が第三者に譲渡可能であった点について追究するために、そもそも爵やその賜爵の元となる功績は譲渡可能だったかどうかを確認したい。これまで検討したように、北魏では自らの功績に基づいて賜爵されることが原則であったが、実は第三者の功績により賜爵された事例が散見される。該当時期におけるその具体例を示したのが表1である。これによると、該当時期を通じて行われ、外戚や寵臣だけでなく胡族や漢人名族にも普遍的に見られる行為であったことが分かる。また死後贈爵だけでなく正爵が授与される場合も多い。このように本来の賜爵の原則から外れる現象は該当時期を通じて見られた。その証左として、『魏書』巻七一、江悦之伝附龐樹伝・李忻榮伝に、

　　龐樹、南安の人なり。世宗は謀勳を追録し、其の子景亮を襄邑縣開國男に封じ、邑二百戸を食ましむ。李忻榮、漢中の人なり。樹と俱に天寶を擊ち、同時に戰歿す。其の子建を封じて清水縣開國子と爲し、邑二百戸を食ましむ。
　　龐樹、南安人。世宗追録謀勳、封其子景亮襄邑縣開國男、食邑二百戸。李忻榮、漢中人。與樹俱擊天寶、同時戰歿。封其子建爲清水縣開國子、食邑二百戸。

とあり、戦功を立てその褒賞を得る前に戦没した場合、その子に爵位が賜与されている。先述したように北魏後期になると軍功は功簿に記録されるようになるが、この事例から記録された軍功が本人だけでなく第三者（この場合は子）にまで及んだことが推測される。

　更に北魏後期になると、自らの爵そのものを直接自分以外の親族に与える現象が生じる。その現象とは自分の爵を親兄弟などに譲渡したり分割したりする「回授」・「別封」である[10]。回授とは、有爵者が更に新しく封爵を与えられた場合、元の爵を一族に分け与える行為である。それは死後贈爵においても行われる。該当時期における具体例を箇条書きで示すと次のようになる。

　①熙平元（五一六）年に崔光が、朝陽伯→博陵県開国公→更に平温県開国侯へと封じられた際に、朝陽伯を次子へ与える（『魏書』巻六七、崔光伝）

　②孝昌二（五二六）年に爾朱栄が、梁郡公を襲爵→安平県開国侯→博陵郡公

に進爵した際に、梁郡公を次子へ与える（『魏書』巻七四、爾朱栄伝）

　③熙平元（五一六）年に李平が死後に、最初の爵の彭城公を次子へ、後に追封された爵の武邑郡開国公を長子へ襲わせる（『魏書』巻六五、李平伝）

　④孝昌元（五二五）年に奚康生が死後に、最初の爵の安武県開国男を次子へ、後に追封された爵の寿張県開国侯を長子へ襲わせる（『魏書』巻七三、奚康生伝）

　⑤神亀元（五一八）年に胡国珍が死後に、最初の爵の武邑伯を次子へ、後に追封された爵の安定郡公を長子へ襲わせる（『魏書』巻八三下、外戚下、胡国珍伝）

以上５例あり、全て孝明帝期に該当する。①②は受爵者の進爵に伴い、その前爵を次子へ与える事例である。③④⑤は受爵者が生前保有していた複数の爵を死後複数の息子達に継がせた事例である。前爵は次子へ、追封された後の爵は長子へ襲わせている点から、後爵の方こそが子孫が代々継承すべき本来的な爵と捉えられていたことが分かる。ここで注目すべきは、北魏前期では各個人が保有する爵は常に一つであり進爵すれば前爵は自動的に消滅したが、これらの事例では進爵した後も前爵を保有し続け、更にそれを自分以外の親族（ここでは次子）に譲渡している点である[11]。なお、この回授は北魏末でこそ絶対数は少ないが、その後は更に増えてゆき、西魏・北周や東魏・北斉においては広範に見られるようになる[12]。一例を示せば、『北斉書』巻六、孝昭帝紀、皇建元（五六〇）年八月丙申の条に、

　　詔すらく、九州の勲人の重封を有せし者は、子弟に分授するを聴し、以て骨肉の恩を広めよと。

　　詔九州勲人有重封者、聴分授子弟、以広骨肉之恩。

とあり、北斉では複数の封爵を持つ者（重封）がその子弟に分与していたことがわかる。一方、南朝では西晋から劉宋にかけて、異姓の功臣が進爵すると前爵を次子に譲る現象が見られるが、南斉以降は見られなくなる[13]。つまりこの回授は北魏末〜北斉期にかけてのみ見られる特殊な現象である。なお後の唐代の勲官では、軍功によって兵士が獲得した勲功が余ると周親に回授され、彼

196 第一部 北魏の爵制に関する研究

らも勲官となった(14)。

　次に別封について確認する。これは有爵者が封土を追加（追封）された場合、その一部を一族に分け与える行為である(15)。具体例として、『魏書』巻一九中、元順伝に、孝明帝期のこととして、

　　時に順の父の顧託の功を追論し、任城王彝の邑二千戸を増し、又、彝の邑五百戸を析きて以て順を封じ、東阿縣開國公と爲す。

　　時追論順父顧託之功、增任城王彝邑二千戸、又析彝邑五百戸以封順、爲東阿縣開國公。

とあり、封土の一部を分割し子供に封爵として与えている。孝文帝改革時に封土が戸数により賜与されるようになったからこそ封土（食邑）の割譲が可能になったのだが、しかし、改革時にはこのような現象は出現しなかった。では、別封はいつから出現するようになったのだろうか。それを示す史料として、『魏書』巻七一、夏侯道遷伝に、

　　初め道遷、漢中を拔きて歸誠するは、本は王穎興の計に由るを以て、邑戸五百を分かちて之を封ずるを求むるも、世宗許さず。靈太后臨朝し、道遷重ねて分封を求む。太后は大いに其の意を奇とし、議して更に三百戸を以て穎興を封ぜんと欲すれども、卒するに會い、遂に寢む。

　　初道遷以拔漢中歸誠、本由王穎興之計、求分邑戸五百封之、世宗不許。靈太后臨朝、道遷重求分封。太后大奇其意、議欲更以三百戸封穎興、會卒、遂寢。

とある。宣武帝期に分封を求めたが認められず、孝明帝期になり実現しかけるが、譲渡先の人物の死亡により中止されている。つまり孝明帝期に入り初めて自らの封土を分割し譲渡する行為が可能となったのである。さきほど検討した回授の事例も全て孝明帝期に出現した現象であり、このような自分以外の親族への譲渡は孝明帝期から増加すると言える。

　以上の検討から、北魏建国初期から自分以外の親族への功績の譲渡が行われていたが、北魏末になると爵位や封土そのものを自分以外の親族に譲渡する回授や別封という行為が出現するという変化があったことが分かる。北魏の「階」

は孝文帝改革を経て創出されたものであるが、これが自分以外の親族に譲渡可能であったことは、如上の爵の変化と関連することが予想される。この視点を手掛かりに、北魏の「階」について探りたい。

　先述したように【岡部二〇〇〇】では、「階」は官人が特定の官職に就くために必要な資格の単位であり、官職獲得のための個々の単位であって、爵位とも異なる基準と定義している。ただし氏は「階」は官職にのみ関係するとしているが、実は新出土墓誌に、北魏の「階」に関する大変興味深い記載が見られる。「魏故儀同三司定州刺史尉公墓誌銘」に[16]、孝明帝の正光五（五二四）年頃のこととして、

　　公。諱は陵、字は可悉陵、善無善無の人なり。……正光五年二月廿日家に薨ず。……子、儀同・冀州刺史、景……身らの階を減じ、以て父の爵を増すを求む。

　　公諱陵、字可悉陵、善無善無人也。……正光五年二月廿日薨於家。……子儀同・冀州刺史景……求減身階、以増父爵。

とある。ここから、自分の「階」を減らすことにより、自分以外の親族（ここでは父）の爵を増やすことが可能であったことがわかる。つまり「階」の蓄積により官職だけでなく、爵位まで獲得できたと考えられるのである。【岡部二〇〇〇】は「階」の蓄積により官職が獲得でき、その範囲は九品以上の流内官だけでなく九品以下の流外官まで含まれたとするが、北魏後期においては「階」の蓄積は官と爵のどちらでも獲得できたとすれば、その範囲は官人だけでなく有爵者も含むことになる[17]。このように自らの「階」を自分以外の親族に分与し爵を獲得できた形跡がみられる記載は、管見の及ぶ限りこの事例だけである。しかし、類似の事例として、『魏書』巻四二、酈範伝附惲伝に、

　　神虎の弟は夔なり。子は惲、字は幼和、……正光中、刺史裴延儁、用いて主簿と爲し、其をして學校を修起せしむ。又秀才に舉げられ、射策高第、奉朝請と爲る。後に延儁、討胡行臺尚書と爲り、引きて行臺郎と爲す。招撫するを以て稱有り、尚書外兵郎に除せられ、仍お行臺郎なり。延儁の解還するに及び、行臺長孫稚も又引きて行臺郎と爲し、征虜將軍を加う。

198　第一部　北魏の爵制に関する研究

　　……功を以て魏昌縣開國子に賞せられ、邑は三百戸なり。惲は軍に在りて、
　　身らの官爵を減ずるを啟求し父の爲に贈するを請い、詔して夔に征虜將軍・
　　安州刺史を贈る。

　　神虎弟夔。子惲、字幼和、……正光中、刺史裴延儁用爲主簿、令其修起學
　　校。又擧秀才、射策高第、爲奉朝請。後延儁爲討胡行臺尙書、引爲行臺郎。
　　以招撫有稱、除尙書外兵郎、仍行臺郎。及延儁解還、行臺長孫稚又引爲行
　　臺郎、加征虜將軍。……以功賞魏昌縣開國子、邑三百戸。惲在軍、啟求減
　　身官爵爲父請贈、詔贈夔征虜將軍・安州刺史。

とあり、自らの官爵を減らして自分以外の親族（ここでは父）に贈官している。
ここで子である惲の官職は刺史の主簿（官品不明、ただし司州主簿は従7品なので
恐らくそれより少し下の官品）→奉朝請（従7品）→尙書外兵郎（官品不明）→行
台郎（中）（官品不明）、将軍号は加官であるが征虜将軍（従3品）、爵は県開国
子（4品）である。そして自らの官爵を減らし、亡き父に贈官した官職は、征
虜将軍（従3品）と安州刺史（上州刺史は3品・中州刺史は従3品・下州刺史は4品[18]）
である。将軍号に関しては全く同じなのでそのまま譲渡したとも考えられるが[19]、
安州刺史に関して惲はそもそも刺史となっていない。彼の官職は行台の郎中で
あり、太和後令に載っていない官職のため官品は不明であるが、奉朝請から少
し昇進しただけなので従7品から大きく隔たりは無いと考えられる。すると、
安州刺史は最低の下州刺史であったとしても4品あるため、官職では官品は釣
り合わない。そのため4品である爵位からの換算が行われたものと思われる。
つまり自分の官爵をそのまま直接自分以外の親族に譲渡するのではなく、別の
官爵（ここでは爵から地方長官への贈官）に変換して与えることが可能であった
と考えられるのである。ここで爵から官へという異なる体系への変換が行われ
ていることから、官と爵にはその元となる共通の評価基準の評価の単位があっ
たことが想定できるのではないか。換言すればその根源の評価基準（単位）が
共通であったからこそ、別の官職や爵位に変換できたと考えられる。この証左
となる階と官爵の関係について、『魏書』巻一八、太武五王列伝、廣陽王建伝
附深伝に、

霊太后は之を聞き、乃ち使いして深の意狀を問わしむ。乃ち具に言いて曰く、……（城陽王）徽の執政するより以來、但だ臣を抑えるのみに非ずして、北征の勳は、皆擁塞を被る。將に士告捷せんとするも、終に片賞無し。表請を爲すと雖も、多くは遂ぐるを蒙らず。前に元標を留め盛樂に據らしめ、後に重圍を被り、骸を析き子を易え、一隅に倒懸し、嬰城すること二載なり。賊散るの後、階に依り官を乞うも、徽は乃ち盤退し、請う所を允さず。而れども徐州下邳戍主賈勳、法僧の叛の後、暫く圍逼を被り、固守の勳、之に比ぶるに未だ重からずして、乃ち立ちて州を得、即ち開國を授かる。天下の事、其れ一に流るるべきなり、功同じくして賞異なるは、不平なるを謂何せん。……と。

霊太后聞之、乃使問深意狀。乃具言曰、……自（城陽王）徽執政以來、非但抑臣而已、北征之勳、皆被擁塞。將士告捷、終無片賞。雖爲表請、多不蒙遂。前留元標據于盛樂、後被重圍、析骸易子、倒懸一隅、嬰城二載。賊散之後、依階乞官、徽乃盤退、不允所請。而徐州下邳戍主賈勳、法僧叛後、暫被圍逼、固守之勳、比之未重、乃立得州、即授開國。天下之事、其流一也、功同賞異、不平謂何。……

とある。ここでは軍功を立てたので「階」により官職を得ようとしたが与えられず、その一方、より小さな軍功で地方官と封爵が与えられる場合もあり、論功行賞が不平等である状況が示されている。当時、吏部尚書であった城陽王徽が功績の算定を恣意的に行った結果であるのだが、その様子は「功同じくして賞異なる」と表現されている。即ち、立功し「階」を蓄積した者が官を得ようとしたが叶わず、同じ立功した者、そして同じ「階」を蓄積したと考えられる者が、「官（ここでは地方官）」と「爵（開国）」を得ているのである。これまでの検討と総合すると、功績は階に換算され、そこから爵位・官職のどちらでも得られるシステムであったことが想定できよう。更に「階」と官爵の関係について確認したい。宣武帝期のこととして、『魏書』巻二一上、高陽王雍伝に、

　　先朝の賞格、酬いるに爵と品を以てす、今朝は式を改め、階勞に及ぶに止む。

　　先朝賞格、酬以爵品、今朝改式、止及階勞。

200　第一部　北魏の爵制に関する研究

とある。先朝（孝文帝期）には褒賞を授ける規定として爵か品（官品、つまり官職）を与えたが、今朝（宣武帝期）では規定を改め、階労、つまり階のみを与えるよう改めたことが分かる。褒賞が官爵から「階」に格下げされたことから、「階」はやはり蓄積すると官爵が獲得できたことが推測される[20]。以上の検討から、北魏後期は功績および勤務時間を蓄積した「階」を共通資源として、官職・将軍号・爵位が得られるシステムであった可能性が高いと考えられる。

　この結果から北魏後期では、前章で明らかにした軍功など大功による賜爵と、本章で明らかにした「階」を蓄積することによる賜爵という、二つの爵位獲得の手段があったと言えよう。つまり国家への大功のような大きな功績には一度で爵を与えるが、それに満たない小さな功績や日常の勤務の積み重ねは「階」を与え、それを蓄積した上で官職だけではなく爵に換算することも可能であったと想定できるのである。その証左として、『周書』巻一五、李弼伝に、永安元（五二八）年のこととして、

　　李弼、字は景和、遼東襄平の人なり。……弼は少くして大志有り、膂力は人を過ぐ。魏室喪乱するに属し、親しき所に語りて曰く、丈夫、世に生まれば、會ず須らく鋒刃を履み、寇難を平らげ、社稷を安んじ以て功名を取るべし。安くんぞ能く碌碌として階資に依り以て榮位を求むるやと。魏の永安元年、爾朱天光、辟して別将と為し、天光に従って西討し、赤水蜀を破る。功を以て征虜将軍を拝し、石門縣伯に封ぜられ、邑は五百戸なり。

　　李弼字景和、遼東襄平人也……弼少有大志、膂力過人。属魏室喪乱、語所親曰、丈夫生世、會須履鋒刃、平寇難、安社稷以取功名、安能碌碌依階資以求榮位乎。魏永安元年、爾朱天光辟為別将、従天光西討、破赤水蜀。以功拝征虜将軍、封石門縣伯、邑五百戸。

とあり、「階」を蓄積して栄位を求めるより、軍功を立て功名を取りたいという志向が示されている。そして実際に軍功を立てた結果、封爵を得ている。勿論この栄位が爵を指すとは限らないが、少なくとも昇進には「階」を徐々に蓄積してゆく方法と国家への大功（この場合は軍功）で一気に獲得する方法の二種類があったことは看取できよう[21]。

なおこのような爵制の運用について、北魏では尚書、特に吏部によって決定されていた。例えば、『魏書』巻七一、夏侯道遷伝に、宣武帝期のこととして、

> 世宗曰く、卿は爲山の功を建つ、一簣の玷、何ぞ謝するに足らんやと。道遷、賞報を以て微と爲し、逡巡して拜せず。詔して曰く、道遷、至止すること既に淹り、未だ州封を恭しくせず、吏部に敕して速やかに召拜せしむるべしと。

> 世宗曰、卿建爲山之功、一簣之玷、何足謝也。道遷以賞報爲微、逡巡不拜。

> 詔曰、道遷至止既淹、未恭州封、可敕吏部速令召拜。

とあり、皇帝が吏部尚書に命じて封爵を与えていたことがわかる。これは勲簿の管理・功績の算定や勤務評定などを吏部尚書が行っていたことと関連する[22]。このため城陽王徽のように、吏部尚書に任命された人物が恣意的に功績を算定し、結果的に官爵が不公平に賜与される現象が生じたと考えられる。また吏部尚書が「階」を算定し任官していた点について、爾朱栄が権力者となった後の永安二（五三〇）年の事例ではあるが、『魏書』巻七四、爾朱栄伝に、

> 或いは僥倖有りて官を求むる者、皆（爾朱）榮に詣り承候し、其の啓請を得れば、之を遂げざるは無し。曾て定州曲陽縣令を闕補するに、吏部尚書李神儁は階の懸たるを以て奉ぜず、別に更えて人を擬る。

> 或有僥倖求官者、皆詣榮承候、得其啓請、無不遂之。曾闕補定州曲陽縣令、吏部尚書李神儁以階懸不奉、別更擬人。

とある。地方官である曲陽県令を任命した後に吏部に報告したが、吏部尚書が「階」がへだたっている、つまり「階」が不足しているためその人事を却下したことが分かる[23]。このように吏部が一括して管理していたため、如上の「階」を共通資源とするシステムは実現可能であったのではないだろうか。

　運営面では吏部が一括して管理していたとの見通しを述べたが、ここで問題となるのは、前節にて検討した皇帝が功績を算定する場合と、本節で述べたように吏部が算定する場合が並存することである。この問題に関しては、おそらく大きな功績は皇帝が、小さな功績は吏部が算定していたと考えられる。その根拠については、第四章にて扱った史料ではあるが、『魏書』巻七下、高祖紀下、

202　第一部　北魏の爵制に関する研究

太和十八年九月壬申の条に、

　　詔して曰く、……各々當曹をして其の優劣を考ぜしめ、三等と爲さしめよ。

　　六品以下、尚書重ねて問い、五品以上、朕將に親ら公卿と其の善惡を論ぜ

　　んとす。上上の者は之を遷し、下下の者は之を黜し、中中の者は其の本任

　　を守れと。壬午、帝、朝堂に臨み、親ら黜陟を加う。

　　詔曰、……各令當曹考其優劣、爲三等。六品以下、尚書重問、五品以上、

　　朕將親與公卿論其善惡。上上者遷之、下下者黜之、中中者守其本任。壬午、

　　帝臨朝堂、親加黜陟。

とあり、孝文帝改革後、6品以下の官僚の考課と黜陟は吏部尚書の職権であり、

5品以上は天子の親裁であったことが分かる。更に『魏書』巻一九中、景穆十

二王、任城王澄伝に、

　　臣竊かに惟うに、景明の初より永平の末に曁るまで、内外の羣官は三經し

　　て考課す。延昌の始めに逮び、方に黜陟を加えんとす。五品以上は、之を

　　朝堂に引き、親ら聖目を決し、六品以下は、例て敕判に由る。

　　臣竊惟景明之初曁永平之末、内外羣官三經考課。逮延昌之始、方加黜陟。

　　五品以上、引之朝堂、親決聖目、六品以下、例由敕判。

とあり、宣武帝期の延昌（五一二～五一五）年間においても同様の措置が取られ

ていた。なおこの点については北魏の身分秩序の全体像と関わるため次節にて

詳述したい。

　最後にこれまで考察した北魏の考課制度と爵位の関係から、その全体像を示

したい。北魏後期は前期と同様、爵は官品とは異なる基準で与えられ、また官

品との対応関係も見られなかった。ただし、爵は軍功への対価という原則は変

化が無いが、北魏後期では「階」を蓄積することにより賜爵された可能性も高

く、二つの爵位獲得の手段があったことが前期とは異なる特徴であった。つま

り国家に対する大功は爵が与えられ、日常の勤務や軍功を含めた小さな功績は

「階」として蓄積されたのである。そして「階」の蓄積により官職・将軍号・

爵位が獲得できる点、および功績や「階」や爵そのものを自分以外の親族に譲

渡できた点が北魏の官爵体系に基づく身分秩序の特徴と言える。このような特

徴を持つ爵位は国家に対する大功を立てずとも賜与される場合も生じることから、爵位の持つ「国家への大功に対する序列化」という機能が薄れることに繋がったと考えられる。第二章で指摘したように、岡部毅史氏は北魏前期の爵に品があるという記載から北魏前期の爵制を位階制度の一部と捉えたが、本節での結果からみれば、北魏後期において爵が「階」のシステムに組み込まれたことにより初めて北魏の爵制は位階制度との結節点を得たと言えよう。

　以上の検討により、孝文帝改革以降、爵・将軍号・官職は「階」という共通の評価基準を持つ見通しを示した。そのことは爵が位階制度の一部へと変化したこと意味する。この結果を踏まえ、節を改め北魏の官爵体系とその身分秩序を考察したい。

第三節　　北魏の官爵体系

　前節では孝文帝改革以降、北魏の評価システムは「階」を共通資源として爵・将軍号・官職が得られるようになった可能性を示した。本節ではこのような功績や勤務評定を経て得られる官と爵はいかなる関係にあったかを検討することで、評価システムから見た身分秩序の全体像に迫りたい。その際に、北魏は孝文帝改革により身分秩序に変化が起きた可能性が高いため、前期と後期に分け考察する。

　まず北魏前期の官爵の関係について見てみよう。前期は爵・将軍号・官職（内朝と外朝・胡と漢）から成り立っていた。ここでは北魏独自の特徴として官職に民族的差異が現れていることに留意したい。特に中国の伝統的な官職には存在しない鮮卑的内朝官が存在していた。この北魏の官制について川本芳昭氏の研究によれば[24]、中秘二省の官（漢人）と胡族内朝官とは同じ内朝官であってもおのずから両者を区別する一線があり、当時の内朝の実権はあくまで胡族によって握られていたとする。しかし両者の区別は律令などにて明文化されていた訳ではない事に注意しておきたい。

　次に、将軍号について検討する。北魏前期では『魏書』巻一一三、官氏志に

204　第一部　北魏の爵制に関する研究

「舊制、諸々の勲を以て官爵を賜わる者の子孫、世々軍號を襲う。(太和) 十六年、五等を改降し、始めて之を革め、爵を襲うに止むるのみ。」とあり、襲爵時に将軍号も同時に襲われていた。将軍号が官職の一種である以上、爵のように代々継いでゆく前期の形態は制度史上特異である。窪添慶文氏は、前期の宗室は王の爵位と将軍号のみを保有し地方統治を行っていたことを明らかにしている[25]。このことから爵位 (王) が宗室であることを示し、将軍号が軍事的指揮権を保証し、それを子孫が継承していくシステムであったことが分かる。この前期の将軍号がいかなる機能を持っていたかを追究するため、宗室以外の場合も検討したい。北魏において臣下が将軍号を帯びる場合が最も多いのは、地方長官就任の際である。その理由については先行研究により見解が異なる。例えば宮崎市定氏は太和前令に刺史・太守・県令の官品が載せられていないのは、将軍号によって中央政府における官品を保持し、その班列に加わっていたからとし、その後将軍号と地方長官の地位は対等であるべきだったが、孝文帝末の南伐における軍功インフレーションにより将軍号だけで品位を保つことができず、後令によって官品を定めたとする[26]。つまり北魏前期において将軍号が地方官の地位を決定したとの理解である。更に川本芳昭氏は爵位の品＝将軍号の官品＝官職の官品という関係が成立したと捉え、宮崎説を一部訂正し、将軍号の官品つまり爵品が地方長官の地位を決定したとする。つまり爵によって与えられた品が将軍号の官品を決定し、その将軍号の官品が地位を表すという三段階の結びつきを想定する。しかし窪添慶文氏は刺史 (地方長官) と将軍号には一定の対応関係があるが、北魏初期には両者のバラツキ (原文ママ) が大きいことを明らかにした。このことから将軍号もしくは将軍号の官品が地方長官の地位を決定していたという宮崎説・川本説を否定し、地方長官自体が一定の官品を持っていたとする[27]。しかし地方長官の品位が将軍号によって高められた、または地方長官自体に官品があったという考え方では、第二章にて明らかにした将軍号の品に合わせて仮爵を与えることの意味が説明できない。窪添慶文氏が問題とした地方長官の官品の有無については決め手となる史料に欠くが、第二章の仮爵の検討結果から、北魏初期には将軍号の官品の離齬が大きい原因は

第五章　北魏の官と爵の関係　205

氏の想定した結論とは逆の理由が考えられる。つまり、北魏前期において地方
長官に官品が備わっていなかったからこそ仮爵・正爵によって品位が与えられ
たのではないだろうか。換言すれば、第二章の表１－１と２の刺史における爵
位は公が一般的であったことから、この爵位（公）が品位として機能したため
将軍号の官品は齟齬が大きかったといえる。それでは北魏前期において地方長
官が将軍号を帯びるのはいかなる意味があるのであろうか。この場合の将軍号
は身分表示というよりも軍事指揮の資格を表すものであろう。具体的には、刺
史は将軍号を帯びることにより将軍府の属官である府佐を置き軍事を担ってい
た[28]。北魏前期の段階では、将軍号の中において階級の上下は存在するが、
将軍号それ自体は身分を表示し得ないからこそ、爵位を付与する必要が生じた
のではないだろうか。つまり前期において将軍号は位階として未成熟であった
と想定されるのである。

　ではこのような前期の官と爵はいかなる関係にあるのだろうか。まず、爵と
共に将軍号も同時に襲っていた点、特に宗室は最高の爵位である王と高い官品
の将軍号を持ち両者を代々襲っていた点から、高い爵位と高い官品の将軍号を
所有する結果となり、ここに両者の親和性が生じてくる。しかし、第三章にて
扱った北魏前期の南巡碑では、有爵者は必ず官職も保有しており爵位のみ保有
している者は一人もいなかったことが岡部毅史氏により指摘されている[29]。
爵が「国家への大功の序列化」という機能を持つことから考えれば、爵のみ保
有している状態では当然官界には入って行けない。そこで官位が必要になって
くるが、第二章で述べたように、北魏前期の官職に関しては、外任の場合は乖
離が小さいが、尚書のごとく内任の場合は乖離が大きいという職種の違いが見
られた。ここから、官職はそれ自体で価値があり独自に運営されていたことが
想定されよう。

　ここで北魏前期の爵・将軍号・官職の関係についてまとめておきたい。爵は
原則として国家への大功の序列を示すが、将軍号は位階としては未成熟である
ため爵と連動することが多かった。しかし官職は独自の基準で動いていたもの
と思われる。

206　第一部　北魏の爵制に関する研究

　如上の関係は孝文帝改革によっていかなる変化を被ったのであろうか。北魏後期は基本的に爵・将軍号（実官と散官）・官職（①実官と散官②清官と濁官③流内と流外）から構成される。

　まず将軍号の変化について、前引『魏書』巻一一三、官氏志にあるように、孝文帝改革を経て将軍号は爵位と同時に襲う原則が廃止された。ここで初めて将軍号は個人に対する評価の基準に変化したのであり、位階制度として発展していく出発点となったと言えよう[30]。また第四章で述べたように、北魏後期では有爵者の保有する将軍号が王爵から男爵までの、いかなる爵位に対しても３品が最多数となるのも、将軍号が爵から切り離され独自のシステムで運営されていたことを示すと考えられる。この北魏後期の将軍号については窪添慶文氏により精力的に研究が進められているため、以下、氏が明らかにした諸点を紹介したい[31]。氏によれば、北魏後期では官僚としての地位の表示が必要な場合のみ将軍号が与えられ、特にそれが必要でない場合には将軍号は与えられず、前職に帯びていた将軍号も取り去られた。そのことから、北魏後期における将軍号は地位を示すという意味では散官的であったが、将軍号を持たない官僚も多い点は唐代の散官とは異なるとする。つまり北魏後期において官僚としての地位を示す場合、まず官職がそれを示すが、遷転に伴い一時的に官職が下がる場合はそれを補うために将軍号が繋ぎとして用いられたのである。このような仕組みは南朝の将軍号とも異なる、と指摘する[32]。この点からも北魏が将軍号においても独自の位階制度を構築していたことが分かる。

　官職についての大きな変化は鮮卑的内朝官が廃止されている点である[33]。そして新たに創設されたものとして、第一に実官と散官の区分がある。この点について先行研究の理解を確認しておきたい。閻歩克氏は漢唐間の官僚制度について研究し、官僚は「職」（実官）と「位」（散官）に大別できるとする。「職」（実官）は官職の職務としての等級（職位分等）であるとする。いわゆる文官と武官である。「位」（散官）は官僚の身分としての等級（品位分等）とする。実職を持たない、いわゆる散官である。しかし岡部毅史氏は両方の特質は実態としては明確に区別できないとする[34]。なぜなら唐制（貞観令）でも職事官（実官）

と散官が同階の場合は散官を解き実質的には職事官が官人の身分示すことになり、「職」と「位」は有機的に結びついた存在であるからとする。両氏の見解の相違は原則と実態の違いであり、本章では原則的な評価基準について追究するため、ひとまず閻歩克氏の見解に従い散実の区別があったとする。第二に創設されたものとして清官と濁官の区別がある。谷川道雄氏はこの措置は国家体制中に貴族制が意識的に持ち込まれたものとする。更に氏は第三の流内と流外の区別については、庶民層の官界進出という現実をふまえつつ士大夫の特権的地位を確保した措置と捉える。そしてこれらの一連の措置は政治の力で胡族社会内部に門閥制度を持ち込もうとしたものと位置付けた[35]。氏の孝文帝改革を門閥的とする評価については後に詳述するが、以上から実と散・清と濁・流内と流外の三種類の区分が設けられた事が分かる。

　この上更に、民族と社会的身分の差が加わる。それは孝文帝改革における有名な政策である姓族詳定である。『魏書』巻一一三、官氏志における太和十九年の詔に、

　　代人の諸冑、先に姓族無く、功賢の胤と雖も、混然として未だ分せず。故
　　に官達の者の位は公卿を極め、其の功衰の親、仍お猥任に居す。比に姓族
　　を制定せんと欲し、事多く未だ就かず、且つ宜しく甄擢し、隨時に漸銓す
　　べし。其れ穆・陸・賀・劉・樓・于・嵇・尉の八姓は、皆太祖已だ降び、
　　勳は當世に著し、位は王公を盡し、灼然にして知るべき者にして、且に司
　　州に下らんとするは、吏部、猥官に充つる勿れ、一に四姓と同じ。此れよ
　　り以外、應に士流に班すべき者、尋いで別敕に續く。原は朔土より出で、
　　舊は部落大人と爲り、而して皇始より已來、三世の官の給事已上に有り、
　　及び州刺史・鎭大將、及び品の王公に登る者は姓と爲す。若し本は大人に
　　非ざるも、而して皇始已來、職官は三世の尙書已上、及び品は王公に登り
　　而して中間官緒を降らざるも亦姓と爲す。諸部落大人の後にして、皇始已
　　來の官の前列に及ばざるも、而れども三世の中散・監已上有り、外は太守、
　　子都と爲り、品は子男に登る者は族と爲す。若し本は大人に非ずして、而
　　して皇始已來、三世の令已上有り、外は副將・子都・太守と爲り、品は侯

已上に登りたる者も亦族と爲す。凡そ此の姓族の支親と、其の身と緦麻服
已内に微かに一二世の官有る者も、全くは充美ならずと雖も、例として亦
姓族に入る。五世已外、則ち各々自ら之を計り、宗人の蔭を蒙らざるなり。
緦麻の三世の官と雖も姓班に至らざる、族官有れば則ち族官に入り、族官
無ければ則ち姓族の例に入らざるなり。……

代人諸冑、先無姓族、雖功賢之胤、混然未分。故官達者位極公卿、其功衰
之親、仍居猥任。比欲制定姓族、事多未就、且宜甄擢、隨時漸銓。其穆・
陸・賀・劉・樓・于・嵇・尉八姓、皆太祖已降、勳著當世、位盡王公、灼
然可知者、且下司州、吏部勿充猥官、一同四姓。自此以外、應班士流者、
尋續別敕。原出朔土、舊爲部落大人、而自皇始已來、有三世官在給事已上、
及州刺史・鎭大將、及品登王公者爲姓。若本非大人、而皇始已來、職官三
世尙書已上、及品登王公而中閒不降官緒、亦爲姓。諸部落大人之後、而皇
始已來官不及前列、而有三世爲中散・監已上、外爲太守、子都、品登子男
者爲族。若本非大人、而皇始已來、三世有令已上、外爲副將・子都・太守、
品登侯已上者、亦爲族。凡此姓族之支親、與其身有緦麻服已内、微有一二
世官者、雖不全充美、例亦入姓族。五世已外、則各自計之、不蒙宗人之蔭
也。雖緦麻而三世官不至姓班、有族官則入族官、無族官則不入姓族之例也。
……

とある。胡族の中でも八姓は最高の名族として規定され、漢族もここでは四姓
として同じく名族として認定されている。その下のランクとして、部落大人（部
落の首長）の子孫で道武帝以来、三世代に渡って中散・監に相当以上の官職に
就くことなく無爵のもの、あるいはその子孫でなければ三世代に渡って令に相
当かそれ以上の官職に就くことなく侯爵より下の者が設定された。この集団は
姓族に入れなかったことから、爵、つまり国家への大功の有無が基準の一つと
されていることが分かる。なお姓族詳定時に将軍号が基準となっていない点は、
先述した将軍号が前期では位階として未成熟であったことの傍証となるだろう。
川本芳昭氏はこの政策により胡族が士と庶に分かれ、胡族全体からみればその
一部にすぎない胡族上層が重視され、残るかなりの部分が制度的に庶の身分に

固定化されたとする[36]。ここでは、胡族が士庶という上層と下層に二分され
たとする指摘も重要である。この孝文帝改革を経た後の支配者層について、宮
崎市定氏により夙に「孝文帝の貴族制は王室を第一の貴族として取り扱い、こ
れを助けるものとして胡族の大臣を重用している点」が指摘されている[37]。
その後、長堀武氏により孝文帝改革後も胡族系士人が優先的に占める傾向が明
らかにされたが[38]、この傾向を実証的・網羅的に調べた研究として、ホルム
グレン氏[39]や吉岡真氏[40]の研究が挙げられる。まずホルムグレン氏は、北魏
官僚機構の中枢部ではむしろ非漢族が一貫して過半数以上を占め、漢族はわず
かに10数％～30％余の間を浮沈しているにすぎず、孝文帝改革以降も漢族の官
僚保有の比率が以前よりも継続的に減少している状況を明らかにした。また後
期では宗室諸王が保有する高官職が際立って増加してくる点も指摘する。吉岡
真氏はこの点について更に詳細に検討した。孝文帝改革により数の上では少数
の漢人名族が協力することにより拓跋氏を中核とした胡漢双方の最高位の氏族
が中央の要職を独占的に保有し、胡漢双方の下層氏族を官界の上部から締め出
したとする。このように両氏は孝文帝改革後も上層部には漢人名族が少なく、
胡族のエリートが多数を占めるという実証的データを明らかにしている。なお、
孝文帝改革後の任官は宗室が中心的になる状況については窪添慶文氏によって
詳細に検証されている[41]。

　また、宮崎市定氏によれば、この姓族詳定は選挙に役立てるため、更に言え
ば起家官を定めるのに必要であったとする。その理由として、『通典』巻一六、
選挙四の、

　　孝明帝の時、清河王懌は官人の序を失いたるを以て、上表して曰く、孝文
　　帝制するに、出身の人は、本は門品を以てし、高下は恆有り、若し資蔭に
　　準ずれば、(四字欠?)なり。公卿令僕の子より、甲乙丙丁の族まで、上は則
　　ち散騎・祕・著、下は䢍史・長兼に逮ぶは、皆條例は昭然として、文は虧
　　没すること無し。此れより、或いは身は三事の子に非ずして、公府の正佐
　　に解褐し、地は甲乙の類に非ずして、而して上宰の行僚を得。茲れより以
　　降も、亦乖舛すること多し。且つ參軍事は專ら出身の職に非ずして、今必

210 第一部 北魏の爵制に関する研究

ず釋褐して而して居り、祕・著は本より起家の官と爲すに、今或いは遷轉
して以て至り、斯れ皆仰ぎては先準を失し、明令に違うこと有り。……と。
孝明帝時、清河王懌以官人失序、上表曰、孝文帝制、出身之人、本以門品、
高下有恆、若準資蔭、（四字欠？）。自公卿令僕之子、甲乙丙丁之族、上則
散騎祕著、下逮禦史長兼、皆條例昭然、文無虧沒。自此、或身非三事之子、
解褐公府正佐、地非甲乙之類、而得上宰行僚。自茲以降、亦多乖舛。且參
軍事專非出身之職、今必釋褐而居、祕・著本爲起家之官、今或遷轉以至、
斯皆仰失先準、有違明令。……

の記載を挙げる。ここでの散騎が員外散騎侍郎（7品上）を指し、またその他
の事例から、「五品以上で起家できるのは宗室またはこれに準じる王室側近者
にかぎられ、普通の臣下は六品以下、特に七品以下が多い」と結論付ける。さ
らに窪添慶文氏の研究により、後期の宗室は王爵を襲い中央官として官界に入
るが、しかし王の中でも皇帝から血縁的に遠いか近いかで起家官の官品が異な
るという現象が明らにされている[42]。さらに氏は、宗室以外の起家について
も網羅的に調査し、代人の姓族および漢族の甲乙丙丁姓の家格が起家官に反映
したことを証明している[43]。以上の見解を総合すると、北魏後期の支配層は
第一位が王爵を持つ宗室（その中にも更に順位あり）、第二位が功臣という序列
があったことになる。また、この記載から孝文帝は原則的な起家のシステムを
構築したが、孝明帝期にはこの制度から外れる状況があったこと読み取れよう[44]。
その起家に関して、更に、『魏書』巻八、世宗紀、永平二年十二月の条に、

詔して曰く、五等諸侯、比ごろ選式無し。其れ同姓者の出身、公は正六下、
侯は從六上、伯は從六下、子は正七上、男は正七下。異族の出身、公は從
七上、侯は從七下、伯は正八上、子は正八下、男は從八上。清修の出身、
公は從八下、侯は正九上、伯は正九下、子は從九上、男は從九下とし、此
に依りて之を銓すべしと。

詔曰、等諸侯、比無選式。其同姓者出身、公正六下、侯從六上、伯從六
下、子正七上、男正七下。異族出身、公從七上、侯從七下、伯正八上、子
正八下、男從八上。清修出身、公從八下、侯正九上、伯正九下、子從九上、

男従九下、可依此叙之。

とあり、同姓＝元氏・異族＝胡族・清修＝漢人名族と民族により起家の官品が
異なっている[45]。特に着目したいのが、民族と社会的身分の差を明文化した
点である。即ち爵の品により絶対的に起家の官品が決定されたのではなく、有
爵者の出自（民族や社会的身分および血縁関係）が起家を決めるのである。この
記載と前引『通典』の記載とを併せて考えると北魏後期では、まず民族的に胡
族と漢族で差がつけられ、そして社会的身分として胡族や漢族の中でも名族か
否か、更には宗室の中でも皇帝に血縁的に近い否かで細かく格差が設けられて
いたと言える。

　以上、北魏後期を通して検討を行ったが、孝文帝改革における変化について
前章までの検討結果も踏まえ確認しておきたい。爵については国家への功績の
序列、封土は皇帝の恩寵を示すように機能を分けた。将軍号については継承を
廃止し、散官化の萌芽となった。官職については、①実官と散官②清官と濁官
③流内と流外の三種類の区分を設けた。その上、さらに胡と漢・上層と下層（士
と庶）という民族と社会的身分による階層化を機械的に推し進めた。その官吏
の登用方法は、5品以上という高位高官の上層部は孝文帝自らが決め、6品以
下は考課により「階」を溜めて昇進するシステムを構築した。上層部について
は、王爵は宗室に限り、さらに爵により起家官が決まることにより、宗室の官
位が高いことが保証されることになる。また、5品以上の官職は皇帝が決める
ことから、上位の者は日ごろの勤務評定や功績の蓄積である「階」によらず抜
擢されることが可能になる。これが上層部が高位高官となることを保証される
システムである。つまり上位の者は能力や功績ではなくその出身（民族や社会
的身分）により決定される貴族的運営が行われていた。一方、6品以下の者は
原則通りに考課が実施される能力的運営が行われたのである[46]。このような
①爵と封土の機能の分離、②将軍号から爵のように代々襲える機能を切り離し
新たな位階制度として独立、③民族と社会的身分の区分の明文化、この三点は
孝文帝により構築された新たな評価システムである。③に関しては、王爵が宗
室の中でも道武帝以降の子孫に限られた点、および先述した規定から、第一位

212　第一部　北魏の爵制に関する研究

が宗室、第二位が胡族名族、第三位が漢人名族という順に重視されていたと言える。先行研究では北魏後期の支配層は宗室諸王が保有する高い官職が際立って増加してくる点、および拓跋氏を中核とした胡漢双方の最高位の氏族が中央の要職を独占的に保有する点が指摘されていたが[47]、その現象を生んだのがこの孝文帝の評価システムであった。

　ちなみに官吏登用の方法について補足すると、北魏は建国初期から南朝の九品官人法が導入されていたことが指摘されている。具体的には中正が官吏候補者に郷品を付与して推挙し、中央の吏部がそれに依拠して任官するという方式である。しかし前期ではこの方法は一般的でなかった[48]。その後、孝文帝改革により中正制度が整備され、管内出身者の官吏の起家から死後の諡まで絶えず身元の保証人になる重要な役割を担ったが、早くも宣武帝期にその役割を果たさなくなったとされる[49]。北魏における中正については更なる検証が必要だが、先学の理解では官僚制度全体に占める重要性は低いものとされていることから、先述した民族や社会的身分による起家の方がより一般的であったと考えられる。

　ではここまで明らかにした評価システムは先学の理解といかに関わるのであろうか。かつて谷川道雄氏が孝文帝改革を門閥主義の台頭と評価したことは周知の事実である[50]。氏の理解によると、門閥主義とは士族内部に階層制を持ち込み、門地に才を求める理念である。それに対し賢才主義とは個人の資質に才を求める理念であり、後の科挙に繋がるとした。その上で孝文帝改革から東西両魏にかけて門閥主義から賢才主義への移行があったと捉える。つまり孝文帝改革時の考課は門閥主義的であるという理解である。一方、岡部毅史氏は北魏国家の特性を、「官品に基づく秩序に対し極力社会的な秩序が持ち込まれることを拒み、国家に対する功績は官位が基準」とする点にあると捉える[51]。つまり孝文帝改革時の考課は賢才主義的であるという理解である。張金龍氏も孝文帝改革における中正制度の整備があるため賢才主義が第一であり、門閥主義はこれに次ぐものだったと評価する[52]。また窪添慶文氏は家格による起家官の幅を狭くすることで考課による黜陟の効果が大きくなったことから、孝文帝の導入した門閥制度は賢才主義を含みこんだ内容と評価する[53]。この門閥

主義および賢才主義という観点で述べるならば、先述したように民族や社会的身分の差異を制度的に明文化したこと、実態としても上層部が優遇され政界に進出していることから、北魏上層部については門閥主義的であると言わざるを得ない。ただし下層部、具体的には6品以下は考課により決定されるため、賢才主義的であると言える。つまり孝文帝改革は上層部と下層部によって昇進の基準が異なるという特徴を持つのである。

　ではこのような官爵体系に基づく身分秩序はいかなる意味を持ったのだろうか。孝文帝改革は中央集権化を押し進めたといわれるが、中央集権化に適したシステムとは実は様々な価値観に対応できる状態を指すのではないか、と考えられる。つまり、国家への功績・皇帝との親疎・文人や武人としての能力などを明確に区分し、各々の評価基準を混在させず序列化するシステムである。もし仮に一つの評価基準だけで国家を運営すると、ある特定の集団にだけ権利が集中し、その基準から外れる人物が多くなり不満が溜まりやすく、システムとして脆弱になる。一つの評価基準だけという状態は、例えば官品のみで統一するようなシステムである。その場合、一つの評価基準（官品）だけ存在すれば良いので、幾つも評価基準（爵・官職・将軍号など）が存在する理由が無くなるが、北魏は該当時期を通じてそのような状態にはならず、却って孝文帝改革を経て各々が独自の基準で並立する状態になった。例えば第四章で明らかにしたように、孝文帝改革は爵位では宗室が最高位の王が与えられた点では特権的であったが、一方、封土では食邑の多寡・都との遠近という爵位の順位とはまた異なる基準によって皇帝個人との親疎が表現されていた。このように色々な評価基準が存在する方が、仮に一つの基準において低い評価であっても他の基準において高い評価が得られることも可能であるため、臣下の不満が減る可能性が高いと思われる。そして各々の評価、特に上層部の評価を皇帝が決定しコントロールし得た点こそが強固な中央集権化と言えるのではないか。つまり孝文帝改革の本質は、評価システムが各々異なる価値基準を発揮できるよう明確に区分し、それを皇帝がコントロールできた点にあると言える。先行研究において、北魏前期の政治体制は胡族貴族主導であったのが、孝文帝改革期には洛陽遷都に象

徴される皇帝主導へ変革したと指摘されているが[54]、そのような政治体制を
実現可能にしたのがこの評価システムであると言えよう。

　ただし事象を複雑にしているのは、その中の一つの基準のみ高ければ、他の
基準が皆無でも良い訳ではない点である。例えば先述したように南巡碑では爵
のみ保有し、他の将軍号・官職が併記されていない人物は一人もいなかった。
南巡碑は北魏前期の状況を示すが、北魏後期においても、『魏書』巻九四、閹官、
張祐伝附慶伝に、

　　祐の養子顯明、後の名は慶、少くして内職を歴る。姿貌有り、江陽王繼は
　　女を以て之に妻わす。爵を襲い、降されて隴東公と爲り、又降されて侯と
　　爲る。洛に遷り、廢替すること二十餘年、虛しく爵のみ。

　　祐養子顯明、後名慶、少歴内職。有姿貌、江陽王繼以女妻之。襲爵、降爲
　　隴東公、又降爲侯。遷洛、廢替二十餘年、虛爵而已。

とあり、「洛に遷り、廢替すること二十餘年、虛しく爵のみ」と表現されている。
つまり爵のみ保有している状態は特殊だと認識されているのである。また北魏
後期では拓跋（元）氏・胡族・漢人名族は爵により起家官の官品が決められて
おり、実態としては完全に対応関係にあった訳ではないが、原則的には爵の品
に対して官職の官品が完全に乖離することはない方策が取られていた。以上の
検討から、孝文帝改革により各々が独自の価値基準を持ちつつも全体としては
地位が乖離しないシステムが成立したという見通しを得た。

おわりに

　本章では北魏の爵と功との関係を検討した上で、その本質的機能が「国家へ
の大功に対する序列化」であると定義付けした。更にその爵と考課の関係を追
究し、孝文帝改革以降は「階」を共通資源として爵・将軍号・官職が得られる
システムであった可能性を示した。上層部は皇帝により評価が決定され、下層
部は「階」の蓄積により昇進する、上下二層に区分された異なる評価システム
が構築されていた。そして孝文帝改革は爵・将軍号・官職など各々の価値基準

が混在しないように明確に区分し、それを皇帝がコントロールし得た点が中央集権的であった。さらに各々が独自の評価基準を持ちつつも全体としては地位が乖離しないシステムが北魏後期において構築された官爵体系に基づく身分秩序であったと結論づけた。この北魏の身分秩序が古代中国史上どのような意味を持つかについては、終章にて歴史的位置付けを行いたい。その前段階として次章では古代中国史における官爵に付随する特権について検討し、その具体的価値の変遷を追究する。

注

（1）　宮崎市定『九品官人法の研究──科挙前史──』（一九五六年初出。中央公論社、一九九七年再版）参照。また北魏の考課に関する代表的研究として、福島繁次郎『中国南北朝史研究』、名著出版、一九七九年増補版）・長堀武「北魏における考課制度の運営について」（『秋大史学』三〇、一九八四年）もある。最近の研究において特筆すべきは岡部毅史氏の一連の論考であり、これらの先学の理解を再検討した上で新たな歴史的位置付けを行っている。氏の論考については該当箇所にて適宜触れていきたい。また中国においても陶新華『北魏孝文帝以后北朝官僚管理制度研究』（巴蜀書社、二〇〇四年）や戴衛紅『北魏考課制度研究』（中国社会科学出版社、二〇一〇年）などがある。

（2）　前掲注（1）福島繁次郎論文。なお氏の北魏前期の考課の研究は地方官との関係のみに限られており、中央官僚の考課については言及していない。

（3）　岡部毅史「北魏の「階」の再検討」（『集刊東洋学』第八三号、二〇〇〇年。同『魏晋南北朝官人身分制研究』、汲古書院、二〇一七年再収）。以下、【岡部二〇〇〇】と称す。

（4）　汎階に関する最新の研究は窪添慶文「北魏末・東魏の汎階と官僚の遷転──穆良墓誌の検討を中心に──」（『立正大学文学部研究紀要』三七号、二〇二一年。以下、【窪添二〇二一】と称す）参照。

（5）　この記載については朱雷「跋敦煌所出〈唐景雲二年張君義勲告〉──兼論“勲告”制度淵源」（『敦煌吐魯番文書論叢』、甘粛人民出版社、二〇〇〇年）および【岡部二〇〇〇】に詳しい。

（6）　「或一階再取、或易名受級」とあるように級も人事評価の単位として存在した。

216　第一部　北魏の爵制に関する研究

この級は【窪添二〇二一】によれば、将軍号（群）と将軍号（群）の間が一級と
なる。虚偽により級を増やした事例に、孝荘帝期のこととして、『魏書』巻六九、
崔休伝附子仉伝に、「以竄級爲中書郎、爲尙書左丞和子岳彈劾、失官。」とある。

（7）　閻歩克『品位与職位――秦漢魏晋南北朝官階制度研究』（中華書局、二〇〇二年）。

（8）　佐川英治「中国中古軍功制度初探」（科学研究費補助金基盤研究（B）研究成
果報告書『古代中国軍事制度の総合的研究』、京都大学人文科学研究所、二〇一
三年）。

（9）　窪添慶文「北魏後期における官僚の遷転」（二〇一五年初出。同『墓誌を用い
た北魏史研究』、汲古書院、二〇一七年再収。以下、【窪添二〇一五】と称す）。

（10）　一例を挙げれば、『魏書』巻六一、畢衆敬伝附祖朽伝に、「祖朽、身長八尺、腰
帯十圍、歴渉經史、好爲文詠。性寛厚、善與人交。襲父爵須昌侯、例降爲伯。
……以功封南城縣開國男、食邑二百戸。祖毼、起家奉朝請。兄祖朽別封南城、以
須昌侯（伯？）回授之。」とある。

（11）　劉漢東「北朝後期別封・別食制度探論」（『鄭州大学学報』哲社版、一九八八年
三月）ではこの現象を「一人多爵」と表現し、これは北魏後期になって見られる
ようになること、そこから回授が生まれ、北魏末に別封が形成され、それが北周・
北斉にも受け継がれ隋初まで続いたことを指摘する。

（12）　北朝における回授については高敏「西魏・北周与東魏・北斉的封爵制探討」（『北
朝研究』総第四期、一九九一年上半年刊）に詳しい。

（13）　この点について楊光輝『漢唐封爵制度』（学苑出版社、二〇〇一年）第三章「封
爵的授受・伝襲及推恩」および越智重明「五等爵制」（同『晋の政治と社会』、吉
川弘文社、一九六三年）参照。なお越智重明論文は、西晋時代では進爵すると旧
爵を第二子など一族に譲る旧「爵」温存という行為が散見されることを指摘する。
西晋の場合、旧爵そのものではなく少し降格された爵が受け継がれている点、お
よび受爵者が複数の爵位を持つことは無い点が指摘されており、この二点は北朝
とは異なる特徴である。

（14）　速水大「勲官の上番規定と回授規定の関係」（『明大アジア史論集』十一、二〇
〇七年。同『唐代勲官制度の研究』、汲古書院、二〇一五年再収）。

（15）　前掲注（13）越智重明論文では、曹魏および西晋時代に有爵者の近親に対し、
その封戸を分かつことと一体化した形で新たに爵を下賜することが盛んに行われ
ていた点が指摘されている。

第五章　北魏の官と爵の関係　217

(16)　梶山智史「稀見北朝墓誌輯録」(『東アジア石刻研究』第五号、二〇一三年) 所収。

(17)　ただし残念ながら「階」と爵位と関連が読み取れる北魏墓誌は現時点ではこの
墓誌の他に見られず、具体的にどれだけの「階」を蓄積すると爵位が得られるの
かは不明である。

(18)　この北魏の州の等級については窪添慶文「北魏の州の等級について」(『高知大
学教育学部研究報告 第 2 部』四〇、一九八八年。同『魏晋南北朝官僚制研究』、
汲古書院、二〇〇三年再収) があるが、安州については比定されていないため、上・
中・下州のいずれに該当するか不明である。

(19)　なお窪添慶文「北魏における贈官をめぐって」(同『魏晋南北朝官僚制研究』、
汲古書院、二〇〇三年) では、北魏後期の宣武帝・孝明帝期において贈官される
場合、将軍号＋地方長官 (刺史か太守) の組み合わせが多いこと、おおむね本人
の最終的な官職よりも 1 品上昇する傾向があることが明らかにされている。この
事例の場合、贈官による上昇は見られないが、それは第三者からの譲渡という特
例のためとも考えられる。

(20)　この記載では褒賞として宣武帝期以降は爵を直接与えないとするが、実際には
第四章で検討したように北魏後期を通じて功績、特に一つの軍功に対しての賜爵
は行われている。ここでの賞はいわゆる「大功」には満たない小さな功績を指す
ことが考えられる。つまり孝文帝期には功績に対して褒賞として官爵が与えられ
ていたが、宣武帝期では同じ功績を立てても階のみにした、と解することができる。
【岡部二〇〇〇】はこの「階労」を年功序列的な人事を行う上での基準とする。

(21)　【岡部二〇〇〇】はこの記載を引用し、「李弼は志向する軍功に基づいた昇進も、
実際の運用では通常の人事と同じく「階」を基準とする」とし、全ての人事運用
は「階」に一元化されていたと理解している。それは氏が軍功による功は「軍階」
という別の基準を想定しているためだと考えられるが、その点について筆者は別
の考えがある。この点は終章にて詳述する。

(22)　なお勲簿の管理も爵の授与も吏部の管轄であるため、実際の運営として「階」
を元に官職・将軍号・爵位を上下させることは可能であったと思われる。ただし
一般的な考課は考功曹が行い、軍功は中兵曹が行っていたため、同じ吏部でも曹
は異なる。厳耕望「北魏尚書制度考」(『中央研究院歴史語言研究所集刊』一八、
一九四八年) 参照。

(23)　この記載の「闕補」とは『資治通鑑』梁紀第一五四巻、梁紀一〇、高祖武皇帝

218　第一部　北魏の爵制に関する研究

一〇、中大通二（五三〇）年の条に「榮誉關補曲陽縣令」とあり、胡三省の注に「關補者、先補授而後關吏部」とある。

(24)　川本芳昭『魏晋南北朝時代の民族問題』（汲古書院、一九九八年）参照。

(25)　窪添慶文「北魏の宗室」（『中国史学』九、一九九九年。同『魏晋南北朝官僚制研究』、汲古書院、二〇〇三年再収）。

(26)　前掲注（2）宮崎市定著書、410頁。また厳耀中「関于北魏"三刺史"制度的若干詮釈」（『学習与探索』、二〇〇九年。同『魏晋南北朝史考論』、上海人民出版社、二〇一〇年再収）においても刺史と将軍号の結びつきが指摘されており、厳耕望『中国地方行政制度史・乙部・魏晋南北朝地方行政制度』下冊（中央研究院歴史語言研究所、一九九七年。初版一九六三年）が指摘する「北魏では鎮将の位が刺史よりも上である」という現象を、将軍号の高低に求めている。

(27)　窪添慶文「北魏初期の将軍号」（同『魏晋南北朝官僚制研究』、汲古書院、二〇〇三年）。

(28)　北魏における州府僚佐および研究整理については、会田大輔「北魏後半期の州府僚佐──「山公寺碑」を中心に──」（『東洋学報』第九一巻第二号、二〇〇九年）参照。

(29)　岡部毅史「北魏前期の位階秩序について──爵と品の分析を中心に──」（『東洋学報』第九四号第一号、二〇一二年。同『魏晋南北朝官人身分制研究』、汲古書院、二〇一七年再収）。

(30)　具体的な軍制については川本芳昭氏の研究によれば、軍制の改革として禁軍を領する権限は殿中尚書から領軍将軍へ移ったことが指摘されている。つまり胡族的色彩の強い官から中国的な官職への変化であり、巨視的には胡族の結合を緩める効果があった。氏はこれを北魏王朝全般の漢化と捉える。その背景には胡族兵の地方分駐にみえるような漢化の趨勢の中で進行した軍制上における胡族的性格の危機があり、胡族集団としては崩壊に近い状態だったとする。

(31)　窪添慶文「北魏後期における将軍号」（『東洋学報』第九六巻第一号、二〇一四年。同『墓誌を用いた北魏史研究』、汲古書院、二〇一七年再収）。

(32)　具体的な南朝の将軍号の特徴として、岡部毅史「梁陳時代における将軍号の性格に関する一考察──唐代散官との関連から」（『集刊東洋学』七九、一九九八年。同『魏晋南北朝官人身分制研究』、汲古書院、二〇一七年再収）では、梁陳時代の将軍号はほとんど地方官と結び付き中央の文官とは結び付いていない点が明ら

かにされている。また藤井律之『魏晋南朝の遷官制度』（京都大学学術出版会、二〇一三年）では、将軍号は南朝官僚制度の昇進過程においてあたかも「分銅」のような役割を果たしたとする。

(33)　前掲注（24）川本芳昭著書では、その理由として一つ目に漢人の官界への進出をあげる。特に漢人が内朝官へ進出し、胡族が内朝を足場にして漢地を支配するという原則が空洞化したとする。二つ目の理由として内朝官が構造も構成員も複雑化し行政の遅延現象が存在した現状を挙げる。この観点を押し進め、更に氏は北魏が改革後に胡族的官制を棄てて中国の政治理念によって官制秩序を中国的なそれに一本化する道を選んだとする。これは胡族を内朝から排除しようとしたかに見えるが、そうではなく、胡族が中国的な教養を身に付けた支配者層に転身することを望んだとする。そして、なぜ改革により新たな胡族的官制秩序を打ち立てる方向に向かわなかったかといえば、胡族の官僚としての支配能力が漢人よりも低いから現実不可能だったためとする。しかしこの現実不可能とする点は疑問が残る。なぜなら孝文帝の時代では世代交代が進み胡族でも文人としての能力が高い人物も出現しているからである。例えば北族八姓の陸氏は文成帝期のこととして、『魏書』巻四〇、陸麗伝に、「領太子太傅。麗好學愛士、常以講習爲業。其所待者、皆篤行之流、士多稱之。性又至孝、遭父憂、毀瘠過禮」とあり、宮崎市定氏により中国風の士大夫と評されている。また佐藤賢「北魏前期の「内朝」・「外朝」と胡漢問題」（『集刊東洋学』八八、二〇〇二年）によると北魏前期の「内朝」と「外朝」は相互補完的な関係であり、川本芳昭氏が前提とする「胡族が内朝にあって主権を掌握し、外朝の漢族を牽制する体制」自体がそもそも存在しなかったと指摘している。

(34)　岡部毅史「北魏北斉「職人」考——位階制度研究の視点から——」（『史学研究』二五四、二〇〇六年。同『魏晋南北朝官人身分制研究』、汲古書院、二〇一七年再収）。

(35)　谷川道雄「北魏官界における門閥主義と賢才主義」（一九五九年初出。同『隋唐帝国形成史論』、筑摩書房、一九七一年再収、増補版一九九八年）。

(36)　前掲注（24）川本芳昭著書、321頁および323頁。

(37)　前掲注（2）宮崎市定著書、第二編第五章一二、「北魏末期の選挙問題」、474頁。

(38)　長堀武「北魏孝文朝における君権安定策とその背景」（『秋大史学』三二、新野・諸戸両先生還暦記念号、一九八五年）。

220　第一部　北魏の爵制に関する研究

(39)　吉岡真訳「Ｊ・ホルムグレンの、新たな北魏征服王朝国家論」(『福大史学』六八・六九、二〇〇〇年)。

(40)　吉岡真「北朝・隋唐支配層の推移」(岩波講座『世界歴史』九所収、岩波書店、一九九九年。

(41)　前掲注(25)窪添慶文論文参照。

(42)　前掲注(25)窪添慶文論文参照。

(43)　窪添慶文「北魏後期の門閥制——起家官と姓族分定」(同『墓誌を用いた北魏史研究』、汲古書院、二〇一七年)。

(44)　前掲注(43)窪添慶文論文では、孝明帝期では一部の変化が見られるが、骨幹をなす宗室・代人・漢族の家格による起家の関係は変動が生じていないとする。

(45)　この見解は前掲注(2)宮崎市定著書によるが、岡田和一郎「北斉国家論序説——孝文体制と代体制」(『九州大学東洋史論集』三九、二〇一一年)では異姓には代人グループも含まれていたとみなす。

(46)　この点について前掲注(2)宮崎市定著書では「北朝が絶えず南朝を模倣しながら、遂に南朝のような貴族制度になり切れなかったのは、素朴な胡族の間に一種の正義感、若しくは公平を尊重する観念が強」かったため「考課の励行」が実施されたとする。これは氏の所感であるため今後は考課が励行された政治的背景を明らかにする必要がある。

(47)　松下憲一『北魏胡族体制論』(北大出版会、二〇〇七年)第四章「北魏の洛陽遷都」。

(48)　前掲注(2)宮崎市定著書および張旭華「北魏中央与地方中正組織的分張及其意義」(同『九品中正制略論稿』、中州古籍出版社、二〇〇四年)は、中央系統の中正が十分機能していなかったとする。

(49)　前掲注(2)宮崎市定著書。

(50)　前掲注(35)谷川道雄論文参照。

(51)　岡部毅史「北魏における官の清濁について」(『大阪市立大学東洋史論叢』一一、二〇〇〇年。同『魏晋南北朝官人身分制研究』、汲古書院、二〇一七年再収)。

(52)　張金龍「北魏孝文帝用人政策略論」(『蘭州大学学報』社会科学版、一三－一四、一九九〇年)。

(53)　前掲注(43)窪添慶文論文。

(54)　前掲注(47)松下憲一著書、104〜105頁。

第五章　北魏の官と爵の関係　221

表1　立功者と受爵者との関係

立功者	爵位	関係	受爵者	爵位	時期	身分	巻
王建	真定公	弟と兄	王豆居	即丘侯	道武帝	北	30
奚斤	山陽侯	子と父	奚箄	贈長寧子	明元帝	宗十	29
王洛兒	新息公	子と父	王?	贈公	明元帝	北	34
盧魯元	襄城公	子と父	盧?	信都侯	太武帝	漢五	34
寇謙之	なし	子と父	寇修之	贈馮翊公	太武帝	漢	42
杜超	陽平王	子と父	杜豹	贈陽平王	太武帝	外戚	83
孫小	泥陽子	子と父	孫瓚	贈石安県子	太武帝	宦官	94
陸麗	平原王	子と父	陸侯	建業公→東平王	文成帝	北八	40
李霊	高邑子	父と子	李恢	高邑子→侯	文成帝	漢五	49
閭毗	河東王	孫と祖	閭延	贈定襄公	文成帝	外戚	83
閭毗	河東王	子と父	閭辰	贈定襄王	文成帝	外戚	83
張宗之	鞏県侯	子と父	張孟舒	贈鞏県侯	文成帝	宦官	94
源賀	隴西王	父と子	源延	武城子	中期	北	41
元丕	東平公	子と父	元興都	楽城子→侯	献文帝	宗室	14
王升	?	弟と兄	王定州	復建陽侯	献文帝	北	34
王洛兒	新息公	祖と孫	王定州	建陽侯→公	献文帝	北	34
李敷	高平公	子と父	李順	贈高平王	献文帝	漢五	36
樓毅	常山公	子と父	樓安文	贈陽平公	孝文帝	北八	30
穆?	?	祖と孫	穆泰	馮翊侯	孝文帝	北八	27
高閭	安楽侯	子と父	高洪	贈固安子	孝文帝	漢	54
薛安都	河東公	祖と孫	薛達	河東侯→郡開国	孝文帝	漢二	61
王叡	中山王	子と父	王橋	贈顕美侯→武威王	孝文帝	恩倖	93
裴叔業	蘭陵郡開国公	父と子	裴芬之	上蔡県開国伯	宣武帝	漢一	71
龐樹	なし	父と子	龐景亮	襄邑県開国男	宣武帝	漢	71
李忻栄	なし	父と子	李建	清水県開国子	宣武帝	漢	71
王遇	宕昌侯	子と父	王守貴	贈澄城公	宣武帝	宦官	94
元嵩	高平県侯	父と子	元世儁	衛県開国男	孝明帝	宗室	19
元巘	彭城王	父と子	元子直	真定県開国公	孝明帝	宗室	21
游肇	仮広平公	父と子	游祥	新安伯→高邑県開国侯	孝明帝	漢二	55

凡例
〈爵位〉贈…死後贈爵、復…除爵を復爵
〈身分〉宗十…宗族十姓、北八…北族名族の八姓、北…それ以外の胡族、漢五…漢人名族の五姓、漢一…漢人の一流名族、漢二…漢人の二流名族、漢…それ以外の漢族
〈巻〉『魏書』の巻数

第六章　官当制度とその淵源
——除名・免官の検討からみた——

は じ め に

　古代中国における有爵者の特権として、まず封土の所有という経済的特権が
挙げられるが、身分上の特権として爵を差し出すことにより刑が減免される機
能もまた大きな特徴であると言える。この爵による刑の減免効果については出
土史料が豊富な秦漢代の研究は活発であるが[1]、魏晋以降の研究は先述した
ようにそもそも爵制研究自体が少ない。そこで本章では北魏における爵の刑の
減免について追究するが、その際に注目すべきは、北魏では爵だけでなく官を
差し出すことでも刑を減免できる規定がみられる点である。従って官による刑
の減免効果についても追究しなければならない。この官による刑の減免は官当
制度と呼ばれ、唐代における刑の減免の代表的存在であり、先行研究も豊富で
ある。唐代の官当制度に関する代表的な先行研究は、まず滋賀秀三氏の『唐律
疏議訳註篇』が挙げられる[2]。この研究は詳細な官当の条文解釈を行った上
で「官人が流・徒に当たる罪を犯したとき官を削ることで実刑に代替する制度」
と定義する。しかしこの「官を削る」という表現に対し、槻木正氏は「実質は
一官一官削るのではなく、一枚一枚の告身現物を追奪して罪に当てる」のが原
義であるとする[3]。つまり一枚の告身に二官記載されている場合ではその二
官とも追奪されるのである。なお告身については大庭脩氏が「新たに職事官・
散官・勲官・封爵などを賜与し、若しくは現に有する官爵を奪う場合に、官が
所定の手続きをとって、公式令に規定せられた一定の書式をととのえ、当該者
に給付する文書」と定義する[4]。

　この官当制度の「官を削る」という措置について想起されるのは除名・免官

であろう。なぜならどちらも罪を犯したことにより官爵が奪われる状態を示すからである。また実刑に代替する点では贖刑が類似性を持つ。このような共通性があるからこそ、除名・免官・官当・贖刑の四者の比較検討を通した研究も行われている[5]。そこで本章では官当制度について、特に事例の豊富な除名・免官との比較を通し、分析の糸口としたい。

またこの官当および除名・免官の淵源についても議論となっている。先行研究においては戴炎輝氏[6]および佐立治人氏[7]が官当制度の淵源を北魏とする。また除名制度についても溝口瑛氏[8]はその淵源を北魏とする。このように北魏を画期とする研究が中心的であるが、もし仮にその通りであるとすれば、北魏の官爵が唐代に繋がる制度を創出したことが予想される重要な指摘となる。そこで北魏に画期が見られるのかという観点から、漢唐間における爵と官の刑の減免機能がいかなる過程を経て変化するのかを再検討したい。刑の減免効果に着目することで、漢唐間における官爵に付随する特権の大きな流れや特徴の変化が示せるものと考える。その着手点として唐代の官当制度をまず取り上げ、その淵源がどこにあるかを辿る事で如上の問題を解決してゆきたい。

第一節　唐律における除名・免官・官当について

まず官当制度について、『唐律疏議』巻二、名例律一七、以官當徒条に、

①諸て私罪を犯し、官を以て徒に當つる者、（私罪とは、私に自ら犯し及び制に對うるに詐って實ならず、請を受けて法を枉ぐるの類を謂う。）五品以上は、一官を徒二年に當て、九品以上は、一官を徒一年に當つ。若し公罪を犯す者は、（公罪とは、公事に縁って罪を致し而も私曲無き者を謂う。）各々一年を加えて當つ。官を以て流に當つる者、三流同じく徒四年に比す。②其れ二官を有するは、（謂うこころ職事官・散官・衛官は同じく一官と爲し、勳官は一官と爲す。）③先に高き者を以て當て、（若し官を去りて未だ敍せざるも、亦た此れに準ず。）④次に勳官を以て當つ。⑤行・守する者、各々本品を以て當て、仍お各々見任を解く。⑥若し餘罪有り及び更に犯す者は、以歴任の官を以

第六章　官当制度とその淵源　225

て當つるを聽す。（歴任とは、降所不至の者を謂う。）⑦其れ流内官にして流

外の職に任ぜられて罪を犯し、流内官を以て當て、及び徒一年を贖する者、

各々流外の任を解く。

①諸犯私罪、以官當徒者、（私罪、謂私自犯及對制詐不以實、受請枉法之類。）

五品以上、一官當徒二年、九品以上、一官當徒一年。若犯公罪者、（公罪、

謂縁公事致罪而無私曲者。）各加一年當。以官當流者、三流同比徒四年。②

其有二官、（謂職事官・散官・衛官同爲一官、勳官爲一官。）③先以高者當、（若

去官未敍、亦準此。）④次以勳官當。⑤行・守者、各以本品當、仍各解見任。

⑥若有餘罪及更犯者、聽以歴任之官當。（歴任、謂降所不至者。）⑦其流内官

而任流外職犯罪、以流内官當、及贖徒一年者、各解流外任。

とある。罪に引き当てる順番は、第一に職事官・散官のうち品の最も高いもの
（同品の告身は全て追毀し合わせて一官とする）、第二に勳官のうち最も品が高いもの、
第三に歴任の官を品の高いものから、となっている。史料に便宜上数字をつけ
た部分について詳細を見てゆきたい。①は私罪を犯したとき、官を罪に引き当
てることにより徒の実刑に代替する。5品以上の官は一官＝徒二年、9品以上
の官は一官＝徒一年に換算される。公罪はそれぞれ一年を加える。流罪は徒四
年とみなし計算する、という内容である。⑥は本人がより高い官品に昇進した
後においても、過去に得た告身の一件一件が官当法上やはり一官として値打ち
を持つことを示す(9)。以上の特徴から官当は「官品を有する者を実刑の辱め
から守る特典」であると言える。ここで問題となるのは、歴任官も官当できる
ことから就官した数が多いほうが有利であり、飛び越えて昇進した場合は告身
の数が少ないので官当にとっては不利ではないか、ということである。先行研
究によれば全体的にみれば不利(10)という指摘がある。ここで想起されるのは、
南朝では秘書郎・著作郎など清官が腰掛け的な様相を呈し任期が短いという特
徴である(11)。官当が「官品を有する者を実刑の辱めから守る特典」ならば、
清官に就任するような短い任期で次々と遷官する身分の高い者をより優遇する
という発想が根底にあるのではないかと予想される。

　次に官当制度と類似性のある免官・除名について比較検討したい。『唐律疏議』

226 第一部 北魏の爵制に関する研究

巻二、名例律二一、除名条に、

諸て除名の者、官爵悉く除き、課役、本色に従う。六載の後赦するを聴し、
出身の法に依る。若し本犯免官に至らずして、特に除名せらるる者、赦法
は免官の例に同じ。（婦人にして夫・子に因りて邑號を得、除名を犯す者、年滿
つる後、夫・子見在して官爵ある者は、式に依りて赦するを聴す。）免官の者、
三載の後に、先品より二等降して赦す。免所居官及び官當の者、期年の
後、先品より一等降して赦す。若し本犯免所居官及び官當に至らずして、
特に免官せらるる者、赦法は免所居官に同じ。

諸除名者、官爵悉除、課役從本色。六載之後聴赦、依出身法。若本犯不至
免官、而特除名者、赦法同免官例。（婦人因夫・子得邑號、犯除名者、年滿之後、
夫・子見在有官爵者、聴依式赦。）免官者、三載之後、降先品二等赦。免所居
官及官當者、期年之後、降先品一等赦。若本犯不至免所居官及官當、而特
免官者、赦法同免所居官。

とある。除名は官爵および歴任の官をすべて剝奪して庶民の身分に落とし、六
載の後でなければ再任を許さないと規定されている。職事・散官・勲官は再任
されるが、一旦削られた爵は復爵されない。一方、免官は三載の後に二等降し
再任され、免所居官・官当は一年後に一等降し再任される。この免官・除名に
共通する特徴は、適用される場合の罪状が決められている点である。その罪状
とは、免官は『唐律疏議』巻三、名例律一九、奸盗略人受罪条によれば、姦盗
略人・受財不枉法・犯流徒獄成逃走・祖父母父母死罪囚禁、作楽・婚娶である。
除名は『唐律疏議』巻二、名例律一八、十悪反逆連条によれば、監守内姦盗略
人・受財枉法・背死逃亡・居父母喪、嫁娶・作楽（十悪不孝）である。つまり、
礼制上の違反という特殊な犯罪が罪状となっているのである。では、除名・免
官・免所居官の罪の重さはどれくらいなのであろうか。『唐律疏議』巻三、名
例律二三、除名比徒三年条に、

諸て除名は徒三年に比す。免官は徒二年に比す。免所居官は徒一年に比す。
流外官は此の律を用いず。（謂うこころ輕罪を以て人を誣し、及び出入するの類。
故に此の比を制す。若し枉ぐる所重き者は、自ら重きに従う。）

諸除名者比徒三年。免官者比徒二年。免所居官者比徒一年。流外官不用此
　律。（謂以輕罪誣人、及出入之類。故制此比。若所枉重者、自從重。）

とある。除名・免官・免所居官はそれぞれ正刑の尺度で換算されており、除名
は徒三年・免官は徒二年・免所居官は徒一年に比されている。つまりこの三者
は正刑とともに併科される付加刑なのである。また、「流外官は此の律を用いず」
とあることから、この三者は流内官というより官僚としての身分が高い者に適
用された律であることが分かる。

　ここまでの検討で明らかになった官当制度と除名・免官・免所居官の違いを
示しておきたい。官当制度は「官品を有する者を実刑の辱めから守る特典であ
り、正刑の代替」であるが、免官・除名が「行為者が官人であるときに特にそ
の責を厳しくする目的をもって科される付加刑」である点が根本的に異なって
いる。つまり前者は恩典であり、後者は懲罰であるので、目的としては正反対
の性質を持つ措置と言える。しかし事象を複雑にするのは、前者が正刑の代替
であり、後者が付加刑であることから、両者の間に競合が生じる点である。そ
の場合について、『唐律疏議』巻三、名例律二二、以官當徒不盡条に、

　諸て官を以て徒に當つる者、罪輕くして其の官を盡さざれば、官を留めて
　收贖す。官少なくして其の罪を盡さざれば、餘罪は收贖す。其れ除免を犯
　す者は、罪輕しと雖も、例に從いて除免す。罪若し重ければ、仍お當贖の
　法に依る。其れ爵を除かるる者は、餘罪有りと雖も贖せず。

　諸以官當徒者、罪輕不盡其官、留官收贖。官少不盡其罪、餘罪收贖。其犯
　除免者、罪雖輕、從例除免。罪若重、仍依當贖法。其除爵者、雖有餘罪不
　贖。

とある。官当法により官をすべて削ってなお罪が余るときは贖を徴することが
示されている。そして一官削って削りすぎのときは官を削らず、贖により計算
を合わせる。除名・免官・免所居官を科される罪は主刑の軽重にかかわらず除
免の処分を行う。つまり、両者が競合する場合は、官当制度が帳消しにされる
のである。また、爵はその保有者に有品者たる資格を付与するが、それ自体が
罪の代償として削られる対象にはならない。唐代では爵を差し出すことにより

228　第一部　北魏の爵制に関する研究

刑罰が減免される機能は無かった点が注目される。

　以上、唐律における官当と除名・免官・免所居官に関する条文を検討した。その特徴は以下の四点にまとめられる。

　①私罪・公罪は官当できるが、礼制上の違反は免官・除名となり官当できない。

　②官当は歴任の官も刑の引き当てにできる。

　③官当は官を削ることで実刑に代替する制度であり、官品を有する者を実刑の辱めから守る特典である。

　④唐代では爵を差し出すことにより刑罰が減免される機能は無かった。

ではこの四点の淵源はどこにあるのか、時代を遡って確認したい。

第二節　北朝における除名・免官・官当について

　次に、北朝における除名・免官・官当について検討する。『隋書』巻二五、刑法志、隋、開皇律に、

　　　私罪を犯し官を以て徒に當つる者は、五品已上は一官を徒二年に當て、九
　　　品已上は一官を徒一年に當つ。流に當つる者は三流同に徒三年に比す。若
　　　し公罪を犯す者は、徒各々一年を加え、流に當つる者は各々一等を加う。
　　　犯私罪以官當徒者、五品已上一官當徒二年、九品已上一官當徒一年。當流
　　　者三流同比徒三年。若犯公罪者、徒各加一年、當流者各加一等。

とあり、隋の開皇律は唐律の官当規定とほぼ同様であることが確認できる。また爵は引き当てない点も共通している。つまり隋の官当は唐律とほぼ大差ない規定であった。そして除名についても、『隋書』巻二五、刑法志に、

　　　又、十悪の條を置き、多く後齊の制を採るも、而れども頗る損益有り。一
　　　に曰く謀反、二に曰く謀大逆、三に曰く謀叛、四に曰く悪逆、五に曰く不
　　　道、六に曰く大不敬、七に曰く不孝、八に曰く不睦、九に曰く不義、十に
　　　曰く内亂。十悪及び故殺人を犯し獄成る者、赦に會うと雖も、猶お除名す。
　　　又置十悪之條、多採後齊之制、而頗有損益。一曰謀反、二曰謀大逆、三曰

謀叛、四日惡逆、五日不道、六日大不敬、七日不孝、八日不睦、九日不義、
十日内亂。犯十惡及故殺人獄成者、雖會赦、猶除名。

とあり、唐律の規定とほぼ同様であったことが分かる。ではその前の時代はい
かなる状態だったのであろうか。

　残念ながら東魏・北斉と西魏・北周における官当制度の条文は残っておらず、
『九朝律考』においても関連する史料は見られない。また官当制度の実例も管
見の及ぶ限り見つからないため、実例からの検討も出来ない。このような史料
が乏しい状況下で、特に除名に着目して当時の実例から検討したのが溝口瑛氏
の研究である。氏は北朝の除名を検討した上で、「重罪の場合については除名
とともに別の処罰が実際に加えられ、官爵と引き換えにしても実刑が贖われる
ことがなかったことは、唐律の除名制度にも共通する」と結論付ける[12]。こ
の見解に従えば、除名に関して東魏・北斉および西魏・北周は唐律との連続性
が見られることになる。

　更に時代を遡り、事例が比較的豊富な北魏律について確認したい。周知のよ
うに北魏は孝文帝改革により制度上大きな変化を被る。そこで北魏に関しては
建国初期からの変遷をたどりたい。『魏書』巻一一一、刑罰志七に、

　　世祖即位するや、刑禁重きを以て、神麚中、詔して司徒崔浩をして律令を
　　定めしむ。五歳四歳刑を除き、一年刑を増す。……王官階九品は、官爵を
　　以て刑を除くを得。

　　世祖即位、以刑禁重、神麚中、詔司徒崔浩定律令。除五歳四歳刑、增一年
　　刑。……王官階九品、得以官爵除刑。

とある。これは北魏太武帝期の神麚律令である。「王官階九品、得以官爵除刑」
の部分の解釈について、岡部毅史氏は「王官の九品に階る（よ）は、官爵を以て刑を
除くを得」と読み、九品以上の官は官職・爵位を代替として刑罰を免除される
と解釈する[13]。さらに戴炎輝氏は官を刑の引き当てにしている点から、この
条文こそが官当制度の淵源とする[14]。佐立治人氏も同様の理由で淵源とみな
す[15]。このように先行研究において着目される重要な神麚律令ではあるが、
その内容の理解が難しい。それは「王官」の解釈について問題があるからであ

る。「王官」とは第一章でみたように一般的には王爵の保有者の属官を指す。佐立治人氏は仮に王国官人と解すると他の官僚を差し置いて「王官」のみ官当の特権を有するという不可解な状況となってしまうため、「百官」の錯誤である可能性を指摘する。氏は引用されていないが、実は『資治通鑑』巻一二二、宋紀四、元嘉八（四三一）年の条に、

　　冬十月戊寅、世祖は崔浩に命じて更に律令を定め、五歳・四歳刑を除き、

　　一年刑を増し、巫蠱する者は、殺羊を負い、犬を抱きて諸淵に沈めしむ。

　　初めて官の九品に階る者に令して官爵を以て刑を除くを得。

　　冬十月戊寅、世祖命崔浩更定律令、除五歳・四歳刑、増一年刑、巫蠱者、

　　負殺羊、抱犬沈諸淵。初令官階九品者得以官爵除刑。

とある。この記載は前引『魏書』巻一一一、刑罰志七に対応する内容であり、「王官」の「王」は衍字として削除している。その場合、「初めて官の九品に階る者に令して官爵を以て刑を除くを得」と読み、九品以内の官爵を保有する者は官当することが出来たと解釈できよう。しかし『資治通鑑』の記載に従ったとしても、まだ問題は残る。それはこの神䴥律令は前半では「（王）官の九品に階るは」と官について、後半では「官爵を以て刑を除くを得」と官爵について述べており、文章の前後関係が互いに対応していない点である。このことから前半と後半の間に脱文がある可能性も考えられる。このように難解な律ではあるが、ここから明らかにできるのは、官爵と引き換えに刑が免除される点、特に１〜９品すべての官と爵（当時は王・公・侯・子・男が１〜５品に相当）が刑に引き当てられる点である。

　次に、北魏の孝文帝期を見てみよう。『魏書』巻七下、高祖紀第七下、太和十六年条に、

　　五月癸未、羣臣に詔して皇信堂に於いて更に律條を定め、流徒の限制、帝

　　親ら臨みて之を決す。

　　五月癸未、詔羣臣於皇信堂更定律條、流徒限制、帝親臨決之。

とあり、これは太和十六年律令に該当する。流刑・徒刑は自動的に官当されず、皇帝自ら採決する点が特徴的である。更に宣武帝期になると、『魏書』巻一一一、

刑罰志七に、

> 法例律、五等列爵及び官品令に在りて従第五よりは、階を以て刑二歳に当
> つ。免官の者は、三載の後仕えるを聴し、先階より一等を降す。
>
> 法例律、五等列爵及在官品令従第五、以階当刑二歳。免官者、三載之後聴
> 仕、降先階一等。

とあり、正始律令が定められる。神麚律令と同じく官爵を刑に引き当てるが、
官についてはここでは従5品までと区分されている。更に免官が併記されてい
る。また、官当処分を受けた者の再任については免官の規定を準用する規定が
ある。佐立治人氏は従5品までの規定があるということは6〜従9品は刑一歳
という規定もあるはずであると推測し、もしそうであれば『唐律疏議』巻二、
名例律一七、以官當徒条に類似すると指摘する[16]。免官について特に注目さ
れるのは、正始律令と唐律は三載後に再叙任されるという共通点が存在するこ
とである。

　この正始律令における注目すべき点について述べたい。まず爵の品と官品と
の関係について、当時の官品令である太和後令では散男は従5品であり五等爵
と従5品以上の官と重なり合う。もし爵位が官品とイコールの関係だと認識さ
れていたとすると「在官品令従第五」という表現となるはずである。従って、
わざわざ「五等列爵」と併記したのは両者が重なり合わないからと考えられる。
この記載からも「爵＝官品」の関係は見えてこない。

　次に、前章で検討した北魏後期の考課制度において重要な意味を持つ「階」
について考えたい。「階」に関していま一度確認すると、宮崎市定氏の一階＝0.5
品とする解釈がある[17]。仮にその関係を正始律令に当てはめると、王・開国
郡公は1品、開国県公と散公が従1品、開国県侯が2品、散侯が従2品であり、
一階＝0.5品を降すと封土の有無が変わってしまうことになる。封土の有無に
は獲得手段や収入の点で大いに違いがあり、第四章で明らかにしたように北魏
後期では爵位と封土では与える基準が異なるため、このような処分が一律に実
施されたとは考え難い。やはり宮崎市定氏の解釈には従い難いと言えよう。ま
た後述する『魏書』巻一一一、刑罰志七の記載も封土の有無で区別されている

232　第一部　北魏の爵制に関する研究

ことも証左となろう。次に岡部毅史氏の「階」の定義についても再検討したい。氏は官人が特定の官職に就くために必要な資格の単位であり、「品」とは一致せず、官職獲得のための個々の単位であり、爵位とも異なる基準と述べる[18]。このように氏は「階」の基準に爵位を除外しているが、正始律令では爵位もしくは官位を保有する者は「階をもって刑に当てる」と表記されている。つまり、岡部・宮崎説に従えばこの「階」を十全には理解しがたいのである。とすればこの場合、第五章で考察したように「階」は爵位・将軍号・官職すべての獲得に繋がる評価の単位を示すと考えるのが妥当ではないだろうか。

　次に、除名に関する規定として、『魏書』巻一一一、刑罰志七に、延昌二（五一二）年春のこととして

　　尚書邢巒奏すらく、竊かに詳かにするに王公已下は、或いは體を宸極より析し、或いは勳を當時に著す。咸土を胙い民を授かり、王室を維城せしむ。五等の爵に至りても、亦功を以て錫う。爵秩異なる有りと雖も、號は河山に擬す。之を得ること至難にして、之を失わば永墜なり。刑典既に同じかるに、名は復た殊絕す。請うらくは宜しき所を議し、附して永制と爲さんことをと。詔して律の制を議せしめ、八坐門下と參論せしむ。皆以爲らく、官人は若し罪本より除名（に非ざれば？）、職を以て刑に當て、猶お餘資有らば、復た階を降して敍す。五等の封爵に至りては、刑を除き若し盡きなば、永く甄削に即き、便ち之を除名に同じくす。例に於いて實に爽り。愚謂えらく王公より以下、封邑有るは、罪除名（に非ざれば）、三年の後、宜しく各々本爵より一等降すべし。王及び郡公は降して縣公と爲し、公は侯と爲し、侯は伯と爲し、伯は子と爲し、子は男と爲し、縣男に至れば、則ち降して郷男と爲す。五等爵の者も、亦此れに依りて降し、散男に至る。其れ郷男（・散男）の降授すべき無き者は、三年の後、其の本品の資に依りて出身するを聽すべしと。詔して之に從う。

　　尚書邢巒奏、竊詳王公已下、或析體宸極、或著勳當時。咸胙土授民、維城王室。至於五等之爵、亦以功錫。雖爵秩有異、而號擬河山。得之至難、失之永墜。刑典既同、名復殊絕。請議所宜、附爲永制。詔議律之制、與八坐

門下參論。皆以爲、官人若罪本（非？）除名、以職當刑、猶有餘資、復降
階而敍。至於五等封爵、除刑若盡、永卽甄削、便同之除名。於例實爽。愚
謂自王公以下、有封邑、罪（非？）除名、三年之後、宜各降本爵一等。王
及郡公降爲縣公、公爲侯、侯爲伯、伯爲子、子爲男、至于縣男、則降爲鄉
男。五等爵者、亦依此而降、至於散男。其鄉男（・散男）無可降授者、三
年之後、聽依其本品之資出身。詔從之。

とある。この解釈について『訳注中国歴代刑法志』は、「官吏はその罪が本来
は除名に相当する場合でも、その官職をもって刑罰にひきあて、それでも官階
に余りがあれば、官階を降してまた官職につかせる。ところが、五等爵はその
爵をひきあて刑罰を除いていき、爵がなくなれば、その身分が永久に削られ、
除名と同じ結果になる」とするが[19]、その場合、前者は官職が残る意味になり、
後者は官職が残らない意味となってしまう。同じ律で除名の意味が異なるのは
不自然であるため、この解釈には従い難い。また佐立治人氏は、「有爵者は犯
した罪が除名に該当すれば爵位を永久に削られるが、罪が除名でなければ、爵
を罪の引き当てにした時は官当と同様に三年後に本爵から一等下げて復爵」と
解釈する[20]。一方、岡部毅史氏は従来爵位を除かれるとその後に復爵されな
いが、正始律令での「官爵の引き当て＋免官」の規定を援用し、この条文では
三年後に本品の資に基づき、出身という９品以上の流内官に初めて就任する措
置が取られる、とする。なお北朝における資は官品と同じである[21]。『魏書』
における「本品」の用例はこの記載のみであるため意味を推定するのが難しい。
唐律の「本品」は散官によって表示される官品の意だが、北魏後期の段階で散
官制度は未成熟であるため唐律と同じ意味には取れない。おそらく本品とは鄉
男の品と思われるが、太和後令には鄉男という爵位は記載されていない。しか
し同じ太和後令によれば開国県男は５品・散男が従５品であるため、鄉男は開
国鄉男を指すと考えれば５品に相当する蓋然性が高い。ならばこの条文は正始
律令・法例律の官当と免官を融合させた内容に変化したものと言えるのではな
いか[22]。ここで注意したいのは、爵を引き当てる場合は封土を失わない点で
ある。具体的には封土の有無で二系統に区別されている。一例を挙げると、開

234　第一部　北魏の爵制に関する研究

国侯（2品・封土あり）から散侯（従2品・封土なし）という降格にはならず、開国侯（2品・封土あり）から開国伯（3品・封土あり）と降格される。官品としては大きく下がるが、有封と無封の爵の順序に基づいた処分であり、官品の基準とは別系統となっている。つまり爵には爵の基準を適用しているのである。ただし律令と実態との乖離があり、ここでは爵を一度失うと永遠に戻されないと規定するが、『魏書』などの史料における実例では復爵された場合が多数確認できる。ただし爵位において最下位の郷男のみ、それ以下の降格すべき爵が存在しないため爵そのものを失う例外的な存在となっている。

　ここで北魏後期の除名の特徴を確認しておきたい。除名で爵位は永久に削られ、その点は唐律と同様である。ただし、北魏後期は除名でなければ爵を刑に引き当てられるが、唐律では爵を刑に引き当てない点が異なっている。

　次に、官当できる罪の範囲については『魏書』巻一一一、刑罰志七に、

　　延昌二年春……又縁坐の罪、職を以て流を除くを得ず。

　　延昌二年春……又縁坐之罪、不得以職除流。

とある。延昌二（五一二）年では連坐でなければ流刑も官当できたことから、佐立治人氏は『唐律疏議』巻二、名例律一七、以官當徒条との類似を指摘する。また官当できる官職については、『魏書』巻一一一、刑罰志七に、

　　舊制にては、直閤・直後・直齋、武官隊主・隊副等、官に比視せらるを以て、犯譴に至れば、罪を除くを得。尚書令任城王澄奏すらく、案ずるに諸州の中正も、亦品令の載する所に非ず、又禄恤無きも、先朝已來、皆刑に當つるを得。直閤等は禁直上下し、宿衛の勤有り、理として應に異るべからずと。靈太后令して中正に準ぜしむ。

　　舊制、直閤・直後・直齋、武官隊主・隊副等、以比視官、至於犯譴、不得除罪。尚書令任城王澄奏、案諸州中正、亦非品令所載、又無禄恤、先朝已來、皆得當刑。直閤等禁直上下、有宿衛之勤、理不應異。靈太后令準中正。

とあり、宣武帝期には中正は官品令に記載されていない官職であるが実刑の引き当てにでるようになっている。孝明帝期になると更に「比視官」も実刑の引き当てができるようになり、官当できる官職が拡大されてゆく様子が分かる。

しかし適応範囲は広がっていったが、ここでは基本的に官品・秩禄のある官が官当の対象であるという原則もまた示されていることに注意したい。

　次に北魏律の実態について具体的事例を挙げ検討したい。孝文帝期の事例として『魏書』巻五七、高祐伝に、

　　宋王劉昶の傅に轉ず。……光禄大夫を拜し、傅は故のごとし。昶薨ずるの後、徴されて宗正卿と爲り、而るに祐は彭城に留連し、久しくするも赴かず。是に於いて尚書僕射李沖奏すらく、祐は淮徐に散逸し、事無く稽命し、刑三歲に處し、贖を以て論ず。詔して卿の任を免じ、還して光禄に復せらる。太和二十三年卒す。

　　轉宋王劉昶傅。拜光禄大夫、傅如故。昶薨後、徴爲宗正卿、而祐留連彭城、久而不赴。於是尚書僕射李沖奏、祐散逸淮徐、無事稽命、處刑三歲、以贖論。詔免卿任、還復光禄。太和二十三年卒。

とあり、三歲刑であるにもかかわらず官当が適用されず、贖罪となっていることが指摘されている[23]。また、唯一の官当の事例として、『魏書』巻六八、甄琛伝に、

　　司徒公・錄尚書・北海王詳等奏して曰く、……謹みて案ずるに、侍中・領御史中尉甄琛は、身は直法に居し、是司を糾摘し、風邪響瓚すら猶お宜しく劾糾するがごとし。況んや趙脩の奢暴は、聲内外に著われ、公を侵し私を害し、朝野切齒す。而るに琛は嘗て陳奏せず、方に更に往來し、綢繆結納し、以て朋黨と爲る。……不實不忠、實に合に貶黜すべし。謹みて律に依りて徒を科し、職を以て除かんことを請う。……と。奏して可とす。琛は遂に免ぜられて本郡に歸り、……數年して、母の憂に遭い……十餘年中、墳成り木茂り……之を久しくして、復た散騎常侍・領給事黃門侍郎・定州大中正に除せらる。

　　司徒公・錄尚書・北海王詳等奏曰、……謹案、侍中・領御史中尉甄琛、身居直法、糾摘是司、風邪響瓚、猶宜劾糾。況趙脩奢暴、聲著內外、侵公害私、朝野切齒。而琛嘗不陳奏、方更往來、綢繆結納、以爲朋黨。……不實不忠、實合貶黜。謹依律科徒、請以職除。……奏可。琛遂免歸本郡、……

数年、遭母憂……十餘年中、墳成木茂……久之、復除散騎常侍・領給事黄
門侍郎・定州大中正。

とある。これは景明二（五〇一）年より前の事例であり、官当処分は免官と呼
ばれていたこと、免官の期間は三年以上かかっていたことが指摘されている[24]。
また、甄琛は侍中（3品）から散騎常侍（従3品）と0.5品降格されており、一
見すると宮崎市定氏が主張する一階＝0.5品に基き正始律令の一階を降格する
規定に合致するかのようである。この「階」の単位について、北魏における免
官前後の官職と官品の比較の全事例について検討することで宮崎説の再検証を
行いたい。表1－1を確認すると、免官後の官品が同じ場合、つまり官品とし
ては降格されていない事例が23例ある。そのうち北魏前期では3例のみであり、
かつ功績など理由がある。免官後に官品が下がる場合は10例と少なく、特に0.5
品降格する場合の方が少ないことがわかる。そのうち北魏前期では3例、後期
以降は7例あり、かつ降格の理由が明記されている。逆に免官後に官品が上が
る場合は21例もある。しかしその内訳は北魏前期では皆無、後期以降にすべて
集中しており、うち9例は理由が明記されていることから、北魏後期の混乱し
た政治状況を反映するものと考えられる。以上の検討から、実態としては宮崎
市定氏が主張するような一階＝0.5品に基づいておらず、そもそも正始律令の
規定通りに降格する措置自体も少なかった。また、「謹依律科徒、請以職除
……奏可」の記載、および先述した太和十六年律令から、官当は自動的に実施
されず皇帝の裁可が必要であったことがわかる。そして官当処分は「免」と表
現される場合もあった。

　その他の事例も見てみよう。律令の規定に言及した事例として、『魏書』巻
五八、楊播伝附椿伝に、

　　永平の初め、徐州の城人成景、宿預を以て叛し、椿に詔して衆四萬を率い
　　て之を討たしめ、克せずして返る。之を久しくして、都督朔州撫冥武川懷
　　朔三鎮三道諸軍事・平北将軍・朔州刺史に除せらる。州に在りて、廷尉の
　　爲に奏せらるに椿の前に太僕卿爲りし日、細人を招引し、盜かに田三百四
　　十頃を種牧せしめたれば、律に依りて刑五歳に處すべし。尙書邢巒、正始

の別格に據り奏すらく椿の罪應に除名して庶人と爲し、籍に盗門を注し、同籍は門を合して仕らしむべし。世宗は新律の既に班かたれるを以て、宜しく舊制を雜用すべからず、詔して寺斷に依り、贖を以て論ずるを聽す。尋いで撫軍將軍を加えられ、入りて都官尙書に除せられ、白溝堤堰を監修す。復た本將軍を以て定州刺史に除せらる。

永平初、徐州城人成景以宿預叛、詔椿率衆四萬討之、不克而返。久之、除都督朔州撫冥武川懷朔三鎭三道諸軍事・平北將軍・朔州刺史。在州、爲廷尉奏椿前爲太僕卿日、招引細人、盗種牧田三百四十頃、依律處刑五歳。尙書邢巒、據正始別格奏椿罪應除名爲庶人、注籍盗門、同籍合門不仕。世宗以新律既班、不宜雜用舊制、詔依寺斷、聽以贖論。尋加撫軍將軍、入除都官尙書、監修白溝堤堰。復以本將軍除定州刺史。

とある。これは永平初（五〇八）年の事例であり、正始律令に言及するが、五歳刑について贖罪が適用されている。なお『魏書』の用例では「贖」は金品で罪を贖う意であり、「官當」の意味はない。

　このように『魏書』の列伝には官爵を刑の引き当てにしている事例はない。しかし、刑罰志に複数箇所その規定が明記されているので、北魏から官を刑に引き当てる制度自体はあったと見てよいと思われる。このような律と實態の乖離について、例えば日本でも八世紀（『續日本紀』）に官當を實施した事例は見られないことが指摘されている[25]。また、贖刑と贖罪（＝罰金刑）とは別物であるはずだが混用されているという指摘もある[26]。

　これまで檢討した正始律令および『魏書』巻六八、甄琛伝の事例から官當と免官が非常に近似していたと言えよう。そこで事例の豊富な免官について檢討したい。

　北魏における免官の理由については既に詳細な研究があり、それによると、

①侵略皇権罪（違背政令・辞不赴任・諸王交遊・朋党・欺君・降敵）

②瀆職罪（盗用公物・強取強奪・為政厳苛・居官貪銭・政教廃弛・選挙不当・不挙奏・有辱使命・久不赴任）

③擅為（擅禁宰輔・擅自殴撃官吏・擅離職守・擅自発兵）

238　第一部　北魏の爵制に関する研究

　④その他の瀆職行為（冒窃官級・偸窃軍階・冒入清流）

　⑤軍事行動中（軍敗・攻城不克・防土失守・督帥不力・違抗上級命令）

　⑥違礼犯罪（居喪違礼・婚姻中違礼）

　⑦因公事

　⑧刑事犯罪・死罪

という八点の原因に大別できるとされる[27]。この中で⑥が唐律の除名・免官と共通しており、⑦が唐律の官当と共通している。次に削爵・奪爵の理由を挙げると、

　①侵略皇権罪（知陰謀不告）

　②瀆職罪（貪賕・黷貨・占奪民田・用官炭瓦）

　③軍事行動中（敗戦）

　④違礼犯罪（無可為夫婦之理、請離婚・老寿凡薄、酒色肆情）

　⑤政権争いに負ける

という五点になる。この中で④が唐律の除名・免官と共通している。以上の検討から免官および削爵・奪爵の理由はともに唐律の規定と同様、礼制上の違反という部分が見られる点が共通していた。また免官と削爵・奪爵の理由に特に差異はみられないことも判明した。

　次に、もう一つの重要な論点である免官後の官歴の有無について確認したい。先ほどの表１－１において特に興味深い事例が２例ある。一つ目はb-7の「久去官祿、不免飢寒、屢詣尚書乞効舊任。僕射高肇領選、還申爲著作郎、以崔光領任、敕令外絾。」という事例である。「屢々尚書に詣り舊任を効すを乞う」という表現から免官になっても官歴は残ると考えられる。二つ目はc-12の「以公事免。神龜中、詔復本資、除……」という事例である。「本資を復す」という表現、また免官後の官歴からみて歴任官は失っていないと考えて大過ないだろう。

　以上の検討から、本節で明らかにした点をまとめたい。北魏から隋にかけての北朝の特徴は以下の三点である。

　①北魏では免官・削爵の理由に差異は見られず、かつ唐律における除免当贖

法の理由すべてを包括する。

②隋律は歴任官を引き当てたか不明だが、「一官」という表現、および告身
　の発達からみて、ほぼ唐律と同じと考えられる。北魏は歴任官を刑に引き
　当てず、「階」を減らす。爵も引き当てることができる。

③隋律は唐律とほぼ同様であった。北魏では9品以上の官と爵を刑の引き当
　てにでき、官爵を有する者を実刑の辱めから守る特典であったと言える。

　以上、北魏の段階では官も爵も刑の引き当てにできた点が唐律との最大の違
いであった。では、魏晋南朝においてはどのような特徴が見られるのか、節を
改め検討したい。

第三節　魏晋南朝における除名・免官・官当について

　まず南朝の最後の王朝である陳の官当に関する律令について確認したい。『隋
書』巻二五、刑法志、陳に、

　　五歳四歳刑は、若し官有らば、二年に准當し、餘は並びに居作せしむ。其
　れ三歳刑は、若し官有らば、二年に准當し、餘の一年は贖せしむ。若し公
　坐過誤ならば、罰金とす。其れ二歳刑、官有る者は、贖もて論ず。一歳刑
　は、官無きも亦た贖もて論ず。

　　五歳四歳刑、若有官、准當二年、餘並居作。其三歳刑、若有官、准當二年、
　餘一年贖。若公坐過誤、罰金。其二歳刑、有官者、贖論。一歳刑、無官亦
　贖論。

とある。この部分について『九朝律考』巻四、陳律考、官当では、

　　按ずるに唐律は官を以て徒に當て、私罪公罪を分別す。五品以上の官は、
　一官は徒二年に當つ。九品以上は、一官は徒一年に當つ。公罪は各々一年
　を加え、陳律と較ぶるに密たり。蓋し唐律の源は北朝に出で、故に同じか
　らざるのみ。

　　按唐律以官當徒、分別私罪公罪。五品以上官、一官當徒二年。九品以上、
　一官當徒一年。公罪各加一年、較陳律爲密。蓋唐律源出北朝、故不同耳。

240 第一部　北魏の爵制に関する研究

とし、唐律の淵源は北朝にあるので、陳律は異なるとする。また、『唐律疏議
箋解』は少し踏み込んで、官品による区分（5品のライン）がないので唐律の
官当の淵源とは言えないとする。しかし日本の先行研究では、陳では官当制度
のなかに贖刑が利用されており、唐の官当制度に非常に近いという指摘や[28]、
爵を引き当てない点も共通するという指摘もある[29]。佚文であるため断片的
ではあるが、筆者は陳律にも5品をラインとする考えがあった可能性があると
考える。なぜなら魏晋南北朝期の官制では周代以来の伝統的な公・卿・大夫・
士の身分等級のうち3品以上が公・卿、5品以上が大夫に相当する観念があっ
たことが明らかにされているからである[30]。また、陳律の特徴としては隋唐
のように「一官」を刑の引き当てにしておらず、全ての官を失うという違いが
挙げられる。陳律はこの点のみが唐律とは異なっているが、その他の特徴はか
なり共通性が見られると言えよう。

　では陳における実態はどのようであったのだろうか。残念ながら事例数は少
なく、免官に関しては『陳書』巻二九、宗元饒伝に、

　　　臣等參議して請うらくは旨に依り衷の應に復除すべき所の官を免じ、其の
　　　應に禁錮及び後に選して本資を左降するは、悉く免官の法に依るべし。

　　　臣等參議請依旨免衷所應復除官、其應禁錮及後選左降本資、悉依免官之法。

とあるのみである。ここでは免官の場合は禁錮と再叙任に伴い本資を降ろし復
官されるべき規定があったことが知られる。この復官とは、各官人は免官時に
就任していた官よりも以前に経歴した官、もしくは以前に経歴すべき位置にあ
る官に戻される措置を指す[31]。ここでの免官は禁錮の期間を経て降格されて
再叙任されており、北魏と共通している。

　更に時代を遡りたい。劉宋・南斉・梁については官当の規定は残っておらず、
免官については梁の刑の規定に「又八等の差有り、一に曰く免官、杖督一百を
加う。二に曰く免官。三に曰く勞百日を奪う、杖督一百。四に曰く杖督一百。
五に曰く杖督五十。六に曰く杖督三十。七に曰く杖督二十。八に曰く杖督一十。」
（『隋書』巻二五、刑法、梁）と見えるのみであり、実態は不明瞭である。

　晋律・晋令について確認しよう。『太平御覧』巻六五一、刑法部七〇引「晋律」

に、除名条として、

又曰く、除名は三歳刑に比すと。

晉律曰く、吏の不孝を犯し其の國王侯伯子男の官長を謀殺し、誣偸受財し法を枉げ、及び掠人和賣し誘藏して奴婢を亡くすは、赦に遇うと雖も、皆除名して民と爲せと。

又曰、除名比三歳刑。

晉律曰、吏犯不孝謀殺其國王侯伯子男官長、誣偸受財枉法、及掠人和賣誘藏亡奴婢、雖遇赦、皆除名爲民。

とある。除名は三歳刑に比されたこと、また罪状は基本的に唐律と同じく礼制上の違反が該当したことがわかる。次に、免官条として、

晉書曰く、免官は三歳刑に比す。其れ眞官無くして而して免に應ずる者、正だ刑もて召還するなりと。

又曰く、罪有りて免官に應じ、而して文武の加官有る者、皆居る所の職官を免ずと。

又曰く、其れ免官の罪を犯すは減ずるを得ざるなりと。

又曰く、其れ免官に當つる者、先に上の官を免ず。謂うこころは收治に應ずる者を聽さざるなりと。

晉書曰、免官比三歳刑。其無眞官而應免者、正刑召還也。

又曰、有罪應免官、而有文武加官者、皆免所居職官。

又曰、其犯免官之罪不得減也。

又曰、其當免官者、先上免官。謂不聽應收治者也。

とある。免官も除名と同じく三歳刑に比された点は、唐律では除名が徒三年・免官が徒二年と規定されていた点と異なる。また、禁錮条として、

晉令曰く、免官を犯すは錮三年と。

晉令曰、犯免官錮三年。

とあることから、晋律における免官は三年間出仕が停止された後に再叙任されたことが分かる。唐律と北魏の正始律令が共に三載後に再叙任されていた点とは少し異なる。以上の晋律・晋令に関して、『九朝律考』巻三、晋律考上、晋

242 第一部 北魏の爵制に関する研究

律佚文は、

> 按ずるに唐律の除名は徒三年に比す、名例に在るは、蓋し晋制に沿うならん。

> 按唐律除名比徒三年、在名例、蓋沿晋制。

とし、唐律の除名が徒三年に比されたのは晋に沿ったものとする。また同書巻三、晋律考上、晋刑名、雑抵罪は、

> 按ずるに雑抵罪、蓋し奪爵免官除名の類に卽くならん。魏律の雑抵罪は凡そ七、晋は考無し。

> 按雑抵罪、蓋卽奪爵免官除名之類。魏律雑抵罪凡七、晋無考。

とし、奪爵・免官・除名が含まれる雑抵罪は魏律においては七つあったが、晋は不明であるとする。先行研究においては、除名の罪は名教にかかわるものという指摘や(32)、この晋律・晋令の対象は吏であるが、実際はより広範囲に適用されたという指摘がある(33)。筆者は晋律では免官処分を受けると三年仕官できない点においては『唐律疏議』巻二、名例律二一、除名条と類似すると考える。また佐立治人氏は、「免官がもし官当のように実刑の軽重に応じて削奪すべき官の数が増減する制度であったなら、このような免官処分を三歳刑として一律に計算できないので、官当制度とは無関係」とするが、そもそも氏が官当制度の淵源とする北魏の官当も実刑の軽重に応じて削奪すべき官の数が増減する制度ではない。佐立治人氏は「官と引き換えに実刑を免除する制度は北魏以前には存在しなかった」ため唐代の官当制度の淵源を北魏とするのだが、むしろ官を刑に換算する明確な変化は西晋から始まると言え、筆者はここに官当制度の淵源があると考える。

次に晋代における免官の実態について検討したい。『晋書』巻七〇、應詹伝に、

> 今宜しく左降の舊制を峻にすべし。二千石の免官は三年にて乃ち敍用することを得、長史は六年、戸口は折半し、道里は之を倍すべし。

> 今宜峻左降舊制。可二千石免官三年乃得敍用、長史六年、戸口折半、道里倍之。

とある。ここでは免官処分を受けると左降されて再任される「旧制」があった

第六章　官当制度とその淵源　243

ことが知られる。この点は『唐律疏議』巻二、名例律二一、除名条の免官後の再叙任の際には以前の官品より降格される規定と共通している。ただし、両晋南朝の他の事例では、免官後再叙任された官品が却って上昇したり、禁錮が三年以内であったりする場合が見られることが指摘されており[34]、やはり規定と実態の乖離が生じている。

　ここで歴任官の問題について考えたい。『通典』巻九〇、禮典五〇、齊縗三月に、

　　令を按ずるに、諸そ官を去る者は故官の品に従い、其れ除名は例に従うを得ず。令して但だ言う、諸そ故官の品に従いて去り老疾三諫を分別せずして去る者は、則ち三諫して去りて故官の例に従うを得。王賀要記猶お自ら老疾三諫して去る者をして舊君の爲に齊に服さしめ、然れば則ち官を去るは故官の例に従えば、敢えて臣は斬に服せられ、皆應に齊明に服されんとす。夫れ除名は罪に伏して故官の例に従うを得ざるは、有罪を以て故とするのみ。老疾三諫して去る者は、豈に除名と同じうするや。又、職を解かれし者は嘗て朝に仕え、今、家門に歸し、老疾三諫して去る者と豈に異なるや、而して殊に其の服する例とするは難し。

　　按令、諸去官者從故官之品、其除名不得從例。令但言、諸去從故官之品不分別老疾三諫去者、則三諫去得從故官之例。王賀要記猶自使老疾三諫去者爲舊君服齊、然則去官從故官之例、敢見臣斬、皆應服齊明矣。夫除名伏罪不得從故官之例、以有罪故耳。老疾三諫去者、豈同除名者乎。又解職者嘗仕於朝、今歸家門、與老疾三諫去者豈異、而難者殊其服例哉。

とあり、疾病や服喪などの理由で官を去った者は元の官職の品が残るが、除名は有罪なので官品は残らないとする。岡部毅史氏は晋南朝の免官となる対象の官職は唐律と同様に歴任の官まで含まれたとするが[35]、氏が根拠とする事例は全て現在職に就いていない状態での特殊な場合である。また、唐律において「解」「去」は官職からの解任、「免」「除」「当」は官品の剥奪の意味に用いられ、混用されないという指摘がある[36]。したがってこれは歴任の官の引き当てというより、この記載の主旨が官を去った者は有罪ではないとされていることか

ら、『唐律疏議』巻二、名例律一七、以官當徒条の③「若去官未敍」に該当すると思われる。

次に、除名・削爵については、『晋書』巻四四、華表伝に、

①……又中書監荀勖は先に中子の爲に廙の女を求むるも、廙は許さず、恨みを爲し、因りて密かに帝に啟し、袁毅の貨賕すること多きを以て、罪を盡くすべからず。宜しく最も親なる所の者一人を責むるべし。因りて廙を指して之に當つ。②又廙の違忤の咎有るに緣りて、遂に喪服中において廙の官を免じ、爵土を削る。③大鴻臚何邁奏すらく、廙は免じて庶人と爲し、應に封を襲うべからず、表の世孫混を以て表を嗣がしむを請う。④有司奏して曰く、廙の坐する所の除名削爵は、一時の制なり。廙の世子たるは、著らかに名簿に在り、襲嗣を聽さざるは、此れ刑罰の再加と爲る。諸侯の法を犯し、八議の平處する者は、功を褒め爵を重んずるなり。嫡統の終身を犯すに非ずして、罪を棄て之を廢するは重きを爲し、律に依りて應に封を襲うを聽すべしと。⑤詔して曰く、諸侯薨ずるや、子は踰年にして即位するは、此れ古制なり。應に位に即くべきに之を廢するは、爵命皆去るのみ、何爲れぞ罪罰再び加えんや。且つ吾の廙を責むるは、貪穢を肅するを以てし、本より常法を論ぜざるなり。諸賢は將に此の意を明きからにせんとすること能わずして、乃ち更に禮律を詭易し、憲度を顧りみず、君命は之を廢するに、而るに羣下は之を復す。此れが爲に上下正に相反するなりと。⑥是に於いて有司は議者の官を免ずることを奏し、詔して皆贖を以て論ず。⑦混は世孫たるを以て當に封を受くるべきに、逃避し、斷髪し陽狂し、病瘖して語ること能わず、故に拜せざるを得。世咸之を稱す。

①……又中書監荀勖先爲中子求廙女、廙不許、爲恨、因密啟帝、以袁毅貨賕者多、不可盡罪。宜責最所親者一人。因指廙當之。②又緣廙有違忤之咎、遂于喪服中免廙官、削爵土。③大鴻臚何邁奏廙免爲庶人、不應襲封、請以表世孫混嗣表。④有司奏曰、廙所坐除名削爵、一時之制。廙爲世子、著在名簿、不聽襲嗣、此爲刑罰再加。諸侯犯法、八議平處者、褒功重爵也。嫡統非犯終身棄罪、廢之爲重、依律應聽襲封。⑤詔曰、諸侯薨、子踰年即位、

第六章　官当制度とその淵源　245

　　此古制也。應卽位而廢之、爵命皆去矣、何爲罪罰再加。且吾之責廣、以肅
　　貪穢、本不論常法也。諸賢不能將明此意、乃更詭易禮律、不顧憲度、君命
　　廢之、而羣下復之。此爲上下正相反也。⑥於是有司奏免議者官、詔皆以贖
　　論。⑦混以世孫當受封、逃避、斷髮陽狂、病瘖不能語、故得不拜。世咸稱
　　之。

とある。この記載については越智重明氏が詳細に検討を加えている⁽³⁷⁾。氏に
よれば、華廙はまだ襲爵していないが、②では襲爵を許さない事を削爵と表現
しているとする。しかし、その意味に取ると④と矛盾してしまう。ここでは削
爵は常法ではなく一時の制であり、襲爵そのものを許さないと完全に無爵となっ
てしまうという意味であり、削爵の措置はむしろ特例であったと言えよう⁽³⁸⁾。
また氏は③から除名として免官されると庶人となること、その免官があると襲
爵が不許可であるとする。だが、この解釈ではやはり②・④と矛盾することに
なる。氏が④から華廙の除名・削爵が一時の制、つまり永久に続く処罰ではな
いとする点、①と⑤から廙の除名・削爵は一般的な理由ではなく、刑罰として
は重い貪穢に基づくとする点については肯首できる。ただし、除名と削爵とが
現実にはその庶人化を意味するものとして一体化したとするが、襲爵を許さな
い場合は別の刑罰であり、更に重い措置と言えるため、この理解には肯首しが
たい。この記載において特に注目されるのは、②と④から、官を免ずるのが除
名であり、それと削爵とは別の刑罰であることが読み取れる点である。
　他の実例についても検討したい。『晋書』巻五〇、庾純伝に、

　　又純の父老たるに供養を求めざるを以て……司徒石苞議するに、純は榮官
　　にして親を忘れ、格言を聞くを悪み、不忠不孝なり。宜しく除名し爵土を
　　削るべしと。

　　又以純父老不求供養……司徒石苞議、純榮官忘親、悪聞格言、不忠不孝。
　　宜除名削爵土。

とあり、不孝（礼制的行為における違反）は除名削爵の対象となっている。晋代
における免官・除名については中村圭爾氏の研究に詳しい⁽³⁹⁾。氏の見解を確
認すると、免官のみの場合は爵位をもって領職し、完全に官人身分を喪失する

訳ではないとする。そして奪爵を伴う場合は白衣（無官）をもって領職し、現実には起家して以後歴任してきた官位の記録と官資を保有するとする。また、除名について、その原因は皇帝の怒りに触れた場合・所属の府将の反逆に連坐・郡守としての不法行為・敗戦の責任で死罪になるところを免れる・家僮の犯罪に連坐した場合が該当し、奪爵と類似すると指摘する。そして起家以前の状態に戻されるが、社会的身分は喪失せず、根源的な身分へ回帰すると指摘する。

　以上、晋代でも爵位があれば処罰が軽い事例があったことが確認できた。ただし、贖罪の事例はあるが、官当になった事例はない。その理由については、西晋では奪爵や削爵は多くなく、金帛で贖罪するのが諸侯の主要な方法という指摘が考えらえる[(40)]。ただし、唐代も規定通り除名・免官・官当になった事例はないため[(41)]、律令と実例が乖離している状況が考えられる。

　ここで更に時代を遡り、魏律について考えたい。魏律は残念ながら散逸してしまっているが、『九朝律考』巻二　魏律考（『晋書』巻三〇、刑法志）魏刑名に、

　　　按ずるに雑抵罪、殆し除名奪爵の類に即くも、今は考すべからず。

　　　按雑抵罪、殆卽除名奪爵之類、今不可考。

とあり、おそらく西晋と同様に刑に引き当てたと考えられる。しかし、『三国志』巻一二、魏書一二、鮑勛伝に、

　　　詔して曰く、勛は鹿を指して馬と作す、廷尉に収付すべしと。廷尉法議し、
　　　正刑五歳なりと。三官駁し、律に依り罰金二斤なりと。

　　　詔曰、勛指鹿作馬、收付廷尉。廷尉法議、正刑五歳。三官駁、依律罰金二
　　　斤。

とあり、鮑勛は官職を持っていたにもかかわらず官当となっていない。律によると罰金とされており、曹魏でもやはり律令と実態が乖離していると言える。

　ここで曹魏における削爵・削戸の事例について確認したい。表１－２によると、その理由は違礼犯罪であり、唐律の除名・免官と共通していることが看取できる。

　以上、本節で検討した魏晋南朝における除名・免官・官当の特徴は以下の三点にまとめられる。

①魏晋では免官・削爵の理由に差異は見られず、かつ唐律における除免当贖
　法の理由すべてを包括する。
②陳律は唐律とほぼ同様の規定であり、爵は引き当てない点も共通している。
　西晋は官を去った者は元の官職を刑に引き当てられたが、唐律のように歴
　任官をも引き当てた訳ではなかった。更に爵も引き当てることができた。
　曹魏では歴任官を引き当てたかどうかは事例が少なく不明である。
③陳律は唐律とほぼ同様である。西晋では官爵両方を刑の引き当てにできた
　ことから、官爵を有する者を実刑の辱めから守る特典であったと言える。
　曹魏は事例が少ないため不明である。

　本節では官を刑に換算する明確な変化は西晋から始まることから、ここに官
当制度の淵源があると結論付けた。ただし官当は身分の高い者を実刑の辱めか
ら守ることが本質的な目的であるため、この点における淵源はどこにあるのか、
節を改め検討したい。

第四節　官当制度の本質的淵源

　本節では官当制度の目的である「身分の高い者を実刑の辱めから守る」とい
う本質的淵源を探る。その点について大変興味深い史料として、『漢書』巻五、
景帝紀元年、「奪爵爲士伍」の顔師古注に、
　　其の爵を奪いて、士伍と爲さしむ、其の官職を免ずるを謂う、即ち今の律
　　の謂う所の除名なり。
　　謂奪其爵、令爲士伍、又免其官職、即今律所謂除名也。
とあり、顔師古は唐律の除名と漢代の奪爵を同一視している。この師古注に対
し、中村圭爾氏は、漢代には唐律の除名に匹敵する刑が奪爵以外なかったとす
る[42]。
　これまで確認したように、律令の規定としては陳の官当制度の成立以後、爵
による刑罰の減免は見られなくなる。つまり官当制度は爵による刑罰の減免に
代わるものであり、その目的も同様の物であったと想定される。そこで爵によ

248　第一部　北魏の爵制に関する研究

る刑の減免について検討したい。

　そもそもなぜ爵が刑減免の機能を持つのか、その理由については二つに大別できる。一つ目は軍功への対価である。有名な史料ではあるが、「甲首一を得ること能う者は、爵一級を賞す」（『商君書』境内篇）とあり、秦爵は命懸けの軍功により獲得した爵であった。そして秦律に「爵二級を歸して以て親父母の隷臣妾と爲る者一人を免ぜんと欲す、及び隷臣斬首して公士と爲り、公士を歸して故妻の隷妾一人を免ぜんと謁むるは、之を許し、免じて以て庶人と爲す」（『秦律十八種』軍爵律）とあり、漢律に「諸れ詐僞して自らを爵もて免ぜらるるもの・爵もて人を免ずる者は、皆な黥して城旦春と爲す」（『二年律令』爵律）とあることから、爵により第三者の刑罰を減免する機能が見られる。この機能は有爵者本人の礼制上の辱めとはかかわりの無いことなので、これは礼制上の区分というより、二十等爵と刑徒身分まで含むランク内での上下移動であり、ごく単純な等価交換の発想がその根源としてある可能性が高い。

　二つ目は士人の身分転落の防止の機能である。先行研究では秦律において、上造と公士の一級の差により肉刑を回避できるかどうかの違いがあることが指摘されている[43]。具体的な律令の規定として例えば「上造以上は鬼薪と爲し、公士以下は刑して城旦と爲す」（『秦律十八種』游士律）が挙げられる。

　この点に関して、有名な史料である「禮は庶人に下らず、刑は大夫に上せず」（『礼記』曲礼上）の理解については議論がある。西嶋定生氏は、爵は礼と結合するが刑は排除するという爵の本質的性格から有爵者は刑の減免があったとする[44]。一方、冨谷至氏はこれを秦の肉刑回避規定の記憶をとどめるものとし、宮宅潔氏も賛同する[45]。筆者も冨谷説に賛同するものであり、大夫以上、つまり有爵者の中でも身分が高い者は肉刑の対象とならず、特権階級がもつ身分転落防止の特典であったと解釈する。なお陶安あんど氏は「爵の刑法的特権とは肉刑の免除、爵の身分的特権は刑罰の軽減に止まる」とするが、両者はその対象者と目的が異なるため、このような対比はできないであろう[46]。

　以上の検討から、官当は官品を有する者を実刑の辱めから守るのが目的であるので、その本質的な淵源は後者が該当すると考えられる。その後、漢魏交替

の際に爵から官の引き当てへと変化し、この身分転落防止の機能として官当制度が発達した。この場合は大きな枠組みとして所謂「爵本位」から「官本位」への移行が該当する[47]。また、官爵両方が刑の引き当てとなった背景としては、魏晋以来、爵位が官品体系に組み込まれたことが考えられる。

なお、『二年律令』賜律に「吏と爲らざる及び宦皇帝者に賜うに、關内侯以上は二千石に比し、卿は千石に比し、五大夫は八百石に比し、公乗は六百石に比し、公大夫・官大夫は五百石に比し、大夫は三百石に比し、不更は有秩に比し、簪褭は斗食に比し、上造・公士は佐史に比す」とあり、爵の官秩への読み替えは前漢初期から行われていた。また『韓非子』定法篇に「商君の法に曰く、一首を斬る者は爵一級、官と爲らんと欲する者は五十石の官たり、二首を斬る者は爵二級、官と爲らんと欲する者は百石の官たり」とあるので、この換算は戦国秦にまで遡る可能性があることを指摘しておきたい。

おわりに

本章での検討により唐律の官当制度の特徴は以下の二点に大別できる。第一に、私罪・公罪は官当できるが、礼制上の違反は免官・除名となり官当できない点である。第二に、官当は歴任官も刑の引き当てにできる点である。第一点については、魏晋南北朝では免官・削爵の理由に差異は見られず、かつ唐律における除免当贖法の理由すべてを包括していた。第二点については、おそらく隋律がほぼ同様である。佐立治人氏は北魏の神麚律令を根拠に唐律との類似性を指摘するが、北魏では歴任官を引き当ててはいない点が大きく異なっていた。歴任官を重視する考えは、恐らく魏晋南北朝の九品官人法（および特に南朝における清官と濁官の区別）の発達と関連すると思われる。実際に、西晋では官を去った者も元の官職の品が残っていた。

唐代の官当制度の「官を刑に引き当てられる」点を強調するのであれば、律令の規定として官を刑に換算する明確な変化は晋から見られるため、ここに淵源があると考えられる。晋では除名・免官として、すべての官が奪われ無官の

250 第一部 北魏の爵制に関する研究

状態となって、三歳刑に代替される。北魏では初期から官と爵が刑に引き当てられ、後期では「階」を刑に換算した。隋唐になると歴任の官を含めることができ、各一官を刑に引き当てられた。その一方、爵に刑の減免効果が見られなくなるのは陳から始まる。とすれば、刑の減免は、秦漢は爵に、魏晋から北魏までは官爵両方に、陳隋唐は官のみに存在したと言えよう。爵を刑に引き当てることが出来るかどうかという点においても唐代と北魏とは異なっており、この点においても唐代の官当制度の淵源を北魏に求めるのは難しいと思われる。

以上、先行研究とは異なり官当制度の淵源は北魏にはないと考えたが、北魏において注目すべき転換点もある。それは、北魏前期では官爵と引き換えに刑が免除されていたが、孝文帝改革を経た後、爵位もしくは官位を保有する者は「階」を刑に当てるよう変化した点である。前章にて指摘したように、「階」は官爵両方に共通する評価基準になっていたことが予想されよう。

ただしここで注意しておきたいのは、実態は律の通り施行されない場合が多数存在した点である。例えば晋の免官は刑の引き当てとして行われた事例が見られず、多くの先行研究が官当制度の淵源とする北魏においても、官当の事例は存在しない。唐代においても、免官や除名が実際に行われる場合、復官する年数が不規則であり、律を準用して行われた形跡はない[48]。このような法と現実の乖離について、皇帝は常に法の上にあり、法の規定にとらわれない裁定をなす機能を有していたので[49]、皇帝の恩寵として施行された例外的事例が史料に示された可能性が考えられる。

また爵による刑の減免機能について考えるため、秦漢時代の爵についても考察した。官当制度の「身分の高い者を実刑の辱めから守る特典」という目的の面から、爵の士人の身分転落の防止機能がその本質的淵源であるとした。その後、漢魏交替の際に爵から官の引き当てへと変化し、この身分転落防止の機能として官当制度が発達したと思われる。本章の検討から、魏晋から唐代になるにつれ官当できる基準が拡充する傾向がみられ、身分の高い者がより手厚く保護されていく変化が読み取れた。

本章では刑の減免効果に着目し、漢唐間における官爵に付随する特権の変化

第六章　官当制度とその淵源　251

を示したが、その成果を含め前章までに検討した北魏の爵制が古代中国史においていかなる特質を持つかを終章にて示し、第一部の締め括りとしたい。

注

（1）　爵位の刑罰減免に着目した代表的な研究として、冨谷至『秦漢刑罰制度の研究』（同朋社、一九九八年）・石岡浩「収制度の廃止にみる前漢文帝刑法改革の発端——爵制の混乱から刑罰の破綻へ」（『歴史学研究』八〇五、二〇〇五年）・鷹取祐司「秦漢時代の刑罰と爵制的身分序列」（『立命館文学』六〇八、二〇〇八年）・宮宅潔『中国古代刑制史の研究』（京都大学学術出版会、二〇一一年）などがある。

（2）　律令研究会編『訳註日本律令5・唐律疏議訳註篇一』（東京堂出版、一九七九年）。以下、『訳註篇一』と称す。

（3）　槻木正「唐名例官当条に関する一試論——官職の守行の理解をめぐって——」（『法制史研究』三八、一九八八年）。

（4）　大庭脩『唐告身と日本古代の位階制』（皇学館出版部、二〇〇三年）。

（5）　戴炎輝「唐律上除免当贖制之淵源」（滝川博士米寿記念会編『律令制の諸問題——滝川政次郎博士米寿記念論集』汲古書院、一九八四年）。

（6）　前掲注（5）戴炎輝論文参照。

（7）　佐立治人「北魏の官当制度——唐律の官当規定の淵源をたずねて——」（梅原郁編『前近代中国の刑罰』、京都大学人文科学研究所、一九九六年）。

（8）　溝口瑛「北朝の除名制度——唐律における「除名」の淵源——」（『歴史文化社会論講座紀要』一〇、二〇一三年）。

（9）　以下、『唐律疏議』の解釈については基本的に『譯註篇一』に従い、その都度の注記は行わない。

（10）　吉田一彦「官当の研究」（『ヒストリア』一一七、一九八七年）参照。

（11）　宮崎市定『九品官人法の研究』（東洋史研究会、一九五六年）参照。

（12）　前掲注（8）溝口瑛論文参照。

（13）　岡部毅史「北魏の「階」の再検討」（『集刊東洋学』八三、二〇〇〇年。同『魏晋南北朝官人身分制研究』、汲古書院、二〇一七年再収）参照。

（14）　前掲注（5）戴炎輝論文参照。

（15）　前掲注（7）佐立治人論文参照。なお、その一方で北魏初期は官僚制が混乱しており、行政法も不全であり、このような制度の実施は不可能であるとする意見

252 第一部　北魏の爵制に関する研究

もある。鄭弈埼『北朝法制研究』（中華書局、二〇〇五年）参照。

(16)　前掲注（7）佐立治人論文参照。

(17)　前掲注（11）宮崎市定著作参照。

(18)　前掲注（13）岡部毅史論文参照。

(19)　内田智雄編『訳注中国歴代刑法志』（創文社、一九三五年）、215頁参照。

(20)　前掲注（7）佐立治人論文参照。

(21)　岡部毅史「魏晋南北朝期の官制における『階』と『資』――『品』との関係を
　　　中心に――」（『古代文化』五四−八、二〇〇二年。同『魏晋南北朝官人身分制研究』、
　　　汲古書院、二〇一七年再収）参照。

(22)　なおこの条文では散爵について「五等爵者、亦依此而降、至於散男」とあり、
　　　散男の処遇について記載がないが、『通典』巻一六四に「其郷男・散男、無可降
　　　授者」とあるので、散男も郷男と同じ処遇であったとして良いだろう。

(23)　前掲注（7）佐立治人論文参照。

(24)　前掲注（7）佐立治人論文参照。

(25)　前掲注（10）吉田一彦論文参照。

(26)　八重津洋平「魏晋南北朝の贖刑制度」（『法と政治』一四−四、一九六四年）参照。

(27)　劉新宇「北魏免官制度考述」（吉林大学碩士学位論文、二〇〇九年）。

(28)　前掲注（26）八重津洋平論文参照。

(29)　前掲注（7）佐立治人論文参照。

(30)　前掲注（11）宮崎市定著作および閻歩克『品位与職位』（中華書局、二〇〇二年）
　　　参照。

(31)　野田俊昭「免官と家格」（『久留米大学文学部紀要・国際文化学科編』、二〇〇
　　　〇年）参照。

(32)　越智重明「六朝の免官、削爵、除名」（『東洋学報』七四−三・四、一九九三年）
　　　参照。

(33)　中村圭爾「除名について」（同『六朝貴族制研究』、風間書房、一九八七年）参照。

(34)　顧江龍「両晋南北朝与隋唐官僚特権之比較――従贖罪・除免官当的視覚」（『史
　　　学月刊』、二〇〇七年）。

(35)　岡部毅史「晋南朝の免官について――「免所居官」の分析を中心に――」（『東
　　　方学』一〇一、二〇〇一年。同『魏晋南北朝官人身分制研究』、汲古書院、二〇
　　　一七年再収）参照。

（36）　岡野誠「西域発見唐開元律疏断簡の再検討」（『法律論叢』五〇－四、一九七七年）参照。

（37）　前掲注（32）越智重明論文参照。

（38）　ただし前掲注（8）溝口瑛論文では、この記載における除名の削爵は一時的な処罰であり、期限のあるものと理解している。しかしこの「一時の制」というのは「常法」に対応する言葉であって、特別に定められた制と解するのが良いと思われる。

（39）　前掲注（33）中村圭爾論文参照。

（40）　楊光輝『漢唐封爵制度』（学苑出版社、二〇〇二年）参照。

（41）　築山治三郎「唐代官僚の免官と除名について」（『園田学園女子大学論文』三、一九六八年）参照。

（42）　前掲注（33）中村圭爾論文参照。

（43）　前掲注（1）冨谷至著作参照。

（44）　西嶋定生『中国古代帝国の形成と構造』（東京大学出版会、一九八三年）。

（45）　前掲注（1）宮宅潔著作「秦漢時代の爵と刑罰」参照。

（46）　陶安あんど『秦漢刑罰体系の研究』（創文社、二〇〇九年）参照。

（47）　閻歩克『従爵本位到官本位・秦漢官僚品位結構研究』（三聯書店、二〇〇九年）。

（48）　前掲注（41）築山治三郎論文参照。

（49）　前掲注（2）『訳註篇一』参照。

254 第一部 北魏の爵制に関する研究

表1－1 北魏における免官前後の官職と官品の比較

a.〈官品が同じ場合〉

No	人名	時期	免官前（品）	復官（品）	出典
1	元素延	道武帝	并州刺史	幽州刺史	14
2	叔孫建	明元帝	加龍驤将軍・并州刺史	正直将軍・相州刺史	29
3	皮豹子	文成帝	内都大官	内都大官	51
4	王遇	宣武帝	華州刺史（3～4）加散騎常侍（従3）	光禄大夫（3）兼将作大匠（従3）	94
5	陽延固	宣武帝	給事中	給事中	72
6	李平	宣武帝	尚書	尚書	65
7	封回	宣武帝	行華州事	鎮遠将軍・安州刺史	32
8	崔敞	宣武帝	平原相	鉅鹿太守	24
9	元英	宣武帝	尚書（3）	尚書（3）	19
10	元世遵	孝明帝	荊州刺史（従3）平南将軍（3）加散騎常侍（従3）	定州刺史（3）平北将軍（3）散騎常侍（従3）	16
11	韓務	孝明帝	龍驤将軍（従3）郢州刺史（3～4）	冠軍将軍（従3）太中大夫（従3）	42
12	伊瓮生	孝明帝	右将軍（3）洛州刺史（3）	安西将軍（3）光禄大夫（3）	44
13	楊昱	孝明帝	征虜将軍（従3）給事黄門侍郎（4）兼侍中	征虜将軍（従3）涇州刺史（従3）兼侍中	58
14	李崇	孝明帝	尚書令	尚書令	66
15	王融	孝明帝	征東将軍	征東将軍	彙
16	元継	孝明帝	度支尚書（3）平北将軍（3）	尚書（3）平東将軍（3）	16
17	崔暹	後期	南兗州刺史	行予州事→真	89
18	崔暹	後期	予州刺史	瀛州刺史	89
19	辛纂	後期	兗州安東府主簿（従7）	奉朝請（従7）	77
20	刁整	孝荘帝	滄州刺史	行滄州事	38
21	祖瑩	孝荘帝	殿中尚書（3）	秘書監（3）	82
22	楊侃	孝荘帝	寧遠将軍・太府少卿（4上）	寧遠将軍・潁州刺史（3～4）	58
23	韓子熙	孝荘帝	給事黄門侍郎（4）	通直散騎常侍（4）	60

＊孝文帝前…孝文帝期の改革前、孝文帝後…孝文帝期の改革後、後期…孝文帝改革後～孝明帝、出典の数字のみ…『魏書』の巻数、彙…『漢魏南北朝墓誌彙編』の事例

事例

2　太宗即位、念建前功、……

3　又坐免官。尋以前後戦功、復擢爲……

b.〈免官後に官品が下がる場合〉

No	人名	時期	免官前（品）	復官（品）	出典
1	屈拔	太武帝	南部大夫	散大夫	33

2	元斉	太武帝	尚書(2)	前将軍(従2上)	14
3	陸定国	孝文帝前	司空(1中)	侍中(2下)	15
4	楊椿	孝文帝後	安遠将軍(4)予州刺史(従3)	寧朔将軍(従4)梁州刺史	58
5	元澄	孝文帝後	兼右僕射(従2)	兼吏部尚書(3)→正	19
6	蕭寶寅	宣武帝	鎮東将軍(従2)東揚州刺史	安東将軍(3)瀛州刺史	59
7	程霊虬	孝明帝	羽林監(6)	著作佐郎(7)	60
8	崔子纂	孝明帝	左中郎将(従4)	洛陽令(従5)	57
9	李憑	後期	司空長史(従3)	趙郡太守(4?)	49
10	羊深	孝荘帝	金紫光禄大夫(従2)兼黄門侍郎	大鴻臚卿(3)	77

事例

4 坐爲平原太守崔敞所訟、廷尉論輒収市利、費用官炭、免官。後降爲

6 詔曰、寶寅因難投誠、宜加矜貸、可恕死、免官削爵還第。

7 久去官祿、不免飢寒、屢詣尚書乞効舊任。僕射高肇領選、還申爲著作郎、以崔光領任、敕令外敍。

9 阿附趙脩、超遷司空長史……坐脩黨免官

10 元顥入洛、以深兼黄門郎。顥平、免官。

c.〈免官後、官品が上がる場合〉

No	人名	時期	免官前(品)	復官(品)	出典
1	元嵩	孝文帝	歩兵校尉(従5)	左中郎将(従4)	19
2	元願平	宣武帝	給事中(従6上)	通直散騎常侍(4)	19
3	崔休	宣武帝	散騎常侍(従3)	洛州刺史(3)	69
4	陸昕之	宣武帝	通直散騎侍郎(従5)	通直散騎常侍(4)	40
5	高子顯	宣武帝	陵江将軍(従5)	鎮遠将軍(4)	57
6	穆紹	宣武帝	衛将軍(2)殿中尚書(3)	衛大将軍(従1)左光禄大夫(2)中書監(従2)	27
7	高雙	宣武帝	涼州刺史(4)	幽州刺史(3)	62
8	裴粲	宣武帝	正平・恒農二郡太守(4?)	太中大夫(従3)	71
9	羊祉	宣武帝	龍驤将軍(従3)秦梁二州刺史(3)	仮平南将軍(3)光禄大夫(3)	89
10	秦松	宣武帝	長秋卿(従3)	光禄大夫(3)	94
11	程霊虬	孝明帝	著作佐郎(7)	羽林監(6)	60
12	崔模	孝明帝	太子家令(従4)	冠軍将軍(従3)中散大夫(4)	56
13	王椿	孝明帝	太原太守(4?)	将作大匠(従3)	93
14	趙逸	孝明帝	滎陽太守(4?)仮平東将軍(3)	光禄大夫(3)仮前将軍(3)	52
15	崔仲哲	孝明帝	平東将軍(3)燕州刺史	撫軍将軍(従2)行相州事(3)	49
16	酈道元	孝明帝	東荊州刺史(従3)	河南尹(3)	89
17	甄楷	孝明帝	秘書郎(7)	公曹参軍(従6)	68

256　第一部　北魏の爵制に関する研究

18	賈思伯	孝明帝	左将軍(3)兗州刺史(従3)給事黄門侍郎(4)	右将軍(3)涼州刺史(4)太尉長史(従3)	72
19	劉思逸	後期	奉朝請(従7)	東莞太守(4〜6)	94
20	邢遜	孝荘帝	安遠将軍(4)	輔国将軍(従3)	65
21	畢暉	孝荘帝	平西将軍(3)豳州刺史	撫軍将軍(従2)豳州刺史	61

事例

1　後從平沔北、累有戦功

4　景明中、以從叔琇罪免官。尋以主壻、除……

6　遭所生憂免、居喪以孝聞。

7　専肆貪暴、以罪免。後貨高肇、復起爲……

11　後坐稱在京無緦親、而高祖知其與駿子公義爲始族、故致譴免。至洛、無官、貧病。久之、崔光啟申爲……

12　以公事免。神亀中、詔復本資、除……

13　坐事免。椿僮僕千餘、園宅華廣、聲妓自適、無乏於時。或有勸椿仕者、椿笑而不答。雅有巧思、凡所營製、可爲後法。由是正光中、元乂將營明堂、辟雍、欲徴椿爲……

16　坐掠人爲奴婢、爲御史中尉王顯所彈免。高肇南征、衹復被起爲……

＊　『新出魏晋南北朝墓誌疏証』では「以母老辭榮、乞及終養、手詔敦屬弗許。而□□□□□□□□歳□、仲昇謁還、玉門非遠、頻煩表情、久而遂□。馳軒載途、□処膝下」とあり、罪で免官とは記されていない

18　尋除右将軍・涼州刺史。思伯以州邊遠、不樂外出、辭以男女未婚。靈太后不許、舍人徐紇言之、得改授太尉長史。

表1-2　曹魏における削爵・削戸

人名	時期	罪名	結果	復封	巻
任城王楷	青龍三年	坐私遣官屬詣中尚方作禁物	削縣	正始七年	19
陳王植	黄初二年	醉酒悖慢、劫脅使者	貶爵	黄初三年	19
己氏公琮	景初元年	坐於中尚方作禁物	削戸	景初三年	20
彭城王據	景初元年	坐私遣人詣中尚方作禁物	削縣	景初三年	20
中山王袞	青龍元年	來朝、犯京都禁	削縣二	青龍二年	20
楚王彪	青龍元年	來朝、犯禁	削縣三	青龍二年	20
東平王徽	青龍二年	使官屬撾壽張縣吏	削縣一	青龍二年	20

＊巻…『三国志』の巻数

終章　北魏の官爵体系の歴史的位置付けとその展開

は じ め に

　第一部の目的は北魏の爵制の特質を明らかにし、他の制度との関係を考察する事で、官爵体系に基づく身分秩序を示すことであった。これまでの分析を元に、終章では北魏の官爵体系に基づく身分秩序を古代中国史上に位置付け、その特質を浮かび上がらせるとともに、隋唐への展望に繋げたい。

第一節　古代中国における功と爵の関係

　まず、北魏の爵制が古代中国史全体の中ではいかなる特徴を持つのかを追究する。特に戦国秦漢時代は新たに軍功爵が創出された時期であり、北魏の爵も軍功への褒賞として賜与された場合が多くみられたことから、両者を比較することで北魏の爵制の歴史的意義を浮かび上がらせたい。

　戦国秦漢時代の二十等爵と魏晋南北朝時代の五等爵は、民を爵制に取り込むかどうか（より厳密に言えば民が軍功によって直接爵位を上昇させていく機会があるかどうか）で大きな違いがみられるが、民爵賜与が盛んであった漢代にも軍功爵自体は存在しており、爵と軍功は分かち難く結びついている[1]。そして序列化という点では同じ爵制として共通の骨格を持つと言えよう。そこで北魏の爵制を歴史的に位置付けるべく、古代中国を通じて軍功・序列化という点を追究した先学の理解を確認しておきたい。ただし関連する先行研究は枚挙に暇が無く、全てに言及することは不可能であるため、本節のテーマに直接関係する研究のみを取り上げる。

まず確認しておきたいのは、戦国秦漢時代においても爵は国家への大功に対して与えられ、皇帝が恩寵的に与えて良いものではなかった点である。それは軍功爵の成立そのものと関わる。しばしば引用される有名な記載ではあるが、『商君書』境内篇に、「能く甲首一を得る者は、爵一級を賞し」とあり、商鞅の爵制は軍功を基準として成立した。そして軍功爵は皇帝や王など君主の個人的な意志を介入させず、国家に対する功績を基準として褒賞を与えた。これもまた有名な記載ではあるが、『史記』巻六八、商君列伝の命令通りに南門の木を北門に移動させただけで褒賞を与えた話は[2]、論功行賞の原則を法で保障したことを示している[3]。漢代に入っても「封爵之誓」・「白馬之盟」により賜爵は功績が基準とされていた[4]。そして民爵賜与が頻出するようになってもその認識は続いた。佐川英治氏は最新の研究において、君主といえども軍功の価値を裏切ることはできず、爵は皇帝といえども完全に自由になるものではなく、それは民爵賜与においても例外ではなく、民爵とは功労なきものに皇帝が恩典として賜ることのできる低級の軍功爵だと結論付けている[5]。

この功と爵の関係について好並隆司氏は、商鞅の爵制が軍功その他の功績による賞罰の表現手段として何よりも最初に現れ、結果として爵の取得者が序列化されるとする[6]。周代の五等爵が封土を与え有爵者に国家権力を分かち持たせ国家の藩屏たらしめることが目的であったことと比べると、戦国時代以降の軍功爵は封土のごとき大きな権利の分与を伴わずに爵を与えることが可能であり、功績の序列化すること自体が褒賞になっていた点が特徴だと言えよう。もちろん軍功爵にも田宅の賜与など様々な特権が伴ったが[7]、封土の分与に比べれば微々たるものと言えよう[8]。これは王朝側から見れば、周代と比べ有爵者がその支配を皇帝の支配と同質的なものに高めるべき危険性を伴わずに爵を与え論功行賞できる、実に理想的なシステムだった言える。

次に皇帝と賜爵の関係について、籾山明氏は秦漢代の二十等爵を「民爵賜与が皇帝と民衆を公共的事業の組織者と奉仕者として直接的に結びつける機能」があり、「民衆の爵級は皇帝との距離感を示す」ものと位置付けた[9]。また【楯身二〇一六】は、漢代二十等爵の研究において「上は王侯から下は刑徒に至る

まで、漢の領域内に住むあらゆる人々を各々の果たすべき「職」に基づいて序列化するための制度」とし、「誰にどれだけの爵位を賜与するかというその判断は皇帝ただ一人に委ねられていた」とする。つまり爵位とは王ないし皇帝に多大な貢献を果たした者に与えられる褒賞であり、賜爵の基準が功績重視か血縁関係重視かは賜爵を行う皇帝次第であると結論付ける。

　このように、爵は本来的には国家への功績の褒賞だが、賜爵すべき功績に該当するかどうかは皇帝が決定できるため、恩寵的に賜爵できる余地が生まれる。なぜこのような現象が生まれるかというと、これもまた軍功爵の成立と深い関わりがある。佐川英治氏[10]は戦国秦漢の軍功爵を検討し、爵の価値の根源は斬首に由来するものであって皇帝が生み出すものではないが、皇帝は指揮官や官僚の国家に対する貢献を軍功に読み替えて賜爵する権限を持った、と結論付けた。つまり指揮官など斬首に赴くことが出来ない職務に就く人物を評価する必要があるため、全体に対する貢献の軍功への読み替えが生まれた、とする。それがやがて皇帝の恩寵的な賜爵に繋がり、漢代になると皇帝の権威を高めるために爵の価値を消費する民爵賜与にまで至るとするが、原則として皇帝は賜爵の対象となる功績を決定するだけであった。なお、楯身智志氏は最新の研究にて、民爵賜与が実施された漢代以降の爵位は「民衆を労働力として把握するためのID」としての機能を持ち、爵制は「より多くの民を効率的かつ均一的に労働力として管理・運営するためのツール」とする[11]。

　以上、戦国秦漢時代の爵について先行研究を紹介したが、これまで明らかにした北魏の爵と共通する点がとても多いことに気付かされる。それは爵の本質的機能が「国家への大功に対する序列化」であり、皇帝は功績の算定は行えるが、恩寵的に賜爵することは本来的な姿ではない点である。では六朝において功と爵はいかなる関係だったのだろうか。

　六朝の爵制について、越智重明氏は西晋と劉宋の封爵の違いを以下のように指摘する[12]。西晋は司馬氏に上級士人層が協力する形で覇権を確立した王朝であったため、世襲的排他的に官人として政治的特権を与え、政治的支配者として一体感を示す必要性があった。そのため西晋の五等爵は第5品官以上の者

に爵を通じて世襲性を与えた。しかし劉宋は上級士人の力を借りず武力で成立した王朝のため、授爵の基準は皇帝への忠誠と功績に変化し、一部、功績なく授爵された外戚侯もある、とする。楊光輝氏は更に詳細に検討し、魏晋南朝の歴代王朝の士人と武将の割合を調べている[13]。その結果、曹魏では士人のほうが武将の二倍多く授爵され、西晋・東晋では士人の授爵が圧倒的多数であるが、劉宋・南斉・梁になると武将の授爵の割合が士人より高くなる事を明らかにしている。そして劉宋以降の封爵には大いに軍功爵の意味があったと結論づける。両氏の研究から劉宋以降の爵は軍功への褒賞であったことが伺える。このことから秦漢の二十等爵制は魏晋南北朝期に入ると民爵部分が切り捨てられ、国家全体からみれば上層の支配者層のみに適用される五等爵制が主流となったが、「国家への大功に対する序列化」という本質的機能は受け継がれたと言えよう。そして清朝まで連綿と爵制が続くのは、この「国家への大功に対する序列化」という機能が他の物では代替できなかったからという見通しも成り立つ。一方、民の軍功に対する論功行賞については【佐川二〇一三】の研究に非常に良くまとめられている。軍功については曹魏に入ると民爵部分を切り捨てた爵制が創設され、民が斬首の功を立てて直接爵位を上昇させる機会が消滅した。更に功と賞も一致せず、軍功を立てても直接昇進には結びつかないようになった。そのため遅くとも東晋には軍功を記録しておく勲簿が作られるようになった。そして勲簿に記された軍功は南朝では官位獲得の資となり得、軍功は爵位ではなく官位との関わりをより強めていった、とされる。

　ただし二十等爵制であっても五等爵制であっても、皇帝が功績を算定することで恩寵的な賜爵に繋がる危険性を常にはらんでいた。現に劉宋以降も功績無く賜与される外戚侯が出現する。このような恩寵的な賜爵は軍功爵の価値の低下を招いた。これまで明らかにしたように、北魏においても建国初期から中期にかけてこのような変化が生じた。そこで孝文帝は皇帝が自らの意志を反映し恩寵として賜爵する状況を爵から切り離し、新たに封土によってそれを表す仕組みを構築したのである。この点に北魏の爵制の特質が現れている。

　なお【佐川二〇一三】によれば、民の軍功への褒賞は戦国秦漢では民爵、北

朝末～唐代では勲官であった。その間に位置する魏晋南北朝期では爵位ではなく官位との結び付きを強めていったが、基本的に軍事を介した民の身分上昇の機会は少なかった。また戸川貴行氏は魏晋南北朝期にも民爵賜与は行われ、それは兵役と結びつきがあったとする[14]。【佐川二〇一三】はこの試み自体は行われたものの、当該期の五等爵制と二十等爵制が接合せず支配階層に登る階梯としての意味が無かったため成功はしなかったとする。つまり二十等爵制は民を徴兵するか否かという兵戸制の施行と表裏一体の関係にあったことが指摘されている。

第二節　古代中国における考課と爵の関係

　本節では賜爵に値する功績がどのように算定されるのかを先行研究によって確認し、古代中国における考課と爵の関係を検討することで、北魏の官爵体系の特質を浮かび上がらせたい。

　最初に戦国秦漢の爵の評価・算定のシステムについて確認しておく。前節で指摘したように、爵は根本的には軍功への褒賞であり、その例外として自ら軍功を立てることが出来ない指揮官クラスには功績の読み替えが行われていた。この読み替えについて、実は下級役人の日常的な勤務にもそれが及んでいた。この勤務評定は「考課[15]」と称されており、「労」と「功」を単位とし算定された。

　考課については漢代の研究では福井重雅氏の豊富な成果があるが[16]、その原型となる秦代では、近年ようやく全貌が明らかになりつつある出土史料「里耶秦簡[17]」から多くの具体的新事実が確認できる。そこで秦代ではこの里耶秦簡に依拠し、先学が明らかにした漢代の考課制度と比較することで、秦漢時代の官爵の評価制度について考察したい。（以後、簡号のみ史料は「里耶秦簡」を示す）。

　まず里耶秦簡によって「課」という成績表の存在が確認できる。具体的には、八－四八二簡に、「尉課志／卒死亡課／司寇田課（第一欄）卒田課／・凡三課（第

262　第一部　北魏の爵制に関する研究

二欄)」、八－四八三簡に、「郷課志／□□□／□食□□課（第一欄）／黔首暦課／寡子計子課／・凡四課（第二欄）」とあり、秦代では色々な業務内容で評価されていたことが分かる。

　漢代においては「功」と「労」が勤務評定の基準となっており、労四歳で一功に換算できたことが判明している。胡平生氏は「居延新簡」（E.P.T50:10）から労四歳＝功一という関係を導き出した[18]。ではそれに先立つ秦代はいかなる状況だったのだろうか。一〇－一五簡に、「凡作……／爲令佐六歳／爲縣令佐一歳十二日／爲縣斗食四歳五月廿四日／爲縣司空有秩□□十三歳八月廿二日／守遷陵□六……／凡□歳九月……（第一欄）／□□郷廿二年……／□功二……／勞四三九月……／●凡功六三歳九月廿五日／……遷陵六月……廿一／……洞庭……（第二欄）」とある。これは断簡なので意味が取りにくい部分を補うと、「勞働合計……令佐として六年（働く）／縣令佐として一年十二日（働く）／縣斗食として四歳五月廿四日（働く）／縣司空の有秩□□として十三歳八月廿二日（働く）／遷陵を守す□六……／すべて□歳九月……／□□郷廿二年……／□功は二……／労は四三九月……／すべての功は合計六（？）三歳九月廿五日／……遷陵六月……廿一／……洞庭……」という意味である。「労」と「功」の具体的な換算率は残念ながら断簡のため不明だが、この記載から秦代から既に「労」を「功」に換算できた可能性がある。

　では「労」以外の「功」への換算はあったのだろうか。佐藤達郎氏は「居延漢簡」甲乙編（2163: 89.24[19]）から「功」は「労」から換算されたもの以外も含むことを推測している[20]。さらに大庭脩氏は具体的に斬首や捕賊の功績があったと推測する[21]。つまり漢代では官吏が勤務日数を重ね「労」を積んで「功」に換算する場合と、斬首や捕賊など特別な功績で直接「功」を得る場合と両方存在したと考えられる。この点について佐藤達郎氏は漢代の官吏の昇進の基準となる「功」も本来は軍功であり、官爵ともに本来は軍功で昇進すべきものであったとした。また【佐川二〇一三】も漢代の官吏は積功により昇進するが、この「功」と軍功との間に本質的な区別は無かったはずとした。更に軍功に比べ積功が軽んじられたことから、この功は軍功から派生したと推測する。軍功

爵の成立から考えるとこの見解の妥当性は高いと思われる。

　では遡って秦代ではどのような仕組みだったのだろうか。まず兵士について
は、睡虎地秦簡・秦律十八種、軍功爵、一五三〜一五四簡に、「従軍當以勞論
及賜……（略）」とある。この引用部は「従軍は労でもって論功行賞し賜うべ
きである。」という意味である。また、睡虎地秦簡・秦律雑抄、中労律に、「●
敢深益其勞歳數者貲一甲棄勞」とある。この引用部は「労の勤務日数を水増し
して申告したものは、罰金として一甲、労を取り消す」という意味である。つ
まり秦代では斬首の功だけでなく、一定期間の従軍期間自体が論功行賞の対象
になっていたことが分かる。では官吏の場合もこのような換算が行われていた
のだろうか。そこで注目したいのが里耶秦簡における「視事」関連簡である。「視
事」とは勤務日数を指す言葉であり、里耶秦簡において複数の事例が散見され
る。例えば八－一四五〇簡に「冗佐八歳上造陽陵西就日駣、廿五年二月辛巳初
視事上衍。病署所二日。／・凡盡九月不視事二日・定視事二百一十一日（正）
／廿九年後九月辛未／□計卽有論上衍卅年／□不視事未來（背）」とある。こ
の引用部は、「冗佐として八年勤務している上造で陽陵県西就里の駣は、廿五
年二月辛巳に初めて上衍で勤務する。署所で病気になること二日。全体で九月
までに勤務しなかった日数は二日。実際に勤務した日数は二百十一日。二九年
九月辛未に計を送る。即ちすぐに上衍で論功行賞しなさい。三〇年……勤務し
なかった日や（無断で）欠勤した日は□。」という意味である。ここから労の実
際の計算は「視事」（勤務日数）により細かく算定されていたことが看取できよ
う。つまり官吏の勤務日数も秦代から既に「労」として論功行賞の対象となっ
ていたのである。佐藤達郎氏は官吏の勤務日数「労」が「功」に換算されたの
は前漢における変化とするが、これまでの検討から、そのような換算は既に秦
代から行われていた可能性が高いと言えよう。なお、佐川英治氏は最新の研究
において上孫家寨漢簡・二年律令・睡虎地秦簡・『漢書』などを検討した上で、「賞
爵」「拝爵」は直接の軍功によって爵を受け取るもの、「賜爵」は直接の軍功に
よらず君主により軍功に読み替えられて賜るものであるとする[22]。

　以上、秦漢時代の賜爵に値する功績がどのように算定されるのかを考課制度

264 第一部 北魏の爵制に関する研究

を中心に確認した。次に魏晋南朝期について検討し、その上で北魏がいかなる
特徴を持つかについて述べたい。

　魏晋南朝ではいかなる考課が行われていたのだろうか。中村圭爾氏は人事進
退について、一定の序列にある官位の「階」、それを累積した「資」、それが記
載された閥閲・薄伐が基準となることを明らかにした(23)。更に岡部毅史氏は
魏晋南北朝期を通じて検討した結果、「功」が史上に現れなくなる時期と「階」
がみられるようになる時期は共に後漢末から三国時代であったという大変興味
深い指摘をしている。そしてこのような変化は九品官制(24)の成立と対応する
ものであり、「階」を「労」「功」以来の系譜に繋がる昇進基準と位置付ける。
そして「階」は郷品につながる官品と同一の基準ではなく、その点は梁代の官
制改革である十八班制の施行を経ても変化はしなかった、とする(25)。つまり
南朝では貴族制の発達に伴い貴族的な運営をされる郷品およびそれに繋がる官
品と、国家が効率的な官制の実現を目指すための「階」（後に班へ改革）の二つ
の序列が併存していたのである。なお第五章でも述べたように南朝における「階」
は官人個人の昇進の基準に止まった点を強調しておきたい。ここまで魏晋南朝
における考課について述べたが、日常勤務の累積が爵には結び付かず、官位と
の繋がりがあった点が確認できた。

　北魏については自分の「階」を第三者に譲ることが可能であった点が南朝と
は全く異なる特徴であった。つまり岡部毅史氏が指摘するように「階」が官人
個人の昇進の基準に止まらず、全官人の昇進に普遍的な基準として機能してい
たのである。さらに第五章では北魏後期では功績および勤務時間を蓄積した「階」
を共通資源として官職・将軍号・爵位が得られる独自のシステムが構築されて
いた点を指摘した。これは全官人にとどまらず有爵者をも含む評価基準である
ことを意味する。

　北魏の爵は軍功との関わりが強いが、「階」と軍功についてはどうだろうか。
第五章で述べたように、岡部毅史氏も(26)閻歩克氏も(27)どちらも北魏の位階制
度を研究する立場から官僚の昇進の基準となる「階」と軍功が元となる「軍階」
を異なる基準とした。閻歩克氏は更に「軍階」は将軍号の昇進基準となるとす

る。しかし【佐川二〇一三】は「軍階」は将軍号に限られない品官の資となり得るという見通しを述べた[28]。氏は民の軍功を主眼に置いた上でこのように結論付けるが、上層の支配者層についてはこれまでの検討で見たように軍功により爵が与えられることが原則であった。さらに本節で確認した戦国秦漢時代の「労」および「功」の関係、日々の勤務の積み重ねによって得られる「労」と「階」との類似性、および「労」から「階」への歴史的な流れの中でみれば、軍功で得られる「階」とは岡部毅史氏・閻歩克氏が想定するような別系統の「軍階」ではなく、国家への大功に満たない軍事的功績（日々の従軍など）も同じ「階」として評価・蓄積されていた可能性が高いと思われる[29]。このように北魏後期の考課と爵とは密接に関連していた。そしてその特質は、北魏の「階」は第三者にも譲渡可能であり、蓄積することで官職や将軍号だけでなく爵の獲得も可能なシステムであった点が挙げられる。さきほど南朝における「階」のは官人個人の昇進の基準に止まった点を強調したが、遡って戦国秦漢時代における「労」「功」について考えてみても、管見の及ぶ限り「労」「功」を第三者に譲渡できた事例はない。つまりこの点に関する「階」の運営方法は北魏独自のシステムなのである。もちろんこの評価システムについてはまだ仮説の域を出ず、今後更に実証が必要ではある。しかし古代中国における「労」「功」から「階」への歴史的変遷、および第五章にて検討した転授・別封など第三者に封爵を譲渡できる北魏の特質を併せ考えるなら、このシステムが存在した蓋然性は高いのではないだろうか。

第三節　古代中国における官と爵の関係

　本節では北魏の官爵体系の特質を浮き彫りにするため、古代中国を通して官と爵の関係を先行研究により確認したい。なおこの官爵体系に関わる官僚制度研究は膨大な蓄積があり、枚挙に暇がないため、関連する先行研究に絞って言及する。

　最初に戦国秦代の官と爵の関係について取り上げる。なお当時は爵に軍官と

266　第一部　北魏の爵制に関する研究

しての機能があり、将軍号は未発達であるため、官職（文官）と爵の関係に限定して確認したい[30]。福井重雅氏は、『史記』巻七九、范雎蔡澤列伝の秦の昭王時代の范雎の上書[31]から、既に戦国秦の時代には官制と爵制という別系統の秩序が存在していたことを指摘する。この官爵の関係について、【楯身二〇一六】は、商鞅の変法では敵の首を獲得した者を相応の官職に任じる規定があったが、仔細に読むと「官と爲らんと欲する者」という条件があることから、軍功があれば必ず任官される訳ではなく、実際には軍功の無い者を任官させる制度も存在したことを指摘する。これによればその制度とは、臣下に人材を推薦させるとともに、その人材の連帯保証人たることを義務付けることにより功績の有無にかかわらず有能な人材を登用する「秦の法」であった。そして文官系統の官秩序列と軍官系統の爵制が並立しており、人材を抜擢する際にはその資質如何によってどちらかの系統に振り分けられていたとする。

　次に漢代について、【楯身二〇一六】によれば漢初に爵から軍官としての機能が切り離され、文官系統の官職と軍官系統の官職（具体的には都尉など）が併存するようになった。そして有爵者に任官資格が与えられたことを示す史料は存在しないと指摘する。しかし時代が下り前漢中期ごろになると、高官の位にありながら無爵もしくは低い爵位の者に頻繁に賜爵が行われるようになる。この現象について福井重雅氏は、官制と爵制の相互に不平等があれば可能な限り整合化しようとした配慮とし、その不可欠の接点として秩六百石が爵五大夫に相応したと解する。ただし氏自身もなぜこのような一致が生じるか、また官爵・民爵の区別が生じてくるかは疑問として残されている。一方、【楯身二〇一六】は前漢における官僚の層について仔細に検討し、宣帝期は察挙制度によって人材が供給されていたことを明らかにする中で、この賜爵が高爵を与えて国家への奉仕を期待する政策と理解した。この問題に対し、【佐川二〇一三】は民爵賜与が皇帝の権威を高めるために私的に消費され、こうした爵は軍功と何も関係が無いため官と民の壁を突破する力を持たず、官爵・民爵の区別が生じたとする大変興味深い見解を示している。この理解に従えば、この区分は爵の価値が低下したため後天的に生じた現象と言えよう。更に言えば、漢代の民爵賜与

終章　北魏の官爵体系の歴史的位置付けとその展開　267

が盛んになった時期は高位高官の者に高い爵を与える時期と重なり、またこの両方の賜爵が同時に施行された事例も散見される⁽³²⁾。なお爵は本来的には国家に対する功績への褒賞であり、皇帝が決定するのは賜爵すべき功績に該当するかどうかであるとしたが、それは官職の場合も同様である。官僚は基本的には能力主義だが、能力があるかどうかの判定は皇帝に決定権があるため、恩寵的に寵臣に官職を与えることも可能となってくる。つまり官も爵も皇帝が自らの意志を反映し決定することは本来的な姿ではないのである。ここでは特に上層部に見られる官爵の合致は、官爵の原則が乱れた状態において出現することを強調しておきたい。

　以上の検討から戦国秦漢時代の官爵の関係は以下のように概括できよう。戦乱期および建国初期では官爵は原則的に運用され、それぞれ別系統であり両者に接点はない。しかし王朝の中期以降、皇帝が恩寵的に功績および人材を算定して官爵を与えるようになると官爵の一致が図られるという変化が生じる。好並隆司氏は戦国秦の軍功爵は君主を中心とした官位体制とは異なる原理であったとし、漢初に爵体制から中央集権的な官位体制へ移行することで皇帝の一元的支配が成立したとする。卜憲群氏は民爵賜与により爵の価値が低下すると、皇帝を中心とした官位体制が相対的に価値を高めたとする⁽³³⁾。このような爵制から官制への重心の変化を指摘する研究が多いが、ここで注意しておきたいのは「皇帝が恩寵的に官爵を賜与できる状態」を「皇帝中心の中央集権化」とする点である。ここまで秦漢時代の特徴を確認したので、魏晋南朝時代について論を進めたい。

　魏晋南朝における官制の最大の特徴は九品官人法という官吏登用制度の創設である。この点については宮崎市定氏による大著が存在するため、まずは氏の説に沿ってその概要を述べたい。九品官人法はまず地方の州郡に中正官を派遣し、郷里の声望にしたがって現地の人物を1〜9品の九等級に分類する。これは郷品とよばれ、中央に報告される。そして中央政府における官職も同様に1〜9品まで分類されており、郷品に応じて規定の相当する官品の官職に任命する。その際、郷品から四等級下がった官品の官職から起家する定則があったと

268　第一部　北魏の爵制に関する研究

される。以上の宮崎説は魏晋南北朝史における偉大な成果であり、南朝におけ
る貴族制の問題と密接に関わる重要なテーマであるが、その点を追究すること
は筆者の能力を超え、また本章の主旨からも逸脱するため、あくまで官爵の関
係、特に爵と官品および官の清濁に関連する側面に限って論じたい。まず爵と
官品の関係については近年、陳長琦氏により大変興味深い見解が示されている
(34)。氏は九品官人法における資品（郷品）は官職の官品ではなく、更に資品を
決定するのは中正だけではないと指摘する。そして魏晋の官品令では王は１品、
公〜男までは２品と規定されているが、実は有爵者が４品下がった官品の官職
から起家していることを明らかにしている。また渡邉義浩氏も西晋の五等爵に
ついて検討した上で同様の見解を示し、更にこのシステムは国家が爵位を与え、
その品により起家官およびその後の官職も決定していたことを意味すると指摘
し、貴族制が国家的身分として皇帝権力によって創出されたとする(35)。両氏
の見解は南朝の貴族制研究の根幹に関わる問題であり、今後も慎重な検討を要
するが、本節との関わりに限れば、第四章で明らかにしたように北魏後期では
爵の品と起家官の官品との対応関係が見られるという点が共通している。ただ
し北魏後期の場合、同じ爵位でも民族や社会的身分により起家の官品が異なっ
ていた点が晋との相違点である。

　もう一つの南朝の官職における特徴として官の清濁の区分がある。北魏にお
いては第五章で述べたように孝文帝改革以降この区分が設けられたが、それは
南朝とは異なる性質を持っていた。ここで南北朝の違いをより明確にするため、
南朝の官吏登用について本節と関係する先行研究を取り上げたい。野田俊昭氏
は、各官人の官途が天子の支配権力ではなく清議や郷論により決定される点が
南朝貴族制の最大の特色とする(36)。また川合安氏はこの「清濁」は人物の総
合評価を指すとし、吏部の人事担当者は人物の総合的評価に精通し、当時の官
僚社会の了解が得られるような人事を行う必要があったとする(37)。この官僚
社会の了解は清議や郷論に該当するため、両氏は同様の見解を持つと言えよう。
更に川合安氏は論を進め、家格が制度的に整然と確定し、それにより自動的に
起家官やその後の昇進経路が決定される原則は存在せず、吏部が家格や父の官

職だけでなく本人にかかわる統合的評価を下し人事を行ったとする。また最新の研究では南朝社会は従来考えられてきたような生まれによって身分が固定された社会とは言えないという立場をとる[38]。南朝の貴族制に対する研究は両氏以外にも多くの蓄積があるが、全てを紹介することは不可能であるため、「清濁」を特に追究し意義を述べた両氏の見解を示すに止めたい。

　北魏の場合、官の清濁については孝文帝改革によりその区分が初めて設置され、太和後令において「令」として明文化された。宮崎市定氏によれば南朝における官の清濁は自然に貴族社会に発達したものだが、北魏の場合は官制と共に設置した点が特徴的であるとする。また岡部毅史氏によれば、北魏の清官の法制化は南朝的な官僚制度の導入をはかる孝文帝の個人的志向に基づき、北魏社会において内在的に形成されたものではなかったとする[39]。つまり北魏の場合は官の清濁はトップダウンによって運営されていたと言えよう。

　以上の検討をふまえ、第五章で示した北魏後期の官爵体系をいま一度示したい。爵は国家への功績の序列、封土は皇帝の恩寵を示すように機能を分けた。将軍号については継承を廃止し、散官化の萌芽となった。官職については①実官と散官②清官と濁官③流内と流外の三種類の区分を設けた。加えて胡と漢・上層と下層（士と庶）という民族と社会的身分による階層化を機械的に推し進めた。北魏は孝文帝改革により、上層部は生まれによって身分が固定され、その昇進は皇帝により決定され、下層部は「階」の蓄積により昇進するシステマティックな制度となった。このことから南朝より孝文帝改革以降の方がむしろ生まれによって身分が固定される制度であったと言えよう。ここに北魏の特異性が現れていると考える。

　ここまで検討した戦国秦漢および魏晋南朝の官爵の関係と北魏のそれを対比してみると、より独自の特徴が明確になった。戦国秦漢時代の官爵の変遷は皇帝が恩寵的に官爵を賜与できる状態が皇帝中心の中央集権化とみなされていた。一方、第一部で明らかにした北魏の孝文帝改革における中央集権化は、国家への功績・皇帝との親疎・文人や武人としての能力などを明確に区分し、各々の評価基準を混在させず序列化するシステムに基づいていた。そして各々が独自

270　第一部　北魏の爵制に関する研究

の価値基準を持ちつつも、全体としては地位が乖離しないシステムが成立していた。また注目すべきは、漢代では官爵の原則が乱れた場合に特に上層部に見られる官爵の合致が頻出したのとは対照的に、孝文帝は敢えてそのような官爵が乖離しない状態をシステムとして作り上げた点ある。

　この孝文帝改革の評価システムの意義についても考えたい。川本芳昭氏は孝文帝改革時には①従来の北族的官制を整備強化し新たな北族的官制秩序を打ち建てる道②北族的官制を棄て、中国の政治理念によって官制秩序を中国的なそれに一本化する道、の２つの採るべき道が存在したが、結局後者が選ばれたとする。しかし、これまでの結果をみれば①でも②でもなく、孝文帝は新たな官制秩序を生み出したと評価できるのではないか。つまり氏は漢化を「胡族は漢文化に対するコンプレックスはなく、むしろ漢文化を自らの意志で選び取り一層純化せんとする姿勢が感じられる[40]」と理解したが、これまでの検討を見る限り、孝文帝の評価システムは戦国秦漢とも南朝とも異なる新しいシステムであり、「漢文化の純化」とは解せないと思われる。

　このように孝文帝改革を単なる「漢化」や南朝の模倣とは捉えず、北魏独自のスタイルがあったとする点は、実は他の制度史研究にて指摘されている。それは小林聡氏の北朝から隋唐にかけての服制の研究である。氏は、孝文帝の服制の改革は単に北族的服飾から中国的服飾への変化や魏晋南朝の模倣ではなく、北魏独自のスタイルを持っていた、とする[41]。具体的には北朝末から初唐にかけて朝服が礼制上の格式の高い場面のみに着用されてゆき、官人の日用の服飾として常服が制度化・体系化されてゆくが、この常服は朝服からの派生ではなく北族的服飾（鮮卑服）を直接の祖形とすることを明らかにしている。孝文帝の官制改革と礼制改革は密接な関わりを持つ点からも、孝文帝は北魏独自の新たな評価システムを生み出したという第一部の結論に繋がるものと考えられる。

おわりに

　近年の出土史料の相次ぐ発見もあり秦漢時代の爵制研究が実に活発なことに

終章　北魏の官爵体系の歴史的位置付けとその展開　271

比べ、魏晋南北朝時代の爵制研究は爵が形骸化していたという漠とした認識が
あり、そもそも研究自体が少なかった。そのような状況下で本章は、北魏の爵
制の機能およびその歴史的位置付けを明確化することを試みた。また古代中国
における北魏の爵制および官爵体系に基づく身分秩序の時代的特質にも迫った
つもりである。だが、同時に解明すべき多くの問題も浮かび上がってきた。

　第一部を通じて明らかにした、孝文帝改革により各々が独自の価値基準を持
ちつつも全体としては地位が乖離しない評価システムは、本来なら上層部は宗
室、それに次ぐものとして胡漢の名族が中心となり、更に下層部からは有能な
人物を政権に取り込み、拓跋氏の支配が続く強固な体制となった筈であった。
下層部から上層部への上昇は不可能ではなく、時間は掛かるかもしれないが「階」
の蓄積により可能であった。また軍功など国家への大功を立て一気に昇進する
道もあった。しかし早くも宣武帝期にこの考課法は停止され、反対に百官は一
律に一級を進める「汎階(42)」という能力主義と相反する政策が実施される。
この労旧主義は孝明帝期に入ると停年格という武官の現官位に対応した文官の
地位に入選せしめる政策へと更に変化し(43)、北魏後期の段階で既に孝文帝の
評価システムは骨抜きにされた(44)。このような変容の背景には孝文帝改革に
おける姓族詳定により下層部とされた集団の不満があったとされる(45)。また
宣武帝期および孝明帝期は先述した停年格の導入など孝文帝路線に変更が加え
られているが、他の制度に関してもその傾向が見られる。例えば榎本あゆち氏
の中書舎人の研究(46)では、孝文帝期に皇帝の意思の伝達者として出発したが、
宣武帝期には戦場での指揮者・皇帝の顧問たる機能が加わり、孝明帝期では草
制権をも獲得したという変化を明らかにし、さらに河陰の変（五二八年）を経
て孝荘帝（在位五二八～五三〇年）期以降に賢才主義的な傾向が見られるように
なる、と指摘する。このように北魏後期では制度が刻々と変化しているが、そ
の理由については北魏末の動乱と南朝梁の影響が並存していたから、とする。
このような先行研究の指摘から、今後は北魏後期の制度上の変化を当時の政治
情勢と併せ考え、加えて南朝との比較も視野に入れつつ研究を進めなければな
らない。この点については補論にて考察する。

272 第一部 北魏の爵制に関する研究

　最後に孝文帝改革の後代への影響について現段階での見通しを述べたい。川本芳昭氏は、孝文帝改革の徹底性およびそれが隋唐の祖型となったという重要な指摘を行っている。第一部で明らかにした孝文帝の評価システムは、秦漢とも南朝とも異なる北魏で創出された独自の制度であった。このシステムが北周・北斉政権へ受け継がれ、後の唐代の基礎を築いたのであれば、今後の北朝隋唐史の再評価にも繋がると考えられる。その際に鍵となるのは第五章および本章で詳述した「階」である。岡部毅史氏の研究によれば、北魏の「階」は北周になると散官との結合が始まり、やがて唐代へと向かう。そして一方は官人の昇進の基準、もう一方は定員と職務の無い官職という本来まったく起源も性質も異なる両者が一致するようになるが、その原因については疑問とされたままである[47]。また氏によれば、「階」と「資」と「品」の対応関係は晋南朝では「資」と「品」が必ずしも対応関係になかったが、北朝では比較的対応関係にあった、とする。その差異は、晋南朝では官の清濁が自律的に発展したが、北朝では清濁の区分を王朝が強制的に決定したためと考察する。そして唐代では「階」と「品」は完全に対応したとする[48]。このように唐代の位階制度は北魏の制度と異なる部分と共通する部分が見られる。また【佐川二〇一三】は北朝の軍功が入官の資となることから、百官公卿から一介の兵士までを一本の序列にまとめることを可能にし、これが隋唐の中央集権国家を誕生させる上で意味を持ったとする。その唐代の位階制度についても概括しておこう。唐代の位階制度の特徴は、官人は原則として官品を持ち、職事官に就いていなくても官品を持つ限り官人に変わりはない点である[49]。更に官品令により身分によって序列付けられた身分官人制が支配機構の基礎となっている。このように王朝側が各個人の身分を令により明文化する点が北魏との共通点を持つ。また、唐代武后朝以降は、階（散官）は一定の条件下で爵・勲への読み替え（回賜）が可能で、さらに子孫への付け替え（回授）もできるようになっていた点が指摘されている[50]。しかし当然ながら北朝末の動乱を経て制度も変更され、相違点も生じている。例えば流内官は原則として階を有し、「本品・散位・散官」と呼ばれ、形式的な品階秩序が全体を覆いながら現実的には職事官を特に重視し、散官・爵は一

終章　北魏の官爵体系の歴史的位置付けとその展開　273

段下に位置づけられている。今後は第一部で得られた新知見である孝文帝の評
価システムが北朝期でいかに変質し唐代で結実してゆくのか跡付けることで新
たな北朝隋唐像を描き出したい。

注

（1）　上孫家塞漢簡における軍功規定から漢代にも軍功と爵が分かち難く結びついて
　　　いたことが確認できる。藤田高夫「漢簡中に見える軍功賞賜について」（『古代文化』
　　　四五‐七、一九九三年）および同「漢代の軍功と爵制」（『東洋史研究』第五三巻
　　　第二号、一九九四年）参照。

（2）　『史記』巻六八、商君列伝に、「令民爲什伍、而相牧司連坐。不告姦者腰斬、告
　　　姦者與斬敵首同賞、匿姦者與降敵同罰。民有二男以上不分異者、倍其賦。有軍功者、
　　　各以率受上爵、爲私鬪者、各以輕重被刑大小。僇力本業、耕織致粟帛多者復其身。
　　　事末利及怠而貧者、舉以爲收孥。宗室非有軍功論、不得爲屬籍。明尊卑爵秩等級、
　　　各以差次名田宅、臣妾衣服以家次。有功者顯榮、無功者雖富無所芬華。令旣具、
　　　未布、恐民之不信、已乃立三丈之木於國都市南門、募民有能徙置北門者予十金。
　　　民怪之、莫敢徙。復曰、能徙者予五十金。有一人徙之、輒予五十金、以明不欺。
　　　卒下令。」とある。

（3）　戦国秦漢時代の軍功爵については朱紹侯『軍功爵制研究』（上海人民出版社、
　　　一九九〇年）および同『軍功爵制考論』（商務印書館、二〇〇八年）に詳しい。

（4）　李開元「秦末漢初の盟誓――封爵の誓と白馬の盟をめぐって――」（『東方学』
　　　九六輯、一九九八年）および、楯身智志「漢初高祖功臣位次考――前漢前半期に
　　　おける宗廟制度の展開と高祖功臣列侯の推移」（『東洋学報』第九〇巻第四号、二
　　　〇〇九年。同『漢代二十等爵制の研究』、早稲田大学出版部、二〇一四年。増補
　　　版『前漢国家構造の研究』、早稲田大学出版部、二〇一六年再収）。以下、【楯身
　　　二〇一六】と称す。

（5）　佐川英治「軍功と賜爵――秦漢二十等爵制の考察――」（『東洋史研究』第八二
　　　巻第二号、二〇二三年）。

（6）　好並隆司『秦漢帝国史研究』（未来社、一九七八年）。

（7）　二十等爵に付随する特権は、宮宅潔『古代中国刑制史の研究』（京都大学学術
　　　出版会、二〇一一年）によれば、経済的特権として①爵位の高下に応じた田地・
　　　宅地の支給②税制上の優遇③駅伝使用時に支給される食糧・従者の数が爵を基準

274　第一部　北魏の爵制に関する研究

に定められる④爵位が授与される際に銭も与えられる、の四点あった。

（8）　この軍功爵に付随する田宅について、平中苓次「秦代土地制度の一考察」（『立命館文学』七九、一九五一年）では商鞅変法の解釈から土地とそこで耕作する農民をも支配できたとするが、増淵龍夫「商鞅変法の一問題」（同『新版　古代中国の社会と国家』、岩波書店、一九九六年）は土地と農民の私的支配は原則禁止されていたとする。

（9）　籾山明「爵制論の再検討」（『新しい歴史学のために』第一七八号、一九八五年）および同「皇帝支配の原像――民爵賜与をてがかりに――」（松原正毅編『王権の位相』、弘文堂、一九九一年）。

（10）　佐川英治「中国中古軍功制度初探」（科学研究費補助金（基盤研究（Ｂ））研究成果報告書『古代中国軍事制度の総合的研究』、京都大学人文科学研究所、二〇一三年。以下、【佐川二〇一三】と称す）。

（11）　楯身智志「前漢における戍卒の徴発と「名縣爵里」――爵制の存在意義をめぐって――」（『史学雑誌』第一三三編第三号、二〇二四年）。

（12）　越智重明「五等爵制」（『晋の政治と社会』、吉川弘文社、一九六三年）。

（13）　楊光輝『漢唐封爵制度』（学苑出版社、二〇〇一年）第三章「封爵的授受、伝襲及推恩」。

（14）　戸川貴行「魏晋南北朝の民爵賜与について」（『九州大学東洋史論集』三〇、二〇〇二年）・同「北魏孝文帝の姓族分定と民爵賜与について」（『東アジアと日本』二、二〇〇五年）、同『東晋南朝における伝統の創造』、汲古書院、二〇一五年再収。

（15）　考課について、中村圭爾「初期九品官制における人事について」（川勝義雄・礪波護編『中国貴族制社会の研究』、京都大学人文科学研究所、一九八七年。同『六朝政治社会史研究』、汲古書院、二〇一三年再収）では九品官制との関係において取り上げてはいるが「支配の機構としての官制のより効率的な作動の実現をめざす一方策」であり、「官制独自のありかたを如実に示すもの」と定義する。

（16）　福井重雅『漢代官吏登用制度の研究』（創文社、一九八八年）。

（17）　里耶秦簡の史料として、湖南省文物考古研究所編『里耶発掘報告』（岳麓書社、二〇〇七年一月）・湖南省文物考古研究所編著『里耶秦簡（壹）』（文物出版社、二〇一二年一月）・陳偉主編『里耶秦簡牘校釋』第一輯（武漢大学出版社、二〇一二年一月）を使った。

（18）　胡平生「居延漢簡中的"功"与"労"」（『文物』、一九九五年四期）参照。「居延新

簡」（E.P.T50:10）は「居延甲渠候官第十燧長公乗徐譚功將／中功一勞二歳／其六

月十五日河平二年三月四年秋試射以令賜勞　□令（第一欄）／能書會計治官民頗

知律令文（第二欄）／居延鳴沙里家去大守府千六十三里產居延縣／爲吏五歳三月

十五日／其十五日河平元年陽朔元年病不爲勞　居延縣人（第三欄）」とあり、「爲

吏五歳三月十五日」＝「功一勞二歳」＋「秋試射以令賜勞」-「病不爲勞」とい

う計算式が成り立つ。

(19)　「☑候官窮虜隧長簪裊單立中功五勞　三月能書會計治官民頗知律令文年卅歳長七

尺五寸應令居延中宿里家去官七十五里　屬居延部」。ここで問題となるのは三十歳

で五功という記載である。一功＝勞四歳（４年）だとすると二十年勤務となって

しまうため実年齢との整合性が取れない。

(20)　佐藤達郎「功次による昇進制度の形成」（『東洋史研究』第五八巻第四号、二〇

〇〇年）。

(21)　大庭脩「漢代における功次による昇進について」（『東洋史研究』第一二巻第三号、

一九五三年。同『秦漢法制史の研究』、創文社、一九九七年再収）。

(22)　前掲注（５）佐川英治論文参照。

(23)　前掲注（15）中村圭爾論文参照。

(24)　九品官人法については前掲注（１）宮崎市定著書が古典的大著として挙げられる。

(25)　岡部毅史「魏晋南北朝期の官制における『階』と『資』──『品』との関係を

中心に」（『古代文化』第五四巻第八号、二〇〇二年。同『魏晋南北朝官人身分制

研究』、汲古書院、二〇一七年再収）。

(26)　前掲注（25）岡部毅史論文参照。

(27)　閻歩克『品位与職位──秦漢魏晋南北朝官階制度研究』（中華書局、二〇〇二年）。

(28)　なお【佐川二〇一三】は秦漢時代に軍功と直接対応するのは二十等爵であり、

北朝時代は軍階であったとするが、それは民の軍功に限って該当するのであり、

北魏においても第一〜三章で見たとおり軍功と爵は対応していたと言えよう。

(29)　先行研究が「階」と「軍階」を別の基準とする理由に史料上の区別を挙げる。

例えば『魏書』巻六五、邢巒伝附遜伝に、「子遜、字子言。……自陳、功名之子、

久抱沉屈。臣父屢爲大將、而臣身無軍功階級、臣父唯爲忠臣、不爲慈父。靈太后

慨然、以遜爲長兼吏部郎中。」の「軍功階級」である。他にも幾つか用例は見ら

れる。確かに一般的な勤務による「階」と、軍功によって獲得した「階」とは異

なると意識はされていただろう。なぜなら第五章でみたように「軍階」は容易に

276 第一部 北魏の爵制に関する研究

改竄できるシステムであったため不正な昇進が問題になっていたからである。このように獲得手段が違うとは意識されていたが、一旦「階」として算定されると、その蓄積の結果の昇進は一般の「階」と同じであったのではないかと考えるのが本書の立場である。

(30) なお官僚制度以外の臣下に対する評価システムとして、皇帝からの金銭的・物品的な下賜もある。これは皇帝が黄金・銭・飲食物・衣類などを詔により賜与する行為であり、「帝賜」と称される。「帝賜」の定義については清木場東『帝賜の構造——唐代財政史研究 支出編——』（中国書店、一九九七年）を参照されたい。特に漢代では張家山漢簡「二年律令」の発見により、賜与物の質や量を爵位に応じて規定する条文が含まれていたことから、宮宅潔「漢初の二十等爵制——民爵に付帯する特権とその継承——」（冨谷至編『張家山二四七号漢墓出土漢律令の研究 論考篇』、朋友書店、二〇〇六年）は爵の高下が賜与物の内容によって視覚的に顕示されていたとする。【楯身二〇一六】が帝賜について更に詳細に検討した結果、①王侯②官吏③三老孝悌力田④民衆⑤鰥寡孤独高年という対象者に応じて賜与物の種類そのものが区別されていたことを明らかにした。これは爵位および官位により大別されていると見て良い。ただしこの帝賜は必ずしも制度化された評価システムとは言えないため、本章では官爵の関係に絞って検討する。

(31) 臣聞、明主立政、有功者不得不賞、有能者不得不官、勞大者其祿厚、功多者其爵尊、能治衆者其官大。故無能者不敢當職焉、有能者亦不得蔽隱。

(32) たとえば『史記』巻一一、景本紀、後元（前一四三）年の条に、「三月丁酉、民に爵一級、中二千石諸侯相に爵右庶長を賜う」とある。

(33) 卜憲群「秦漢二十等賜爵制度与官僚制」（『文史知識』、二〇〇〇年一期）。

(34) 陳長琦（高橋康浩訳）「六朝貴族と九品官人法」（渡邉義浩編『魏晋南北朝における貴族制の形成と三教・文学——歴史学・思想史・文学の連携による』、汲古書院、二〇一一年）。

(35) 渡邉義浩「西晋における五等爵制と貴族制の成立」（『史学雑誌』第一一六編第三号、二〇〇七年）。

(36) 野田俊昭「南朝における吏部の人事行政と家格」（『名古屋大学東洋史研究報告』一八、一九九四年）。

(37) 川合安「南朝貴族の家格」（『六朝学術学会報』五、二〇〇四年。同『南朝貴族制研究』、汲古書院、二〇一五年再収）。

終章　北魏の官爵体系の歴史的位置付けとその展開　277

(38)　川合安「南朝の士庶区別」（『東北大学東洋史論集』一二、二〇一六年）参照。

(39)　岡部毅史「北魏における官の清濁について」（『大阪市立大学東洋史論叢』第一一号、二〇〇〇年。同『魏晋南北朝官人身分制研究』、汲古書院、二〇一七年再収）。

(40)　川本芳昭『魏晋南北朝時代の民族問題』（汲古書院、一九九八年）、395頁。

(41)　小林聡「北朝時代における公的服飾制度の諸相――朝服制度を中心に――」（『大正大学東洋史論集』第三号、二〇一〇年）。

(42)　汎階に関する最新の研究は窪添慶文「北魏末・東魏の汎階と官僚の遷転――穆良墓誌の検討を中心に――」（『立正大学文学部研究紀要』三七号、二〇二一年）参照。

(43)　北魏後期の考課については、福島繁次郎『中国南北朝史研究』（名著出版、一九七九年増補版）に詳しい。なお氏は停年格の対象が6品以下の官吏に限られたと指摘する。

(44)　北魏後期の停年格の導入や羽林虎賁の変を谷川道雄「北魏官界における門閥主義と賢才主義」（一九五九年初出。同『隋唐帝国形成史論』、筑摩書房、一九七一年再収。増補版一九九八年）は門閥主義の自己破産・北族の自由回復への冀求として積極的に評価する。

(45)　前掲注（40）川本芳昭著書、303頁では、孝文帝改革を「北魏の政治的支配層としての鮮卑を中心とした北族集団の徹底した分断を企図したもの」と捉え、その政策を「異民族支配の基盤を掘り崩し、結果的に自らの王朝の滅亡を早めた」と評価する。松下憲一『北魏胡族体制論』（北大出版会、二〇〇七年）、211頁では、「中下層に位置づけられた「代人」のなかには不満を募らせるものが多数いた」とする。

(46)　榎本あゆち「北斉の中書舎人について――顔之推、そのタクチクスの周辺」（『東洋史研究』第五三巻第二号、一九九四年）・同「北魏後期・東魏の中書舎人について」（『中世史研究会続編』、京都大学学術出版会、一九九五年）。同『中国南北朝寒門寒人研究』、汲古書院、二〇二〇年再収。

(47)　岡部毅史「北魏の「階」の再検討」（『集刊東洋学』第八三号、二〇〇〇年。同『魏晋南北朝官人身分制研究』、汲古書院、二〇一七年再収）。

(48)　前掲注（25）岡部毅史論文参照。

(49)　池田温「中国律令と官人機構」（『前近代アジアの法と社会』仁井田陞博士追悼論文集第一巻、勁草書房、一九六七年）および同「律令官制の形成」（『東アジア

278　第一部　北魏の爵制に関する研究

世界の形成』二巻、岩波講座世界歴史［旧版］第五巻、一九七〇年）。

（50）　小島浩之「唐前半期の泛階と人事政策」（『東洋史研究』第八一巻第二号、二〇二二年）。

補論一　北魏孝文帝の官爵改革およびその後の変質について

は じ め に

　第一部終章では今後の課題として「北魏後期の制度上の変化を当時の政治情勢と併せ考え、加えて南朝との比較も視野に入れつつ研究を進めなければならない」と述べた。そこで補論としてこの二点について検討したい。まず、北魏孝文帝の官爵改革およびその後の変質について、当時の社会的・政治的背景についての考察を行う。

　これまでの検討により、北魏前期の爵は国家への大功の序列化という機能が第一義であり、爵制は官品制には還元されない評価基準であったことが明らかにした。この結論から、なぜ爵が官品と融合した身分表示となりながらも、国家への大功という賜爵の基準を孝文帝改革以後も放棄しなかったのかという新たな問題が浮上した。そこで、ドラスティックな改革を行った孝文帝期の状況を考察し、その後の北後後期の展開について明らかにする。

第一節　孝文帝の官爵改革

　これまで明らかにした北魏の爵制の変遷を確認しておきたい。北魏建国初期では爵位を得る理由は、軍功を立てた時や他の地域から北魏へ来降した時など国家への大功が該当した。北魏における爵の取得機会が概ね軍功に限られたことは、北魏前期には胡族の王が多く存在したにも関わらず、漢人名族の王は一人も存在しなかったことも傍証となる。それが、やがて皇帝が恩寵的に与えるものへと変化していった。しかし、孝文帝は爵位が国家への功績の対価という

原則に戻し、その後、北魏後期を通じておおむね遵守された。では孝文帝はなぜこのような改革を断行する必要があったのであろうか。ここで従来の研究における孝文帝改革の目的についての代表的な見解を示しておきたい。

　孝文帝改革は「漢化政策」とも言われる。それは、胡族である鮮卑の氏を漢姓風に改めたり、胡語を廃止したり、胡服から中国的朝服制度へ変更したりと大胆な漢化を行ったためである。孝文帝が漢化を推進した理由について、陳寅恪氏[1]は鮮卑貴族の政治的地位と社会的地位を漢人士族と合一させることで前者を後者の文化の上に置くためであった理解した。それは北魏の統治を強固にし、南朝征服を進める目的があったとする。つまり鮮卑族の漢化により、漢人の地位体系の中に胡族の地位を位置付けたという解釈である。ここで疑問なのは、鮮卑の政治的地位と社会的地位を解体せずに漢人士族の基準に位置付けることも可能であった点である。実際に岡部氏が明らかにしているように、北魏前期では主要な保持者が胡族である爵位と、主要な保持者が漢人である官位は、等差的に配置された品によって比較可能になっていた[2]。陳氏の理解は鮮卑族の漢化という構図を重視するあまり、改革の具体的内容に即した分析ではなくなっていると言えよう。

　このような意見に対し鮮卑族の漢化という構図にとらわれず、より改革の具体的内容に即して検討したのが川本芳昭氏である。氏は孝文帝改革に国家を担う構成員として漢人を取り込む目的があったと考えている。孝文帝の改革は胡族社会に淵源する国家を担う構成員という積極的意味を漢人にも広げ、異民族国家という枠組みからの脱却をはかったが、結局それは理念と現実との間に乖離が生じ、北鎮の乱に始まる北魏末の大乱によって脆くも潰えさる結末を迎えるとする[3]。漢人を取り込むという川本氏の指摘は改革の内容に即した的確な分析であるが、改革が直後に破綻したことは理念と現実と乖離によって説明されるため、この改革が現実を無視した孝文帝の理想に過ぎなかったことになってしまう。ここにもやはり漢人の言説によって理想に昇華された孝文帝改革像の影響があるのではないだろうか。筆者はこのような大改革の背後には遠大な理想よりも、むしろ目前の現実的要請があった可能性が高いと考える。そこで

孝文帝改革によって創出された官爵制度からより具体的な意図を読み解き、改革破綻の理由についても改革によって実際に引き起こされた状況から説明したい。

　まず爵制改革直前の状況について確認する。北魏の建国初期の段階では爵制は国家への功績、特に軍功を非常に有効に序列化できていたが、孝文帝改革までに爵の獲得手段の趨勢は変化していたと考えられる。おおまかに言って、道武帝〜第三代太武帝期まで（三八六〜四五二年）は華北統一に向けた対外戦争が多かったが、第四代文成帝〜孝文帝改革前まで（四五二〜四九二年）はそれほど多くの戦争は起こっていない。特に太武帝は積極的に対外戦争を行い、戦いの中から国家の展望を切り拓こうとするタイプの君主と称されるほど多くの戦争を行った[4]。つまり文成帝期以降は軍功獲得の機会自体が減っており、そのため相対的に襲爵した有爵者が増えている状況であったと考えられる[5]。本人に軍功の無い有爵者の増加にさらに拍車をかけたのが、北魏中期に顕著になった皇帝が恩寵的に爵を与える爵の濫賜である。孝文帝改革の直前には軍功の無い新興勢力の台頭が著しい状況であり、本人の軍功によって獲得された爵よりも襲爵・恩寵によって得た爵の割合が多くなっていたと想定できる。つまり建国初期の段階で純粋に軍功の序列であった爵が、世襲される既得権益および皇帝の恩寵を示す序列へと変化しつつあったのである。以上のような状況により、孝文帝改革直前では軍功評価のシステムとしての爵制は危機的な状況であり、軍功を評価する機能はほとんど失われていたと考えられる。

　ただし軍功によって爵を得る機会は完全に消滅したわけではない。そのため、いかに襲爵・恩寵による爵が増えようと、軍功により爵を得てこのような世襲既得権益層に参入できるとすれば軍功の評価システムとしての機能は失われないようにも思われる。しかし注意が必要なのは、孝文帝改革以前の北魏の爵には有爵者の総数が増えれば爵の価値が低下してしまう危険性があったことである。なぜなら爵に封土の賜与や刑罰の減免のような特権が付随すれば、たとえ爵の濫賜があっても実益により爵の価値は保たれるが、北魏前期には基本的に爵に封土は伴わず、また爵による刑の減免は律令には規定されつつも実態としては適用されない場合が多かったからである。このように爵がインフレ状態に

282　第一部　北魏の爵制に関する研究

なると爵の序列化という側面の価値が低下するので、その価値を維持するために
は有爵者総数の増加を制限する必要があった。孝文帝は太和十六（四九二）
年に道武帝以降の子孫のみを王爵の対象とし、それ以外の王爵を持つ者を公爵
に降格し順次繰り下げる例降という措置により、宗室以外の既得権益を一律に
目減りさせたが、それには爵の価値を保持する側面もあったと考えられる。さ
らに賜爵の理由を国家への大功、特に軍功へと回帰せしめた。このように孝文
帝が軍功評価システムを復活させなければならなかったことは、洛陽遷都後に
大規模な南伐を行う計画があったことと深く関わっていると考えられる(6)。

　次に、官制改革について検討したい。孝文帝改革以前の状況について【川本
一九九八】によれば、内朝は胡族が主体となり皇帝に近侍し、皇帝と共に政策
決定を行っていたが、外朝は漢人名族が主体となり政策が執行されていた。そ
れが改革を経て鮮卑的内朝官が廃止され、新たに皇帝の近侍官として門下系諸
官が設置された。そこでは胡族だけでなく漢人も多数採用されるようになった(7)。
つまり政策決定の場から排除されていた漢人が、改革により参加が可能となっ
たのである。川本氏はこの変化を、胡族的官制を棄て中国的官制秩序に一本化
する道を選んだと評する。その際、新たな胡族的官制秩序を打ち立てなかった
のは、胡族の官僚としての支配能力が漢人よりも低く、そのような官制は現実
不可能であったためとする。氏の理解に従えば、孝文帝は胡族が官僚としての
能力が低いと分かっていながら中国的官制に改めたことになる。氏はさらにこ
のような上層部を優遇し中下層部を切り離す政策が行われ、その反動で北魏滅
亡へと繋がったとされる。つまり六鎮の乱（五二三年）に始まる北魏末の大乱
は孝文帝の改革によって決定的となった中下層胡族の政治的社会的地位の下落
が原因であると理解するのである(8)。では何が中下層胡族の地位の下落を招
いたかというと、氏は孝文帝の姓族詳定に着目する。この姓族詳定は『魏書』
巻一一三、官氏志における太和十九年の詔にその詳細が載せられ、胡族の中で
も八姓は最高の名族として規定され、漢族も四姓は同じく名族とされ上層となっ
た。その下に部落大人（部落の首長）の子孫で道武帝以来、三世代に渡って中散・
監に相当以上の官職に就くことなく無爵のもの、あるいはその子孫でなければ

補論一　北魏孝文帝の官爵改革およびその後の変質について　283

三世代に渡って令に相当かそれ以上の官職に就くことなく侯爵より下の者[9]が設定された。氏はこの政策により胡族が士と庶に分かれ、胡族全体からみればその一部にすぎない胡族上層が重視され、残るかなりの部分が制度的に庶の身分に固定化されたとする[10]。さらにこの姓族詳定によって固定化された社会層は、実はそのまま次世代へと受け継がれることが可能であった。『通典』巻十六、選挙四の記載から孝文帝は門品に基づく原則的な起家のシステムを構築したことがわかる[11]。

　このように胡族上層部を優遇し中下層部を切り離す政策とみなす点は再考が必要であると考えられる。なぜなら孝文帝の改革した考課制度では良民以上のすべての階層の漢人・胡族に対して官僚への門戸は開かれており[12]、爵制でもすべての階層の漢人・胡族に軍功で地位を上昇させる機会あった[13]。【窪添二〇一七】は、孝文帝の官制改革とは家格によって官歴の最初に就く官職のランクの差はあったがその幅を狭め、考課も併用することで門閥制度の装いの中に賢才主義を含んだ内容だったと評価する。つまり、姓族詳定によって胡族では八姓が特別視されたとはいっても、中下層胡族に地位を上昇させる機会は残されていたことがわかる。むしろ八姓に含まれない胡族は、そもそも三世代にわたって官・爵が低い人々であるため、改革以前には固定化され獲得が望めなかった高位の官・爵を考課や軍功の積み重ねによって獲得する機会が開かれたと言えよう。

　以上の検討を総括すれば、孝文帝は爵制を軍功評価システムとして復活させたが、建国初期のように再び軍功による序列として有効に機能させるためには、襲爵により既得権益として固まっていた高位の有爵者層を一旦整理する必要があり、例降にはこのような意図も含まれていたと考えられる[14]。また官制改革における鮮卑的な内朝官の廃止も[15]独占・固定された権益を廃止し[16]、自らに軍功や才が無ければ官や爵が得られないようにする意味があったといえる。さらに6品以下の中下層に対して考課を行ったのも、彼らの評価を厳密に行うためであろう。これは新興の胡族・漢族が軍功により爵や地位を得る道を開く上で必要な措置であった。つまり孝文帝は爵制や官制の改革を通して軍功およ

284　第一部　北魏の爵制に関する研究

び官職の評価基準を整理し、胡族も官制に取り込み、漢族も爵制に取り込める
ことを目標にしたと考えられるのである。よって、胡族の中下層を切り捨てた
のではなく、むしろ正当な軍功や考課などの評価システムを経て上昇する機会
を設けていたと言えるのではないか。

　しかし、孝文帝の官爵制度改革は次の第七代宣武帝の時期に早くも決定的な
変質が起こる。実際に出現した状況は胡族の中下層没落と胡漢双方の最高位の
氏族による中央の要職の独占的保有であった。

第二節　北魏後期の爵制の変質とその背景

　第五章第二節にて指摘したように、爵は基本的に子々孫々と継承可能である
が、北魏後期になると恩寵的に本人のみならず親族にまで賜与される場合があっ
た。本節ではこのような爵の継承・譲渡の方法に変化が生じた背景を検討する。

　譲爵という自分の爵を親族の者に譲る行為は、孝文帝以降に普遍化すること
が指摘されている[17]。また、このような原則から外れる賜爵の中で、第五章
第二節では宣武帝期に二人は軍功を立てたが褒賞である爵を得る前に戦没した
ため、その子に対して代わりに爵が賜与された事例を検討した（『魏書』巻七一、
江悦之伝附龐樹伝・李忻榮伝）。さらに、『魏書』巻七一、裴颺伝に、

　　　景明初、颺を以て輔國將軍・南司州刺史と爲し、義陽に擬戍し、義安縣開
　　　國伯に封じ、邑は千戸なり。詔命未だ至らずして、賊の殺す所と爲る。冠
　　　軍將軍を贈り、爵を縣侯に進め、餘は故のごとし。世宗、颺の勳効の未だ
　　　立たずして卒するを以て、其の子烱の封を襲うを得ず。肅宗の初め、烱、
　　　貨を執事に行い、乃ち城平縣開國伯に封じられ、邑八百戸を食む。
　　　景明初、以颺爲輔國將軍・南司州刺史、擬戍義陽、封義安縣開國伯、邑千
　　　戸。詔命未至、爲賊所殺。贈冠軍將軍、進爵縣侯、餘如故。世宗以颺勳効
　　　未立而卒、其子烱不得襲封。肅宗初、烱行貨於執事、乃封城平縣開國伯、
　　　食邑八百戸。

とあり、宣武帝期に詔命が至らず勳効が未成立の状態で父が死んだため子が襲

補論一　北魏孝文帝の官爵改革およびその後の変質について　285

封できず、孝明帝期になって賄賂で爵を得ている。記録された軍功が本人だけでなく第三者にまで及んだことを補強する内容である[18]。

　この回授・別封は自分の封爵を失わず親族に分け与える行為であるため、親族全体の有爵者の総数が増えることに繋がった。このような軍功によらない賜爵の方法が増えたことで、孝文帝が再構築した国家への大功に対する序列化という爵の機能が薄れることに繋がったと考えられる。では、この変質がなぜ生じたのか、その背景について検討したい。

　孝文帝の官爵制度改革は軍功評価システムの再構築と考課の創設であったと結論付けたが、実際にはシステムとしては改革直後の宣武帝期には破綻し、その後は換骨奪胎された制度の抜け殻だけが残った。この点について追究するため、第五章第三節で確認した先行研究の理解をいま一度、押さえておきたい。

　孝文帝改革を経た後の支配者層について、長堀武氏により孝文帝改革後も胡族系士人が優先的に占める傾向が明らかにされた[19]。この傾向を実証的・網羅的に調べたホルムグレン氏は、北魏官僚機構の中枢部では非漢族が一貫して過半数以上を占め、孝文帝改革以降も漢族の官僚保有の比率が継続的に減少している状況を明らかにした[20]。さらに吉岡真氏が詳細に検討を加え、孝文帝改革により数の上では少数の漢人名族が協力することにより拓跋氏を中核とした胡漢双方の最高位の氏族が中央の要職を独占的に保有し、胡漢双方の下層氏族を官界の上部から締め出したとする[21]。このように両氏は孝文帝改革後も上層部には漢人名族が少なく、胡族のエリートが多数を占める状況を実証した。この点について窪添氏は主に官職の面から考察し、改革後の胡族エリートは実際には特に皇帝に近い血縁の宗室が多数占めており、孝文帝の官制改革と人事政策の意図は、胡族の占めていた官僚制の中核部分を宗室に置き換え、漢族官僚を上層部にも取り込むことにあったとする[22]。つまり、改革以降に出現した状況は胡族の中下層の没落と胡族上層部、特に宗室による中央の要職の独占であった。

　では胡族の中下層の没落はなぜ引き起こされたのであろうか。ここで注目したいのは北魏における爵位の保持には民族によって異なる傾向が見られること

である。この点については第一部第一章にて、漢族では軍功を忌避する一流名族は爵位が低く、軍功に積極的な非一流名族は爵位が高いこと、そして胡族では有爵者の割合が過半数を超えていたことを明らかにした。つまり爵位を主要な身分表示手段とする軍功受益者が胡族とほぼ一致し、官職を主要な身分表示とする官僚と漢人名族がほぼ一致するのである。これはかなりおおざっぱな二分化であり、もちろん例外も存在するが、官爵制度の改革の意味と改革によって実際に引き起こされる政治的・社会的影響を探るうえで無視できないどころか、核心的意味を持つ可能性がある。

このような胡漢の官爵所持状況の違いから孝文帝改革において胡族の中下層が没落してしまった原因を推定するならば、孝文帝の計画した大規模な南伐が彼の病死により頓挫し、南朝を征服できなかったことが要因であったと考えられる。孝文帝は洛陽遷都直後に南伐を開始し、太和二十二年正月に荊州を陥落させた大戦果をうけ、同年四月に南伐に従事した武直官に三階、文官に二階、外官に一階の汎階という一律の進級を行っている。しかし第三次南伐の途中に孝文帝が病に倒れたため、南伐は頓挫し論功は十分に行われなかった。つまり孝文帝の爵制改革は大規模な南伐に備え既得権益の一部を目減りさせたうえで、軍功評価システムを機能させ、新たな軍功によって武人の地位上昇の道を開くものであったと考えられるが、軍功獲得の機会自体が多くなければそれは実現しようもない。つまり姓族詳定によって保護された上層部以外の胡族武人にとって、孝文帝改革後に起こったのは単純に地位の低下であり、実際の状況として再び上昇する機会は極めて限られていたと言わざるを得ない。

そもそも胡族は爵を襲うことにより既に特権階級化しており、改革により新たな基準で評価され直すこと自体に不満があったと思われる。孝文帝の行った例降に対する有爵者側の反応を示すものとして、『魏書』巻一四、元丕伝に、

> 後に王爵を例降し、平陽郡公に封ぜらる。致仕を求むるも、詔して許さず。……太祖の子孫に非ざる及び異姓王を罷降するに及び、公爵に較べ、利は封邑を享くると雖も、亦快ならず。
>
> 後例降王爵、封平陽郡公。求致仕、詔不許。……及罷降非太祖子孫及異姓

補論一　北魏孝文帝の官爵改革およびその後の変質について　287

　　王者、雖較於公爵、而利享封邑、亦不快。

とあり、胡族の有爵者はたとえ封土からの利があっても例降により王から公に
降格されたことが不快であった旨が示されている。元丕の官職は太尉・録尚書
事、将軍号は征西大将軍であり、例降時に官職や将軍号の変化はない。また太
和後令によると、王も開国郡公も共に一品である。つまり封土の有無や官品の
高低より、爵位そのものが有爵者によって重要視されていたのである。また例
降の際に辞職を求めたのも元丕の強い不満を表現したものとして注目されよう。
このような不満は太和二十年十二月の平城反乱という形で現れた。この反乱は
例降にて降格された胡族の名族が主体であった[23]。

　このような胡族の強い反発の結果、官爵の両面で彼らを優遇する措置が宣武
帝期から取られるようになる。まず官制について【宮崎一九五六】や【福島一
九八八】によれば、孝文帝が導入した考課は能力主義であったが、宣武帝期に
入ると汎階が行われるようになった。孝明帝の神亀二（五一九）年には武人の
清品官への就任制限に対して羽林の変という禁軍の暴動が勃発したため、霊太
后は武人の入選を許すようになった。さらにその後、実質的に北魏政権を握っ
た元叉が武官の現官位に対応した文官就任を公認するまでとなった。これは【宮
崎一九五六】の表現を借りれば、武官の地位に従って文官に横滑りさせる行為
である。この対応は当然ながら官職のポストの大幅な不足を生み、そのため漢
人官僚の崔亮により年功によって順次就任が行なわれる停年格が導入された[24]。
この時の崔亮の建議は、『魏書』巻六六、崔亮伝に、「吾、近くに面執し、宜し
く武人をして入選せしめず、其の爵を賜い、其の禄を厚くするを請う。既にし
て従せられず、是を以て権に此の格を立て、停年を以て限るのみ」とあり、武
人には本来、爵位や秩禄を与えればよいが、その意見が聞き入れられなかった
ため停年格を制定したと述べている。【宮崎一九五六】によれば、停年格の対
象者は吏部が算定する６品以下の下級官吏、特に地方官が主体であった。しか
し、乱世の英雄は必ずしも治世の能臣たりえない。武人が大量に官界に流入す
れば混乱が生じることは容易に想像がつく。停年格を発案した崔亮の建議に代
表されるように、できれば武人を官界に入れたくないというのが王朝側の本音

288　第一部　北魏の爵制に関する研究

であろう。

　一方、爵による優遇措置については、第一部第五章第三節にて取り上げた永平二（五〇九）年十二月の条の「選式」にみられる。その内容について再確認すると、有爵者はその爵位により起家できたが、同姓＝元氏・異族＝胡族・清修＝漢人名族とその出自により起家の官品が異なっていた。第一章で明らかにしたように、胡族は有爵者の割合自体が多かったことから、この選式の実施は胡族の就官に有利に働き、多くの胡族が漢族よりも有利な条件で起家できる原則が成立したことになる[25]。これは宣武帝期の記載であるが、着目すべきは「五等諸侯、比ごろ選式無し」とあることであり、これ以前に爵位さえあれば起家できる時期があったことが示唆されている。【川本一九九八】はこの記載に注目し、孝文帝改革以前の北魏前期には選式が存在し、爵の品により就官できる原則があったが、孝文帝改革により廃止されたと理解した。しかし第一部第二章においてそのような原則が適用された事例は北魏前期には存在しない可能性が高いことを確認した。この問題について考える場合、参考となる出土史料が「魏故仮節征虜将軍岐州刺史富平伯于君墓誌銘[26]」である。

> 君、諱は纂、字は萬年、河南郡河陰縣景泰郷熙寧里の人なり。……太和十三年、富平伯を襲品す。……景明二年、明威將軍・冗從僕射より解褐す。……（銘文）……茲の品秩に藉り、明威より解褐す。

> 君諱纂、字萬年、河南郡河陰縣景泰郷熙寧里人。……太和十三年、襲品富平伯。……景明二年、解褐明威將軍・冗從僕射。……（銘文）……藉茲品秩、解褐明威。

とあり、于纂は孝文帝の太和十三年に散伯（従3品）を襲爵したため、宣武帝の景明二（五〇一）年に明威将軍（6品上）により起家したことが示されている。于氏は異族（胡族）の伯爵に該当するので永平二（五〇九）年「選式」の基準であれば正8品上で起家するはずだが、宣武帝初期ではそれより高い品で起家していた[27]。【川本一九九八】の理解によれば「五等諸侯、比ごろ選式無し」の「比ごろ」は孝文帝改革以降を指すことになるが、期間が長すぎ「比ごろ」という表現にそぐわないようにも思われる。この墓誌が于纂は伯爵を襲品し、そ

補論一　北魏孝文帝の官爵改革およびその後の変質について　289

の品によって起家したと表現していることから、宣武帝の景明年間（五〇〇〜五〇三）には爵位による起家である選式が行われていたが、途中で実施されなくなり、永平年間（五〇八〜五一二）に選式が復活されたと見る方がよいのではないだろうか。

　以上の検討により、宣武帝期以降のこのような変化は、大規模な南伐が実現しなかったために事実上単純な降格として機能した孝文帝改革に対する胡族の反発によるものだったと考えられる[28]。そしてその反発に押される形で、なし崩し的に宣武帝期以降、如上のシステムが構築されたと考えるべきであろう。

おわりに

　中国古代の王朝では建国の功臣の扱いに苦慮するのが常であった。なぜなら彼らの軍功により王朝が成立した側面は大きいが、彼らに軍事基盤を与え続けるとクーデターが発生する可能性が高まり、王朝の存続自体が危うくなるからである。「狡兎死して走狗烹らる」はあまりに有名な故事であるが、戦争によって建国された王朝には多かれ少なかれ、粛清・討伐・奪爵などによる功臣層の力の削減が見られる。北魏において武人の存在がいつまでも王朝を圧迫したのは、胡族が主体となり北魏王朝が成立したという征服王朝独自の問題が横たわっていたからだろう[29]。征服王朝である北魏において皇帝自身のアイデンティティと直結している胡族武人は簡単には粛清できず、だからこそこのような改革や変質が生じたと考えられるのではないか。

　なお、その後の唐代では文武職事官・文武散官・衛官・勲官および爵の諸系列があり、各々官品のランクが定められていたが、形式的な品階秩序が全体をおおいながら現実には職事官を特に重視し、散官・爵を一段下におく事が行われていた[30]。このような爵の地位の低下は今回明らかにした北魏後期における官爵の変質が関わっていることが予想される。

290　第一部　北魏の爵制に関する研究

注

（１）　万縄楠整理『陳寅恪魏晋南北朝史講演録』（黄山書社、一九九九年）、254〜255頁。

（２）　岡部毅史「北魏前期の位階秩序について——爵と品の分析を中心に——」（『東洋学報』第九四号第一号、二〇一二年。同『魏晋南北朝官人身分制研究』、汲古書院、二〇一七年再収）。

（３）　川本芳昭『魏晋南北朝時代の民族問題』（汲古書院、一九九八年。以下【川本一九九八】と称す）第三篇第一章「北魏における身分制について」、361頁。

（４）　佐藤智水「北魏前期の政治と宗教」（同『北朝仏教史論考』、岡山大学文学部、一九九八年）。

（５）　宗室の例として、窪添慶文「北魏の宗室」（『中国史学』九、一九九九年。同『魏晋南北朝官僚制研究』、汲古書院、二〇〇三年再収。以下【窪添一九九九】と称す）は北魏前期では道武帝以下の皇子および昭成帝の子の多くは王に封ぜられ、その継承者も王となったことが指摘されている。

（６）　孝文帝の南伐およびそれに関する主要な先行研究の論点については王永平「北魏孝文帝之南征戦略及其相関争議考論」（『学術研究』二〇一三年第三期）に詳しい。

（７）　松下憲一『北魏胡族体制論』（北大出版会、二〇〇七年。以下【松下二〇〇七】と称す）第四章「北魏の洛陽遷都」、95頁。

（８）　【川本一九九八】第二篇第六章「北族集団の崩壊と太和二十年の謀反・北鎮の乱」、339頁。また【松下二〇〇七】105頁も同様の見解を示す。

（９）　この集団は姓族に入れなかったことから、爵、つまり国家への大功の有無が上層に入れるかどうかの基準の一つとされていることがわかる。

（10）　【川本一九九八】、321頁および323頁。

（11）　「孝明帝時、清河王懌以官人失序、上表曰、孝文帝制、出身之人、本以門品、高下有恆、若準資蔭、自公卿令僕之子、甲乙丙丁之族、上則散騎祕著、下逮御史長兼、皆條例昭然、文無虧没。自此、或身非三事之子、解褐公府正佐、地非甲乙之類、而得上宰行僚。自茲以降、亦多乖舛。且參軍事專非出身之職、今必釋褐而居、祕著本爲起家之官、今或遷転以至。斯皆仰失先準、有違明令。非所謂式遵遺範、奉順成規」。内容については窪添慶文「北魏後期の門閥制」（『魏晋南北朝史のいま』、勉誠出版、二〇一七年。以下【窪添二〇一七】と称す）に詳しい。

（12）　岡部毅史「北魏の「階」の再検討」（『集刊東洋学』第八三号、二〇〇〇年。同『魏晋南北朝官人身分制研究』、汲古書院、二〇一七年再収）は、階を得る可能性を

補論一　北魏孝文帝の官爵改革およびその後の変質について　291

もつ階層はおおむね雑戸以外の良民と想定する。

(13)　戸川貴行「北魏孝文帝の姓族分定と民爵賜与について」(『東アジアと日本』二、
二〇〇五年。同『東晋南朝における伝統の創造』、汲古書院、二〇一五年再収)
では孝文帝期に民爵賜与が行われたのは、兵役と結びつきがあり、軍功に対する
褒賞であったとする。

(14)　例降の意図について【川本一九九八】および【窪添一九九九】は道武帝より前
の子孫との間に存在した同族としての一体感の打破を目指したものとするが、こ
の時降格された異姓王には恩倖・宦官も含まれるので、軍功爵の整備としての側
面もあったと考えられる。

(15)　【窪添一九九九】は鮮卑的内朝官の廃止により胡族が中国伝統の官職体系の中
に入り込む必要性が生じ、官職を求めての競争が激化したと想定する。

(16)　川本芳昭「北魏内朝再論」(同『東アジア古代における諸民族と国家』、汲古書院、
二〇一五年) では、北魏前期における皇帝の左右にあって開かれた将来が約束さ
れた胡族内朝武官の存在を指摘する。

(17)　陶新華『北魏孝文帝以后北朝官僚管理制度研究』(巴蜀書社、二〇〇四年)「附論：
魏晋南北朝時期的譲官・譲爵風気」。

(18)　なお本人以外の親族の功により賜爵される事例は、実は「非功不侯」の原則があっ
たはずの漢代においても既に見られる。『漢書』高恵高后文功臣表では父の功績
で子供が受封されている。さらに『睡虎地秦墓竹簡』秦律雑抄三七には「戦死事
不出、論其後。」とあり、戦争中に死んだ場合はその子に爵を授ける規定があっ
たことから、戦没した場合に子に爵を与える現象は秦代から見られることがわかる。

(19)　長堀武「北魏孝文朝における君権安定策とその背景」(『秋大史学』三二、新野・
諸戸両先生還暦記念号、一九八五年)。

(20)　吉岡真訳「J・ホルムグレンの、新たな北魏征服王朝国家論」(『福大史学』六八・
六九、二〇〇〇年)。

(21)　吉岡真「北朝・隋唐支配層の推移」(岩波講座『世界歴史』九所収、岩波書店、
一九九九年)。

(22)　窪添慶文「北魏後期の門閥制に関わる覚書」(同『墓誌を用いた北魏史研究』、
汲古書院、二〇一七年。以下、【窪添二〇一七】と称す)。

(23)　【川本一九九八】および【松下二〇〇七】第四章「北魏の洛陽遷都」103頁。

(24)　この北魏後期の停年格の導入や羽林虎賁の変について【宮崎一九五六】は、北

292 第一部 北魏の爵制に関する研究

魏初期は文官と武官の区別がなく、官吏は武官であったのが、孝文帝改革により外号将軍という全く別系統の虚号となったが、孝明帝の霊太后の改革は北魏の古制に戻っただけだとする。しかし、谷川道雄「北魏官界における門閥主義と賢才主義」（一九五九年初出。同『隋唐帝国形成史論』、筑摩書房、一九七一年再収。増補版一九九八年）は門閥主義の自己破産・北族の自由回復への冀求として積極的に評価する。

(25) 【宮崎一九五六】「起家の制」は、封爵による起家の制は甚だ北族本位で漢人の進出が甚だしく抑圧されていたとし、孝文帝の鮮卑漢人併用政策は根本から動揺しそうになったとしつつも、別に漢人がこれによって大した打撃を受けず殊に一流の名家ともなれば門地による起家の権利が認められていた、とする。

(26) 趙超『漢魏南北朝墓誌彙編』第二版、（初版一九九二年。天津古籍出版社、二〇〇八年。）200頁。

(27) 銘辞部分に「藉茲品秩、解褐明威」と記されていることから、于纂が起家の時点で保持していた品秩である富平伯という散伯により明威将軍が与えられたことが分かる。ただしこれは他より高い起家官であった。【窪添二〇一七】第二部第五章「北魏後期の門閥制」ではその理由として、彼が高齢であった点・元王爵であった点・祖母と母が公主であった点が考慮されたのではないかと推測する。

(28) 【窪添二〇一七】は、孝文帝が改革した官僚制はその後の内乱の過程で将軍号がインフレーションを起こしたため機能が果たしえなくなったという見通しを述べる。筆者と異なる結論になるのは、氏が爵制を検討していないためと思われる。

(29) 【窪添二〇一七】は、孝文帝改革以前の北魏では部族の占める政治的軍事的地位は非常に高く、皇帝権力をも制約する存在であったため、その状況を打破するため洛陽遷都が行われたとする。

(30) 池田温「中国律令と官人機構」（仁井田陞博士追悼論文集編集委員会代表福島正夫編、『前近代アジアの法と社会』仁井田陞博士追悼論文集、第一巻、勁草書房、一九六七年）参照。

補論二　爵保有者の階層にみる両晋・北魏の爵制運用の比較

は じ め に

　補論二では南朝との比較、特に両晋・北魏の爵制運用の比較を行う。

　北朝史研究は一九六〇年代以降、谷川道雄氏により「隋唐帝国形成史論」が提唱され、学会に大きな影響を与えた[1]。すなわち、北魏初期の国家体制は部族共同体であったが、孝文帝の改革により門閥制度が導入され、それが北魏末には血縁や身分による閉鎖的な原理を超克する新貴族主義が生まれ隋唐帝国の起源となったという主張である。しかし谷川氏の「隋唐帝国形成史論」は国家や共同体の共同社会的側面を強調し、支配階級としての側面をほぼ捨象しているという問題点もまた指摘されている。更にそれ以降の制度史研究は、あらゆる面で胡族的側面を強調する一方で、それ以外の諸要素については軽視する傾向にあり、胡族と漢族の相互関係をほとんど論じていないという指摘もなされている[2]。このような方法は制度の構造的特徴を捉え損ねる危険性をはらんでいると思われる。

　最近では胡族と漢族の相互関係について南北朝の制度を比較することが議論の中心となっており、特に北魏の孝文帝改革と梁の武帝の改革の関係性に注目が集まっている。周知のように北魏の官制改革（四九四年）は梁の天監七（五〇八）年の十八班導入より先んじている。この点について、かつて宮崎市定氏は南朝の方が北朝よりも制度的に進んでいた筈であるという認識から孝文帝の官制改革は南朝（宋・斉）の影響を受けたとする[3]。川合安氏は南朝の動向を先取りした孝文帝改革が南朝に逆輸入されたと解釈する[4]。閻歩克氏は孝文帝改革がむしろ十八班導入に影響を与えたと主張する[5]。このように各研究者

294　第一部　北魏の爵制に関する研究

により南北朝どちらが相手の改革に影響を与えたか意見の一致を見ない。その原因の一つとして、そもそも議論の前提となる南北朝の制度における共通の構造と異なる構造という全体像が描かれていないという問題点があると考えられる。そこで補論二では、南北朝に共通する制度の構造と、北魏に特徴的な制度の構造とを区別し、両晋と北魏の制度を計量的に分析し比較することで、如上の課題を乗り越えようと試みるものである。

　その着手点として南北朝の制度の中でも特に爵制について着目したい。なぜなら爵制は南北朝、特に両晋と北魏の爵制における共通点と相違点がそれぞれ抽出しやすいからである。具体的には北魏では建国初期から五等爵制が導入されたが、その制度は西晋の五等爵制を模倣した可能性が高い[6]。さらにその対象者も曹魏の五等爵制では宗室に限定されていたが、西晋に入ると異姓の功臣も対象となっており、その点は北魏も同様であり、異姓の功臣を五等爵に封じていた。このように西晋およびそれを継承した東晋と北魏の爵制は共通の土台を持っているため比較する意義があると言えよう。

　なお第一章では北魏の爵制における民族問題を検討し、北魏の爵位は胡族の有爵者の割合が高く、かつ高い爵位の者が多いが、漢人名族は有爵者の割合が低く、高い爵位の割合も少ない傾向を明らかにした。しかし、北魏を通じての傾向のみを明らかにしており、各皇帝期の変化を示していないという課題が残った。そこで補論二では各皇帝期の時系列に並べ、その変化を具体的に示したい。また史料そのものが持つ問題点として、北魏研究における主たる文献史料である『魏書』ではかなり鮮卑色が薄められた記載となっており[7]、その作為性が指摘されている[8]。そのため『魏書』における全事例を抽出しデータを計量的に扱うことで、『魏書』の作為性の問題をできるだけ乗り越えたいと思う。そして同様の手法で『晋書』における全事例を検討し、両晋の各皇帝期の変化を示す。その上で、いかなる階層に爵位が賜与されるのか、爵保有者と無爵者との割合を示すことで爵制が形成する集団の構造を明らかにし、北魏と両晋との爵制運用の共通点と相違点の全体像を示したい。なお宗室は自動的に全員に爵位が与えられるため対象外とする。

第一節　西晋における爵位の傾向

　まず西晋の五等爵制の概要について示す。曹魏末の二六四年、帝室のみに限られていた五等爵の対象が広げられ、司馬氏の協力者も対象となった[9]。その制度はそのまま西晋へ受け継がれる。一方、列侯の系統も存続したが、その官品は五等爵よりも低く抑えられていた。具体的には五等爵は１〜２品、列侯は３〜６品である。この政策により五等爵を異姓にまで拡大したことで、皇室を含めたあらゆる貴族は高級の五等諸侯貴族と次級の列侯貴族の二つのブロックに分かれたことが指摘されている[10]。以上の概要を確認した上で、具体的な分析に移る。

（１）－１　西晋・武帝期における爵位の傾向
　表１は『晋書』における西晋・武帝期の有爵・無爵すべての人物をデータ化したものである。この表によれば全218人のうち、有爵は109人、無爵は109人であり、爵保有者の割合は50％である。武帝期の爵保有者の特徴は、五等爵の中でも公・侯爵は北人名族（特に潁川荀氏と琅邪王氏）の割合が高く、伯爵以下は爵位が低くなるにつれて北人名族の割合が減る点である。一方、公・侯爵に寒門や蜀出身者は存在しない。このような現象が起こる政治的背景として、五等爵制の意義は上級士大夫層への迎合策であるとする意見や[11]、曹魏の有爵の功臣の子孫すべて一律に五等爵が賜与されたとする意見がある[12]。しかし最近の研究によれば、五等爵と列侯との間には家格や門閥上の制限があったことが明らかにされている。具体的には平呉の功績があった杜預・張華・王濬・唐彬・周浚・王戎らは列侯にとどまり、五等爵には入れなかった。その理由は名族でも傍流、もしくは寒門出身であったためである[13]。更に五等爵の中でも格差がみられることが指摘されている。具体的には公・侯爵は西晋建国の功臣や蜀漢平定に高い功績を挙げた臣下が多く、子爵は曹魏の功臣の子弟が多い[14]。このように武帝期の爵保有者は直前に施行された五等爵制による場合が

多いが、武帝期に入って新たに賜爵された場合は呉の平定時の功績によるものが多い。その際に与えられた列侯では、蜀出身者は自ら軍功をたて賜爵されるが、北来名族・外戚・北人は親族の功績により子孫が賜爵されているという差が見られる。この親族とは祖父・父親・兄であり、このような第三者の功績により賜爵された者が９人いる。また呉出身者はたとえ江南豪族でもほぼ無爵であり[15]、一部賜爵された者がいるが列侯にとどまっている。蜀出身者も無爵が多いことから、北来名族や外戚・北人以外であれば、たとえ軍功を立てても列侯に止まっていたと言える。先行研究では西晋統一の当初には征服地人民に対する懐柔策としてその土着豪族中優秀の分子を朝廷に挙用する必要があったと指摘されているが[16]、今回の検討から爵位の面から呉出身者の進出は見られなかった。

（１）－２　西晋・恵帝期における爵位の傾向

　表２は『晋書』における西晋・恵帝期の有爵・無爵すべての人物をデータ化したものである。この表によれば全197人のうち有爵は103人、無爵は94人であり、爵保有者の割合は約52.2％である。恵帝期の爵保有者の特徴として、北来名族や外戚以外の公爵が増加している点が挙げられる。そして寒門でも公爵となり、いわゆる恩倖のような身分が低い出身不明者が５人も出現し、恩寵的な賜爵が増えている。賜爵の機会としては三〇一年の趙王倫討伐に関連する場合が多い。一方、武帝期とは異なり呉や蜀出身者が公・侯爵という高い爵位を持つ場合も出現する。このような現象が起こる政治的背景を確認したい。恵帝期は政治的混乱により家格が崩れたことが夙に指摘されている[17]。また八王諸政権における濫賞は激しい権力志向を示したブレーンたちが私的関連によって結成した徒党を基礎とするためのものであり[18]、八王の乱による権力争いが激化し、外戚・諸王による身内の登用および封賞や官位の濫発が発生していた[19]。そして八王の乱の時期には封王を優崇し、かつ貴族の既得権を基本的に容認しながら政治運営を行ったとされる[20]。このような状況を端的に示す事例として、『晋書』巻三三、石崇伝に、

補論二　爵保有者の階層にみる両晋・北魏の爵制運用の比較　297

武帝、崇の功臣の子たるを以て、幹局有り、深く之を器重す。元康初、楊
駿、輔政し、大いに封賞を開き、多く黨援を樹す。崇と散騎郎蜀郡の何攀
は共に立議し、惠帝に奏して曰く、陛下、聖德は光被、皇靈は啟祚、正に
東宮に位し、二十餘年、道化は宣流し、萬國は歸心す。今、洪基を承る、
此れ乃ち天授なり。班賞行爵に至りて、泰始革命の初を優ぐ……と。

武帝以崇功臣子、有幹局、深器重之。元康初、楊駿輔政、大開封賞、多樹
黨援。崇與散騎郎蜀郡何攀共立議、奏於惠帝曰、陛下聖德光被、皇靈啟祚、
正位東宮、二十餘年、道化宣流、萬國歸心。今承洪基、此乃天授。至於班
賞行爵、優於泰始革命之初……。

とあり、武帝期を超えかねない楊駿の濫賜の様子が描かれている[21]。このよ
うに惠帝期は賜爵の濫発により、武帝期と大きく爵保有者の層が変化していた
点が顕著であった。

（1）－3　西晋・懐帝期における爵位の傾向

　表3は『晋書』における西晋・懐帝期の有爵・無爵すべての人物をデータ化
したものである。この表によれば全113人のうち、有爵は58人、無爵は55人で
あり、爵保有者は約51.3％である。懐帝期の爵保有者の特徴として、再び公爵
は北来名族が多く占めるようになる点、侯爵は呉出身者がやや増える点、高い
爵に外戚・蜀出身者がいなくなる点が挙げられる。

（1）－4　西晋・愍帝期における爵位の傾向

　表4は『晋書』における西晋・愍帝期の有爵・無爵すべての人物をデータ化
したものである。この表によれば全84人のうち、有爵は50人、無爵は34人であ
り、爵保有者は約59.5％である。愍帝期の爵保有者の特徴は、公・侯爵は呉出
身者の割合がやや多い点である。なお先行研究では懐・愍帝期の公爵は従来の
基準とは大きく異なって恩寵的である点が指摘されている[22]。賜爵の傾向と
してはやはり濫発が続いており、『晋書』巻八九、忠義、麴允伝には、

　允の性、仁厚にして、威斷無し。呉皮・王隱の徒、無頼凶人にして、皆、

298　第一部　北魏の爵制に関する研究

　　重爵を加えらる。

　　允性仁厚、無威斷、呉皮・王隱之徒、無頼凶人、皆加重爵。

　とある。

（1）－5　西晋の爵位の特徴

　ここまで西晋の爵位を検討したが、その傾向をまとめたい。西晋は開建五等と武帝受禅において建国の功臣に爵位を与えたが、一律の賜爵ではなく階層的区分が設けられていた[23]。先行研究では魏末以後、上級士人の代表的人物＝五等爵の所有者＝世襲的上流官人という体制が続いたとするが[24]、そのような階層分布は実は恵帝期に入るとすぐに崩れ、恩寵的な賜爵が漸増していった。また、呉出身者は列侯に止められるか、もしくは無爵であった。呉平定で江南豪族が西晋の臣となっても爵が自動的に与えられる訳ではなく、呉の四姓である陸機や顧栄でさえ軍功を立てて初めて賜爵されていた。一方、丹陽の土着人である陶璜は宛陵侯を与えられ、江南の田舎豪族である周札は「一門五侯、並居列位、呉士貴盛、莫與爲此」（『晋書』巻五八）と称されるほど多く賜爵されていた。このように西晋の時点では呉出身者の家格と爵位は対応関係になかったことが判明した。次に節を改め東晋について検討したい。

第二節　東晋における爵位の傾向

　まず東晋の政治状況の概要について示す。東晋における北人と南人の関係について、北来貴族と江南豪族との対立を強調し前者が後者を圧倒していたとする意見がある一方で[25]、北人と南人が融和していたとの意見もある[26]。また皇帝と北来貴族との関係については、東晋は皇帝権力が弱体化した貴族制であり、門閥政治の王朝と指摘されている[27]。その北来貴族の家格について、寒門の進出は大部分が西晋に属し、東晋では著しく少ないが、これは東晋以降、江南の貴族社会が固定化したためと考えられている。そして北来貴族でも南渡が遅れると、既に先着して排他的社交団体を結成してしまった貴族達から軽視

補論二　爵保有者の階層にみる両晋・北魏の爵制運用の比較　299

されることが指摘されている(28)。このような東晋の政治状況と爵制とはいか
なる関係にあるのかに注目しながら検討を進めたい。時期については政治的な
区分を用いて分析する。具体的には初期（三一七～三四四年）は王氏と庾氏に
よる門閥貴族政治が安定していた時期であり、中期（三四五～三八五年）は桓温の
台頭から謝安の死までであり、末期（三八五～四二〇年）は孝武帝の親政と皇族
の司馬道子・元顕の補佐による専権、それに対する貴族層の反発、および寒人
の政界進出や寒門軍閥の軍事権の掌握が見られる(29)。初期については各皇帝
期に区分するが、中期や後期は『晋書』の史料上の制約から爵保有者の厳密な
年代確定が難しいため、如上の区分に従いその傾向を見てゆきたい。

（2）－1　東晋・元帝期における爵位の傾向

　表5は『晋書』における東晋・元帝期の有爵・無爵すべての人物をデータ化
したものである。この表によれば全143人のうち、有爵は68人、無爵は75人で
あり、爵保有者は約47.5％である。元帝期の爵保有者の特徴は、公爵は北来名
族の割合が増えるが西晋・武帝期ほど北来名族が独占していない点である。こ
の政治的背景として、東晋に入ると皇帝の権威の弱体化と宗室諸王の権威の相
対的な上昇、及びそれらに伴う諸勢力の二極化を背景に元帝および北来貴族・
江南豪族の連合が成ったことが挙げられよう(30)。次に、侯爵は呉出身者がや
や多く、伯爵は呉出身者のみである。出身別にみると、呉出身者の中で江南豪
族の爵位が高くなっている一方、外戚が最高でも亭侯と低い爵位になっている。
そしてこの時点では軍閥は爵位が無い。東晋・元帝期は全体的に恩寵的な爵位
が少ない点が特徴と言えよう。例えば劉隗・刁協という法術主義官僚が元帝の
寵愛により台頭したことから、皇帝との私的な関係の強弱が貴族や官僚の地位
の昇降や権限の変化に影響を及ぼし得たとされるが(31)、劉隗・刁協の爵位は
都郷侯と無爵であり、恩寵的に爵が与えられていない。また、『晋書』巻六五、
王導伝に、

　　漢魏自り已来、賜諡多く封爵に由り、位通じて徳重きと雖も、先に爵無き
　　者、例として諡を加えず。(王)導、乃ち上疏し、武官、爵有れば必ず諡す、

300　第一部　北魏の爵制に関する研究

卿校常伯、爵無きは諡せず、甚だ制度の本意を失するなりと稱す。之に從う。

自漢魏已來、賜諡多由封爵、雖位通德重、先無爵者、例不加諡。導乃上疏、
稱、武官有爵必諡、卿校常伯無爵不諡、甚失制度之本意也。從之。

とあることから、東晋・元帝期は有爵者が武官、無爵者が文官であった状況が
読み取れる。このように爵位は原則的に軍功と結びついており、その原則が比
較的遵守されていたため武官の爵保有者が多く、恩寵的な賜爵が少なかったと
考えられる。

（2）－2　東晋・明帝期における爵位の傾向

　表6は『晋書』における東晋・明帝期の有爵・無爵すべての人物をデータ化
したものである。この表によれば全99人のうち、有爵は58人、無爵は41人であ
り、爵保有者は約58.5％である。当時は王敦の乱により東晋における「君弱臣強」
の体制が確定したと指摘されている[32]。具体的には、王敦の乱の平定後、明
帝は太寧二（三二四）年七月に論功行賞を行い、『晋中興書』では郗鑒は公爵、
蘇峻・劉遐は侯爵となっており、二人の召還を提案した郗鑒の方が実際に王敦
軍と戦った二人より評価され高い爵位を得ている。これは明帝が北来兵団、特
に郗鑒と接触していたための措置と考えられる。また王導・温嶠・庾亮・卞壺
は公爵であり評価が高いが、彼らは王敦討伐の密議を行った集団である。この
中で卞壺のみ北来貴族の中で孤立していたが、長く明帝の側近を務めたため重
用されていた。そして明帝は論功行賞に関し、寵愛する貴族を特に高く評価し
た可能性が指摘されている[33]。以上の状況を踏まえ表6を分析すると、公爵
には呉出身者がいなくなり、北人が占有していることが分かる。この原因とし
て明帝期の政治は江南貴族制の上に成立しており、寒門・寒人層の台頭が促さ
れることはなかった点が考えられる[34]。また、名族ではない北人のうち公爵
となっている者はすべて東宮官属を務めた者が該当する。この理由として皇太
子紹の東宮官属を務めた貴族が私的関係を構築し、明帝即位後は旧東宮官属が
重用されていた状況が考えられるが[35]、しかし基本的に東宮官属の爵位は高
くなく、無爵者が9人と、賜爵されていない者の方が多い。また外戚について

は、高い爵位の外戚が少なく、公爵が１人いるがその爵位は固辞している。この点について、『晋書』巻七三、庾亮伝に、

　　亮、蕪湖に還り、爵賞を受けず。侃、移書して曰く、夫れ賞罰黜陟は、國の大信なり、竊かに矯然として獨り君子爲らんを怪しむと。亮曰く、元帥の指撝、武臣の效命、亮、何ぞ之を功すること有らんやと。遂に苦辭して受けず。號を鎮西將軍に進めるも、又、固讓す。初め、王敦を誅するの功を以て、永昌縣公に封ぜらる。亮、陳讓を比し、疏すること數十上、是に至りて之を許す。

　　亮還蕪湖、不受爵賞。侃移書曰、夫賞罰黜陟、國之大信、竊怪矯然獨爲君子。亮曰、元帥指撝、武臣效命、亮何功之有。遂苦辭不受。進號鎮西將軍、又固讓。初、以誅王敦功、封永昌縣公。亮比陳讓、疏數十上、至是許之。

とあり、庾亮は爵位や将軍号を辞退している。これは先行研究によれば庾亮→庾冰→褚裒と続く外戚のあり方であり、私性を抑制しつつ政治に邁進する方向性が「公＝個人」のあり方へと展開することが指摘されている[36]。この展開を爵位の面から見た場合、庾亮は都亭侯であったが開国公を辞退し（三二四年）、庾冰は都亭侯であったが新呉県侯を辞退し（三二八年）、褚裒は都郷亭侯のまま変化は無く、何準は后父であるが晋興県侯を辞退し（三五七年）、王蘊も后父であるが建昌県侯を辞退している（三七五年）。このような外戚の爵位の辞退は西晋には見られないが、東晋では辞退する場合が多く、「私性を抑制しつつ政治に邁進する方向性」が爵位の面からも伺えるのである。

（２）－３　東晋・成帝期における爵位の傾向

　表７は『晋書』における東晋・成帝期の有爵・無爵すべての人物をデータ化したものである。この表によれば全98人のうち、有爵は76人、無爵は22人であり、爵保有者は約77.5％である。成帝期の特徴としてまず顕著なのは爵保有者の割合自体が高まっている点である。呉寒門の公爵が出現するが、それは陶侃と襲爵した子である。この政治的背景として三三〇年代に入ってようやく北来貴族は政治的曲芸の時代を脱し、より着実な基盤作りに向かうが、代償として

302　第一部　北魏の爵制に関する研究

陶侃の半独立的勢力圏の存続を容認することとなった点が挙げられる[37]。この陶侃の爵位の変化について着目してみると、『晋書』巻六六によれば、彼は西晋では東郷侯（千戸）のみであり、その後、軍功を立てても爵位に変化は無かった。東晋・明帝期に王敦討伐の功を立てるが、爵位は侯爵のまま四千戸に増邑されている。このような変遷から考えると、成帝期に陶侃が公爵となったのは、表向きの功績としては蘇峻討伐によるが、実態としては彼の勢力の強さを追認した措置とも考えられる。次の特徴として、公爵は北来流入兵団の割合が増えており、特に郗鑒とその子孫が占めている。当時の政治状況として、明帝が指名した顧命の臣および明帝の旧東宮官属の相互間で対立が激化していたが、咸和二（三二七）年に蘇峻の乱が勃発し、その平定後に江南貴族制が確立したとされる[38]。その蘇峻討伐の功により与えられた公爵は温嶠（北人）・陶侃（呉寒門）・陸曄（江南豪族）のみであり、爵位の面から貴族制の優位は現れていない。このように爵保有者の階層が変化した理由として、『晋書』巻四四、華表伝附恒伝に、

　　　咸和初め、愍帝の時の賜爵進封を以て一に皆な削除す、恆、更に王敦を討つの功を以て苑陵縣侯に封ぜられ、復た太常を領す。
　　　咸和初、以愍帝時賜爵進封一皆削除、恆更以討王敦功封苑陵縣侯、復領太常。

とあり、西晋・愍帝期の賜爵や進爵は東晋・成帝期にいったん削除され、新たな功績により再度爵位が授けられたことが示されている[39]。なお華恒の前爵は県公であり、この成帝期の論功行賞のやり直しにより、却って県侯に爵位が下がっている。

（2）－4　東晋・中期における爵位の傾向

　表8は『晋書』における東晋・中期の有爵・無爵すべての人物をデータ化したものである。この表によれば全136人のうち、有爵者は57人、無爵は79人であり、爵保有者は約41.9％である。中期の特徴として、爵位における軍閥（桓氏）の台頭、特に公爵に占める割合が増える点が挙げられる。特に哀帝期は王（北

来名族)・庾（外戚）・桓（軍閥）の三氏が事実上朝廷の実権を握っていたことが指摘されているが(40)、爵位の面では桓氏のみが高かったと言える。その一方で北来名族の高い爵位の割合が減っている。これは健康貴族が清談に耽って政治を省みず、桓温が江東豪族の勢力を侵削したことが背景にあると考えられる(41)。

（2）－5　東晋・末期における爵位の傾向

　表9は『晋書』における東晋・末期の有爵・無爵すべての人物をデータ化したものである。この表によれば全192人のうち、有爵者は85人、無爵は107人であり、爵保有者は約44.2％である。有爵者の半数が公爵になっている点が主な特徴である。中でも北来名族の公爵の割合が高まっており、特に陳郡謝氏が公爵を多数占めている。その次は軍閥の桓氏が多数を占めている。一方で江南豪族の爵保有者が存在しなくなる。この理由として、元帝・王導が南に渡ってから百年近く経つと僑人の勢力が強固になり、桓温や劉裕が大功を立てると、僑人たちは南人に意を用いなくなったことが考えられる(42)。このように末期に爵保有者の階層が激変した様子については、三八〇年直前のこととして、『晋書』巻七九、謝安伝に、

　　安奏すらく、滅を興こし絶を繼がしむるに、晋初の佐命の功臣の後を求め
　　之を封じよ。

　　安奏興滅繼絶、求晋初佐命功臣後而封之。

とあり、当時は晋初の功臣の子孫の爵位が途絶えていたことが伺える。また、外戚の爵保有者はほとんど存在しなくなっている。先述したように外戚の恩澤について、西晋は「后父」として賜爵される場合はあるが、東晋はほとんど無く、賜爵されそうになっても辞退する現象が起こっている。この状況を示す事例として、『晋書』巻九三、外戚、王蘊伝に、

　　定后立ち、后父を以て、光祿大夫に遷り、五兵尚書・本州大中正を領し、
　　建昌縣侯に封ぜらる。蘊、恩澤を以て爵を賜るは、三代の令典に非ざると
　　し、固辭して受けず。

　　定后立、以后父、遷光祿大夫、領五兵尚書・本州大中正、封建昌縣侯。蘊

304　第一部　北魏の爵制に関する研究

　　　以恩澤賜爵、非三代令典、固辭不受。

とあり、王蘊は寧康三（三七五）年に王法慧が皇后に立てられると皇后の父と
して建昌県侯に封じられたが、外戚の恩沢で爵位を受けるのは三代の令典では
ないと言い固辞している。

（2）－6　東晋の爵位の特徴

　以上、東晋の爵位を検討したが、その傾向を示したい。北来名族の高い爵（五
等爵）の保有率は、初期は高いが、途中低くなり、末期に再度高まる。西晋以来、
穎川荀氏と琅邪王氏が高い爵位を占有していたが、末期は陳郡謝氏が台頭し、
名族内でも爵保有の変化が見られた。江南豪族は、初期はやや高い爵を保有し、
中期に低い爵に移行し、末期には爵保有者が存在しなくなる。豪族層ではない
呉出身者は、初期〜中期にかけて一定数の爵保有者を維持するが、末期にはほ
ぼ存在しなくなる。呉寒門は、成帝期以降、安定的に高い爵位を保有し続ける。
また中期から軍閥の台頭が著しい。以上の結果から、東晋では爵保有者の階層
が各時期によって変動し、東晋一代を通じて高い爵位を安定的に保有する階層
は存在しなかったと言えよう。

　また賜爵される理由については軍功が多いが[43]、しかし、同じような軍功
を立てても賜爵されない場合がある。例えば王敦討伐に参加しても賜爵されな
かった人物として、『晋書』巻八九、忠義伝の人々が挙げられる。彼らは湘州
刺史の宗室の司馬承とともに死んだ湘州豪族であり、その中でも丹楊の豪族が
多いのは、丹楊が呉・会稽に比べて開発が遅れたため中小豪族の寒門層が多かっ
たことに関係する。つまり東晋初期の彼ら寒門の存在は微微たるものであった
ため[44]、賜爵されなかった可能性が高い。このように貴族としての家格が爵
位に反映される場合もあったが、しかし原則的には大功を立てた者が爵を保有
するのにふさわしいとは認識されていた。例えば『晋書』巻七〇、應詹伝に、

　　　賊、竹格從ひ江を渡り、詹と建威將軍趙胤等とは之を撃敗し、賊を斬り杜
　　　を率いて發し、梟首すること數千級。賊平げ、觀陽縣侯に封ぜられ、邑一
　　　千六百戸を食み、絹五千匹を賜う。上疏して讓りて曰く、臣聞くならく、

國を開き家を承り、土宇を光啟するは、唯だ元功を德として乃ち宜しく封
錫せしむべし。臣、一隊を忝當すると雖も、策無く微畧にして、勞して汗
馬せず……と。許さず。

賊從竹格渡江、詹與建威將軍趙胤等擊敗之、斬賊率杜發、梟首數千級。賊
平、封觀陽縣侯、食邑一千六百戶、賜絹五千匹。上疏讓曰、臣聞開國承家、
光啟土宇、唯令德元功乃宜封錫。臣雖忝當一隊、策無微畧、勞不汗馬……。
不許。

とあり、應詹は王敦討伐における自らの功績が賜爵にふさわしくないとして爵
位を辭退している。また、穆帝期の升平三（三五九）年のこととして、『晋書』
巻八一、毛宝伝に、

寶・峻等、左右を率いて圍みを突して出で、江に赴きて死する者六千人、
寶も亦、溺死す。亮、之を哭して慟し、因りて疾を發し、遂に薨す。詔し
て曰く、寶の傾敗、宜しく貶裁に在るべし。然れども蘇峻の難、力を王室
に致す。今、其の過ちを咎め、故に贈を加えず、之を祭るは可なりと。其
の後、公卿、寶の重動有り、加えて王事に死し、宜しく爵を奪うべからざ
るを言う。升平三年、乃ち詔を下して本封を復す。

寶、峻等率左右突圍出、赴江死者六千人、寶亦溺死。亮哭之慟、因發疾、
遂薨。詔曰、寶之傾敗、宜在貶裁。然蘇峻之難、致力王室。今咎其過、故
不加贈、祭之可也。其後公卿言寶有重動、加死王事、不宜奪爵。升平三年、
乃下詔復本封。

とあり、王事に死ぬことが有爵者たるにふさわしいと認識されている。

　最後に両晋を通しての爵保有者の構造について述べたい。まず建国の功臣が
序列化され支配層が固まるが、その後は大きな功績または皇帝（もしくは賜爵
を行い得るほどの権力者）の恩寵的な評価を得ることができて初めて支配層に参
入できる。両晋における爵保有者の層は皇帝一代で変化するほど流動的であり、
爵保有者が多い名族の中でも台頭する一族の変動があった。以上を確認した上
で、次に北魏の爵保有者について検討する。

306　第一部　北魏の爵制に関する研究

第三節　北魏における爵位の傾向

　第一章にて述べたように、北魏は建国初期から五等爵制を運用し、異姓の功臣も王爵の対象であったが、孝文帝の爵制改革により王爵は宗室に限られるようになった。その後、建義元（五二八）年に爾朱栄が入洛し異姓王が復活される。これ以降、北魏王朝自体は存続するものの、拓跋（元）氏を中心としたそれまでの政治体制と異なるため、道武帝の登国元（三八六）年から孝明帝の孝昌三（五二七）年までを考察の対象とする。そして爵制上大きな変化を被る孝文帝改革の前後で前期と後期に分け検討したい。

（3）－1　北魏前期・道武帝期における爵位の傾向
　表10は『魏書』における北魏前期・道武帝期の有爵・無爵すべての人物をデータ化したものである。この表によれば全78人のうち、有爵者は57人、無爵者は21人であり、爵保有者は約73％である。この時期は異姓の功臣も王爵の対象となっているにも関わらず、異姓王は存在せず王爵は宗室のみ存在している。ただし『魏書』に事例が見られないだけで、異姓王が実は存在した可能性も指摘されている[45]。また公爵に漢族は存在せず、侯爵になって少し見られる。子爵は漢族の割合が増えるが、基本的に漢族は無爵が多い。その一方で、宗室十姓や北族八姓や内入諸姓などの胡族や外戚は公・侯の高い爵位が多い。

（3）－2　北魏前期・明元帝期における爵位の傾向
　表11は『魏書』における北魏前期・明元帝期の有爵・無爵すべての人物をデータ化したものである。この表によれば全97人のうち、有爵者は71人、無爵者は26人であり、爵保有者は約73.1％である。王爵については北族八姓の1人だけである。公爵については胡・漢の上層と外戚が圧倒的多数を占めている。なお漢族の公爵が増えるのは司馬氏の帰順によるものである。侯爵における漢族が占める割合が高まっている。

補論二　爵保有者の階層にみる両晋・北魏の爵制運用の比較　307

（3）－3　北魏前期・太武帝期における爵位の傾向

　表12は『魏書』における北魏前期・太武帝期の有爵・無爵すべての人物をデータ化したものである。この表によれば全332人のうち、有爵者は280人、無爵者は52人であり、爵保有者は約84.3％である。王爵については異姓王が急増している。その賜爵の理由は即位援助・帰順・軍功などが該当する[46]。内訳としては胡族が多いが、外戚に対する恩寵的な賜爵も一部見られる。漢族の王は司馬氏[47]のみである。公爵については胡族が過半数を占めている。外戚や宦官も増えている。全体的な傾向として王・公爵は胡族、侯・子爵は漢族が多い。そして漢族の無爵者が圧倒的に多い。

（3）－4　北魏前期・文成帝期における爵位の傾向

　表13は『魏書』における北魏前期・文成帝期の有爵・無爵すべての人物をデータ化したものである。この表によれば全261人のうち、有爵者は217人、無爵者は44人であり、爵保有者は約83.1％である。主な特徴として、外戚の王・公・侯爵が大幅に増えている。漢族の王爵はやはり司馬氏であり、それ以外の王爵は胡族が占めている。これまでの検討で外戚や宦官への恩寵的な賜爵が増えており、軍功によらない新興勢力の台頭が見られることを指摘したが[48]、まさにこの状況を反映した結果が現れていると言えよう。

（3）－5　北魏前期・献文帝期における爵位の傾向

　表14は『魏書』における北魏前期・献文帝期の有爵・無爵すべての人物をデータ化したものである。この表によれば全232人のうち、有爵者は181人、無爵者は51人であり、爵保有者は約78％である。主な特徴として、王・公爵では外戚の割合がやや減り、胡族の割合が高まっている。漢族の王爵はやはり司馬氏のみに限られている。また、名族ではない漢族の公爵の割合が高く、漢族名族では侯爵の割合が高まっている。つまり家格の低い漢族の方が却って爵位が高い状態となっている。

308　第一部　北魏の爵制に関する研究

（3）－6　北魏前期・孝文帝改革前における爵位の傾向

　表15は『魏書』における北魏前期・孝文帝改革前の有爵・無爵すべての人物をデータ化したものである。この表によれば全319人のうち、有爵者は224人、無爵者は95人であり、爵保有者は約70.2％である。主な特徴として、宦官・恩倖の王爵が出現することが挙げられる。そして全体的に外戚・宦官・恩倖の爵保有者が増えている。王爵は圧倒的に胡族が占めるが、公・侯爵は胡族より漢族が多くなる。

（3）－7　北魏前期における爵位の特徴

　これまでの検討をまとめると以下の事が指摘できる。北魏前期では、胡族が高い爵位を集団的に占有し、漢族はその下の低い爵位に集団を形成する。文成帝期から外戚・宦官が高い爵位を保有する割合が増えるようになる。このように爵位の高低・有無に関しては胡・漢で顕著に異なる傾向を示した。

（3）－8　北魏後期・孝文帝改革後における爵位の傾向

　表16は『魏書』における北魏後期・孝文帝改革後の有爵・無爵すべての人物をデータ化したものである。この表によれば全292人のうち、有爵者は132人、無爵者は160人であり、爵保有者は約45.2％である。全体的に爵保有者の割合が減り半数以下になる。特に漢族の爵保有者が減っている。また、例降[49]により異姓王の存在は無くなり公爵が異姓の功臣が持ち得る最も高い爵位となるが、改革前と同様、胡族の占有率が高い。特に北族八姓が多くを占めている。一方、漢族については、家格が低い漢族の方が却って爵位が高い現象が起きている。特に漢人二流名族（具体的には河東薛氏）が台頭している。孝文帝の開建五等[50]を経て開国公を与えられた漢は河東薛氏のみである。高い家格の漢人名族は伯・子爵が多い。

（3）－9　北魏後期・宣武帝期における爵位の傾向

　表17は『魏書』における北魏後期・宣武帝期の有爵・無爵すべての人物をデー

タ化したものである。この表によれば全409人のうち、有爵者は166人、無爵者は243人であり、爵保有者は約40.5％である。公爵の漢族一流が出現するが、これは河東の裴叔業[51]である。漢族では河東の裴氏と薛氏が最も高い爵位である開国公を保有しているが、これは彼らの北魏への帰順が高く評価されていたものと思われる。残る公爵は八姓と外戚の割合が多い。この時期から再び外戚の台頭が見られる。一方、漢族の名族は各爵位に幅広く分布するようになる。

（３）－10　北魏後期・孝明帝期における爵位の傾向

　表18は『魏書』における北魏後期・孝明帝の有爵・無爵すべての人物をデータ化したものである。この表によれば全507人のうち、有爵者は183人、無爵者は324人であり、爵保有者は約36％である。全体的に宣武帝期とほぼ同様の傾向を示している。公爵では北族八姓の人数そのものの変化がなく、漢人名族では河東の裴氏と薛氏が相変わらず開国公を保有し続けている。更に漢族五姓（具体的には崔光）の開国公も出現している。なお侯爵においては北族八姓の割合が高まっている。

（３）－11　北魏後期における爵位の特徴

　これまでの検討をまとめると以下の事が指摘できる。孝文帝改革後も胡族の爵位が高く、漢族の爵位が低い傾向が続く。また高い爵位を保有する階層の人数はほぼ変化がなく、爵保有者の固定化が見られる。

　北魏の全時期を通した爵保有者の構造は、高い爵位を持つ胡族の階層が建国時から固定されており、それは孝文帝改革を経ても変化が無い。特に宗室十姓（長孫氏）や北族八姓（穆・尉・陸氏）の特定の一族が代々高い爵位を保有し続けている。外戚・宦官が恩寵的な賜爵により高い爵位を得ることもあるが、代々は続かない。漢族は基本的に胡族より低い爵位に抑えられ、南朝からの帰順など大功を立ててはじめて高い爵位を保有する階層に参入できる。

　次節ではこれまでの検討をまとめた上で両晋と北魏の比較を行いたい。

310 第一部　北魏の爵制に関する研究

第四節　両晋と北魏の爵保有者の構造および爵制運用の比較

　ここまで検討してきた両晋と北魏の爵保有者の構造についてまとめながら比較したい。まず、西晋・武帝の即位直前である咸熙元（二六四）年に五等爵が施行され、600余人に賜爵されたが、更に泰始元（二六五）年には武帝受禅による賜爵が行われている。この際の受爵者について、公・侯爵という高い爵位は建国の功臣や蜀漢・孫呉平定に高い功績がある臣下や司馬氏と姻戚関係を持つ臣下が該当した[52]。次に恵帝期に入ると外戚が台頭し、功績によらない恩寵的な賜爵が行われた。この時の濫賜により受爵者が数千人になり、五等爵保有者も増大している[53]。懐帝・愍帝期になると名族や呉出身者の爵保有者が増え、恩寵的な賜爵も続いている。東晋・元帝期に入ると北来名族・江南豪族の爵位が高まった。明帝期は王敦の乱の平定に関する論功行賞が行われたが、皇帝が恣意的に功績を査定していた。そして外戚が自ら受爵を辞退する風潮が始まる。成帝期では西晋・愍帝期の賜爵を一旦削った上で再度賜爵が行われ、陶侃・郗鑒が公爵となった。中期では軍閥が台頭し、末期になると陳郡謝氏が台頭する一方、江南豪族の爵保有者が存在しなくなる。以上が両晋の爵保有者の構造の変遷である。

　北魏前期においては、道武帝が皇始元（三九六）年に五等爵制を施行したが、天賜元（四〇四）年には四等爵に減らした上で降格が行われ、王爵は皇子と異姓の元功上勲者、公爵は宗室と始蕃王、侯・子爵は諸公が対象となった。この時点で王爵は10人、公爵は22人、侯爵は79人、子爵は103人、計215人とされている。また同年、部族解散により業を失った者2000余人に賜爵された。建国初期から胡族は高い爵位、漢族はそれより低い爵位を保有していた。明帝期は胡・漢（司馬氏）の上層と外戚が高い爵位を占める。太武帝期には華北統一が成り、軍功や帰順による王爵が急増する。ただし、北涼を征服した際に帰順した漢族へはあまり賜爵していない。この時期、襲爵時の降格を施行していたが[54]、基本的に爵保有者の構造は変化していない。文成帝期は恩寵的な賜爵が行われ

外戚・宦官が台頭する。献文帝期は薛安都の北魏への帰順に関連した賜爵が多い。孝文帝改革前は外戚・宦官・恩倖の爵保有者が増える。改革後は例降が行われたが構造に変化は無く、高い爵位は胡族が占めている。宣武帝期では裴叔業の帰順に関連した賜爵が多く、また外戚が台頭してくる。孝明帝期はほぼ同様である。

　以上、両晋と北魏の爵保有者の構造は、高い爵位は支配層（建国の功臣、両晋は北来名族、北魏は胡族上層）が占めているという点では共通していると言えよう。特に大きな軍功があれば高い爵位を得、その集団に参入できる点も共通である。しかし、支配的な集団の性質に関わる問題に相違が見られた。両晋では北来貴族が安定的に高い爵を持つが、北魏ほど固定されていない。北来名族の中でも高い爵位を持つ一族に入れ替わりがあった。一方、北魏では胡族は高い爵位を持つ階層が固定されており、それは孝文帝改革を経ても変化が無かった。

おわりに

　本章では両晋と北魏における爵制の共通的な構造を解明した上で、両者の特質を明らかにした。両晋では高い爵位を保有する北来名族の中でも浮沈がみられたが、このことは南朝貴族社会が安定的固定的ではなく不安定で流動的であったとの指摘[55]を爵制の面からも補強するものと考えられる。一方、北魏では北族八姓を中心とした胡族上層部が建国初期から孝文帝改革を経た後も高い爵位を保有し続けることが確認できた。孝文帝改革後の支配層に関する先行研究では、漢族の政治的地位が絶対的とする説[56]、胡族上層部が優先的であったとする説[57]、胡族が優先的なだけではなく漢族の官僚が減るという指摘[58]、胡漢双方の上層部が独占し下層を排除したとする説[59]、胡族を一部の支配層と圧倒的多数の下層に分断したとする説[60]などがあるが、今回検討した結果、少なくとも爵制の面では胡族上層部が常に優先的であるという結論が得られた。

　今後、南北朝の爵制の更なる展開について検討する際には、南朝については宋・斉・梁・陳の爵保有者は武人の割合の方が増え軍功爵としての意味が大い

312　第一部　北魏の爵制に関する研究

に増すと指摘されているため[61]、このような爵位と軍功との関係について追究したい。

注

（1）　谷川道雄『隋唐帝国形成史論』（筑摩書房、一九七一年。増補版一九九八年）。

（2）　岡田和一郎「北朝国制史の研究動向」（『中国史学』第二四巻、二〇一四年）。

（3）　宮崎市定『九品官人法の研究』「北朝の官制と選挙制度」（東洋史研究会、一九五六年）。

（4）　川合安「北魏・孝文帝の官制改革と南朝の官制」（『昭和62・63年度特定研究報告書　文化における「北」』、一九八九年）。

（5）　閻歩克「論北朝位階体制変遷之全面領先南朝」（『文史』二〇一二年第三輯）。

（6）　第一部第一章で述べたように、北魏王朝は建国初期から五等爵制が導入された。更に北魏では建国初期からしばらくは関内侯や列侯という二十等爵制も一部併用していた形跡が見られる。この点も両晋と共通している。張金龍『北魏政治史』巻二（甘粛教育出版社、二〇〇八年）参照。

（7）　川本芳昭「魏晋南北朝時代における民族問題研究についての展望」（第一回中国史学国際会議研究報告集『中国の歴史世界——統合のシステムと多元的発展』、東京都立大学出版会、二〇〇二年）。

（8）　佐川英治「東魏北斉革命と『魏書』の編纂」（『東洋史研究』第六四巻第一号、二〇〇五年）。

（9）　『晋書』巻二、文帝紀、咸熙元（二六四）年七月「始建五等爵」。

（10）　張学峰「西晋諸侯分食制度考実」（『中国史研究』二〇〇一年一期）。

（11）　前掲注（3）宮崎市定著書「魏晋の九品官人法」参照。

（12）　越智重明『魏晋南朝の政治と社会』（吉川弘文館、一九六三年）第二篇第四章「五等爵制」。

（13）　前掲注（10）張学峰論文参照。

（14）　渡邉義浩「西晋における五等爵制と貴族制の成立」（二〇〇七年初出。同『西晋「儒教国家」と貴族制』、汲古書院、二〇一〇年再収）。

（15）　蜀・呉平定の後、現地の士人に爵が与えられなかった点については『華陽国志』巻一二所収の益梁寧三州の西晋以来の士人51人のうち封爵が与えられたのはわずか2人であったことが指摘されている。楊光輝『漢唐封爵制度』（学苑出版社、

補論二　爵保有者の階層にみる両晋・北魏の爵制運用の比較　313

二〇〇一年）。

(16)　宮川尚志『六朝史研究　政治社会篇』（日本学術振興会、一九五六年）。

(17)　前掲注（３）宮崎市定著書「魏晋の九品官人法」参照。

(18)　安田二郎「西晋武帝好色攷」（一九九八年初出。同『六朝政治史の研究』、京都
　　大学学術出版会、二〇〇三年再収）。

(19)　葭森健介「西晋における吏部官僚、西晋期における政治動向と吏部人事」（『名
　　古屋大学東洋史研究報告』二三号、一九九九年）。

(20)　竹園卓夫「八王の乱に関する一考察」（『東北大学東洋史論集』七、一九九八年）。

(21)　袴田郁一「両晋における爵制の再編と展開、五等爵制を中心として」（『論叢ア
　　ジアの文化と思想』二三、二〇一四年）。

(22)　前掲注（21）袴田郁一論文参照。

(23)　前掲注（14）渡邉義浩論文参照。

(24)　越智重明『魏晋南朝の政治と社会』（吉川弘文館、一九六三年）第二篇第四章「五
　　等爵制」。

(25)　川勝義雄『六朝貴族制社会の研究』（岩波書店、一九八三年）および金民寿「東
　　晋政権の成立過程──司馬睿（元帝）の府僚を中心として」（『東洋史研究』第四
　　八巻第二号、一九八九年）。

(26)　矢野主税「東晋初頭政権の性格の一考察」（『社会科学論叢』一四、一九六五年）
　　および同「東晋における南北人対立問題──その政治的考察──」（『東洋史研究』
　　第二六巻第三号、一九六七年）。

(27)　田余慶『東晋門閥政治』（北京大学出版社、一九八九年）。

(28)　前掲注（16）宮川尚志著書参照。

(29)　金民寿「桓温から謝安に至る東晋中期の政治──桓温の府僚を中心として」（『史
　　林』七五巻一号、一九九二年）。

(30)　田中一輝「東晋初期における皇帝と貴族」（『東洋学報』九二巻四号、二〇一一年）。

(31)　前掲注（30）田中一輝論文参照。

(32)　唐長孺「王敦之乱与所謂刻碎之政」（『魏晋南北朝史論拾遺』、中華書局、一九
　　八三年）。

(33)　前掲注（30）田中一輝論文参照。

(34)　前掲注（30）田中一輝論文参照。

(35)　前掲注（30）田中一輝論文参照。

314　第一部　北魏の爵制に関する研究

(36)　前掲注（18）安田二郎論文参照。

(37)　前掲注（25）川勝義雄著書参照。

(38)　前掲注（30）田中一輝論文参照。

(39)　前掲注（15）楊光輝著書参照。

(40)　前掲注（10）張学峰論文参照。

(41)　前掲注（29）金民寿論文参照。なお桓温の死後、朝廷の政務は琅邪王彪之・王坦之・謝安により総轄され江東豪族と再び緊密になっていることも指摘されている。

(42)　周一良「南朝境内之各種人及政府対待之政策」（一九三八年初出。同『魏晋南北朝史論集』、中華書局、一九六三年再収)。

(43)　前掲注（21）袴田郁一論文参照。

(44)　前掲注（25）金民寿論文参照。

(45)　胡鴻「評議：岡部毅史《関於北魏前期的位階序列——以対爵与品的分析為中心》」（『第四届中国中古史青年学者国際研討会会議論文評論集』、二〇一〇年)。

(46)　第一部第二章「北魏前期の爵制とその特質——仮爵の検討を手掛かりに——」参照。

(47)　北魏へ亡命した司馬氏の爵位が非常に優遇されていた点については、堀内淳一「北魏における河内司馬氏——北朝貴族社会と南朝からの亡命者——」（『史学雑誌』一一九編九号、二〇一〇年。同『北朝社会における南朝文化の受容』、東方書店、二〇一八年再収）参照。

(48)　第一部第二章参照。

(49)　太和十六（四九二）年正月に実施された、道武帝以降の子孫のみを王爵の対象とし、それ以外の王爵を持つ者を公に降格し順次繰り下げる措置。『魏書』巻七下、高祖紀下、太和十六年正月の条に、「乙丑、制諸遠屬非太祖子孫及異姓爲王、皆降爲公、公爲侯、侯爲伯、子男仍舊、皆除將軍之號」とある。

(50)　爵位に伴う封土の有無を示す措置。開国の号を付された封爵は封土を伴う実封であり、食邑～戸と併記され、開国の号を付されない、即ち封土を伴わない虚封と区別された。

(51)　裴叔業に対する賜爵は、彼自身は南朝で病没したため、実際には孫の譚が襲爵している。『魏書』巻五九、裴叔業伝。

(52)　前掲注（14）渡邉義浩論文参照。

(53)　王安泰『開建五等——西晋五等爵制成立的歴史考察』（花木蘭文化出版社、二

〇〇九年）。

(54)　太武帝期には襲爵時の降格の事例が散見されるが、特に異姓王を減らそうとした痕跡がみられる。『魏書』巻二九、奚斤伝附他観伝に、「長子他観、襲爵（弘農王）。世祖曰、斤関西之敗、國有常刑。以其佐命先朝、故復其爵秩、將收孟明之効。今斤終其天年、君臣之分全矣。於是降他観爵爲公、除廣平太守。」とあり、敗戦したにもかかわらず受爵者本人の功績が勘案され存命中は王爵を復されていたが、襲爵時には降爵されている。このような異姓王の襲爵時の降格は、宗族十姓では長孫観を除く四名全員の襲爵者が、北族八姓では穆翰・樓伏連の襲爵者が公に降格されている。つまり太武帝は皇子の子孫は王爵を襲うことを認めるが、それ以外の王は受爵者本人に限定したと考えられる。しかしこの措置は不徹底であった。『魏書』巻二五、長孫道生伝附観伝に、「抗子観、少以壮勇知名、後襲祖爵上黨王。時異姓諸王、襲爵多降爲公、帝以其祖道生佐命先朝、故特不降。」とあり、祖先の功績が勘案され降格されない場合もあった。

(55)　川合安『南朝貴族制研究』（汲古書院、二〇一五年）。

(56)　内田吟風「北朝政局に於ける鮮卑及諸北族系貴族の地位」（一九三六年初出。同『北アジア史研究――匈奴篇』、同朋舎、一九七五年再収）。

(57)　前掲注（３）宮崎市定著書「北朝の官制と選挙制度」および長堀武「北魏孝文朝における君権安定策とその背景」（『秋大史学』三二、新野・諸戸両先生還暦記念号、一九八五年）。

(58)　吉岡真訳「Ｊ・ホルムグレンの、新たな北魏征服王朝国家論」（『福大史学』六八・六九、二〇〇〇年）。

(59)　吉岡真「北朝・隋唐支配層の推移」（岩波講座『世界歴史』九、岩波書店、一九九九年）。

(60)　川本芳昭『魏晋南北朝時代の民族問題』（汲古書院、一九九八年）。

(61)　前掲注（15）楊光輝著書参照。

316　第一部　北魏の爵制に関する研究

> 両晋の出典は主に『晋書』の本紀および列伝（＊『晋書』と記載が異なる場合については個別に検討）
> ＜凡例＞
> 県…県侯　／　郷…郷侯　／　亭…亭侯　／　列…列侯　／　関…関中侯と関内侯
> 不…五等爵か列侯か不明　／　五…五等侯　／　無…無爵

> ●北来名族…後漢において有力官僚を出した家で、しかも三国時代を経て西晋まで連続して有力官僚を出している家（矢野主税「東晋における南北人対立問題──その政治的考察──」（『東洋史研究』26-3、1967年）
> 広漢王氏、山陽王氏、太原温氏、陳国何氏、陳留高氏、魯国孔氏、博陵崔氏、南陽張氏、滎陽鄭氏、南陽鄧氏、弘農楊氏、泰山羊氏、陳郡袁氏、琅邪王氏、陳郡謝氏、河東裴氏、范陽盧氏、博陵崔氏。
> ●江南豪族…孫呉の臣として孫呉の領域に永住。呉の四姓（顧氏、陸氏、朱氏、張氏。顧・陸両氏は特に東晋で活躍し江南豪族の頂点）。会稽賀氏・孔氏・謝氏。荊州の江南士人は武陵潘氏、長沙鄧氏、南平車氏、桂陽羅氏。
> ●江南田舎豪族（川勝義雄『六朝貴族制社会の研究』（岩波書店、1983年）…呉興沈氏・陽羨周氏。
> ●呉…丹陽朱氏、紀氏、唐氏、刁氏、内氏、広陵張氏、沛薛氏、臨江甘氏は北来士人だが南人化。／銭唐褚氏、范氏、富春の孫氏（呉郡南部）／山陰張氏、永興夏氏、余姚虞氏（会稽郡）／紀氏、陶氏、葛氏、許氏、楽氏、王氏（丹陽）
> ●呉寒門…必ずしも武事を得意としないが、文官では出仕しにくいため武官となっている寒門が多かった（宮川尚志『六朝史研究　政治社会篇』（日本学術振興会、1956年）。会稽郭氏・楊氏・丁氏。
> ●北来流入兵団（川勝義雄前掲書）…郗鑒・祖逖・蘇峻・劉遐。
> ●軍閥…譙国桓氏。

表1　西晋・武帝期における爵位の内訳

	公	侯	伯	子	男	県	郷	亭	列	関	不	無
北来名族	14	12		1		5	1	6	1	2	1	22
北人豪族		1										2
北人	8	8	5	3	2	6	1	2	2	9		53
北人寒門						1		1		1		3
外戚	2	1					1	4		1		3
宗室												1
江南豪族												6
田舎豪族												1
呉									4			14
蜀											1	4
不明											2	
計	24	22	5	4	2	12	3	13	7	14	3	109

補論二　爵保有者の階層にみる両晋・北魏の爵制運用の比較　317

表2　西晋・恵帝期における爵位の内訳

	公	侯	伯	子	男	県	郷	亭	列	関	不	無
北来名族	9	6			1	4	1	2		1	1	14
北人豪族	1											3
北人	15	6	1	2	3	3		6	2	3		46
北来兵団	1						1					2
北人寒門	1			1	1	1						9
外戚	3	1						1				2
宗室												1
江南豪族			1					1		1		4
田舎豪族												1
呉宗室	1					1						
呉						1		1				10
呉寒門		1						2				
蜀		4								1		1
胡												1
不明	5	1										
計	36	19	2	3	5	10	1	13	3	6	1	94

・公か侯は4人…すべて不明（有爵者の数に含む）

表3　西晋・懐帝期における爵位の内訳

	公	侯	伯	子	男	県	郷	亭	列	関	不	無
北来名族	8	4	1	1	1	2		1				6
北人豪族	1											2
北人	7	5			3			2				30
北来兵団	1					1		1				4
北人寒門				1	1							3
外戚								1				
江南豪族		1	1			1	1					
田舎豪族								1				
呉		1				1	1	2		1	1	6
呉寒門		2					1	1				
蜀												2
不明												2
計	17	13	2	2	5	5	3	9		1	1	55

318　第一部　北魏の爵制に関する研究

表4　西晋・愍帝期における爵位の内訳

	公	侯	伯	子	男	県	郷	亭	列	関	不	無
北来名族	5	5				2		1				1
北人豪族												2
北人	6	2	1	1	2			4			1	15
北来兵団	1					1						5
北人寒門				1		1				1		5
江南豪族	1					1	1	2				1
田舎豪族						2						
呉		1				2		2		2		3
呉寒門		2										
蜀												2
計	13	10	1	1	3	8	1	9		3	1	34

表5　東晋・元帝期における爵位の内訳

	公	侯	伯	子	男	県	郷	亭	列	関	不	無
北来名族	8	5		1		1		1				15
北人豪族	1											1
北人	2	4			1		3	4				24
北来兵団	1											5
北人寒門					1	3				1		7
外戚								2				
江南豪族	2	1	3				1	2				3
田舎豪族						2	1	1				2
呉		3	1			3		3		2	1	12
呉寒門		2										3
軍閥												2
不明								1				1
計	14	15	4	1	2	9	5	14		3	1	75

表6　東晋・明帝期における爵位の内訳

	公	侯	伯	子	男	県	郷	亭	列	関	不	無
北来名族	9	2	1	1		2		2				6
北人	2	2	1			4	1	1				12
北人寒門	1									1		4
北来兵団	2	1				1	1					3
外戚	1							1	2			
江南豪族		1	1				1	1				4
田舎豪族						1						
呉		1	1	2		3	1			2	1	9
呉寒門		1						1				2
軍閥				1								1
計	15	8	4	3	1	11	4	6	2	3	1	41

表7　東晋・成帝期における爵位の内訳

	公	侯	伯	子	男	県	郷	亭	列	関	不	無
北来名族	5	2			1	3	1	1		1		3
北人	3	3	2	1	2	8	2					10
北人寒門			1		1		1	2				1
北来兵団	4		1			1						2
外戚					2	1		4	1			
江南豪族	1		1	2	1			1				2
呉		2	2			2			1	1	1	1
呉寒門	2		2					2				2
軍閥					1							1
計	15	7	9	3	8	14	5	10	2	2	1	22

320　第一部　北魏の爵制に関する研究

表8　東晋・中期における爵位の内訳

	公	侯	伯	子	男	県	郷	亭	五	関	不	無
北来名族	2		2			3	1	1		1		21
北人	1	2	1	2	1	2	3				1	23
北人寒門	3		1						2			2
北来兵団	2						1					
外戚							1	4				6
江南豪族			1	1								9
田舎豪族												2
呉		1	3				1					12
呉寒門	1		1									3
軍閥	4				4						1	
不明											1	1
計	13	3	9	3	6	7	5	5	2	1	3	79

表9　東晋・末期における爵位の内訳

	公	侯	伯	子	男	県	郷	亭	五	関	不	無
北来名族	19	2	3			3		3			1	27
北人	9	2		3	4	2	2				1	31
北人寒門	2						1		1			6
北来兵団	3						1					
外戚							1					20
江南豪族												7
田舎豪族												1
呉							1			1	1	3
呉寒門	1		2									2
蜀	1											1
軍閥	6	5		1		3						9
計	41	9	5	4	4	10	4	3	1	1	3	107

北魏の出典は主に『魏書』の本紀および列伝（『魏書』と記載が異なる場合については個別に検討）
●宗族十姓…拓跋力微の祖父隣の兄弟や伯父などの子孫。拓跋氏を除く胡・周・長孫・奚・伊・丘・亥・叔孫・車氏。
●北族八姓…孝文帝による姓族詳定にて最高とされた穆・陸・賀・劉・楼・于・嵇・尉氏。
●内入諸姓…梁・茍・羅・封・和・庾・呂・盧・山・莫・韓・高・屈・宿・乙・古・樓・婁氏。
●四方諸姓…陳・費・薛・朱氏。
●漢族五姓…貴族としての社会的声望が最も高く、かつ婚姻ネットワークを形成していた名族を指す。范陽盧氏・清河崔氏・滎陽鄭氏・太原王氏・趙郡李氏・隴西李氏。

●漢族一流…五姓についで貴族的性格の強い名族を指す。勃海高氏・広平宋氏・勃海封氏・弘農楊氏・河東裴氏・河東柳氏・河間邢氏・京兆韋氏・京兆杜氏・博陵崔氏。
●漢族二流…地方の有力宗族ではあるが、上記の一流名族よりは望が低いとされる名族を指す。范陽祖氏・広平游氏・中山劉氏・清河傅氏・河東薛氏。
●地方望族…二流名族につぐもので、二流名族と近接して交流をも有する地方の有力望族を指す。太原張氏・中山張氏・長楽潘氏・勃海李氏。

表10　北魏・道武帝期における爵位の内訳

	公	侯	子	男	関	無
宗室十姓	4	2				2
北族八姓	2	3	2	1	1	2
内入諸姓	4	8	3	1		2
四方諸姓		1				
その他胡	2	3	1	1		1
外戚	3	1				1
漢族五姓		1				1
漢族一流			1			
漢族二流			1			
その他漢		6	3		1	11
不明		1				
計	15	26	11	3	2	21

表11　北魏・明元帝期における爵位の内訳

	王	公	侯	子	男	関	列	無
宗室十姓		5	3	2				3
北族八姓	1	4	3		1	1		5
内入諸姓		3	5	1				3
四方諸姓		1		1				
その他胡		3	5				1	7
外戚		3						
漢族五姓		2		1				1
漢族一流			1					
漢族二流			1					
その他漢		4	11	6				7
不明			2					
計	1	25	31	10	2	1	1	26

322　第一部　北魏の爵制に関する研究

表12　北魏・太武帝期における爵位の内訳

	王	公	侯	伯	子	男	関	無
宗室十姓	5	15	11		6	1		
北族八姓	2	10	5		6	3	1	5
内入諸姓	1	19	10		4	7		2
四方諸姓						1		1
その他胡	3	20	9	1	5		1	2
外戚	3	10	3		1	1		
漢族五姓		5	8	1	9	2		6
漢族一流			1		5			4
漢族二流		1	4		1			2
地方望族								1
その他漢	2	15	28		17	6		28
宦官		4	1		3			1
不明		2	1					
計	16	101	81	2	57	21	2	52

表13　北魏・文成帝期における爵位の内訳

	王	公	侯	子	男	無
宗室十姓	3	6	6	3		
北族八姓	5	7	5	5	1	4
内入諸姓	4	7	7	3	1	3
四方諸姓		1	1	1	1	
その他胡	3	5	3	2		4
外戚	11	22	10	3		1
漢族五姓		3	7	6	1	6
漢族一流			1	4	1	5
漢族二流			2	1	1	2
その他漢	2	20	19	8	4	19
宦官		4	1	2	1	
不明			1	1		
計	28	75	63	40	11	44

補論二　爵保有者の階層にみる両晋・北魏の爵制運用の比較　323

表14　北魏・献文帝期における爵位の内訳

	王	公	侯	子	男	無
宗室十姓	2	5	2	3		1
北族八姓	7	7	3	6	1	6
内入諸姓	4	9	5		1	6
四方諸姓		1			1	1
その他胡	4	5	4	2	1	3
外戚	7	3				
漢族五姓		2	10	4	1	6
漢族一流			2	4	3	7
漢族二流		1	5	1		2
地方望族		1				
その他漢	1	19	19	11	2	19
宦官		4	2	1		
不明		2	2	1		
計	25	58	55	33	10	51

表15　北魏・孝文帝改革前における爵位の内訳

	王	公	侯	伯	子	男	無
宗室十姓	2	5	3		2		2
北族八姓	8	7	3		7	1	8
内入諸姓	6	8	6				4
四方諸姓	2	2				1	1
その他胡	5	4	4	1	2		4
外戚	8	3	5	1	1		1
漢族五姓		6	10		6	1	17
漢族一流			1		8	1	16
漢族二流		3	4			1	3
その他漢	1	22	21	1	12	3	36
宦官	3	7	3		3	1	1
恩倖	1	2	3	1			1
不明			2				1
計	36	69	65	4	41	9	95

324　第一部　北魏の爵制に関する研究

表16　北魏・孝文帝改革後における爵位の内訳

	公	侯	伯	子	男	無
宗室十姓	2	1				1
北族八姓	8	2		4		19
内入諸姓	3	4	1			6
四方諸姓		1			1	2
その他胡	3	3	2		1	3
外戚	4					
漢族五姓		4	10	7	1	30
漢族一流		2	1	7	2	31
漢族二流	2	1	2	1	1	3
地方望族						3
その他漢	2	9	14	11	3	54
宦官	2	4	1	1		5
恩倖	2		1			2
不明						1
計	28	31	32	31	10	160

表17　北魏・宣武帝期における爵位の内訳

	公	侯	伯	子	男	無
宗室十姓	2	1			1	1
北族八姓	8	2		2	1	18
内入諸姓	1	2	1	1		6
四方諸姓		1			1	2
その他胡	4	1		1	2	11
外戚	9	1				2
漢族五姓		3	11	4	3	35
漢族一流	1	3	4	9	7	51
漢族二流	2	1	1	1	1	12
地方望族					2	4
その他漢		11	19	19	10	92
宦官	1	3	1		2	3
恩倖	3		1	1		6
計	31	29	38	38	30	243

表18　北魏・孝明帝期における爵位の内訳

	公	侯	伯	子	男	無
宗室十姓	2	2			1	
北族八姓	8	8		2	1	23
内入諸姓	1	2	1			7
四方諸姓					1	2
その他胡	6	5	1	3	3	17
外戚	4	4				1
漢族五姓	1	1		5	3	73
漢族一流	2	2	5	13	9	73
漢族二流	2	2		2	4	17
地方望族					2	1
その他漢			4	18	10	103
宦官	1	1	1	3	1	3
恩倖	2	2				4
計	29	29	12	46	35	324

第二部　テキストマイニング分析を用いた北魏
　　　　墓誌に関する研究

は じ め に

　第二部では北魏墓誌の銘辞部分に注目し、テキストマイニングを用いた研究を行う。具体的な検討に入る前に、本書が用いるテキストマイニング分析を含む探索的データ分析の特徴および歴史学研究に応用する意義について述べたい。

　歴史学研究に利用可能な大規模データベースは近年ますます増えており、従来は扱うことができなかったほどの大量のデータが利用できるようになった。これにより、研究者自身が関心を持ったキーワードを検索し、特定の情報を見つけることは容易になったが、その反面、すべてのデータに目を通して全体的な傾向をつかむことは困難になっている。つまり、大規模データベースの検索利便性ゆえに、却って自らの仮説に都合の良い一部のみ選び出し論じてしまう危険性は増していると言えるのではないだろうか。そこで重要になってくるのが探索的データ分析（以下、EDAと称す[1]）である。

　EDAはもともと1970年代にジョン・テューキーらによって推進された統計の方法論である。テューキーが著書の冒頭で"It is important to understand what you CAN DO before you learn to measure how WELL you seem to have DONE it[2]."と述べる通り、EDAの目的はデータで何ができるかを知ることである。つまり仮説やモデルに基づいてデータを説明・検証する前に、データの特徴をおおまかに可視化し、データから可能な仮説やモデルを探るという手法である。従ってEDAは研究プロセスの一部分であり、結論を得るためのものではない点には注意しなければならない。

　歴史学研究においても統計・地理情報・画像・自然言語など様々なデータに対するEDAが可能であるが、最も利用頻度が高いのは自然言語のテキストデータに対するものであろう。具体的にはワードクラウド・ネットワーク図・単語出現頻度グラフ・トピックモデルなどがEDAのツールとして用いられる。こ

れらはテキストマイニングとも呼ばれる。

　近年では中国史においてもEDAを用いた研究がみられるようになってきている。EDAによって史料を集計・要約・可視化することにはいくつかの重要な利点がある。たとえば、史料に対する印象の補正・仮説の発見・仮説の検証などが該当する。

　以上、第二部ではテキストマイニング分析を用いた北魏史研究を行い、EDAを活用したからこそ判明した新たな視点や結果を提示する。またその元となったデータベースやテキストマイニング分析の手法についても紹介する。

　注
（1）　探索的データ分析（Exploratory Data Analysis: EDA）には、テキストマイニング・GIS・統計学的アプローチ・ネットワーク分析などが含まれる。
（2）　Tukey, John W. (1977). Exploratory Data Analysis, *Pearson,* p. v.

第一章 デジタル・ヒューマニティーズと北魏史研究

　本章では第一節にて北魏史研究とデジタル・ヒューマニティーズとの関わり
と今後の展望を紹介し、デジタル技術を歴史研究に適用する面白さと難しさに
ついて私見を述べる。第二節では具体的な中国の石刻史料のデータベース紹介
を行う。

第一節　北魏史研究とデジタル・ヒューマニティーズの歩み

　北魏史研究について、二〇〇〇年代初頭には既に編纂史料の電子テキスト化
が進んでおり、たとえば中央研究院漢籍電子文献[1]を使ってキーワードを検
索することが可能であった。しかし、検索結果については稀にではあるが誤字
の可能性があり、また文脈についても確認する必要があるため、結局は書籍の
精読が研究の中心となっていた。たとえば正史の『魏書』を扱う場合、中央研
究院の検索方法では不向きな単語（具体的には人名は姓名併記と名のみの記述があ
るが、名のみで検索しても違う人物が多くヒットする場合など）があるため、魏書研
究会編『魏書語彙索引』（汲古書院、一九九九年）を調べ、併せて『魏書』を通読・
精読する必要があった。このようなデジタル技術の使い方は、テキストデータ
を検索する便利ツールの域を出ていなかった。

　出土史料の北魏墓誌については電子テキスト化が余り進んでおらず、基本的
には梶山智史編『北朝隋代墓誌所在総合目録』（明治大学東アジア石刻文物研究所、
二〇一三年。以下【梶山目録】と称す）にて所在を調べ図書や論文を自分で収集す
る必要があった[2]。

　以上の方法で第一部では編纂史料・出土史料から網羅的に各人物の爵位・将
軍号・官職およびその官品（ランク）を拾い出し、さらに各人物の民族（漢族か

否か)・出身地などのデータも付与し、割合を算出する手法で研究を進めた。このような悉皆調査によって一定の研究成果を出すことができたが、せっかく新しい出土史料である北魏墓誌を用いても、編纂史料の情報を補助的に追加・訂正する利用方法や整理に止まっており、研究手法が全く新しくないという不満点も残った。

　このような状況を打破するために、探索的データ分析(EDA)、その中でもテキストマイニングが大いなる可能性を秘めていると考えるようになった。なぜならテキストマイニングを使うことにより、人間の思い込みを排除し、普段は読み飛ばしてしまうテキストの特徴を抽出することが可能だからである。また計量テキスト分析を行う場合、現在では単純なコーディングであればKH Coderによって容易に実行可能となっており[3]、ツール面でも条件が整っていた。

　加えてデータの整理と分析についても切り口を変える必要があった。北魏墓誌には被葬者の官歴・事績等が記されるが、実はこの項目は序文に該当し、その後に続く銘辞という韻文形式の文学的修辞部分が主となっている。ただし歴史研究において銘辞は詩文として読み飛ばされるのが常であった。誰も注目していないが豊富にある史料の部分を使って、マイニングという宝探しができるツールを使えば新発見があるのではないか、という着想のもと、第二部の研究を始めた。

　しかし、実際に着手してみると、面白さだけではなく難しさの連続であった。

　まず北魏墓誌を収集しデータベース化を行ったが、基本的なデータベース構築に三年ほどかかってしまった。しかも、新出土墓誌は毎年のように発表されるので、現在も増補の作業は続いている。北魏墓誌のデータは【梶山目録】が基本となっており、ここに掲載された北魏墓誌は年代が判明するものが556点、年代不明の北魏墓誌が11点ある。さらに自ら収集した新出北魏墓誌を100点加え(第二部第三章)、文字情報を移録した。いわゆる下準備の時間が長くかかり、かつ、データベースのみでは研究成果にならない点に難しさを覚えた。歴史情報学の研究を進めるうえで指摘される「データ論文」が認められるようになっ

てほしいと切に願う[4]。

　次にデータ分析を行った。古典中国語（漢文）の形態素分析を高精度で行うことのできるツールは現時点では揃っていない[5]。本書ではMeCabに自分が作成した辞書（筆者が作成した墓誌の銘辞部分の語彙データを追加したもの）をコンパイルし、MeCabをKH Coderに入れ、テキストマイニングを行った。この結果、二文字熟語として27910語を抽出することができた。ただし、判別不明文字については□としたため、一文字でも□が入っている語彙を除くと、計27580語となった。また、重複している語彙を除くと19496語となった。この中で使われる頻出単語を抽出してグラフ化し、また、抽出した語彙に基づき共起ネットワーク図を作成し、相関関係を調べた。北魏墓誌の銘辞部分の共起ネットワークやクラスター分析などは初めての試みなので、面白味と新鮮味を感じた。なお、以上の手順や図については第二部第二章にて詳述する。

　最後に銘辞部分の用語の出現頻度の傾向によるグループ分けをし、社会集団分析を行った。上記の作業によって得られた数量データを元に埋葬時期・埋葬地・社会階層・民族・本貫地・性別などのメタデータを付与することで、銘辞部分に見られるジェンダーロール分析に結び付けることができた。この成果については第二部第五章・第六章にて扱う。

　KH CoderやMeCabなど大変に優れたソフトのおかげで、データの下準備をすればすぐに分析できた。さらに可視化することで語彙の中から共通点や相違点が明確化されたのは、従来の地味な手作業や文章を通読するだけでは気づけなかったことなので画期性を感じた。

　しかし、同時に難しさも存在した。北魏史研究においてデジタル技術を適用した歴史研究、特にテキスト分析は進んでいない。その理由について考えてみると、中国古代史に共通する問題点として近現代史に比べ圧倒的に史料が少なく、かつ、史料の偏在が著しいことが考えられる。たとえ網羅的に資料を集めたとしても、結論については0頻度問題が出てくる[6]。さらに長時間かけてデータベースを構築しデジタル技術を活用して分析しても、その結論が結局のところ従来の学説を補強する程度に止まれば、デジタル技術をわざわざ使う意義が

334 第二部 テキストマイニング分析を用いた北魏墓誌に関する研究

見出しにくいからだろう。しかし、従来の学説を補強するにしても数的データを示せる点は優れた魅力の一つである。何より根本的な面白さは、これまでの歴史研究では気づけなかったことが明らかになる可能性がある点だと考えている。

第二節 中国の石刻史料データベース紹介

はじめに

中国史に関する史料のデータベース化は近年、国内外を通じて活況を呈している。本節では陸続と発見・出版される石刻史料（墓誌・造像銘・石碑など石に刻まれた文字史料）をデータベース化したサイトについて紹介し、その利点や問題点について、実際に使用した率直な意見を述べたい。

（1）中華石刻数拠庫[7]

中華書局の石刻史料データベースである。二〇一九年から石刻史料のデジタル化を進め、次々とデータベースを公開している。史料の出土状況・現在の所在・著録などを簡単に紹介し、史料を文字起こしした録文および語釈・校勘などの文字情報と、拓本や原石の写真画像を載せる。このデータベースは著作ごとに4つのパートに分かれる。

1－1 漢魏六朝碑刻数拠庫[8]

石刻史料研究の大家である毛遠明（一九四九～二〇一七年）の遺著により構成されている。氏は生前に『漢魏六朝碑刻校注』（線装書局、二〇〇八年）を出版している。これは二〇〇七年までに発見された漢魏六朝の石刻史料約1400点を収集するが、その後、新たな石刻史料を増補・改訂して『漢魏六朝碑刻集釈』（二〇一六年）を著した。この遺著は紙媒体では出版されておらず、2466点の石刻史料と3000余りの拓本の画像を収録するデータベースとなっている。画像は拡大縮小のみならず文字の反転機能も備える。

第一章　デジタル・ヒューマニティーズと北魏史研究　335

1－2　三晋石刻大全(9)

劉沢民・李玉明など主編。三晋（戦国時代の趙・魏・韓。山西省の別称）地区に現存する、もしくは既に散逸した石刻史料を収録する。原則として山西省の各県ごとに一巻作り、別に山西博物院や五台山などの巻を設け、総計一二五巻、17242件の石刻史料を網羅する。形式は、簡単な史料紹介・碑文を記載し、拓本・原石の画像を掲載する。誌文の校勘は行っておらず、注釈も無い。画像の反転機能は無い。

1－3　唐代墓誌銘数拠庫(10)

彭興林主編。隋唐五代にわたる墓誌を文献史料や出土史料から集め整理し、12500件以上集めたデータベース。画像の機能は漢魏六朝碑刻数拠庫と同様であるが、誌文の校勘や注釈は無い。

1－4　宋代墓誌銘数拠庫(11)

李偉国主編。五代から元朝までの墓誌について、文献史料では約5000点、金石図書や蔵書家の拓本が約1000点、新しく出版された図書が約1500点、編者自らが買い集めた拓本が約1300点、計8800点あまりのデータベース。画像の機能は漢魏六朝碑刻数拠庫と同様であるが、誌文の校勘や注釈は無い。

（2）中華石刻数拠庫の利点と問題点

このデータベースの最大の特徴は、全文検索により石刻史料の文章や注釈など内容について検索可能になった点である。例えば北朝墓誌の内容について調べる場合、従来は【梶山目録】にて収録先を確認し、図録・論文を購入もしくは図書館などを利用しデータを取るという手法が一般的であった。このデータベースを利用すれば上記の手間が省けるという利点は大きい。もちろん当該時期の全石刻史料を網羅している訳では無いが、目録に掲載されている大部分の史料がカバーできることになる。

336　第二部　テキストマイニング分析を用いた北魏墓誌に関する研究

　ただし問題点も多い。データの流出・盗用防止のためセキュリティを高めており、それが使い勝手を大変悪くさせている。たとえば文字をコピーする場合、まずコピーしたい範囲を選択した後に「複製」を選び、別枠に表示された文字しかコピーできない仕様となっている。この手順を省略して直接コピー＆ペーストすると文字化けする。その範囲選択が一回につき200字程度、さらに一日にコピーできる上限は5000文字程度と、実用に堪えないほど制限が厳しい。なおこの上限は四つのデータベース各々の文字数ではなく、中華石刻数拠庫内を通しての制限である。そもそも有料アカウント以外からアクセスした場合、検索は可能であり一覧は表示できるが、石刻史料のデータ自体は見られないため、ここまで厳しい制限を設ける必要があるのか疑問である。

　また、石刻史料を扱う場合、録文は製作者のミスや誤読がある可能性が排除できないため、精読する際には原石の実見調査を行う必要がある。しかし現地調査にはなかなか行けない上に原石は非公開の場合もあるため、次善の策として拓本や原石の画像を参考にする。従って画像の解像度は重要な要素となってくるが、中華石刻数拠庫は画像の解像度が低く、文字の識別に堪えないものもある。また（1）1－2三晋石刻大全以外は画像の拡大縮小・文字の反転を使い細かく文字が見られる機能を備えているにも関わらず、画像データを変化させる度に一旦バラバラの画像データを読み込んだ後に再構成されるという仕組みになっており、結果として閲覧に時間がかかってしまっている。なお画像を直接コピー＆ペーストするとシャッフルされた正しくない画像が表示される。ここでも盗用を恐れる余り、非常にストレスフルな仕様になっている。

　以上、石刻史料を使った研究には必須のデータベースであるにも関わらず、使い勝手が悪い点が大変遺憾である。

おわりに

　中華石刻数拠庫は有用なデータベースではあるが、電子テキストの全文検索ができるだけに留まっており、従来の手作業を代替する便利ツールの範囲を出

ていない。これを改善する方向性としては、京都大学人文科学研究所所蔵・石刻拓本資料の無料公開サイト[12]が参考になるであろう。このサイトでは文字拓本ページの文字検索の機能を使えば、ある漢字が実際の石刻史料ではいかなる字形か一覧表示して比較できる。しかも漢字一文字表示だけではなく二文字以上の熟語にも対応している。結果を表示するのに必要な時間も短いうえ、画像データも鮮明である。石刻史料は現在の常用漢字のように字形が統一されている訳ではないので異体字を比較検討する作業が必須であるが、この機能を使えば字体が一目瞭然であり非常に有用である。惜しむらくは石刻史料の数量が少ない点である。例えば南北朝時代では846点のみである。仮にこの機能が中華石刻数拠庫にあれば、石刻史料間での字体の比較検討ができ、そのことによって偽刻（偽物の石刻史料）の字体についても明らかにできる可能性も出てくるだろう。

　また今後のデータベースの発展としてはメタデータの付与がキーになってくると考えられる。たとえばメタデータを付与して石刻史料の出土地や人物の出身地・年齢・性別などで分析できるツールがあれば、より付加価値の高いデータベースになるだろう。

　注

（１）　http://hanchi.ihp.sinica.edu.tw/ihp/hanji.htm

　　　なおコロナ禍においては、学術振興のため、本来は有料である「授権使用」の機能が二〇二〇年九月末までは無料で使えた。

（２）　中央研究院漢籍電子文献の有料版を使えば墓誌文についても結果が一部出る。

（３）　この点については樋口耕一『社会調査のための計量テキスト分析：内容分析の継承と発展を目指して』（第二版、ナカニシヤ出版、二〇二〇年）第七章第一節「計量テキスト分析の現在」参照。

（４）　データを作る労力が業績に見合わないことへの問題視については、後藤真「歴史情報学の未来」（後藤真・橋本雄太編『歴史情報学の教科書：歴史のデータが世界をひらく』、文学通信、二〇一九年）などで指摘されている。

（５）　形態素解析とは文章を意味のある最小の単位に分解して、意味や品詞など判別

338 　第二部　テキストマイニング分析を用いた北魏墓誌に関する研究

することである。古詩文斷句 v3.1というサイトは、白文を「文切り」（sentence segmentation）する性能が高い。さらに人名や地名を標点する機能もある。しかし品詞の付与はできない。

https://seg.shenshen.wiki/

（6）　漢字文献を扱う上での問題点については山田崇仁「N-gram 方式を利用した漢字文献の分析」（『立命館白川静記念東洋文字文化研究所紀要』一、二〇〇七年）参照。

（7）　中華書局古聯（北京）数字伝媒科技有限公司中華石刻数拠庫。有料アカウントを取得する際には固定IPアドレスが必要となる。

http://inscription.ancientbooks.cn/docShike/

（8）　データベースは日本で申し込む場合、同時アクセスが二つまでの海外特別価格は約60万円、同時アクセスを10までに増やすと約100万円かかる（二〇二〇年六月現在、亜東書店調べ、以下同様）。これは大学や研究所など法人に導入する際の価格となる。なお書籍の『漢魏六朝碑刻校注』は日本で購入しても15万円前後で入手可能である。

（9）　書籍は日本で購入する場合、一冊15000円〜25000円前後となり、全巻揃えると100万円を優に超える。データベースは海外特別価格で約150万円、同時アクセスが10の場合は約250万円かかる。

（10）　書籍は無く、データベースのみ存在する。海外特別価格は約250万円、1ユーザー追加するごとに約5万円かかる。

（11）　書籍は無く、データベースのみ存在する。海外特別価格は約85万円、同時アクセスが10までになると約145万円かかる。なお「宋代墓誌銘数拠庫編制説明」では李偉国自身が詳細にデータベース紹介を行っている。

http://inscription.ancientbooks.cn/docShike/shikeNewsView.jspx?id=1441252

（12）　http://kanji.zinbun.kyoto-u.ac.jp/db-machine/imgsrv/takuhon/

第二章　テキストマイニングによる北魏墓誌の銘辞の分析方法

本章では漢文テキストマイニングの手法として、二つの分析ソフトおよび具体的使用方法について解説する。第一節ではKH Coder、第二節では中國哲學書電子化計劃の仕組みと手法についての解説を行う。

第一節　KH Coderを用いた北魏墓誌の銘辞のテキストマイニング分析

はじめに

北魏墓誌は毎年のように新出墓誌が発見・報告され、文献史料の乏しい北魏史研究においては画期的な史料となっている。ただし、史料の利用方法については主に官歴や出身の部分に重点が置かれ、従来用いられてきた文献史料の内容補足や部分的修正にとどまっている場合が多い。その原因は、そもそも研究者の問題意識が国家や政治中心であることも一因であるかもしれない。しかし、より大きな要因は墓誌から得られる様々な情報のうち、墓主の履歴以外の分析方法が確立されていないことにあると考えられる。その問題点を乗り越えるため、従来の北魏史研究ではあまり扱われてこなかった墓誌の銘辞部分を、さらにテキスト分析に特化し自然言語を解析する技術を用いることで、精読中心の質的研究だけではなく、量的研究を行った。具体的には、北魏時代に定型化を確立した墓誌[1]の銘辞という、いわゆる漢詩の部分に対してKH Coder[2]を用いてテキストマイニングを行った。以下、その分析方法を示す。

（1）　方法

まず北魏墓誌を収集しデータベース化を行った。具体的には、現時点で入手

340 第二部 テキストマイニング分析を用いた北魏墓誌に関する研究

し得る北魏墓誌を悉皆調査し、エクセルファイルに手打ち入力した。前章で述べたように、【梶山目録】は、北魏墓誌のうち年代が判明するもの556件と年代不明のもの11件を掲載する。そのうち、洛陽遷都前の墓誌26件は銘辞を殆ど伴わず、平城（山西省大同）付近が出土地の中心となるため除外した。洛陽遷都後の墓誌のうち、同一墓誌（寧陵公主墓誌【梶山目録101】と元君墓誌【梶山目録102】、呂通墓誌【梶山目録310】と呂達墓誌【梶山目録315】）は１件として扱った。何俊芳「新見五方偽刻北魏墓志辨釈」（『許昌学院学報』二〇一六年一期）が偽刻を指摘する郭頴墓誌【梶山目録261】は除外した。このようにして、計564件の北魏墓誌をデータ入力した。さらに、第二部第三章にあげた【梶山目録】未掲載の新出土北魏墓誌全100件のうち、銘辞を伴う墓誌42件を追加し、計454件の銘辞を扱った。

　次にデータ分析を行った。分析するテキストは出版された墓誌の図録の釈文を一部図版によって修正しながらキーボード入力し、電子化したものを用いた。本書では墓誌の銘辞を分析するために日本語用自然言語処理プログラムMeCabおよび計量テキスト分析ソフトKH Coderを用いた。テキスト分析の核となる考え方は、文字や文の成分（POS）などの出現回数を数え上げ、文の特徴を統計的に分析しようというものである。KH Coderは内部で自然言語処理ソフトMeCab等によって文を区切り、統計ソフトRによって数え上げている。MeCabは日本語用のソフトウェアではあるが辞書を編集することで様々なテキストを成分に分割することが可能である。北魏墓誌の銘辞は一句四文字で構成され、その中で二文字ごとに意味のまとまりがある。そこで、北魏墓誌の銘辞の語彙をすべて二文字熟語の名詞として辞書を作成し、MeCabに適用した。このMeCabをKH Coderで実行し、分析及び可視化を行った。なお、MeCabは日本語解析ソフトである。日本語古文の場合は国語研のUniDicという万葉仮名、中古和文、中世文語、中世口語、近世文語、近世口語、旧仮名口語に対応した優れた辞書があるが[3]、古代中国語（漢文）辞書は自分で作らなければならなかった。そのためKH　Coderでオリジナル辞書を登録したMeCabを走らせ、分析を行った。

KH Coder用辞書の作り方については以下の通りである。ファイル形式は CSV、エクセルにて作成した。必須項目はＡ－Ｄの４カラムのみである。

> Ａ列に表層形（単語そのもの）
>
> Ｂ列に左連接状態番号（単語が左側にある時の品詞ID）
>
> Ｃ列に右連接状態番号（単語が右側にある時の品詞ID）
>
> Ｄ列にコスト（語の重要度）

　ちなみにＥ列以降は素性（「品詞」「活用」「読み」「発音」といった単語に付与される情報）を自由に設定できる。まず、Ａ列に単語（墓誌の銘辞を二文字熟語として取り出したもの）を埋めていった。次に、Ｂ列（前の単語）・Ｃ列（後の単語）は文脈を判定したい場合に用い、matrix.def（matrix＝行列、def＝定義）という定義ファイルであらかじめ連接表を設定してIDを入れていく必要があるが、今回は文脈を無視して、すべて等しく０で分析した。matrix.defは「右ID　左ID コスト加算減算値（改行）」という形式で記述する。

　1551 1855 -2433

　1551 1856 -2433

　1551 1857 -2433

　1551 1858 -2432

　右IDが1551の語の次に左ID1855の語が来ればコストを-2433するといった具合である。０はBOS/EOS（beginning of sentence/ end of sentence）で右に０なら文頭、左に０なら文末を表す。Ｄ列はコストが低い数字ほど優先されて抽出される。優先して抽出したい語には低いコスト、優先して抽出したくない語には高いコストを設定する。コストは扱うテキストにおける出現頻度などで自動設定するとよく、例えば「嗚呼」など頻出語は高いコストに設定することが考えられるが、最初はすべて等価の０にしておいて後で語に応じて設定すればよい。

　最後に、辞書設定ファイルの準備としてdicrcファイルにコスト・素性・未知語関連の設定を書く必要がある。

　cost-factor:コスト値に変換するときのスケール因子。今回は一律800とした。

　bos-feature: 文頭、文末の素性。 CSV（コンマ区切り値）で表現。

342　第二部　テキストマイニング分析を用いた北魏墓誌に関する研究

eval-size: 既知語の時、素性の先頭から何個合致すれば正解と認定するかを指定。素性を設定しないので0とした。

unk-eval-size: 未知語の時、素性の先頭から何個合致すれば正解と認定するか指定。

config-charset: ファイルの文字コードを指定。Unicodeを使って、素性を使わないため以下のように設定した。

```
cost-factor = 800
bos-feature = BOS/EOS,*,*,*,*,*,*,*,*,*
eval-size = 0
unk-eval-size = 0
config-charset = UTF-8
```

　今回の分析ではipadicのdicrcをそのまま流用した。墓誌の銘辞部分は二文字の単語が組み合わさった四句切れの韻文という特殊な文なので、四文字句の前の二文字と後ろに二文字を単純に取り出してすべて名詞として扱った。

　最後に、作成した辞書をMeCabの辞書フォルダに置き、MeCab付属の辞書リコンパイル用バイナリ（mecab-dict-index）を実行してリコンパイルした。

（2）　結果

　上述の方法にて北魏墓誌の銘辞を二文字熟語として27910語を抽出することができた。ただし、判別不明文字については□としたため、一文字でも□が入っている語彙を除くと、計27580語となった。また、重複している語彙を除くと19496語となった。つまり、判読可能な二文字熟語のうち、同じ文字の組み合わせは8084語（約29.3％）あった。また二文字熟語の表現の種類としては全19496語あり、うち、2回以上使われた熟語の表現は3432語（約17％）であり、残る約83％は1回のみの表現であった（図1）。つまり、大部分の銘辞は異なる熟語を用いており、銘辞は型にはまったものという従来のイメージを裏切る結果となった。

　銘辞部分の二文字熟語の内容について検討すると、最も多く用いられる単語

第二章　テキストマイニングによる北魏墓誌の銘辞の分析方法　343

図1　北魏墓誌の銘辞の単語出現頻度分布

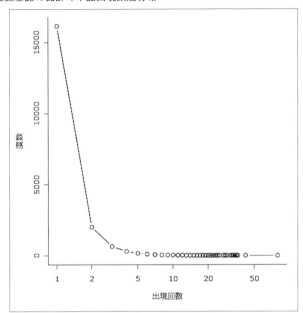

図2　北魏墓誌の銘辞の単語出現頻度

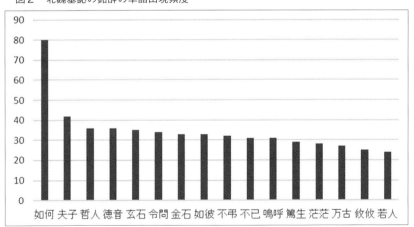

は「如何」が80例、次に多いのは「夫子」が42例である（図2）。この結果から、出現頻度上位の熟語は極めてありふれた語や感嘆詞・畳語が大部分を占めると言えよう。墓誌の銘辞部分は、離別の悲しみや墓主の賞賛という同じテーマで、しばしば典故を踏まえながら、かつ、一句四字・偶数句末に押韻という定型が決まっている。そのような制約下で、実は約83％も表現が重複していないという結果から、墓誌の銘辞は、そのルールの中で独創性が求められたことが考えられる。また、平仄や押韻を合わせるために単語を使い分けた場合も想定される。

　次に、墓誌の銘辞の内容や情報は北魏時代に共有されたのかという問題があるため、銘辞の影響関係を探ってゆく。その具体的作業として、二文字熟語として抽出した単語をKH Coderを用いて共起ネットワーク図を作成した（図3）。

　図3の右下に13語の連なったクラスターがあることが分かる。この塊についてKWICコンコーダンスにより文脈や属性を確認すると、実は穆纂・元端の墓誌がほぼ同一の銘辞を用いていたことが判明した。さらに、穆彦・趙喧の墓誌も同じ表現が複数個所見られた。そもそも銘辞は序に基づき墓主の家系や生涯などを韻文形式で表現するものなので、官歴や出身が異なれば当然、銘辞も大きく異なる。それにも関わらず、このような墓誌が存在したのは、同じ撰文者が墓誌の銘辞の大部分を使い回すいわゆる手抜きの表現であったと考えられる。これら四墓誌の墓主は出身や階層が異なるが、同じ撰文者に依頼する繋がりがあったことが想定できよう。

　おわりに

　北魏墓誌の銘辞に対してテキストマイニングを行った結果、同じ単語が使われる割合は低いことが判明した。従来の銘辞は型にはまったものという漠然としたイメージに対して、数量的に根拠を示した上で異なる結果を出すことができた。ただし大部分の銘辞は重複しないが、一方で明らかに直接の参照関係にある墓誌も少ないながら存在した。北魏墓誌では大部分の銘辞の使い回しは稀な例であったが、他の事例を見ると、銘辞の重複度合いが高いものが複数見られた。このことから、北魏墓誌では同一人物による撰文、もしくは銘辞を参照

図３　北魏墓誌の銘辞の共起ネットワーク図

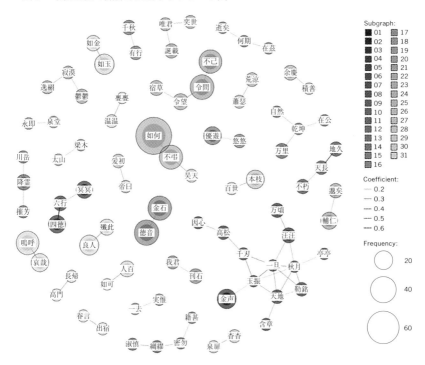

した可能性があり、もし同一撰文者であれば異なる社会階層が依頼する人物が存在したことになり、他者が参照できるのであれば文化的な交流があったことが示唆される。この点については第二部第四章にて詳述する。

第二節　中國哲學書電子化計劃の分析ツールを用いた北魏墓誌研究

はじめに

本節では中國哲學書電子化計劃（Chinese Text Project）の分析ツールを用い[4]、テキストマイニングを行う方法を示す。

（1）　方法

データセットは前節と同じく、エクセルファイルに入力したデータを二文字ごとに扱った。つまり、一文字目と二文字目を一揃いの熟語とし、同様に三文字目と四文字目も一揃いの熟語として用いた。

データ分析については中國哲學書電子化計劃（Chinese Text Project）の分析ツールを用いテキストマイニングを行った。Chinese Text Projectは主に典故を調べる際の検索サイトとして用いられているが、サイト内には分析ツールも用意されている。このツールは版権について明記すれば非営利の学術目的に限り使うことができる。分析ツールの仕組みはRを用いたフリーソフトとなるが、詳細については製作者の論文を参照されたい[5]。

まず、銘辞のデータを男女に大別した上で類似性のネットワーク図を作成した。作成手順は以下の通りである。Chinese Text Project のSimilarityの機能を使う。このツールを使うと複数の文書間の類似度の高さを数値化できる。分析には銘辞部分のテキストから未読字を取り除き、一つの銘辞を一文書として区切ったデータを用いた。銘辞には二字の語が多用されているため、Value of nを2（＝2グラム）に設定した。Normalize by length（文書の長さによる標準化）は行わない。その理由は墓誌の銘辞が短い場合は悲しみを述べる内容が中心となるが、この記述に重点が置かれてしまい、短い銘辞の類似性が高く計算されてしまうからである。これを可視化したのが図4である。分析に用いた銘辞の点数が多いため、n＝2×7以上の非常に類似性の高いものだけプロットしている。男性墓誌をグレー、女性墓誌を黒として表示している。夫婦合葬は除外している。

この類似性ネットワーク図は一つの丸が一つの墓誌銘に該当し、クリックすると線でつながっている双方の墓誌の銘辞のどの部分が実際に重複しているのか確認することができるKWICコンコーダンスの機能もある。WEB上では重複部分の文字が赤色で明示されるので一目瞭然であり、質的研究を行う際に重宝する機能である。そして元の図4の状態に戻す場合はNETWORKの機能で戻ることができる。

図4　類似性ネットワーク図

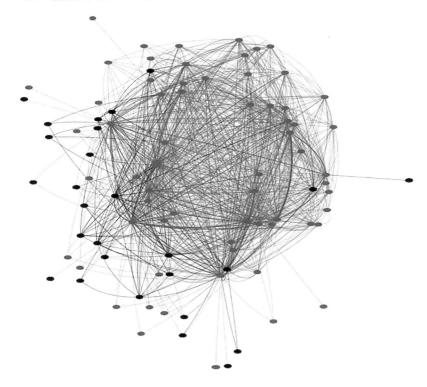

　次にワードクラウド作成機能を用いて男女別に分けた北魏墓誌の銘辞部分の上位100語のワードクラウドを作成した。ワードクラウドとは文章中に使われているキーワードを一面に表示する機能であり、その文字が使われている回数が多いほど中央寄りとなり、かつ、大きく表示される。ここでも前述の理由でn=2としている。図5が上位100語のワードクラウド（男性）、図6が上位100語のワードクラウド（女性）である。ここでは洛陽遷都後の銘辞を伴う北魏墓誌のみを扱っており、男性は356人分、女性は88人分である。

（2）　結果
　図4の類似性ネットワーク図を見ると、男女間で類似性の高い例も多いが、

348 第二部 テキストマイニング分析を用いた北魏墓誌に関する研究

図5 上位100語のワードクラウド（男性）

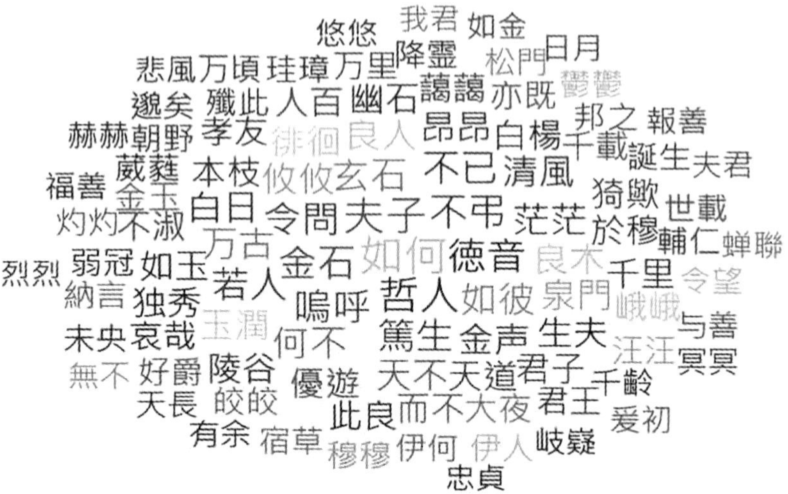

図6 上位100語のワードクラウド（女性）

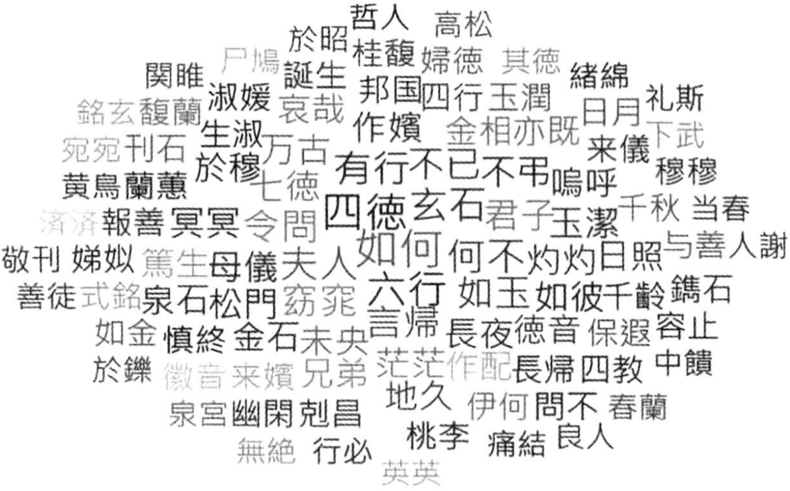

女性同士・男性同士に比較的大きなクラスターができていることが見て取れる。北魏墓誌の銘辞において実際にいかなる用語が見られるかについては、図5の上位100語のワードクラウド（男性）によると、中央寄りの使用頻度の高い単語は第一位が「如何」というありふれた言葉になるが、それ以外は「夫子」「哲人」という特徴語が確認できた。一方、図6の上位100語のワードクラウド（女性）を見ると、やはり第一位が「如何」というありふれた言葉になる点は共通するが、それ以外は「四德」「六行」など明らかに男性とは異なる特徴語が使用されていることが分かった。

お わ り に

本節の検討により、Chinese Text Projectのテキストマイニング機能は北魏墓誌の銘辞部分も分析可能であることが確認できた。さらに類似性のネットワーク図とワードクラウドを作成することで特徴を視覚的に示すことができた。この結果に対する考察は第二部第五章と第六章にて行う。

注
（1）　窪添慶文「墓誌の起源とその定型化」（二〇〇九年初出。同『墓誌を用いた北魏史研究』、汲古書院、二〇一七年再収）。
（2）　KH Coderは樋口耕一氏の開発した計量テキスト分析またはテキストマイニングのためのソフトウェアである。
（3）　https://clrd.ninjal.ac.jp/unidic/
（4）　引用元：https://ctext.org
　　　版権：https://ctext.org/tools/parallel-passages#credits
　　　You may download, save, and print any pages of the site you wish for your own private use.* You may print, photocopy, and distribute any number of copies of any pages of the site you wish for non-profit academic use only. Please include the copyright notice and URL with all copies.* You may quote reasonable amounts of text from the site (for example a few paragraphs of a text) for

350 第二部 テキストマイニング分析を用いた北魏墓誌に関する研究

illustrative purposes. * Please note that you must not use automated download software to download large numbers of pages automatically.

（5） Donald Sturgeon, 06 November 2017,Unsupervised identification of text reuse in early Chinese literature, *Digital Scholarship in the Humanities*, Volume 33, Issue 3, September 2018,pp.670–684.

第三章　新出北魏墓誌目録

　北魏研究において新出土史料である墓誌の重要性については言を俟たない。しかし、毎年陸続と出版される図録や発掘調査報告を常に網羅的に収集し、墓誌の写真・拓本・釈文の正確な情報を確認し続ける作業は負担が大きく困難を伴う。そのような状況下で梶山智史『北朝隋代墓誌所在総合目録』（明治大学東アジア石刻文物研究所、二〇一三年。以下【梶山目録】と称す。同書を用いて墓誌の所在を示す場合【梶山目録＋墓誌番号】と記す）が出版され、北朝隋代墓誌を利用した研究の基礎が築かれた。ただし、その目録も出版後10年ほど経過し、その間、さらに多くの墓誌が発見された。その増加分については各研究者が個人的に所在を把握する状態であったが、近年、中国の研究者により新しい目録が出版されている。一つ目は劉琴麗編著『漢魏六朝隋碑誌索引』（中国社会科学出版社、二〇一九年、以下『索引』と称す）であり、全六冊の大著である。前言では【梶山目録】に収集された図書が現代のものに偏っており、民国時代以前の編著がほとんどない点を指摘する。さらに最新の論文も引用して碑誌の目録を増補し、巻末には偽刻碑誌を掲載してその根拠を示すという配慮の行き届いた索引となっている。ただし、出版が二〇一九年であるため、当然ながらその後の新出土石刻史料については未掲載である。本章で扱う北魏墓誌目録は二〇二四年六月の段階まで収集したものであり、この５年の間にさらに北魏墓誌は増えている。二つ目は王連龍『南北朝墓誌集成』（上海人民出版社、二〇二一年。以下、『南北朝』と称す）であり、【梶山目録】以降の南北朝墓誌の所在を増補する。さらに官名・人名・地名の索引が付されている。官名索引は他の図書には無い項目であり、便宜が大きい。ただし、史料は目録形式とはなっておらず、一見するだけではどれが【梶山目録】未掲載墓誌か判読し難い。従って本章では『南北朝』の番号も併記し一目瞭然となるようにした。

352　第二部　テキストマイニング分析を用いた北魏墓誌に関する研究

　以上の状況をふまえ、【梶山目録】以降の新出北魏墓誌の所在について、100点を目録形式にて掲載する。さらに主要な北魏墓誌の図書については本章末の【北魏墓誌史料】にてその特徴を簡単に紹介する。

　なお、今回追加した北魏墓誌目録掲載の被葬者およびその縁者には中には、北魏史上かなり有名かつ重要な人物が散見される。これらの墓誌については注目度が高いと思われるため、特に重要な4人について紹介したい。

①元憘（咸陽王）…No.14「元禧妾申屠氏墓誌」

　「維大魏景明元年歳次庚辰二月辛未朔廿八日戊戌、侍中・太尉公・咸陽王貴妾申屠氏之墓銘」とのみ記す短い墓誌である。王連龍『新見北朝墓誌集釈』（中国書籍出版社、二〇一三年）12頁にて咸陽王憘および妾の申屠氏について詳細に検討している。

②元愉（京兆王。後に臨洮王を追封）…No.49「元愉妃楊奧妃（婉㵪）墓誌」

　大同北朝芸術研究院編著『北朝芸術研究院蔵品図録　墓誌』（文物出版社、二〇一六年）所収の殷憲「北朝芸術研究院蔵北朝墓誌的史学和書学価値」13～14頁および楊璐瑶『北朝芸術研究院蔵墓誌整理与研究』（山西大学碩士論文、二〇一九年）24～25頁にて詳細に検討する。これらの研究によると、楊奧妃は『魏書』巻二二、孝文五王列伝、京兆王愉伝に、「世宗爲納順皇后妹爲妃、而不見禮答。愉在徐州、納妾李氏、本姓楊、東郡人、夜聞其歌、悦之、遂被寵嬖。罷州還京、欲進貴之、託右中郎將趙郡李恃顯爲之養父、就之禮逆、產子寶月。順皇后召李入宮、毀撃之、強令爲尼於內、以子付妃養之。歳餘、后父于勁、以后久無所誕、乃上表勸廣嬪侍。因令后歸李於愉、舊愛更甚。」とあるが、墓誌では「恒農華陰人也」とし、出自を漢人名族の弘農楊氏に仮託していることを指摘する。

　次に、この墓誌は正光四（五二三）年四月二十九日紀年、「魏故臨洮王妃楊氏墓誌銘」と題するが、『魏書』巻九、肅宗孝明帝紀によると元愉が臨洮王を追封されたのは正光四年二月壬辰であり、墓誌と正史の記載に矛盾は無いことを指摘する。

　最後に、墓誌には子の四男一女の名前と年齢が記されており、正史の記載を補うことができるだけでなく、第三子の宝炬が西魏の文帝であるなど、西魏の

政治史研究に対しても裨益すること大であることを指摘する。

　なお板橋暁子「魏晋南北朝時代の「以妾爲妻」「以妻爲妾」について」（『東アジアの家族とセクシュアリティ：規範と逸脱』、京都大学学術出版会、二〇二二年）においても、北魏における妾という観点から楊奧妃に注目するが、その際に使用した史料は前述した『魏書』および子の元宝月墓誌【梶山目録350】のみであり、当該墓誌について言及していない。

　また関連墓誌に、No.18「王曇慈墓誌」があり、墓主が京兆王愉の育母であることが判明する。

③城陽宣王元忠…No.16「城陽宣王元忠及妻司馬妙玉墓誌」

　この墓誌で問題となるのは元忠が城陽王と記されている点である。なぜなら『魏書』巻一五、昭成子孫列伝、常山王遵伝附忠伝に、「陪斤弟忠、字仙德。少沈厚、以忠謹聞。高祖時、累遷右僕射、賜爵城陽公、加侍中、鎮西將軍、有翼贊之勤、百僚咸敬之。太和四年、病篤辭退、養疾於高柳。興駕親送都門之外、賜雜綵二百匹、羣僚侍臣執別者、莫不涕泣。及卒、皆悼惜之。謚曰宣、命有司爲立碑銘。有十七子。」とあり、城陽公のまま死去しているからである。そこで参考になるのが元忠のひ孫に該当する元偉の伝である。『周書』巻三八、元偉伝に「元偉字獻道、河南洛陽人也。魏昭成之後。曾祖忠、尚書左僕射、城陽王。」とあり、付せられた中華書局本の校勘に「據北史元忠未封王、同卷高涼王孤附曾孫那傳云、高祖時、諸王非太祖子孫者例降爵爲公。元忠是昭成之後、一般不得封王。但八瓊室金石補正卷二七太僕元公墓誌銘稱、曾祖忠、城陽宣王、或是西魏追贈。」とある。今注本二十四史『周書』（中国社会科学出版社、二〇二〇年）もこの校勘を「是也」とする。なお近年発行された点校本二十四史修訂本『周書』（中華書局、二〇二二年）においても同様の校勘が付されたままとなっている。ここで言及される墓誌は隋の大業十一（六一五）年八月二十四日紀年の元智墓誌【梶山目録1821】である。校勘では西魏における元忠への王爵の追贈を想定しているが、その前提となっているのが、彼が孝文帝の爵制改革において王爵の対象外となった道武帝より前の子孫（諸帝子孫）に該当する点である。しかし、この王爵を宗室のみに限定する例降が実施されたのは太和十六（四九二）

354　第二部　テキストマイニング分析を用いた北魏墓誌に関する研究

年であり、元忠が死去したのはそれより前の太和四（四八〇）年であるため、校勘の「一般不得封王」という指摘は当たらない。従って『魏書』では公爵となっているがそれは記載の誤りであり、実は王爵を賜与されていた可能性が考えられる。なぜなら、この『魏書』巻一五は補巻であり、記載に遺漏や錯誤が多く、たとえば中華書局本の校勘によれば同伝の「忠子暉」という記載は「忠従子暉」もしくは「（忠の弟）徳子暉」の誤りだと指摘する。なお元暉墓誌【梶山目録223】では「父冀州刺史、河間簡公」とあり、元徳の子であることが明記されているが、同伝では「忠弟徳、封河間公、卒於鎮南将軍、贈曹州刺史。」とあるため、贈官の記載については異なっている。また先行研究では、大同北朝芸術研究院編著『北朝芸術研究院蔵品図録　墓誌』（文物出版社、二〇一六年）所収の殷憲「北朝芸術研究院蔵北朝墓誌的史学和書学価値」12～13頁において、当該墓誌が王爵であることからむしろ『魏書』の記載を改め王とするべきと指摘する。なお（清）瞿中溶撰『古泉山館金石文編残稿』巻一も、「元智墓誌」の「曾祖忠、城陽宣王」という記載を元に『魏書』を改め王とするべきという立場を取る。確かに元忠の祖父遵と父素も常山王であり、例降までは王爵が続く家系であるため、忠が王であっても不自然ではない。

　ただし、元忠が王爵であった場合、『魏書』同伝では子の盛が襲爵しているので、彼が例降にて公爵になる筈であるが、その記載は無い。しかし、『周書』巻三八、元偉伝は「祖盛、通直散騎常侍・城陽公」とあるので、これも『魏書』に遺漏があり、実は例降が実施された可能性も考えられる。一方、『北史』巻一五、魏諸宗室、常山王遵伝によれば、忠は城陽公であり、盛は襲爵して卒し、子の懋が「襲爵、降爲侯」と例降の対象となっている。『北史』の記載に従えば、盛は公爵を継いだ後、例降が実施される前に死亡したことになる。元盛や元懋については他に記載がなく、本人に関連する石刻史料も無いため、現段階ではこれ以上の詳細は不明である。

　また、当該墓誌および『周書』と隋代「元智墓誌」が元忠を王爵と記すのは、生前の賜与ではなく死後贈爵の可能性もあるが、その点についても他に記載が無いので判別し難い。

第三章　新出北魏墓誌目録　355

　このような正史と石刻史料における爵位の記載の違いについて、参考となる事例を示したい。まず、諸帝子孫の元蒐は、『魏書』巻一四、高涼王孤伝附蒐伝に、「孤孫度、太祖初賜爵松滋侯、位比部尚書。卒。……子乙斤、襲爵襄陽侯。……子平、字楚國、襲世爵松滋侯。以軍功賜艾陵男。卒。子蒐、高祖時、襲爵松滋侯、例降侯、賜艾陵伯……卒、謚曰成。」とあるが、延昌年間（五一二〜五一五）の石刻史料「元蒐温泉頌」（『金石萃編』巻二八）の題は蒐を松滋公とする。また熙平二（五一七）年二月二十九日の元蒐墓誌【梶山目録179】は「襄陽公之孫……松滋公之世子……皇興二年……襲爵松滋公……謚曰成公」とあり、祖父乙斤と父平と本人がすべて公爵となっている。また延昌三（五一四）年十一月四日紀年の元珍墓誌【梶山目録145】も「征南將軍・肆州刺史・襄陽公之孫、輔國將軍・幽州刺史・松兹（滋）公之子也」とあり、公爵と記す。『魏書』巻一四も補巻であることから、本来は親子三代にわたり公爵であった可能性も考えられる。ただし、普泰元（五三一）年八月十一日紀年の元天穆墓誌【梶山目録491】では「太子瞻（詹）事・使持節・左將軍・肆州刺史・襄陽景侯之孫」とし、乙斤を侯爵とする。このことから漢魏六朝WEBの注は「（元珍墓）誌以〝公〟爲尊稱、非謂公爵。」とするが、尊称と解釈できる根拠は示されていない。また劉軍「北魏元蒐墓誌補釈探究」（『鄭州大学学報（哲学社会科学版）』第四六巻第五期、二〇一三年）では『魏書』において侯・子・男爵が死後に「謚曰某公」とされた事例から、当該墓誌における公爵も尊称であるとする。ただし、劉氏が示す尊称は死後に「（地名なし）謚号＋公」と表記されるパターンに限定されるが、当該墓誌では「松滋（地名）＋公」という表記であり、しかも銘文に生前に公爵を襲ったと明記されているため、尊称とは解釈し難いと思われる。何れにせよ、『魏書』では侯爵とするが、石刻史料では公爵とする場合が複数みられたという事実は指摘できよう。次に、北族八姓の穆亮は『魏書』巻二七によると長楽王から例降により公爵に降格された。石刻史料では、太和十八（四九四）年十一月の「孝文皇帝弔殷比干墓文」（『金石萃編』巻二七）では「長樂公丘目陵（＝穆）亮」と記載するのに対し、太和十九（四九五）年十一月の「邱穆陵亮夫人題記」（『金石補正』巻一二）では「長樂王邱穆陵（＝穆）亮」と記載し、造像

銘では王となっている。なお『魏書』によれば太和二十一（四九七）年の穆泰の反乱に関連して亮は頓丘郡開国公となったが、本人墓誌の穆亮墓誌【梶山目録53】も『魏書』と同様の頓丘郡開国公となっている。最後に、北族八姓の尉元は『魏書』巻五〇によれば例降により淮陽王から山陽郡開国公に降格され、太和十七（四九三）年七月に死去し、景桓公と諡されている。石刻史料では正光四（五二三）年三月二十三日紀年の元霊曜墓誌【梶山目録282】に「夫人河南尉氏、祖元、司徒淮陽景桓王」とあり、墓誌では淮陽王とする。このように石刻史料では『魏書』より高い爵位を称した事例が複数あるが、これらの石刻史料はすべて偽刻ではない。以上の検討から、当該墓誌が『魏書』と異なり王爵と記載していることを根拠に偽刻と判断することはできないと言えよう。

　なお薛娟「北魏《拓跋忠曁妃司馬妙玉墓誌》研究」（山西大学碩士学位論文、二〇一八年）が当該墓誌について詳細に検討しているが、王爵の問題については先述した先行研究を引くのみで自身では特に検討していない。

④薛真度…No.70「薛真度妻孫羅穀墓誌」

　梶山智史「稀見北朝墓誌輯録（三）」（『東アジア石刻研究』第七号、明治大学東アジア石刻文物研究所、二〇一七年）では録文および著録先を示すのみで内容については検討しておらず、管見の及ぶ限り専論も見つからないため、重要な点について紹介したい。

　当該墓誌は「魏故左光禄大夫・雍州刺史・庄公・敷西県開國公、薛眞度妻孫氏墓誌銘」と題する。『魏書』巻六一、薛安都伝附真度伝によると、「太和初、賜爵河北侯、加安遠將軍、爲鎭遠將軍、平州刺史、假平公。後降侯爲伯……改封臨晉縣開國公……除金紫光禄大夫、加散騎常侍、又改封敷西縣。永平中卒、年七十四。賻帛四百匹、朝服一襲、贈左光禄大夫、常侍如故、諡曰莊。」とあるので、左光禄大夫と敷西県開国公は合致する。しかし、天統四（五六八）年十二月二十三日紀年の薛懷儁墓誌【梶山目録888】では、「父眞度、東西二荊豫華陽五州刺史、金紫光禄大夫、陽平公、贈征西將軍、幷雍二州刺史、諡曰莊公。」とし、『魏書』では仮爵であった陽平公を正爵として記し、死後贈官も合致していない。

同伝では妻や妾の名は記されていないが、当該墓誌により揚州呉郡の孫氏と姻戚関係があったことが判明する。さらに同伝に「……有子十二人。……眞度諸子既多、其母非一、同産相朋、因有憎愛。興和中、遂致訴列、云以毒藥相害、顯在公府、發揚疵釁。時人耻焉。」とあり、個々の名が判明する真度の子は嫡子の懐徹、庶長子の懐吉・懐直・懐朴・懐景・懐儁の六人である。当該墓誌では孫氏が生んだ<u>懐直</u>・<u>懐文</u>・<u>懐朴</u>・<u>懐式</u>・<u>懐及</u>・<u>懐遠</u>の六人の名と官職を記す。<u>下線</u>を付した人物は『魏書』に未掲載であり、正史と墓誌の情報を合わせると十人の子の名が判明する。なお天統四（五六八）年十二月二十三日紀年の薛懐儁妻皇甫豔墓誌【梶山目録889】は「娣姒實多」と記し、**漢魏六朝WEB**の注では『魏書』の記載と合致することを指摘する。

　また関連墓誌に、No.62「薛懐吉墓誌」があり、墓主は真度の庶長子である。ここでは父真度の官職や爵位および生母については記されていない。この墓誌に関する発掘報告および内容検討については『文物』二〇二三年第一期を参照されたい。また劉軍「新出北魏《薛懐吉墓誌》補釈探究」（『唐都学刊』二〇二四年四月）、および東賢司「試作「薛懐吉墓誌銘」訳注」（『愛媛大学書道研究』一四、二〇二三年）もある。

【凡例】

1．本目録は【梶山目録】出版以降の新出北魏（三八六〜五三四年）墓誌を、埋葬された年代順に配列する。

2．本目録の番号・『南北朝』の番号・墓誌銘・埋葬年月日・西暦・著録・出土場所を記す。

3．『南北朝』に掲載されている墓誌については『南北朝』の番号を示し、未掲載の場合のみ著録先を記す。ただし『南北朝』にて著録先の情報が抜け落ちている場合は補う。

4．著録の略称に続く数字は、図録に各墓誌のナンバーが付されている場合にはその数字を、ナンバーが無い場合は頁数を示す。

5．墓誌銘の冒頭部分に偽刻？と記されている場合は、『南北朝』が偽刻とする墓誌である。

【北魏墓誌史料】中文

358　第二部　テキストマイニング分析を用いた北魏墓誌に関する研究

○王連龍『新見北朝墓誌集釈』（中国書籍出版社、二〇一三年）

○呉敏霞主編『長安碑刻』（陝西人民出版、二〇一四年）

○何碧琪主編『北山汲古：碑帖銘刻拓本』（香港中文大学文物館、二〇一五年）略称：
　北山

○詹文宏等主編『燕趙碑刻：先秦秦漢魏晋南北朝巻』（天津人民出版社、二〇一五年）

○陳爽『出土墓誌所見中古譜牒研究』（学林出版社、二〇一五年）

○趙文成・趙君平編『秦晋豫新出土墓誌蒐佚続編』（国家図書館出版社、二〇一五年）

○中国文物研究所等編『新中国出土墓誌』陝西三（文物出版社、二〇一五年）

○大同北朝芸術研究院編著『北朝芸術研究院蔵品図録　墓誌』（文物出版社、二〇一六年）

○胡戟『珍稀墓誌百品』（陝西師範大学出版社、二〇一六年）

○葉煒・劉秀峰主編『墨香閣蔵北朝墓誌』（上海古籍出版社、二〇一六年）

○羅新・葉煒『新出魏晋南北朝墓誌疏証（修訂本）』（中華書局、二〇一六年）

○斉運通・楊建鋒編『洛陽新獲墓誌（2015）』（中華書局、二〇一七年）

○中国国家博物館編『中国国家博物館蔵文物研究叢書・墓誌巻』（上海古籍出版社、
　二〇一七年）

○陝西歴史博物館編『風引薤歌：陝西歴史博物館蔵墓誌萃編』（陝西師範大学出版社、
　二〇一七年）

○斉運通・趙力光主編『北朝墓志百品』（中華書局、二〇一八年）

○楊勇『字里千秋:新出中古墓誌賞読』（江西美術出版社、二〇一八年）略称：字里千秋
　【梶山目録】未掲載の墓誌が多い。拓本は全体写真と併せて文字の拡大写真もあり
　見やすい。釈文だけではなく墓誌の背景なども考証しており有用である。埋葬年月日
　が北魏の墓誌は五方のみの収録である。

○毛遠明編著『西南大学新蔵墓誌集釈』（鳳凰出版社、二〇一八年）略称：西南大学
　　北魏墓誌は四方のみの収録である。すべての墓誌に対して拓本の全体写真・釈文・
　注釈を載せる。

○北京大学図書館金石組編『1996－2017北京大学図書館新蔵金石拓本菁華・続編』（北
　京大学出版社、二〇一八年）略称：北大続編

○司馬国紅・顧雪軍編著『洛陽北魏曹連石棺墓』（科学出版社、二〇一九年）略称：曹連

○陳朝雲『河南散存散見及新穫漢唐碑志整理研究』（科学出版社、二〇一九年）略称：
　河南散存

○毛遠明・李海峰編著『西南大学新藏石刻拓本彙釈』（中華書局、二〇一九年）

墓誌だけではなく造像記も収録する。

○余扶危・郭茂育主編『中国歴代墓誌全集』北魏巻一・二（中州古籍出版社、二〇一九年）
　略称：中国歴代
　　拓本と釈文を掲載するが、釈文にかなり間違いが多い。また、明らかに偽刻である
　墓誌が特に注釈もなく真刻と同列に掲載している場合が何点かあるため、注意が必要
　である。

○張永華・趙文成等編『秦晋豫新出土墓誌蒐佚三編』（国家図書館出版社、二〇二〇年）
　略称：秦晋三編

○斉運通撰『洛陽新獲墓誌百品』（国家図書館出版社、二〇二〇年）　**略称：洛陽百品**

○洛陽市文物考古研究院編『洛陽市文物考古研究院蔵石集粋　墓誌篇』（中州古籍出版社、
　二〇二〇年）　**略称：蔵石**

○北京大学考古文博学院・河北省文物考古研究院編著『賛皇西高北朝趙郡李氏家族墓地：
　2009－2010年北区発掘報告』（科学出版社、二〇二一年）　**略称：賛皇**

○王連龍『南北朝墓誌集成』（上海人民出版社、二〇二一年）　**略称：南北朝**
　　拓本や原石の写真は無いが、釈文を掲載し、文字の異同を注釈にて示す労作である。
　ただし、文字の異同があるにも関わらず注釈が無い場合も散見され、また時々誤字も
　あるので、完成度にはやや難がある。また本書が偽刻とするものの中には他の図録や
　報告書では真刻として扱われている墓誌があるが、偽刻とする根拠が示されていない
　ため、判断に迷う場合がある。北魏墓誌については605点収録し、【梶山目録】より増
　加しているが、これは偽刻を含んだ数字となっている。そのうえ、【梶山目録】に収
　録済みの墓誌であるにも関わらず、同書では未収録の場合があり、前言において何を
　基準に墓誌の取捨選択をしているのか明言されていない。また、その後発表された王
　連龍「私と『南北朝墓誌集成』」（『東アジア石刻研究』第九号、二〇二二年）におい
　ても「疑偽」と注記した根拠や収録の基準については言及されていない。

○上海書画出版社編『北朝墓誌精粋』第一輯・第二輯　北魏巻（上海書画出版社、二〇
　二一年）　**略称：北朝精粋**
　　【梶山目録】未収録の墓誌の拓本を多く載せる。拓本の全体写真と部分拡大写真は
　あるが、釈文は無い。

○中国文物研究所等編『新中国出土墓誌』陝西四（文物出版社、二〇二一年）

○鄭州地方史誌辦公室編著『鄭州金石誌・北魏編』（中国水利水電出版社、二〇二一年）
　略称：鄭州金石

360　第二部　テキストマイニング分析を用いた北魏墓誌に関する研究

○史家珍主編『絲綢之路沿線民族人士墓志輯釈（上下册）』（上海交通大学、二〇二一年）

○黄德寛・劉紀献編『文字墨影——中国文字博物館館蔵墓誌拓片選釈』（中州古籍出版社、
　二〇二二年）

○陳振濂主編『千唐誌斎碑銘全集』（朝華出版社、二〇二二年）

○漢魏六朝碑刻数拠庫（毛遠明教授遺著《漢魏六朝碑刻集釋》）略称：漢魏六朝WEB
　　毛遠明『漢魏六朝碑刻校注』（線装書局、二〇〇八年）の増補版。詳細は第二部第
　一章第二部参照。

【北魏墓誌史料】日文

○梶山智史「稀見北朝墓誌輯録（四）・（五）」（『東アジア石刻研究』第八・九号、明治
　大学東アジア石刻文物研究所、二〇一九・二〇二二年）略称：梶山2019・梶山2022

新出北魏墓誌目録

No.	南北朝	墓誌銘	埋葬年月日（紀年）	西暦	著録	出土場所
1	4	破多羅氏殯誌	太延元年八月	435		山西大同
2	6	韓弩真妻王億孿墓誌	興安三年正月二十六日	454		山西大同
3	7	解興墓誌	太安四年四月六日	458		山西大同
4	なし	乙弗莫瓌墓誌	太安四年四月二十一日	458	梶山2022	山西応県or臨汾
5	9	毛徳祖妻張智朗墓誌	和平元年七月二十五日	460		山西大同
6	10	梁抜胡墓誌	和平元年二年三月十五日	460		山西大同
7	なし	黄鑒墓誌	皇興三年五月二十五日	469	梶山2022	北京市房山区
8	14	韓猛妻媛馬墓銘	皇興三年十月二十日	469		河南洛陽
9	15	韓受洛抜妻邢合姜墓誌	皇興三年十二月十四日	469		山西大同
10	17	謝過酋念妻大沮渠樹焉墓誌	延興四年三月十一日	474		山西大同
11	なし	賈宝銘	太和元年十月十日	477	「山西大同北魏賈宝墓発掘簡報」（『文物』2021年第6期）	山西大同

12	24	孫惲墓誌	太和五年六月四日	481		山西大同
13	29	将奴磚誌	太和九年	485		河南洛陽
14	52	元禧妾申屠氏墓誌	景明元年二月二十八日	500		不明
15	なし	王形墓誌	景明四年三月	503	「新見北魏《王形墓誌》《封園姫墓誌》跋」(『書法』2019年第8期)	河南洛陽
16	68	城陽宣王元忠及妻司馬妙玉墓誌	景明五年十一月六日	504		山西大同
17	71	王遇墓誌	正始元年十月二十四日	504		河南洛陽
18	なし	王曇慈墓誌	正始二年？月二十七日	505	「洛陽定鼎北路北魏王曇慈墓発掘簡報」(『華夏考古』2022年第1期)	河南洛陽
19	なし	江文遥母呉夫人墓誌	正始四年正月十九日	507	字里千秋1～3頁	河南洛陽
20	96	姫通墓誌	正始五年三月中旬	508		陝西西安
21	106	孫桃史磚誌	永平二年四月	509		河南洛陽
22	104	彭成興墓誌	永平二年三月二十九日	509		陝西麟遊
23	なし	楊鈞墓誌	永平四年十一月十七日	511	梶山2022	陝西華陰
24	なし	楊安徳墓誌	永平四年十一月十七日	511	梶山2022	陝西華陰
25	124	楊老寿墓誌銘	永平四年十一月十七日	511		河南洛陽
26	145	張永墓誌	延昌二年十月二十八日	513		陝西西安
27	なし	李弼妻古鄭氏墓誌銘	延昌三年十二月二十九日	514	賛皇36頁・図版51	河北賛皇
28	なし	裴経墓誌磚	熙平元年正月五日	516	「山西侯馬虎祁北魏墓(M1007)発掘簡報」(『文物』2021年第2期)	山西侯馬
29	なし	戴双受墓誌	熙平元年二月二十四日	516	梶山2022	寧夏固原

30	191	閔道生墓誌	熙平元年十一月二十二日	516		不明
31	193	蘭幼樹墓誌	熙平元年十一月二十二日	516		河南洛陽
32	なし	呉翼墓誌	熙平三年二月十日	518	洛陽百品2	河南洛陽
33	216	卓呉仁妻蘇阿女墓誌	神亀元年四月二十四日	518		河南洛陽
34	なし	胡康墓誌	神亀元年十月九日	518	北朝精粋北魏6	不明
35	なし	楊珍墓誌	神亀二年三月六日	519	北山380	不明
36	230	李叔胤妻崔賓媛墓誌	神亀二年四月十二日	519		河北賛皇
37	なし	張稚墓誌	神亀二年十月二十七日	519	西南大学002、秦晋三編56、漢魏六朝WEB	河南洛陽
38	なし	婁氏乞伏夫人墓誌銘	神亀三年三月月二十二日	520	劉燦輝・劉斐然「北魏《乞伏英婉墓誌》考略」（『書法』2023年5月）	不明
39	247	張弁墓誌	神亀三年十一月十五日	520		不明
40	なし	王曦墓誌	正光元年十一月十四日	520	梶山2019、中国歴代1-157、北朝精粋北魏5	河南洛陽
41	なし	郱勖墓誌	正光元年十二月二十一日	520	楊宝霞・何山「北魏《郱勖墓誌》釈文校補」（『保定学院学報』第34巻第2期、2021年）	河南洛陽
42	278	王寿徳墓誌	正光二年十一月十五日	521		河南洛陽
43	280	程暐墓誌	正光二年十一月二十六日	521		河南洛陽
44	なし	張君墓誌	正光二年	521	中国歴代1-172	河南洛陽
45	なし	田寧陵墓銘文	正光二年	521	「安徽淮南銭郢孜北朝墓発掘報告」（『文物』2022年第4期）	安徽淮南
46	293	賀抜墓誌銘	正光四年二月十五日	523		河南洛陽

第三章　新出北魏墓誌目録　363

47	なし	緓顕墓誌	正光四年二月十五日	523	北朝精粋北魏 1	不明
48	なし	左文暢墓誌	正光四年三月二十九日	523	洛陽百品 3	河南洛陽
49	306	元愉妃楊奥妃（婉瀀）墓誌	正光四年四月二十九日	523	秦晋三編59	山西大同？
50	309	趙碑墓誌	正光四年八月三日卒	523		河南洛陽
51	なし	歩寿墓誌	正光四年十月二日	523	北朝精粋北魏 4	山東
52	317	王遵墓誌	正光四年十一月二十七日	523		陝西西安
53	なし	封園姫墓誌	正光四年十一月二十七日	523	「新見北魏《王彤墓誌》《封園姫墓誌》跋」（『書法』2019年第 8 期）	河南洛陽
54	330	偽刻？王節墓誌	正光五年五月十二日	524	『索引』偽刻・北魏084	河南洛陽
55	337	趙昞墓誌	正光五年八月四日	524		河南洛陽
56	なし	席詢墓誌	正光五年八月六日	524	洛陽百品 4	河南洛陽
57	351	偽刻？韓虎墓誌	正光五年十一月十四日	524		河南孟津
58	354	杜祖悦墓誌	正光五年十一月	524		陝西西安
59	383	元遵墓誌銘	孝昌元年十一月二十日	525		河南洛陽
60	375	劇逸墓誌	孝昌元年十一月二十日	525		不明
61	なし	宇文悦墓誌	孝昌二年十一月二十五日	526	北朝精粋北魏 5	河南洛陽
62	なし	薛懐吉墓誌	孝昌二年閏十一月十九日	526	北朝精粋北魏 6、『文物』2023年第 1 期	山西万栄
63	なし	封之秉墓誌	孝昌二年閏十一月十九日	526	字里千秋10～13頁、洛陽百品 5、北朝精粋 5	河南洛陽
64	424	李劌墓誌	孝昌二年十二月十二日	526		河南孟津
65	なし	賀牧及夫人侯氏墓誌	孝昌二年十二月二十七日	526	北大続編110、秦晋三編63、北朝精粋北魏 5	河南洛陽

66	427	郭崇墓誌	孝昌三年正月二十日	527		河南洛陽
67	なし	宇文旭及夫人房氏墓誌	孝昌三年二月二日	527	秦晋三編64	河南洛陽
68	458	偽刻？路寧墓誌	武泰元年三月十六日	528		陝西西安
69	なし	直顕墓誌	建義元年七月十八日	528	中国歴代2-112	河南洛陽
70	486	薛真度妻孫羅穀墓誌	建義元年八月二十三日	528		山西万栄
71	487	元顕墓誌	建義元年八月二十四日	528		河南洛陽
72	491	劉安囬磚誌	建義元年九月十日	528		河南三門峡
73	なし	曹連墓誌	永安元年十月十三日	528	秦晋三編65、蔵石014、曹連	河南洛陽
74	495	陳隆墓誌	永安元年十月二十五日	528		不明
75	494	王導墓誌	永安元年十月二十二日	528		河南鄭州
76	なし	奚融墓誌	永安元年十一月三十日	528	秦晋三編67、『青少年書法』2016年	河南洛陽
77	519	張瑣墓誌	永安二年十一月十五日	529		山西大同？
78	522	韋鮮玉墓誌	永安二年十二月十四日	529		陝西西安
79	なし	元祉墓誌銘	永安三年二月十四日	530	梶山2019、秦晋三編68、河南散存182、蔵石017	河南洛陽
80	なし	元泰墓誌	永安三年二月十四日	530	洛陽百品6、「洛陽新出北魏元泰墓誌考釈」（『文物研究』2019年第5期）、劉軍「新見北魏元泰墓誌的士族化書写」（『文物季刊』2023年3月）	河南洛陽
81	547	道仁磚誌	普泰二年閏□月十八日	532		河南三門峡
82	548	張洛磚誌	太昌元年六月二十一日	532		河南三門峡

第三章　新出北魏墓誌目録　365

83	556	元禹墓誌	太昌元年十一月十九日	532		河南洛陽
84	なし	楊思善墓誌	太昌元年十一月十九日	532	梶山2022	陝西華陰
85	なし	楊広墓誌	太昌元年十一月十九日	532	梶山2022	陝西華陰
86	なし	楊地伯墓誌	太昌元年十一月十九日	532	梶山2022	陝西華陰
87	なし	楊孝瑜墓誌	太昌元年十一月十九日	532	梶山2022	陝西華陰
88	なし	楊孝禎墓誌	太昌元年十一月十九日	532	梶山2022	陝西華陰
89	なし	楊厳墓誌	太昌元年十一月十九日	532	梶山2022	陝西華陰
90	なし	楊子謐墓誌	太昌元年十一月十九日	532	梶山2022	陝西華陰
91	なし	楊子諧墓誌	太昌元年十一月十九日	532	梶山2022	陝西華陰
92	なし	楊子誦墓誌	太昌元年十一月十九日	532	梶山2022	陝西華陰
93	なし	楊測墓誌	太昌元年十一月十九日	532	梶山2022、北朝精粹北魏7	陝西華陰
94	576	楊彦墓誌	太昌元年十一月十九日	532		陝西華陰
95	580	賈金宝墓誌	太昌元年	532		不明
96	なし	□孫墓誌銘	永熙二年二月二十六日	533	蔵石015	河南洛陽
97	なし	尹平墓誌	永熙二年十二月七日	533	「河南滎陽豫龍鎮北魏尹平墓発掘簡報」（『考古』2022年第3期）、鄭州金石16	河南鄭州
98	595	辛璞墓誌	永熙三年正月十二日	534		陝西西安
99	596	長孫遐妻王墓誌	永熙三年正月十四日	534		河南洛陽
100	598	尉州墓誌	永熙三年正月二十六日	534		山西大同？

第四章　北魏墓誌の銘辞とその撰文
——同一銘辞の問題を中心に——

は じ め に

　北朝史研究において出土史料である墓誌は年々重要性を増している。その一
方で、北朝墓誌の記事の内容は正史との照合による修訂・補完作業の範疇を超
えていない点[1]や、北朝墓誌の利用は諱や字、生没年、本貫、官歴、婚姻関
係などを知り補うことが中心となっている問題点[2]が指摘されて久しい。近
年では墓誌が出土文物であるという側面を重視した新しい手法の研究も徐々に
増え始めているが[3]、現状では依然として上述の利用法が中心であり、官職
や家族についての記述がある墓誌の序文の精読が重視され、韻文形式の銘辞は
一部の専論を除き等閑視されている。その要因は墓誌から得られる様々な情報
のうち墓主の履歴以外の分析方法が確立されていないことにあるだろう。この
問題点を乗り越えるため、本章では、量的研究を行い探索的データ分析を加え[4]、
遠読[5]（数量的な分析）と精読（質的な分析）を併用する。具体的には北魏墓誌
の銘辞を悉皆調査して全体的な傾向を示し、その中から浮かび上がった特徴的
な事例について考察することで北魏墓誌に新たな分析の視座を加えることを試
みたい。
　北魏墓誌の銘辞について最も基礎的で体系的な研究を最初に行ったのが窪添
慶文氏である[6]。この研究により北魏墓誌の形式とその定型化の具体的様相
が明らかになった。最近では中国において墓誌の文体に注目した一連の研究成
果がある[7]。このように銘辞の形式や文体の研究が進む中、最新の研究成果
として李航氏が大変興味深い事例を紹介している[8]。それは東魏の王偃墓誌（武
定元（五四三）年）と侯海墓誌（武定二（五四四）年）が別人の墓誌であるにも関

わらずほぼ同じ銘辞が使われており、双方とも偽刻ではなく同一人物の撰文による兄弟篇であったとする。また窪添慶文氏も東魏の李玄墓誌（天平五（五三八）年）と任祥墓誌（元象元（五三八）年）は、銘辞がほぼ同一で序の一部も同一文言があることを指摘し、一方が偽刻の可能性もあるとしつつも、撰者が同一人物の可能性もあるとする(9)。両氏があげた事例はすべて東魏のものであるが、実はその前の北魏時代に既に同様の事例があった。本章では北魏における同一銘辞の存在について明らかにした上で、このような現象が起こる理由について、銘辞という韻文形式の文章が北魏ではいかなる人物により作成されていたのかという点から迫りたい。

第一節　北魏墓誌における同一銘辞

　そもそも北魏墓誌において銘辞の同一表現は少なく、第二部第二章第一節で明らかにしたように、二文字熟語として約83％が一回のみの表現の使用であった。ほぼ完全に銘辞が一致する例は次節で扱う穆纂墓誌【史料１】と元端墓誌【史料２】のみであり、むしろ他の墓誌の銘辞と同じ熟語を用いることすらほとんど無かった。北魏墓誌には同族墓誌も多く存在するが、たとえ出身や官職が似通っていたとしても、同じ銘辞を使用しないのが大多数である。生前の出身や官職が極めて類似する一例をあげると、元悵【梶山目録429】と元愔【史料５】の兄弟は、墓誌の序の祖先の記述は完全に同じであり、若くして同年同日（建義元年四月十三日の河陰の変）に死亡し、死後贈官も龍驤将軍・輔国将軍のどちらも従３品である。また両者とも「昭成皇帝之八世」とすべきところを「七世」としており、さらに墓誌文の配列も曽祖・祖・父の妻は改行して一文字下げる形式であることから、兄弟で情報が共有され形が整えられた可能性が高い。これほど共通点が多い墓誌ですら、24句の銘辞の熟語は一つも同一表現が無いのである。

　このように北魏墓誌の銘辞は他人と同一表現を使わない場合がほとんどであるが、一方、同一もしくは類似する表現を用いた銘辞を持つ墓誌も数は極めて

第四章　北魏墓誌の銘辞とその撰文　369

少ないが存在する。次節ではこのような同一銘辞の具体的な事例を検討する。

（1）　穆纂墓誌【史料１】と元端墓誌【史料２】

　以下の【史料】は【梶山目録】に掲載された著録をもとに筆者が拓本と対照し校訂した録文である。異体字は正字に改めた。【史料】の重複する表現はゴチック体で示す。□は判読不明の文字を示す。なお本章の主眼は墓誌の用語の異同についての探究にあり、内容を精読する質的研究は補完的に行う。そのため序の一部を省略し、書き下しは論旨に関わる部分のみに止める。

【史料１】　穆纂墓誌銘【梶山目録245】

魏故東荊州長史征虜將軍潁川太守穆君墓誌銘

君諱纂、字紹業、洛陽人也。侍中・大尉公・黄鉞將軍・宜都貞公崇之後、冠軍將軍・散騎常侍正國之孫、司徒左長史・駙馬都尉長成之子。高祖跋、爰登太尉、而七曜貞明。曽祖壽、乃作司徒、而五品剋遜。其德禮葳蕤、洪勳彪炳、旣陸離於篆素、不復具詳焉。君資岳濁之祕靈、體重明之純粹、挺琳琅以秀影、蘊衆美而成妙。至如孝踰江夏、信重黄金、百練不銷、九言剋愼。固自幼如老成、形於岐嶷矣。皇子高陽王之爲太尉公、盛簡門彦、以備行叅軍。時有結駟而求者、君高枕而應顯命。又南荊州刺史桓叔興蠻夷狂勃、背國重恩、歸投僞主。時召君爲東荊長史、加前將軍、統軍追賊。君弛文振武、撫衆威恩。士不銜枚而自嘿、馬闕袜而能強。追戰剋捷、横尸掩路。君又好文而能武。文隨風擧、武逐雲奔。若乃鋒談電飛、興連湛水、皆率然巧妙、辭旨攸攸。先覚之士、盛以爲王佐之才。若使永保遐齡、未可知也。而昊天不弔、景命云徂、折玉嶺之芳枝、落中天之素月。春秋卅、以大魏正光二年二月己亥朔十八日丙辰卒於京師宜年里宅。朝廷追傷、特贈潁川太守。弔問繽紛、相望於路。廿八日丙寅遷窆景陵之右、往而不反、嗚呼哀哉。君秀而不實、中遇嚴霜、曾落顔生之盛彩、復没天子之雄光。何以述之、銘石泉堂。素骨逐玄泉而盡、淸風與白日俱揚。其辭曰、惟海之淵、惟岳之浚(10)、瀯湛萬尋、蒙籠千刃。寔生夫子、因心作訓、總角金箱、栽(11)冠玉振。昔在簡子、有珍斯名、君之立德、恭允篤誠。秋月開霄、子與分明、長松入漢、

子與分貞。瞻彼洛矣、其水汪汪、叔度百頃、君亦洋洋。方崇上爵、以副含章、
如何如何、哲人其亡。長楊森聳、高松半雲、荒丘蕪没、寒瑬無春。何其一旦、
此地安君、暮⁽¹²⁾門風噎、爲是啼人。倒月如電、崩流迅疾、天地詎央、君生已畢。
旌挽飄飄、悲悲慄慄、不悟黄埃、覆君素秩。生榮死哀、自古先民、朱帳漸疎、
白楊已親。勒銘九泉、川馥清塵、金石雖朽、德音恆新。

【史料2】　元端墓誌銘【梶山目録433】

魏故使持節儀同三司都督相州諸軍事車騎大將軍相州刺史元公墓誌銘

君諱端、字宣雅、河南洛陽人也。其先道武皇帝之胤、献文皇帝之孫、丞相・高
陽王之長子。其神迹杳妙之形、皇基浩汗之事、故以地載羣流、乾覆萬像、篆自
帝經、妙於方策矣。君資太一之純気、稟列聖之餘塵。業賞貞固、風機萌於夙心、
發自兒童之時、故以麟止其儀、而殊於公族者也。及五典六經之籍、國策子集之
書、一覧則執其歸、再聞則悟其致。所以遠邇服其風流、朝野欽其意気。至如孝
踰江夏、信重黄金、百練不銷、九言剋順。固自幼而老成、形於岐嶷矣。宣武皇
帝訪擧皇枝、以華鳳閣、召君爲散騎侍郎。孝明皇帝初祚萬國、推賢間彦、擢君
爲通直散騎常侍・鴻臚少卿。以在棘瑜名、清風遠扇、轉除太常卿、常侍如故。
萫之撫誨、禮樂翔穆、瑤響遐著、聲聞海嶽。又遷散騎常侍・安東將軍・都督青
州諸軍事・青州刺史。君乃聲金辭闕、蕭駕東轅、玉軟載途、弓旌亦發。其教也、
不猛如成、其政也、不嚴如治。迴軒入朝、即爲度支都官二曹尚書。則能禁闈清
諸、百揆修緒。至孝昌五年、魯地寇亂、民情勃逆、以君威名遠震、除爲撫軍將
軍・都督兗州諸軍事・兗州刺史・當州都督。而僞賊羊烏兒、天欲喪乱、迷不量
力、敢聚蟻徒、侵勃州境。傾國從戎、連勢遠集、重営疊柵、囲城數匝、強心固
志、規一攻剋。君祗順所履、戮力王畧、威恩早著、風綏以禮。士不衛枚如嘿、
馬不味如無聲。師師⁽¹³⁾衆桓桓、軍徒蕭鋭、有苦同芳、矢石共當、軍賞不足、
私財斑賚、俠纊之衆、人百其勇、以實禦危、雲鋒蝁震、誓旅前驅、一鼓外潰。
功堅易於折枯、摧強甚於湯雪、偃骸積尸、野成京観、獲將献俘、千有餘級。實
乃殊機異詭、應時剋捷也。雖陳韓子房、論策語謀、何以過焉。故能建功于百代
之前、垂德于千載之下、泄雅亮於八区、震威猛於四裔。豈窺管韜天所能論其光

歟。徽遒集(14)、更遷散騎常侍・鎮軍將軍・金紫光祿大夫・安德郡開國公。而昊天不弔、景命云徂。折玉嶺之芳枝、落中天之靜月。春秋三十六、大魏武泰元年四月戊子朔十三日戊子(15)卒於邙山。化治績於平辰、震榮名於身後。故贈使持節・儀同三司・都督相州諸軍事・車騎大將軍・相州刺史、開國如故。以七月十七日壬申遷窆於邙山之陽。往而不返、嗚呼哀哉。君秀而不實、中遇嚴霜、曽落顏生之上彩、復没夫子之雄光。何以述之、銘石泉堂。素骨遂玄泉而盡、青風與白日俱揚。乃鐫乃堅、乃日乃遠、以圖髣髴、寄舒玉篆。其詞曰、惟海之淵、惟嶽之峻、潯湛萬尋、蒙籠千刃。寔生夫子、因心作訓、總角金箱、式冠玉振。昔在簡子、有珍斯名、君之立德、恭允篤成。秋月開霄、子與分明、長松入漢、子與分貞。瞻彼洛矣、其水汪汪、叔度百頃、君亦洋洋。方崇上爵、以覆含章、如何如何、哲人其亡。長楊森聳、高松半雲、荒丘蕪没、寒遂無春。何其一旦、此地安君、墓門風咽、爲是啼人。倒月如電、崩流迅疾、天地詎央、君往已畢。旌挽飄飄、悲歌慄慄、不悟黃埃、覆君素秩。生榮死哀、自古先民、朱帳漸疎、白楊已親。勒銘九泉、以馥清塵、金石雖朽、德音恆新。又追贈司空公、謚曰文。維大魏建義元年歲次戊申七月丙辰朔十七日壬申。

　同一部分はゴチック体で強調した。両墓誌の銘辞48句がほぼ同一表現であることがわかる(16)。さらに序でも四六文を主とする抽象的な修辞部分に同一箇所が見られる。そもそも銘辞は序に基づき墓主の家系や生涯などを韻文形式で表現するものなので、官歴や出身が異なれば当然、銘辞も大きく異なるはずである。そこで墓主の出身や官歴について比較すると、穆纂の出身は北族八姓(17)であり、死後贈官は征虜将軍（従3品）である。一方、元端の出身は北魏宗室であり、爵位は開国郡公（1品）、死後贈官は車騎大将軍（従1品）である。両者は祖先や経歴が異なり、元端の方が圧倒的に身分も官爵も高いにも関わらず、同じ銘辞が用いられたと言える。

　じつはこの両墓誌の銘辞と同じ表現を用いる墓誌が他に二つある。それは次にあげる穆彦墓誌と趙暄墓誌である。

372　第二部　テキストマイニング分析を用いた北魏墓誌に関する研究

【史料3】　穆彦墓誌銘【梶山目録477】

魏兗州故長史穆君墓誌銘

君諱彦、字世畧、河南洛陽人也。其先藉聖開基、憑靈慶緒、氏胄之興、煥乎方冊。侍中・太尉公・黃鉞大將軍・宜都貞公崇之後、侍中・司徒公・太子太傅・駙馬都尉・宜都文宣王壽之曾孫、使持節・寧西將軍・秦州刺史國之孫、中山太守仁之子。…（中略）…其辭曰、**惟海之淵、惟岳之峻、湛淡萬尋、蒙籠千刃**。誕生夫子、金香⁽¹⁸⁾玉振、德冠時儒、道光世訓。英英秀夢、烈烈□姿、九夏翳蔚、三冬葳蕤。如何如何、一旦傾輝、良木其折、終□長悲。玄夜芒芒、幽庭萌萌、在生未盡、淪光已逝、人謝名飛、景行流惠。永安二年歲次己酉十二月戊申朔廿六日癸酉。

【史料4】　趙暄墓誌【梶山目録476】

魏故平遠將軍左中郎將趙君墓誌銘

君諱暄、字陽奴、河南洛陽都鄉永建里人也。君稟質太虛、資靈誕秀、體智淵凝、志邈山海。…（中略）…其辭曰、**芒芒大道、冥冥両儀、邈哉沖趣、至矣難知。寔生夫子、德表於斯、澄心造化、允運無爲。**安安処世、陶陶雅素、靜居幽館、書琴散慮。遊峽專精、寸陰斯慕、言貴興談、笑嘲非務。獨拔中頑、志懷孤立、敷演墳經、儒林献捐。應義如響、玄情洞十、智標羣伍、熟焉與及。**在昔顏子、有珍斯名、君之令淑、恭敏篤成。秋月開宵、君與分明、長松罩漢、君與分貞。瞻彼伊洛、其水汪汪、嵩度百頃、君亦洋洋。方崇上秩、顯副彝璋、如何哲人、忽臻其亡。修楊森聳、層松半雲、蒼芒原隰、寒逐無春。何期一旦、此地安君、墓門風噎、埏戶無聞。靈魄電速、光流迅疾、天地詎央、君生已畢。旗挽飄飄、悲歌慄慄、痛許黃埃、覆君素帙。**塋塋墳壟、崩崩荒榛、枯条解葉、朽草□塵。勒銘九泉、讚述康辰、金石雖昧、德音恆新。

　【史料1・2】と同じ銘辭の部分をゴチック体で強調した。なお□は判読不明文字である。穆彦墓誌は22句中7句が同一もしくは類似し、最初の祖先の部分が同じ表現である。趙暄墓誌は64句中30句が同一もしくは類似し、後半部分

の本人の優れた資質・逝去と悲しみ・墓誌を刻む表現部分が特に重複が多い。

以上の四墓誌で銘辞の同一表現が見られたが、北魏墓誌ではこのような事例は他にも存在する。

（2）　元愔墓誌【史料5】と張悆墓誌【史料6】

【史料5】　元愔墓誌【梶山目録430】

魏故輔國將軍廣州刺史元君墓誌銘

曽祖諱於德、選部給事・寧西將軍・冀州刺史・河間公。曽祖親南陽張氏。祖諱暉、字景襲、使持節・侍中・都督中外諸軍事・司空・文憲公、領州刺史。祖親遼東公孫氏。父順、振威將軍・義平子・北平太守。父諱逸、字仲儁、使持節・散騎常侍・都督冀州諸軍事・衞將軍・冀州刺史。母頓丘李氏。父平、侍中・車騎大將軍・司空・武邑郡開國公。君諱愔、字士悕、河南洛陽人也。昭成皇帝之七世也(19)。…（中略）…以建義元年四月十三日卒於河梁之南。天子言念永往、悼惜於懷、有詔贈輔國將軍・假節・廣州刺史。粵以其年七月丙辰朔十二日丁卯窆於洛陽西卌里長陵西北十里西鄉瀍源里瀍澗之濱。作銘曰、招搖南極、赤水東流、三珠粲爛、八桂幽繚。亦有君子、世載清猷、望茲爲侶、匹此成儔。名則由人、義實在我、屣履黄扉、曳裾青瑣。旣曰無雙、方期獨坐、忽矣逢災、遽然遘禍。**行邁長薄、將歸壽堂、哀哀黄鳥、蕭蕭白楊。千秋萬古、永閟巖場、若遷陵谷、有昭餘芳。**

【史料6】　張悆墓誌【梶山目録473】

魏故軽車將軍汝南折陽二郡太守張府君墓誌銘

曽祖騰、冠軍將軍・兗州刺史・共縣侯。祖光、陳郡太守・洛州別駕。父敞、召爲洛州都、後除河南縣令。君諱悆、字孟祖、汲郡修武人也。…（中略）…其詞曰、玄岳幽藹、泌緒蟬聯、澐澐積石、峨峨極天。是唯洪族、世誕英賢、槐蔭旣茂、臺耀重肩。於穆伊公、少挺瓌奇、忠孝發性、仁讓生知。箋帛交馳、板辟雙馳、一陟州府、名實兼宜。爰初昇朝、聞道黄扉、旣歌行止、亦厲霜威。連登千里、異壤攸歸、温留南服、愛樹增輝。方践雲術、輯亮天工、追風禹跡、襲義軒蹤。

374　第二部　テキストマイニング分析を用いた北魏墓誌に関する研究

禍淫莫験、福善徒空、猗伏奚在、逢此鞠凶。**行邁長薄、將歸壽堂、哀哀黄鳥、蕭蕭白楊。千秋萬古、永閟巌場、**若遷陵谷、有照餘芳。…（後略）…。

　元悒墓誌の銘辞は24句、張愍墓誌は32句であり、うちゴチック体で強調した8句がほぼ同一である。銘辞最後の死の悲しみと墓の情景を述べた部分が重複する[20]。元氏は宗室、汲郡張氏は漢人寒門であり大きく身分が異なる。

　以上の事例を通じ、東魏より前の北魏墓誌において既に異なる墓誌間の同一銘辞の事例があったことが確認できた。

第二節　同一銘辞を持つ北魏墓誌の真偽について

　異なる墓誌であるにも関わらず同一銘辞が見られる理由について真っ先に疑われるのが銘辞を模倣して作られた偽刻の可能性である。そのため最初に墓誌の真偽について明らかにする必要がある。まず【史料1・2】の出土状況について確認したい。『洛陽出土石刻時地記[21]』によれば、穆纂墓誌は洛城西北水泉村出土、元端墓誌は洛陽城東北北溝東二里出土である。近年の考古学的に発掘されたものほどの信頼性はないが、全く出土情報がないものよりは真刻の可能性が高いと言えよう。次に墓誌の大きさについて比較すると、穆纂墓誌は縦55cm×横53cm、元端墓誌は縦70cm×横69cmであり、後者の方が大型である[22]。これは穆纂墓誌が26字×26行、元端墓誌が34字×33行で、後者の方が文字数が多いためである。字形については元端墓誌が北魏体と呼ばれる端正な楷書で刻まれているのに対し、穆纂墓誌は北魏の代表的な墓誌とは異なる字形であったと指摘されている[23]。このように【史料1・2】は墓誌の大きさ・文字数や配列・字形が異なるため、単純に模倣した偽刻ではないと言える。最後に【史料1・2】の記述内容に矛盾や破綻が無いか検討する。穆纂墓誌については穆亮墓誌【梶山目録53】・穆彦墓誌【史料3】という親族の墓誌も出土しており、さらに『魏書』巻二七にも穆氏の記述があるため、祖先の記述を比較検討することが可能である。これら三方の穆氏墓誌は祖先の穆崇の諡を「貞」とするが、

第四章　北魏墓誌の銘辞とその撰文　375

『魏書』では「丁」となっている(24)。『魏書』と謐が異なる理由については孝
文帝期に穆崇が配饗された際に謐が改められた可能性が指摘されている(25)。
また穆観の字を穆纂墓誌は「跋」・穆亮墓誌は「闥」とするが、『魏書』では「闥
抜」となっている。これは鮮卑語の多音節の表記が漢族の単音節に改められた
可能性が指摘されている(26)。このように穆氏墓誌では『魏書』の記載と異な
る表現が散見するが、整合性のある説明ができ、鮮卑語に関する知識があり、
墓誌でしか知り得ない情報を含んでいるため、むしろ信頼性を高める記述と言
えよう(27)。なおこれら三墓誌はすべて于右任が所蔵し、後に西安碑林に寄贈
されており、原石が存在する(28)。次に元端墓誌について、【史料2】の官職の
記載は『魏書』巻二一上の列伝と比べて一つ多いことが指摘されており(29)、
墓誌の方がむしろ官歴が詳細であり信頼性が高まる。さらに元端墓誌は元端妻
馮氏墓誌と同時に出土した記録があり(30)、偽刻の可能性はかなり低くなるだ
ろう。そこで埋葬時期が近く、出土場所も同じ洛陽ということから、撰文過程
について時系列で考えてみたい。穆纂は正光二（五二一）年、元端は武泰元（五
二八）年に死亡し埋葬されているため、先に穆纂墓誌が撰文され、後の元端墓
誌にて同一銘辞が使われたことになる。続いて銘辞の内容について検討したい。
まず「方崇上爵（上位の爵位を受けるべきなのに、その前に死んだ）」という表現に
ついて、穆纂は無爵、父（長成）も無爵なので襲爵する予定も無かったが、元
端は安徳郡開国公であるため、元端にふさわしい表現になる。なお趙暄墓誌【史
料4】は無爵であったため「上爵」の部分を「上秩（高い官職）」とし、本人の
事績に合う形に直された形跡がある。「上爵」は北魏墓誌の銘辞では他の用例
はないが、序では司馬悦墓誌【梶山目録107】に「貞王之孫、康王之第三子。
先是庶姓猶王、封琅邪王。故貞康二世、幷申上爵（貞王の孫、康王の第三子なり。
是れより先に庶姓、猶お王たりて、琅邪王に封ぜらる。故に貞康二世、幷て上爵を申ぬ）」
とあり、上爵は王爵を指して用いられている。ただし穆氏のような北族八姓は
有爵者の割合が高く(31)、穆纂が爵位を保有する可能性は高かったため、この
ような表現が用いられたとも考えられる。では銘辞の内容は元端にふさわしい
のだろうか。この点について検討するために、北魏宗室墓誌計136件(32)を収集し、

銘辞における宗室独自の特徴的な表現を抜き出した。その結果、使用頻度の高い語として「君王」は12例[33]、「帝緒」は８例[34]、「王孫」は５例[35]、「公子」は５例[36]、「惟王」は３例[37]あったが、これらの語は元端墓誌では全く使われていなかった。特徴語が用いられた宗室墓誌は136件中27件、比率は約２割なので大半は使われていないが、少なくとも元端墓誌の銘辞には北魏宗室の顕著な用語がみられないことは指摘できる。

　続いて【史料１・２】と一部の銘辞が重複する【史料３・４】について検討する。まず穆彦墓誌【史料３】は永安二（五二九）年十二月二十六日の埋葬、洛陽城北白鹿荘村南出土であり、于右任所有の後、西安碑林に所蔵されている。大きさは縦43cm×横45cmで、穆纂墓誌よりも一回り小さい。内容については先述したように祖先の諡を「貞」とするなど墓誌でしか知り得ない情報を持つ。穆纂と穆彦は兄弟であり祖先は共通することから、穆纂墓誌を原本とし祖先の部分を使い回した状況が想定できよう。なお前節で指摘したようにたとえ兄弟であっても銘辞は異なる場合が一般的であるが、呂達（通）墓誌【梶山目録315（310）】と呂仁墓誌【梶山目録497】の親子墓誌は銘辞が同一であり、身内で使い回す場合も稀ではあるが存在している。最後に趙暄墓誌【史料４】は永安二（五二九）年十二月二十四日埋葬、一九九八年洛陽市孟津縣出土、原石は洛陽古代芸術館に現存する。大きさは縦横とも63cmである。趙暄は家格の低い河南趙氏で、死後贈官は平遠将軍（４品）であり、穆纂や元端と比べ官位が低い。内容については趙暄の経歴に矛盾点は無い[38]。序は墓主の記載のみであり、祖先・姻戚関係・子孫の記載が無い。これは家格が低く特筆すべき官職を持つ家系が存在しなかったためとも考えられる。銘辞前半も祖先に言及しておらず、そのため【史料１・２】とは後半部分のみ銘辞が重複したと考えられる。

　次に（２）について、元愃墓誌【史料５】は出土時期・場所の詳細は不明であるが、于右任が所蔵し、後に西安碑林に寄贈されている。第一節でも述べたように元悛墓誌と序の文字の配列や祖先の記述が同じであることから、おそらく兄弟で同じように製作されたと考えられる[39]。大きさは縦60cm×横58cmで、最後の二行分に空白がある。張愁墓誌【史料６】は墓誌の埋葬地から河南省洛

陽市出土とされるが、出土時期も原石の所蔵も不明である。なお先行研究では偽刻とはみなしていない[40]。大きさは縦横とも47cmである。

　以上の検討から第一節であげた全文あるいは一部に同一の銘辞を持つ（１）の四方の墓誌は出土情報も原石もあり、墓誌の内容に矛盾する記述も無いため、真刻の可能性が極めて高いと考えられる。また、（２）の二方についても偽刻とみなす積極的な理由は見当たらなかった。

　ではなぜこのような現象が生じるのか。李航氏は東魏墓誌については同一撰者による使い回しを想定している。北魏墓誌の銘辞の書き手を具体的に明らかにすることで、問題解決の糸口としたい。

第三節　北魏墓誌の銘辞および誄の撰文者（書き手）

　まず北魏墓誌の銘辞を作成した撰文者について考察し、墓誌の事例を補うため誄の撰文者についても検討する。

（１）　北魏墓誌の銘辞の撰文者

　北魏墓誌の撰文者に関する先行研究を確認しておく。北魏では洛陽遷都後に銘辞を持つ墓誌が突然出現し、一般化することが知られている。特に宗室はほとんどが墓誌を持つようになることから、北魏政権の積極的な指導のもと銘辞の形式（祖先や本人の資質などの順序）といった墓誌情報が一斉に共有された可能性が指摘されている[41]。その嚆矢として太和十九（四九五）年に孝文帝自ら序と銘辞を撰した馮熙墓誌が作成され[42]、モデルとして影響力を持ったことが想定されている[43]。具体的な北魏墓誌の製作過程は、喪家が作成した行状を材料とし文士に序と銘辞の作成を依頼するという順である[44]。ただし北魏では撰文者の名が記される事例は少なく、明記される事例が増えるのは唐代中頃以降である[45]。また唐代前半期には墓誌銘制作のための文例集が存在し、同一銘文墓誌が特に女性や胡姓（異民族出身者）に顕著であった[46]。

　北魏ではいかなる人物が序や銘辞を撰文するかについて、馬立軍氏[47]は墓

378　第二部　テキストマイニング分析を用いた北魏墓誌に関する研究

主の親族・友人→朝廷が史臣に命じる→墓主の親族が他人に依頼→墓主が自作の順に多いことを指摘する。魏宏利氏[48]は朝廷の指定（史臣）→墓主の親族→墓主の友人→墓主の部下→墓主と無関係に依頼の順とする。本章では特に銘辞に着目して分析しているため、銘辞の撰文者を確認するためにまとめ直したのが表1である[49]。この表は撰文者がいかに関与したかについては墓誌文中で様々に表現されるが、すべて銘辞を撰したと判断したものである。これによれば、銘辞の撰文者が判明する事例は計43件であり、内訳は宗室が4名、漢族が23名、胡族が2名、不明が14名である。それぞれの詳細について五点に分け検討したい。

　第一、序と銘辞を別々に作成する事例がある（2−⑪、3−④、5−⑧）。この理由は、序は墓主の経歴が中心となり行状に基づき作成できるが、韻文形式である銘辞には文学的素養が必要であり、異なる能力が求められるため別人に依頼したことが想定できよう。たとえば同時期に同じ場所に葬られた北魏楊氏墓誌の六方は序の最後の部分がすべて「永言盛美、以刊（もしくは刊諸）玄石」となっているが[50]、銘辞は全て異なる表現である。この事例から序は同一撰者、銘辞は別人が撰文という可能性も考えられよう。なお北魏墓誌では序と銘辞を別人が記す事例は3件だが、南朝・陳の墓誌や[51]、隋でも同様の事例がある[52]。

　第二、先行研究は特に北魏宗室が墓誌を積極的に作成したとするが[53]、表1から判明する宗室墓誌の銘辞の撰文者を時系列に並べると、友人（3−①漢人名族）→墓主と無関係（5−②漢人寒門？）→親族（2−①弟）→部下（4−⑩不明）→親族（2−⑤弟）→史臣（1−②・③不明）→親族（2−⑧弟）→墓主と無関係（5−⑦漢人名族）→部下（4−⑬漢人名族と寒門）→親族（2−⑪弟）となる。すなわち第七代宣武帝初は漢人が作成していたが、宣武帝末から宗室が作成しはじめる変化が読み取れる。宗室が作る銘辞は形式と内容が整っており、2−①は五一四年作・32句、⑤は五二五年作・24句、⑧は五二八年作・26句、⑪は五三三年作・32句である。一方、正史から判明する事例として、『魏書』巻一五、昭成子孫列伝、常山王遵伝附寿興伝に、

　　壽興、筆を命じて自ら墓誌銘を作りて曰く、洛陽の男子、姓は元、名は景、

道有れども時無く、其の年永らえずと。餘文多けれども載せず。

　　壽興命筆自作墓誌銘曰、洛陽男子、姓元名景、有道無時、其年不永。餘文
　　多不載。

とある。元寿興は宣武帝期に無実の罪で刑死させられる場で自らの墓誌のため
に銘辞を自作している。「餘文多不載（残る文は多いが掲載しない）」とあること
からこの四句より更に長い銘辞を作った可能性もある。なお宗室の学問教育が
本格的に始まったのは孝文帝期とされ[54]、「縣瓠方丈竹堂饗侍臣聯句詩[55]」
では孝文帝や漢人名族とともに宗室の彭城王勰も作詩している。このような孝
文帝期からの素地を背景として、宗室自身が次第に銘辞を撰文するようになっ
たと考えられる。

　第三、宗室の妻は事例が4－①・④の2件だが、夫の部下による撰文であり、
時期は宣武帝～孝明帝初に該当する。事例が少ないため断定は躊躇われるが、
第二の結果も踏まえると、宗室は墓主の兄弟としては銘辞を撰文するが、その
他の関係性においては撰文しておらず、その場合は漢人に依頼していた可能性
も考えられる[56]。関係性は友人や部下など繋がりのある人物も選ばれるが、
墓主と明確な繋がりが無く選ばれる場合もあり、5－⑨のように北地三才と称
される名文家が担う事例もある。なお漢人名族は孝文帝の姓族詳定後、墓誌文
の材料となる行状の段階から名文家に依頼し、美辞麗句が加えられるようになっ
たようである[57]。

　第四、撰文者の社会階層は漢族と非漢族では違いがある。非漢族は宗室およ
び宗室十姓[58]という高い社会階層のみであった[59]。一方、漢族は姓族詳定に
て最高位とされた五姓から家格の低い寒門まで様々な階層がみられた。この点
について、『魏書』巻八三、常景伝に、

　　世宗の季舅、護軍将軍高顕、卒し、其の兄、右僕射（高）肇、（常）景及び
　　尚書邢巒・幷州刺史高聡・通直郎徐紇に私託して各々碑銘を作らしめ、並
　　びに以て呈御す。世宗、悉く侍中崔光に付して之を簡ばしめ、光、景の造
　　る所を以て最と為し、乃ち奏して曰く、常景の名位は乃ち諸人の下に処る
　　とも、文は諸人の上に出ずと。遂に景の文を以て石に刊す。

世宗季舅護軍將軍高顯卒、其兄右僕射肇私託景及尙書邢巒・幷州刺史高聰・

通直郎徐紇各作碑銘、竝以呈御。世宗悉付侍中崔光簡之、光以景所造爲最、

乃奏曰、常景名位乃處諸人之下、文出諸人之上。遂以景文刊石。

とある。宣武帝の外戚の高肇が弟の墓碑の銘文を執筆依頼したところ、常景は名位は低いが他者より名文を作ったため最終的に撰文が採用されている。これは墓碑の事例ではあるが、当時は優れた作品を優先的に選ぶ場合もあったことが読み取れる。墓誌の撰文についても名文を基準とする場合もあったため漢族では様々な社会階層が見られた可能性が考えられる。

　第五、同一撰者が同一銘辞を作るとは限らない。１－①の撰文者の常景は後に元鷙墓誌【梶山目録620】・興和三（五四一）年でも撰文している。両者の銘辞を比較すると、王鍾兒墓誌は40句、元鷙墓誌は72句であり、文の長さが異なるだけではなく内容も重複していない。前者は出家した仏教徒、後者は北魏宗室であり、墓主の出身が大きく異なるが、出身の差に関係の無い銘辞最後の墓の風景や刻石の部分でさえ、前者は「泉幽閟景、隴首棲風、揚名迺始、勒石追終」、後者は「山門風烈、隴首雲鷥、累累曲阜、鬱鬱佳城」とし、「隴首（墓の丘の頂）」が共通するのみで、他の部分は表現を変えている。常景は先述した如く優れた文を作った逸話があり、そのような撰文者は文に工夫を凝らし表現を変えている。また優れた文士のみならず、第一章にて指摘したように銘辞の二文字熟語の約83％が一回限り使用されていたことから、基本的に表現を変化させている。このような状況からみれば同一銘辞の存在は起こりようの無いことである。ではなぜ同一銘辞が生まれるのであろうか。この点は推測するしかないが、別人の墓主に対して一言一句同じ銘辞を用いることは善意によるものとは考え難い。なぜなら銘辞は墓主の人生を描くものであり、全く同じ人生を歩んだ人物は存在しないからである。従って銘辞の使い回しはいわゆる手抜きの現象と考えられる。

（２）　北魏の誄の撰文者について

　死者のために作成する韻文形式の銘文という特徴を踏まえれば、このような

第四章　北魏墓誌の銘辞とその撰文　381

文は墓誌の銘辞に限られるものではなく、誄[60]という故人の生前の行いを褒め称えた文章が近似する性質を持つ[61]。魏晋南北朝に入ると誄と墓誌・墓碑は補完関係となり、両者の盛衰の相関性が高まることが指摘されているが[62]、これも役割が近い故の現象であろう。このような近似した文であるため、誄と墓誌の銘辞の撰文者は同様の作文能力が必要になると考えられる。もちろん両者の機能は厳密には異なるが、北魏墓誌から判明する撰文者の事例数が少ないため、誄の撰文者についても検討することで理解の一助としたい。

　表2は北魏における誄の撰文者である。これによると、洛陽遷都前（平城時代）の事例は2件ある。まず事例1では漢人名族の勃海高氏の高允（三九〇〜四八七）が誄を撰文している。次に事例2は王叡の死（四八一年）の後、彼のために誄を作った文士が百人余りいたことが示されている。同一人物のために100余り誄を作る理由は、恩倖である王叡および彼を重用した馮太后への阿諛追従や文士同士の文章能力の競い合いなどが考えられるが、少なくともここから平城時代に誄を撰文できる文士多く存在したことが分かる。洛陽遷都後の北魏墓誌の突然の増加はこのような文士たちの存在があってこそ可能だったとも考えられる。遷都後の事例は6件ある。事例3は頓丘李氏の李彪（四四四〜五〇一）が宋弁（四五一〜四九九）の死後、誄を作成している。李彪は『魏書』巻六二本伝に「家世寒微」と描写される寒門出身で、修史の任にあたった人物である。事例4は漢族五姓の隴西李氏である李仲尚が二〇歳で李沖のために誄を作っている。彼は景明年間（五〇〇〜五〇四）に二五歳で死亡しており、李沖は四九八年に死亡したため、四九八〜五〇一年の作成と限定できる。事例5は熙平元（五一六）年より前に頓丘李氏の李平が誄を作成していた。事例6は熙平二（五一七）年より前に漢人寒門の彭城劉氏である劉懋の誄が称賛されていた。事例7は正光年間（五二〇〜五二五年）より前に漢人名族の勃海封氏である封偉伯が撰文している。事例8は出帝（五三二〜五三四年）より前に北魏宗室の元延明が撰文している。

　撰文者を時期ごとにみると、まず文才のある漢人名族や寒門が中心となって誄を作成し、北魏末では宗室も作成する事例も出てくるという変化があった。

なお漢人のうち２名は頓丘李氏であり、表１の５－⑧でも頓丘李氏が漢人名族の琅邪王氏の銘辞を作成している。北魏へ墓誌文化を伝えたのは南朝からの亡命貴族である琅邪王氏の王肅であることが指摘されている(63)。頓丘李氏がこのような墓誌文化の盟主ともいえる一族に銘辞を撰文したのは、文化的素養が高く他の名族との交流も活発であったことが推測される。ちなみに元愔墓誌【史料５】は母が頓丘李氏である点も撰文者を考える上で興味深い。また唯一の非漢族である元延明は北魏宗室の中でも特に学問芸術に優れた人物であり、それは漢人名族の僚属や賓客との交流により培われたことが指摘されている(64)。つまり誄文の撰文についても墓誌と同様に、はじめ漢人が撰文していたが、やがて彼らと交流を深め文化的素養を培った鮮卑エリートの宗室が自ら撰文するという流れが看取できよう。

第四節　北魏墓誌の同一銘辞の撰文者について

第三節で行った墓誌の銘辞や誄の撰文者の分析結果を踏まえ、第一節で扱った同一銘辞が存在する問題に戻りたい。（１）の四方の墓誌はすべて五二〇年代の制作であり、埋葬地も洛陽一帯であるため、穆纂墓誌が原本となり、ほぼ同年代に銘辞が使い回されたと考えられる。穆纂墓誌は正光二（五二一）年の作成である。第二節で明らかにしたように、この時点では撰文者の多くは漢人であり、非漢族の場合は北魏宗室と宗室十姓のみであった。また、北魏宗室や宗室十姓が撰文者となる場合は、兄弟など親族のための撰文に限られていた。穆氏は北族八姓に該当し、墓誌の撰文を行った事例は皆無である。よって、穆纂墓誌は漢人が撰文したと考えて大過ないだろう。そうすると漢人が穆纂墓誌を撰文し、その序の一部と銘辞全部が元端墓誌に使い回され、さらに銘辞の一部が兄弟の穆彦にも使い回されたと考えられる。同一撰者が使い回した可能性と、何らかの手段で穆纂墓誌を見ることができた別の人物が模倣した可能性があるが、作成時期が近いことと、最も作成時期の早い穆纂墓誌の誤字「浚」が元端墓誌では正しく「峻」に修正されていること等から前者の可能性が高い。

なぜなら別の人物が墓誌を見て模倣したのであれば、誤字が修正されずそのまま模写されるはずだからである。趙暄は漢人寒門であり、これまでの三者とは民族が異なり、家柄や職位が圧倒的に低い。しかし、**表1の5－④呂達（通）**は東平出身の家柄が低い漢人であるが、墓誌の序に「小子仁、懼世代之遷貿、恐峻谷之易処。詢碩彦以鑴誌、庶流芳於泉戸（小子仁、世代の遷貿を懼れ、峻谷の易処を恐る。碩彦に詢り以て誌を鑴り、庶はくは芳を泉戸に流さんと）」とあり、子が「碩彦（学問才徳が優れた人物）」に撰文を依頼したことが記されている。このことから趙暄墓誌においても同様の依頼が行われていた可能性が推測できる。その撰文者が穆彦墓誌と同一人物であったとしても年代・地域的に矛盾は無い。誰が撰文者であったかは史料的制約により確定は難しいが、【史料1・2】の序によれば穆纂は太尉公・高陽王雍の故吏、元端は高陽王の長子であることがヒントになるかもしれない。『魏書』巻二一上、高陽王雍伝によれば元端は高陽王雍の子であり、親子共に河陰の変にて殺害されている。すなわち穆纂と元端は高陽王雍を介して繋がりがあるため、撰文者は高陽王に関連する人物であった可能性も考えられる。

　次に（2）について、元愔墓誌【史料5】と張愻墓誌【史料6】の両墓誌は洛陽出土であり年代も近いことから影響関係が考えられる。ただ、張愻墓誌の銘辞の他の部分について検討してみると、制作時期が少し後になるが「禍淫莫驗、福善徒空」の二句が元誨墓誌(65)（五三一年）と同一である。じつはこの表現と類似した銘辞が前の時期に既にあり、穆亮妻尉氏墓誌(66)（五二〇年）に「禍淫莫驗、與善無甄」、宇文延墓誌(67)（五二六年）に「禍婬莫驗、祉善難易」とあるので、張愻墓誌は五二〇年頃から使われるようになった表現を踏まえ銘辞を組み合わせて撰文された可能性も考えられる。これらについても同一人物が表現を使い回した可能性を否定できないであろう。なぜなら撰文の使い回しは北魏墓誌の全事例に対して割合が低く、もし唐代前半期のように北魏でも手本となる文例集が存在するのであれば、さらに多くの同一・類似の墓誌が見られるはずなので、北魏の段階ではまだ手本が流布していたとは考え難い(68)。そのため、第一節の事例（1）と（2）はそれぞれ同一人物が撰文したと考えたい。

384　第二部　テキストマイニング分析を用いた北魏墓誌に関する研究

おわりに

　李航氏は同一人物によって撰文されたと思われる東魏墓誌の存在を指摘し、そこから北魏に萌芽的ではあるが墓誌の撰文を使い回すことが行われ、そのような状況がやがて唐代前半期の誌文を作成する手本となる文例集作成へとつながったと見通した。本章では氏が存在を示唆した撰文が使い回された北魏墓誌を具体的に指摘することができた。さらに完全に同一の使い回しだけではなく、趙暄墓誌【史料４】のように墓主の経歴に合わせて文面を対応させたり、張愁墓誌【史料６】のように色々な墓誌の銘辞を組み合わせる事例も指摘した[69]。また氏が示した東魏墓誌の兄弟篇は墓誌の大きさや字形まで似通っており、同一人物が撰文し文字を書いた可能性すら想定するが、本章が扱った墓誌は大きさや字形の類似点は殆ど無いので、書者や刻者は別人だったと考えられる。つまり北魏の洛陽遷都に伴う墓誌の流行から間もない五二〇年代に既に同一人物が原本を参照しながら銘辞を使い回したが、墓誌を作製する工房は別だったと考える。なお今回指摘した銘辞の使い回しはいわゆる手抜きと考えたが、それが成立するのは使い回された銘辞が極めて抽象的な文だからであろう。

　また、同一銘辞の存在理由を考察する過程で墓誌の銘辞や誄の撰文者を検討し、時期的変化についても明らかにした。北魏では孝文帝自らが撰文し墓誌のひな型を示した後、まず漢人が撰文し、後に宗室自身が墓誌の撰文を始めていた。先述したように孝文帝が墓誌文化を受容したのは南朝からの亡命貴族である王肅の影響が大きい[70]。また孝文帝は姓族詳定を行うことで姻戚関係を通じた社会的身分の固定化を目指した。このような状況からするとやや意外であるが、墓誌の銘辞の撰文者を調べた結果、漢族における名族や寒門の違いは見られなかった。宗室は漢人名族、特に五姓と婚姻関係を結んだが、このような漢族の家格と宗室墓誌の撰文とは関係がなかった。

　北魏の文化的コミュニティでは宗室と漢人名族とが文化交流を行っていたことが指摘されている[71]。本章では銘辞の撰文者のわかる墓誌のみを用いてそ

第四章　北魏墓誌の銘辞とその撰文　385

の傾向を明らかにしたが、墓誌の撰文についてより詳細に知るためにはこのような文化的社会集団を探求することが不可欠であろう。これを直接検討出来る史料は殆ど残されていないが、墓誌の銘辞そのものからこれを一部復元できるのではないかとの見通しを持っている。

注

（１）　室山留美子「出土刻字資料研究における新しい可能性に向けて――北魏墓誌を中心に」（『中国史学』二〇、二〇一〇年）。

（２）　窪添慶文『墓誌を用いた北魏史研究』「序」（汲古書院、二〇一七年。以下【窪添二〇一七】と称す）。また同「墓誌研究雑感」（『史学雑誌』第一二七編第三号、二〇一八年）においても墓誌の総合的利用・研究が提唱されている。

（３）　例えば墓誌の埋葬地を分析した研究に室山留美子「北魏漢人官僚とその埋葬地選択」（『東洋学報』第八七巻第四号、二〇〇六年）や、北魏墓誌の刻法について澤田雅弘「書法史における刻法・刻派という新たな視座――北魏墓誌を中心に」（『魏晋南北朝史のいま』、勉誠出版、二〇一七年）がある。

（４）　歴史学が情報学の技法や技術を応用する意義については、史料を精読するだけでは気付きにくい新発見がある点・精読で得た着想を量的分析により客観的に判断できる点・数値化することで客観的証拠を示すことができる点がある。後藤真・橋本雄太編『歴史情報学の教科書：歴史のデータが世界をひらく』（文学通信、二〇一九年）が最新の基礎的な解説を行っている。

（５）　フランコ・モレッティ『遠読』（みすず書房、二〇一六年）。

（６）　窪添慶文「北朝墓誌中の銘辞」（二〇一一年初出。【窪添二〇一七】再収）。

（７）　馬立軍『北朝墓志文体与北朝文化』（中国社会科学出版社、二〇一五年。以下【馬二〇一五】と称す）や魏宏利『北朝碑志文研究』（中国社会科学出版社、二〇一六年。以下【魏二〇一六】と称す）。

（８）　李航「墓誌の真贋に関する一つの視角――京都藤井斉成会有鄰館蔵「楊松年墓誌」を手掛かりに」（『古代文化』第七二巻第一号、二〇二〇年）。

（９）　窪添慶文「北朝墓誌について」（『中国―社会と文化』第三五号、二〇二〇年）。

（10）　毛遠明『漢魏六朝碑刻校注』（銭装書局、二〇〇八年、以下【碑校】と称す）。【碑校五－一〇八】「当作"峻"。大約是受前文"淵"的影響而誤刻」。

386 第二部　テキストマイニング分析を用いた北魏墓誌に関する研究

(11) 【碑校五－一〇八】「墓誌彙編作"栽"、誤」。しかし拓本をみる限りでは「栽」に近い。

(12) 【碑校五－一〇八】「通"墓"、二字有同源関係」とするが、毛遠明教授遺著『漢魏六朝碑刻集釈』（漢魏六朝碑刻数据庫、以下【遺著】と称す）は「但一般不通用」を追加する。恐らく単純な彫り間違いと考えられる。

(13) 【碑校六－一九三】「即"師衆"、原刻衍一"師"字」。

(14) 【碑校六－一九三】「此句原刻当脱一字」。

(15) 【碑校六－一九三】「十三日当為"庚子"。原墓誌作"戊子"、誤」。

(16) 【遺著】は穆纂墓誌の簡介で「『元端墓誌』銘辞与此完全一様。是撰文者照抄、還是其中一通是偽刻、存疑待考」と述べ、真偽については保留する。

(17) 孝文帝の姓族詳定により胡族において最高とされた八つの一族であり、具体的には穆・陸・賀・劉・楼・于・嵇・尉氏が該当する。

(18) 【碑校六－二九九】「馨、当作"聲"。金聲与玉振対挙、作"馨"則不倫。原刻誤」。

(19) 【碑校六－一八四】「七世、当作八世。也字、当作孫、或者也前脱孫字」。

(20) 李建平・尚磊明「邙洛近年新出北魏馮聿・源模・張懃墓誌商補」（『中原文物』二〇一三年第五期）は両墓誌の銘辞の一部が同一と言及するが、詳細な検討は特に行っていない。

(21) 氣賀澤保規編『復刻　洛陽出土石刻時地記』（汲古書院、二〇〇二年。以下【地時記】と称す）。

(22) 松下憲一「北魏後期墓誌における官位と大きさの関係」（『史朋』第四四号、二〇一一年）は、北魏後期の宗室墓誌は約八割が50cm以上の大型墓誌であったと指摘する。また高官が大型の墓誌を作る傾向があるが、例外もあり、各家が私的に墓誌を作製している状況が窺われることから官位に応じた等級制度は無かったとする。

(23) 于唯徳・周国文「北魏《穆君墓誌銘》考釈及書法芸術」（『美與時代（中）』二〇一八年第四期）。

(24) 『魏書』巻二七、穆崇伝、「及有司奏謚、太祖親覧謚法、至迹義不克曰"丁"。太祖曰、此當矣。乃謚曰丁公」。

(25) 林楓珏「〈穆亮墓誌〉考釈」（『史原』復刊第四期、二〇一三年）。

(26) 前掲林楓珏論文参照。

(27) 【遺著】も穆彦墓誌については「職官相合、而謚号不合、墓誌当更可信」とする。

第四章　北魏墓誌の銘辞とその撰文　387

(28)　于右任（一八七九〜一九六四年）は清末から民国時代にかけての政治家であり
　　　書家でもある人物で、彼が所有し現在は碑林博物館に所蔵されている北魏墓誌は
　　　多い。しかし、その全てが真刻とは限らない。たとえば同様の来歴を持つ元理墓
　　　誌は【馬二〇一五】では偽刻とする。

(29)　窪添慶文「正史と墓誌の官職記載の比較」（二〇〇九年初出。【窪添二〇一七】
　　　再収）参照。

(30)　【時地記二三七】に「民国十八年陰暦六月、洛陽後溝村東二里処。夫婦誌、同
　　　穴同時出土」とある。

(31)　第一部第一章「北魏爵制の概要と民族問題に着目した分析」参照。

(32)　北魏宗室墓誌は145件あるが、うち銘辞が無いもの７件・銘辞が欠け判読不明
　　　のもの１件・銘辞があるかどうか情報不明のもの１件を除き、計136件となった。

(33)　【梶山目録46・118・161・341・343・391・425・454・483・491・501】と城陽
　　　宣王元忠及妻司馬妙玉墓誌（『北朝芸術研究院蔵品圖録　墓誌』三）が該当する。
　　　元氏以外の用例は３件ある。元新成妻李氏墓誌【梶山目録191】が「作配君王」、
　　　楊婉瓔墓誌（『墓誌』六）が「表淑来嬪、君王是麗」と元氏の妻となった意味で
　　　用いる。乞伏暉墓誌【梶山目録192】が「奕奕宗源、遥遥景緒、開河樹釋、君王
　　　□□」と祖先が異蕃王であった意味で用いる。

(34)　【梶山目録31・41・62・106・290・307・446・492】が該当する。元氏以外の用
　　　例は２件ある。元融妃穆氏墓誌【梶山目録93】が「帝緒初基、清源亦始」と婚姻
　　　相手である元氏の祖先について用いる。張問墓誌【梶山目録338】が「帝緒雖返、
　　　星原猶在」と祖先について述べる。

(35)　【梶山目録275・282・312・391・414】が該当する。元氏以外の用例は、源模墓
　　　誌【梶山目録452】が「王孫蔽影、蒼舒奄跡」と本人の死去について述べる。

(36)　【梶山目録391・414・454・502】と元泰墓誌（「洛陽新出北魏元泰墓志考釈」）
　　　が該当し、すべて元氏のみの用例である。

(37)　【梶山目録31・80・106】が該当し、すべて元氏のみの用例である。

(38)　趙振華「趙暄墓志与都洛北魏朝廷的道教政治因素」（同『洛陽古代銘刻文献研究』、
　　　三秦出版社、二〇〇九年）ではこの墓誌を真刻として扱う。

(39)　【遺著】も元愷墓誌について、「元悰与元愷為兄弟、同時遭河陰之難。二墓誌出土、
　　　文采・書法相類、応是一人所為、可以互参」とする。

(40)　梶山智史「稀見北朝墓誌輯録（四）」（『東アジア石刻研究』第八号、明治大学

388　第二部　テキストマイニング分析を用いた北魏墓誌に関する研究

　　東アジア石刻文物研究所、二〇一九年）およびそこであげられた論文を参照。

(41)　窪添慶文「墓誌の起源とその定型化」（二〇〇九年初出。【窪添二〇一七】再収）。

(42)　『魏書』巻八三上、外戚上、馮熙伝、「柩至洛七里澗、高祖服衰往迎、叩靈悲慟
　　而拝焉。葬日、送臨墓所、親作誌銘」。

(43)　窪添慶文「長楽馮氏に関する諸問題」（二〇一二年初出。【窪添二〇一七】再収）。

(44)　徐冲「従〝異刻〞現象看北魏後期墓誌的〝生産過程〞」（二〇一一年初出。余欣
　　主編『中古時代的礼儀・宗教制度』、上海古籍出版社、二〇一二年再収）。

(45)　中砂明徳「唐代の墓葬と墓誌」（礪波護編『中国中世の文物』、京都大学人文科
　　学研究所、一九九三年）。玄宗の頃に撰者が判明する割合が高まり、天宝年間で
　　五割、八二〇年を過ぎると八割を占めると指摘する。

(46)　愛宕元「唐代の墓誌銘」（『月刊しにか』第一二巻第三号、二〇〇一年）。

(47)　【馬二〇一五】第二章「碑志分流与北朝墓誌之形成」。

(48)　【魏二〇一六】第四章第一節「北朝碑誌的作者及其相関問題」。

(49)　【馬二〇一五】65～82頁に列挙された史料に基づき時系列に整理し直し、銘辞
　　が無い事例は除外した。分類方法は【魏二〇一六】が詳細で適切なのでこれに従っ
　　た。また張鵬『北朝石刻文献的文学研究』（社会科学出版社、二〇一五年）付録「石
　　刻文献所見的北朝作家」も参照した。

(50)　【魏二〇一六】230頁。太昌元年十一月十九日。楊侃墓誌【梶山目録508】・楊順
　　墓誌【梶山目録510】・楊遁墓誌【梶山目録511】・楊仲宣墓誌【梶山目録512】・楊
　　遵智墓誌【梶山目録520】・楊叔貞墓誌（銘辞なし）【梶山目録521】。

(51)　羅新・葉煒『新出魏晋南北朝墓誌疏証（修訂本）』（中華書局、二〇一六年）の
　　黄法氍墓誌（五七六年）は左民尚書の江総が序、太子率更令・大著作・東宮舎人
　　の顧野王が銘辞を撰文している。南朝では朝廷が王侯貴族を葬る場合は秘書省の
　　関係者が撰文を担当することが指摘されている。

(52)　【魏二〇一六】227～228頁。

(53)　前掲注（43）窪添慶文論文。

(54)　長部悦弘「元氏研究——北朝隋唐時代における鮮卑族の文人士大夫化の一軌跡」
　　（礪波護編『中国中世の文物』、京都大学人文科学研究所、一九九三年）参照。

(55)　逯欽立『先秦漢魏晋南北朝詩』、北魏詩、巻一。

(56)　撰文の能力があれば必ず撰文する訳ではない点にも注意が必要である。唐代の
　　事例ではあるが、白居易でさえ祖父や父の撰文を親友に依頼している（『白氏文集』

第四章　北魏墓誌の銘辞とその撰文　389

巻二九)。

(57)　池田恭哉「甄琛から見る北魏という時代」(『東洋史研究』第七五巻第四号、二
〇一七年)、55〜57頁。

(58)　拓跋力微の祖父隣の兄弟や伯父などの子孫。拓跋(元)氏を除く胡・周・長孫・
奚・伊・丘・亥・叔孫・車氏。

(59)　4－①の茹仲敬について、姚薇元『北朝胡姓考』(科学出版社、一九五八年刊行、
中華書局、一九六二年初版、二〇一二年修訂)によれば茹氏は非漢族の内入諸姓
に該当する。ただし『南斉書』に茹姓が複数みられ漢族の可能性もあるため、墓
誌の情報だけでは民族が不明である。

(60)　死者の生前の功績を述べ、その死を傷む辞。諡や繋世(世継ぎの記録)と関連
が深い。『周礼』春官、大史の条に、遣の日に誄が読まれ諡を賜ることが記され
ている。また誄と碑文の関係は劉勰『文心雕龍』、誄碑の条に記されている。

(61)　誄は諡を定めるための縁起を記した実用的な文章であったが、前漢の元帝の妻
である元后の誄から墓誌・墓碑と近い特徴を備えはじめる。共通点としては、主
として四字句で構成され、偶数句に韻を踏み、経書の典故が用いられ、構成の順
序が決まり、哀悼の部分も儀礼的な表現となる点があげられる。誄は墓誌の銘辞
にかなり類似した文となっていった。詳細については嘉瀬達男「楊雄「元后誄」
の背景と文体」(『学林』四六・四七、二〇〇八年)参照。

(62)　この変遷については、西岡弘『中国古代の葬礼と文学(改訂版)』(汲古書院、
二〇〇二年)・黄金明『漢魏晋南北朝誄碑文研究』(人民文学出版社、二〇〇五年)・
松原朗「誄と哀辞と哀策──魏晋南朝における誄の分化」(『中国詩文論叢』二六、
二〇〇七年)などを参照。

(63)　梶山智史「北魏における墓誌銘の出現」(『駿台史学』第一五七号、二〇一六年)
および徐冲「馮熙墓誌与北魏後期墓誌文化的創生」(『唐研究』第二三輯、二〇一
七年)。

(64)　王永平『遷洛元魏皇族与士族社会文化史論』(中国社会科学出版社、二〇一七年)
参照。

(65)　【梶山目録489】。洛陽出土。遼寧省博物館所蔵。

(66)　【梶山目録225】。洛陽出土。西安碑林博物館所蔵。

(67)　【梶山目録376】。洛陽出土。鄭州市華夏文化芸術博物館所蔵。

(68)　東賢司「女性墓誌銘の用語の特徴と書風に関する研究──北魏を起点とする銘

390 第二部 テキストマイニング分析を用いた北魏墓誌に関する研究

文伝承の解明を中心として——」(『大学書道研究』一六号、二〇二三年)は同一単語の頻出から手本の存在を想定しているが、本書が明らかにしたように、そもそも同一単語の使用自体は全体的に少なく、また本章が扱った同一銘辞も撰文者の手抜きの表現と位置づけたため、北魏の段階での手本の存在は成立しがたいと考えられる。

(69) 本章で扱った事例以外にも銘辞の一部を組み合わせた墓誌が更に存在する。"Analyses of Similarity and Social Networks of Chinese Poetry Parts of Northern Wei Epitaphs Using Text Mining"(PNC2023、2023年11月3日)にて発表済みであり、今後、論文化する予定である。

(70) 洛陽遷都後の北魏墓誌の増加に関しては、川本芳昭『魏晋南北朝時代の民族問題』(汲古書院、一九九八年)393〜395頁にて、漢民族の国家ではなく異民族国家たる北魏の下で行われた点に注目し、漢人より漢人らしい「華人」とでもいうべき存在を目指しつつも胡族的な観念を保ち続けたとし、当時の文化的アイデンティティから説明している。

(71) 段朋飛「北魏元氏宗族出土墓志研究探微」(『特立学刊』二〇一七年三期)。

表1 北魏墓誌銘文より判明する銘辞の撰文者
〈1、史臣〉

No.	墓誌銘【梶山目録】	紀年（年月日）	撰文者「墓誌の記載内容」
①	比丘尼統慈慶墓誌	正光5年（524）5月18日	征虜将軍・中散大夫・領中書舎人の常景
	【梶山目録304】		「乃命史臣、作銘誌之」
②	元懌墓誌	孝昌元年（525）11月20日	史臣
	【梶山目録343】		「乃命史臣、鐫芳玄室」
③	元熙墓誌	孝昌元年（525）11月20日	史臣
	【梶山目録341】		「爰命史臣、勒銘泉室」
④	胡明相墓誌	孝昌3年（527）5月23日	史臣
	【梶山目録398】		「乃命史臣、作銘曰」

〈2、墓主の親族〉

No.	墓誌銘【梶山目録】	紀年（年月日）	撰文者「墓誌の記載内容」
①	元颺墓誌	延昌3年（514）11月4日	季弟の元欽（北魏宗室）
	【梶山目録144】		「敬飾玄石、以述清徽。乃作銘曰」
②	高道悦夫人李氏墓誌	神亀2年（519）2月20日	子の高輝（遼東高氏）
	【梶山目録203】		「因此動際、追立誌序」

②'	高道悦墓誌	神亀2年（519）2月20日	子の高輝（遼東高氏）
	【梶山目録204】		＊【梶山2016】は改葬・撰文者とする
③	李叔胤妻崔賓媛墓誌	神亀2年（519）4月12日	外甥の崔巨倫（博陵崔氏）
	【梶山2015－9】		「文夫人長弟…巨倫孝宗造」
④	孫遼浮図銘記	正光5年（524）7月25日	子の孫顕就・霊鳳・子沖等（定州孫氏）
	【梶山目録305】		「追述亡考精誠之功、敬造浮圖一區、置於墓所」
⑤	元茂墓誌	正光6年（525）3月17日	弟の元洪略（北魏宗室）
	【梶山目録329】		「以名鑴石、方與地富。其辞曰」
⑥	李遵墓誌	正光6年（525）5月22日	内妹の夫の張景淵
	【梶山目録330】		「敬刊幽石、勒美玄堂。其詞曰」
⑦	羊祉妻崔氏墓誌	孝昌元年（525）8月30日	子の羊允（泰山羊氏）
	【梶山目録333】		「亦是其實錄云」
⑧	元挙（景昇）墓誌	武泰元年（528）2月21日	弟の元景文（北魏宗室）
	【梶山目録414】		「故託金石以鑴聲、圖風輪以刊德。乃作銘曰」
⑨	長孫季及妻慕容氏墓誌	太昌元年（532）11月18日	子の長孫慶等（宗室十姓）
	【梶山目録506】		「謹追録遺徽、少敷哀苦……乃作銘曰」
⑩	長孫士亮妻宋霊妃墓誌	永興（熙）2年（533）正月30日	夫の長孫士亮（宗室十姓）
	【梶山目録534】		「乃鏤石於泉宮。其詞曰」
⑪	元鑽遠墓誌	永熙2年（533）11月25日	序は長兄の元暉業？銘辞は季弟の元昭業（北魏宗室）
	【梶山目録544】		「長兄暉業……一離同体、永辭偕老……季弟昭業爲其銘曰」

〈3、墓主（墓主の親族）の友人〉

No.	墓誌銘【梶山目録】	紀年（年月日）	撰文者「墓誌の記載内容」
①	元弼墓誌	太和23年（499）9月29日	趙郡李珍（漢族五姓）
	【梶山目録39】		「託金石以遺文。乃作銘曰……感哀去友」
②	尹祥墓誌	孝昌2年（526）7月24日	直寝・洛陽令の李詼
	【梶山目録361】		「友人直侵・洛陽令李詼……乃憑筆以追餘高、寄銘以伝遺詞、曰」

No.	墓誌銘【梶山目録】	紀年（年月日）	撰文者「墓誌の記載内容」
③	寇霄墓誌	永安3年（530）2月	司馬彧（漢人名族？）
	【梶山目録479】		「朋人司馬彧…故望泉門而泣徳、託玄石以誌音。其辞曰」
④	鄭平城妻李暉儀墓誌	太昌元年（532）3月12日	序は子の鄭伯猷等（漢族五姓）。銘辞は中書侍郎の魏収（鉅鹿魏氏・北地三才）
	【梶山目録539】		「哀嗣伯猷等……然書不盡言、無能萬一。友人中書侍郎鉅鹿魏収……託其爲銘」

〈4、墓主（墓主の夫）の同僚・部下・弟子〉

No.	墓誌銘【梶山目録】	紀年（年月日）	撰文者「墓誌の記載内容」
①	任城王妃李氏墓誌	景明2年（501）11月19日	前国大農府功曹史の茹仲敬。夫（北魏宗室）の部下。
	【梶山目録51】		「前國大農府功曹史臣茹仲敬造」
②	王遇墓誌	正始元年（504）10月24日	府長史の薛歓・別駕の魏順等
	【梶山2015－2】		「府長史薛歓・別駕魏順等、詳載景行、志揚不朽」
③	皇甫驎墓誌	延昌4年（515）4月18日	前雍州主簿・横水令の辛尉
	【梶山目録152】		「辛尉與君纏篤……遂尋君平志、刊記金石。其辞曰」
④	元謐妃馮会墓誌	熙平元年（516）8月2日	国臣の胤等。夫（北魏宗室）の部下？
	【梶山目録160】		「勒清塵於玄石。其辞曰」
⑤	尼慈義墓誌	神亀元年（518）10月15日	弟子法王等一百人
	【梶山目録199】		「弟子法王等一百人、痛容光之日遠、懼陵谷之有移、敬銘泉石、以誌不朽」
⑥	寇憑墓誌	神亀2年（519）2月23日	僚友
	【梶山目録205】		「寄泉壤以圖記、託幽堂以流詠。乃作銘頌」
⑦	劉阿素墓誌	正光元年（520）10月	同火人・典御監の秦阿女等。宮女。
	【梶山目録232】		「乃刋玄石、述像德音。其辞曰」
⑧	劉華仁墓誌	正光2年（521）3月17日	同火人・内傅母（毌？）遺女
	【梶山目録246】		「故刋玄石、述像德音。其辞曰」
⑨	王静墓誌	正光4年（523）3月11日	故吏功曹の于悦等
	【梶山目録280】		「乃作誌銘、其詞曰」

No.	墓誌銘	紀年（年月日）	撰文者「墓誌の記載内容」
⑩	元隱墓誌	正光5年（524）3月11日	門生故吏
	【梶山目録300】		「宣述景行、題記氏族……其詞曰」
⑪	劇市墓誌	孝昌元年（525）11月20日	故功曹の呂謐。主簿の畦玉等。
	【梶山目録347】		「乃作頌曰」
⑫	李達及妻張氏墓誌	孝昌3年（527）5月10日	魏郡功曹の邵阿（同郷の官）
	【梶山目録396】		「乃刊石作銘、播之不朽。其詞曰」
⑬	元継墓誌	永安2年（529）8月12日	前佐司徒府諮議参軍事・太常卿の王衍（琅邪王氏）と前佐司徒府記室参軍事・大将軍府従事中郎の新平馮元興等。（部下）「頗有文才・世寒」（『魏書』巻79）
	【梶山目録468】		「故鏨誌埏陰、刊載氏族。乃作銘曰」
⑭	法師杜墓誌	永熙3年（534）2月3日	弟子の智微・道遥・覚意等
	【梶山目録549】		「興言永慕、乃作銘曰」
⑮	曹連墓誌	永安元年（528）10月13日	寮友
	【大知目録73】		「凡我寮友、哀令德長淪、乃與刊石頌德」

〈5、墓主と明確なつながりが見られない者に依頼〉

No.	墓誌銘	紀年（年月日）	撰文者「墓誌の記載内容」
①	李仲胤墓誌	正始4年（507）3月1日	安東府主簿の盧文礼（范陽盧氏）
	【梶山目録554】		「鐫茲玉德、刊銘玄宮。安東府主簿范陽盧元禮造」
②	元淑及妻呂氏墓誌	永平元年（508）12月4日	太常博士の青州田徽宝
	【梶山目録92】		「太常博士青州田徽寶造、書者相州主薄魏洽」
③	陸希道墓誌	正光4年（523）	銘辞は前涼州刺史・兼吏部郎中の袁翻（陳郡袁氏）。「少以才學擅美一時」（『魏書』巻69）
	【梶山目録295】『金石萃編』巻29		「前涼州刺史兼吏部郎中陳郡袁翻字景翔制銘」
④	呂達(通)墓誌	正光5年（524）11月3日	子の仁が「碩彦」に依頼
	【梶山目録310・315】		「小子仁、懼世代之遷貿、恐峻谷之易処。詢碩彦以鐫誌、庶流芳於泉戸。乃作銘誌、其詞曰」
⑤	宣武帝嬪李氏墓誌	孝昌2年（526）8月6日	工を簡びて能に命ず
	【梶山目録363】		「故簡工命能、而作是頌焉」

394　第二部　テキストマイニング分析を用いた北魏墓誌に関する研究

⑥	侯剛墓誌	孝昌2年（526）10月18日	侍御史の戴智深（譙郡戴氏）
	【梶山目録367】		「侍御史譙郡戴智深文」
⑦	元湛墓誌	建義元年（528）5 or 7月18日	宋霊烏（西河宋氏）
	【梶山目録437】		「西河宋霊烏文」
⑧	王誦墓誌	建義元年（528）7月27日	序は弟の王衍（琅邪王氏）。銘辞は撫軍将軍の李奬（頓丘李氏）。
	【梶山目録439】		「弟衍……謹序遣行、寄之鐫勒。撫軍將軍頓丘李奬……䡄憑以爲銘」
⑨	元樹墓誌	北魏（時期不詳）	温子昇（北地三才）
	【梶山目録1159】		＊『全後魏文』巻51、温子昇

表2　北魏における誄の撰文者　＊巻は『魏書』の巻数

No.	巻	撰文者	撰文者が判明する記載内容
1	48	高允	允所製詩賦誄頌箴論表讚・左氏・公羊釋・毛詩拾遺・論雜解・議何鄭膏肓事・凡百餘篇、別有集行於世。……允弟推…遇疾卒於建業。……允爲之作誄。
2	93	文士百余人	王叡、字洛誠、自云太原晉陽人也。……尋薨、時年四十八。高祖・文明太后親臨哀慟、…京都文士爲作哀詩及誄者百餘人。
3	62	李彪	李彪、字道固、頓丘衞國人、高祖賜名焉。……其所著詩頌賦誄章奏雜筆百餘篇、別有集。……彪雖與宋辨結管鮑之交……及辨卒、彪痛之無已、爲之哀誄、備盡辛酸。
4	39	李仲尚	伯尚弟仲尚、……二十著前漢功臣序讚及季父司空沖誄、時兼侍中高聰、尙書邢欒見而歎曰、後生可畏、非虚言也。……景明中、坐兄事賜死、年二十五。
5	65	李平	李平、字曇定、頓丘人也。……熙平元年冬卒……所製詩賦箴諫詠頌、別有集錄。
6	55	劉懋	芳従子懋、字仲華。……熙平二年冬、暴病卒。……懋詩誄賦頌及諸文筆、見稱於時。
7	32	封偉伯	偉伯、字君良…雅爲太保崔光・僕射游肇所知賞。……正光末、尙書僕射蕭寶寅以爲關西行臺郎。及寶寅爲逆、偉伯乃與南平王冏潛結關中豪右韋子粲等謀擧義兵。事發見殺、年三十六、時人惜之。……偉伯撰封氏本錄六卷、幷詩賦碑誄雜文數十篇。
8	20	元延明	出帝初、贈太保、王如故、謚曰文宣。所著詩賦讚頌銘誄三百餘篇。

第五章　北魏女性墓誌の特徴語の抽出および語義考証

は じ め に

　近年、中国史においても従来の女性史の枠をこえたジェンダー史の成果が増えつつある。中でも小浜正子氏を中心としたグループによって中国ジェンダー史研究の成果が陸続と出版されていることが注目される[1]。

　本章が対象とする時代の研究状況については、小浜正子氏編『中国ジェンダー史研究入門』の中で下倉渉氏が漢唐間の女性史研究を概括したものが参考になる[2]。これによれば、従来の漢から唐までの女性史研究において女性を抑圧する儒教倫理の強化および婚姻制度の父系化が指摘されているが、その一方で非儒教精神文化および北族世界の習俗に由来する女性の「闊達さ」「強さ」「自由さ」があったことが指摘されている。下倉氏はこのことを「矛盾」ととらえたうえで、こうした研究の「矛盾」が生じる要因および解決策について、これまでの研究で用いられてきた女性の地位が高かった／低かったなど程度の差の評価による形容詞的説明法には限界があり、ジェンダー的な視点によって性差の構造・秩序を名詞的に説明し、時期ごとの特異な「型」を記述することで一段階上の比較史が可能になるのではないかと説く。筆者もジェンダーの視点を導入すべきであるという点については大いに同感である。しかし、恣意的な印象論に陥らずに比較可能な形で「時期ごとの特異な『型』」を示すのは実際には容易なことではないだろう。「型」を比較可能な形で示す具体的な手法について下倉氏は言及していないが、厳密な手法を用いなければ、結局のところ研究者ごとに判断基準のずれが生じ、形容詞的説明法と同様に比較困難という問題が起きてしまうのではないだろうか。

396 第二部 テキストマイニング分析を用いた北魏墓誌に関する研究

このような形容詞的説明法の問題点については歴史学のみならず、社会学の分野でも指摘されている。左古輝人氏は、従来の研究は何が多い／少ない、増えた／減った……などは基準を明示せずに断定することが当然だったが、その妥当性すら認識されていなかった、との見解を述べている[3]。左古氏は形容詞的説明それ自体よりも、判断基準が明示されていないことを問題視している。従来の中国女性史研究を比較することが困難であるという問題についても、その核心は形容詞／名詞という品詞の表現それ自体ではなく、比較可能・反証可能な判断基準が明示されていないことこそにあるように思われる。基準の問題に対する対処法として左古氏は、一律に当てはめるべき基準は存在しないと断りつつも、計読分析[4]を通して分析者が必要に応じてデータや分析方法を明示することを提案している。筆者も人文学が科学的であるためには計読が欠かせない手法であると考えているため、本章でもテキストマイニングという計読の手法を積極的活用する[5]。具体的には、テキストマイニングによって北魏女性墓誌の銘辞部分の特徴語を抽出し、語義の考証を行い、当時の北魏墓誌を作成する社会階層の女性に期待されていたジェンダーロール（性別による社会的役割）について考察する。

第一節　北魏女性墓誌研究と問題点

本書が対象とする北魏時代はいわゆる「征服王朝」である。儒教文化を受け継ぐ「漢人」と、これと異なるジェンダー習俗があったとされる北族の「胡人」が共同で王朝を形成する過程は、中国史上のジェンダーロールの構築と正当化を検討するうえで意義がある。北魏の女性に対するジェンダーロールを検討するうえで主要な史料となるのは、文献史料である『魏書』皇后伝や列女伝、および出土石刻史料である墓誌などである。このうち墓誌は取り立てて傑出した業績のない上流階級の人物を称揚するために書かれたものが大部分を占める。そのため、『魏書』と比べて一般的な女性に対するジェンダーロールを知るのに有利である。

第五章　北魏女性墓誌の特徴語の抽出および語義考証　397

　その重要性に反して北魏女性墓誌を全面的に扱った研究はまだそれほど多くない。管見の限り、現時点では墓誌の文体について研究する馬立軍氏の研究が北魏墓誌の女性の表象について最もまとまった研究成果であるといえる[6]。この他に黄蕾氏の修士論文は比較的多数の女性墓誌を用いてパーソナリティの類型化を試みたものであり、注目に値する。黄氏は該当する事例をあげながら、北朝女性墓誌には1.賢婦、2.才女、3.佳人、4.寡婦の四類型があるとする[7]。また、北朝墓誌の女性の特徴語および書風について書道的な観点から検討した東賢司氏の研究もある[8]。その他にも、墓誌などを用いてさほど著名でない、ある宮女の一生をミクロストリアの手法で叙述した羅新氏の研究もある[9]。

　本章と最も関連するのは馬氏の研究である。馬氏は北朝墓誌の銘辞の内容を分析し、墓主によって重点に差はあれども北朝墓誌の人物造詣は男女ともに礼法が本位であることを指摘している。さらに、女性墓誌の場合「四徳」「六行」といった礼法が軸でありながらも、この価値観とは対立する見た目の美しさや才能学識が賛美されていることが注目されるとし、北朝女性墓誌の作者の心中には、才学・美貌と四徳・六行のすべてにおいて墓主の才知が突出していることが重要な基準となっているとする[10]。また東氏は北朝墓誌を読み込む中で女性墓誌銘辞に特有の語句があることに気が付き、「窈窕」「四徳」「聖善」を特徴語として取り上げている。これは概ね適切な指摘であり、この点については本章でも再確認されるが、以下のような不十分な点も残る。

　馬氏の研究を含め従来の研究は計量的分析手法が用いられておらず、数例の史料を引用し、それらの特徴から一般化している。この方法には引用されている史料がたまたま研究者の目に止まったものなのか、それとも大量の史料を精査した結果、典型的なものとして選ばれたものなのか、また典型として選んだのであれば、なぜそれが典型といえるのかは曖昧なままであるという問題がある[11]。そのため、計量的分析によって比較および反証可能な形で検証する必要がある。どのくらいの母数のなかでどのくらいの事例があるのかを示すことで論拠の信頼性がどの程度であるか目安を示すことができる。また、ジェンダーロールを検討するためには、儒教的礼法という概括的な説明のみではなく、具

体的にどの行動・性質が最も賞賛されているのかを詳細に検討する必要がある。計量的分析を用いることによって、礼法のなかで具体的にどのような行動が最も多く評価されているのか、才学・美貌を賞賛するうえで最も多い表現は具体的に何であるのかといった点も検討することが可能になるだろう。

第二節　テキストマイニングを用いた北魏女性墓誌の銘辞の分析方法

　北魏墓誌の形式は、基本的に散文形式の序文と韻文形式の銘辞から構成される。墓誌の内容は題・名前・本籍・家系・品行・官歴・死亡日・享年・埋葬（以上が序文）・銘辞（本文）であり、基本的にこの順番で定型化される[12]。序文と銘辞の内容は部分的に関連しており、銘辞は基本的には序文に記された具体的な家系・品行・官歴・享年などの事実をもとに、より抽象的な韻文によって墓主への賞賛と墓主の死の悲しみといった感情を表現するものとなっている。序文には墓主の具体的な情報が記されるため、地名・官職名・氏族など固有名詞が集中しており、ジェンダーロールに関連する語は賞賛と哀悼を表現する銘辞に集中している。そこで本章では銘辞を分析対象とした。

　具体的な分析手法については第二部第二章第一節「KH Coderを用いた北魏墓誌の銘辞のテキストマイニング分析」を参照されたい。この手法を用いて分析した結果、第二部第二章で明らかにしたように、北魏墓誌の銘辞全体から二文字熟語として19496語抽出することができた。内訳としては、二回以上使われた熟語は3432語（約17％）であり、残る約83％は一回のみの使用であった。つまり、一人の人物の銘辞の中で使われている語は平均して８割以上が北魏墓誌の銘文全体の中で一度きりしか使われていない語であるということである[13]。また、複数回使用される語の中でも、二回と三回が大部分を占めており、四回以上の用例のある語は約２％しかない[14]。窪添慶文氏の研究によれば北魏墓誌の銘辞の語句の長さは、北魏墓誌が急増する洛陽遷都（四九四年）後から永平年間の終わり（五一二年）までは平均24.8句（二文字熟語として49.6語）、延昌の始まり（五一二年）から北魏末（五三四年）までは平均31.6句（二文字熟語として

第五章　北魏女性墓誌の特徴語の抽出および語義考証　399

63.2語）である[15]。一つの墓誌の銘辞部分で同じ二文字熟語を使うことは少ないため、これをもとに単純計算すると、一人当たり49.6～63.2語のうち約10～12語が他の墓誌でも用例のある語であり、四回以上の用例のある語は約1.2～1.5語しかない。このように、複数の銘辞で使われる語は極めて限られているが、一方、非常に多くの墓誌で用いられる語も存在する[16]。

第三節　北魏女性墓誌の銘辞の特徴語

　前述のようにほとんどの銘辞の二文字熟語は北魏墓誌全体で一度しか使われないが、ごく一部に比較的多くの用例がある語も存在する。そのような語のうち性別を問わず用いられる語の外に、男性のみあるいは女性のみに頻繁に用いられる語が存在する。北魏墓誌で用いられるいくつかの語は性別に関連しており、類似する銘辞のクラスターを分析した結果、同一作者による文章の再利用が疑われる極めて高い類似性のクラスターを除けば[17]、第二部第二章にて指摘したように、同じ性別の墓主の銘辞が比較的高い類似性のクラスターを形成しており、男女で用語の傾向が異なることが示唆された点にも表れている。本章ではこの結果を踏まえKH Coderの対応分析を用いて男女の表現の差を可視化し、北魏女性墓誌の特徴語を抽出した。KH Coder は内部でRのCorresp関数を用いて計算・可視化しており、設定したグループと語の関連の強さを距離によって表示させることができる[18]。ここでは、男女の銘辞を伴う墓誌を分析の対象とし、男性グループと女性グループを設定し、夫婦合葬墓は個別に検討を加え分類した。なお、対応分析に際して男女の墓誌は母数が異なるため標準化を行っている。女性墓誌は全体の件数が少ないため、四回以上出現する語は頻繁に使用される語であるといえる。分析対象とした件数は、男性は364件、女性は93件となった[19]。これによって図（北魏墓誌の銘辞の男女別対応分析）が得られた。この図では原点（0、0）付近には男女双方に用いられる語が集まり、中央から離れるほど特徴的な語となる。左下が女性特有の語となっている。

　図の男女の表象の対応分析から、女性の表象として最も特徴的な語に「四徳」

（女性16例、男性０例）、「六行」（女性11例、男性０例）、「夫人」（女性10例、男性０例）、「作嬪」（女性６例、男性０例）、「母儀」（女性６例、男性０例）、「娣姒」（女性４例、男性０例）、「慎終」（女性４例、男性０例）、「婦德」（女性４例、男性０例）、「淑媛」（女性４例、男性０例）、「蘭蕙」（女性４例、男性０例）、「四行」（女性４例、男性０例）、「四教」（女性４例、男性０例）の12語が検出される。次いで「窈窕」（女性９例、男性１例）、「有行」（女性９例、男性１例）の２語も女性に特徴的な語である。これらはいずれも男性墓誌には使用されないか、極めて稀にしか使用されないが、高い頻度で女性墓誌に使用される、いわば女性の紋切り型の美徳であり、墓誌の称揚する女性のジェンダーロールの代表例であるといえよう。

　以下ではこのうち、複数の意味を持つ熟語や形容詞的な熟語に該当する六語について取り上げ、その意味を明確にする。なお、前述のように北魏墓誌の序文と銘辞は部分的に内容が関連しているため、序文の中にも、銘辞と同一の語が用いられる場合もある。そこで、序文にこれらの語が用いられる例についても参考として検討に加える。さらに前後の時代の正史や石刻史料などと比較することで、北魏女性墓誌の特徴語の由来や独自性についても検討する。

（１）　娣姒

　まず娣姒について検討する。この語の南北朝期の用例をみると、北斉の顔之推『顔氏家訓』兄弟に、「娣姒之比兄弟、則疏薄矣（兄弟の妻たちは兄弟に比べれば関係は疎遠である）」とあり、劉宋の劉義慶『世説新語』賢媛に、「鍾郝爲娣姒、雅相親重（鍾夫人と王渾の弟である王湛の妻である郝夫人は兄嫁・弟嫁の間柄であり、平素から互いに親しみ敬いあっていた）」があり、どちらも兄弟の妻（弟嫁と兄嫁）を意味する。しかし、漢魏六朝碑刻数據庫[20]は北魏墓誌の序文にある「接娣姒以謙慈作稱（娣姒に接する様子が謙虚で慈愛に満ちていたので称賛された）」に対して、「謂夫人謙和慈祥而不跋扈、不嫉妒。在一夫多妻制時代、是維持家庭和諧、避免內亂的要婦德之一（夫人の謙和慈祥して跋扈せず嫉妬しないことをいう。一夫多妻制の時代において、これは家庭を維持して調和させ、内輪争いを避けるための婦人の徳の一つである）」とし、娣姒を兄弟の妻ではなく、一夫多妻、つまり夫の別の

第五章　北魏女性墓誌の特徴語の抽出および語義考証　401

妻と解釈する。ここでは「一夫多妻」とするが、司馬景和が一夫多妻であった
根拠を示していない上、そもそも伝統中国社会の原則は一貫して「一夫一妻多
妾制」であり北朝も例外ではないため、「一夫多妻」という前提そのものが不
適当である。ただし娣姒には妾の意味もあるため、北魏墓誌における娣姒の用
例について表1－1の9件を検討し、意味を判断したい。この表によれば銘辞
は4件あり、事例3・4・6・8が該当する。1は、妻が清河孟氏（漢人）、
夫が司馬景和（漢人）である。『魏書』巻三七、司馬叔璠伝附景和伝に、「道壽
長子元興、襲父爵。子景和……」とあり子の記載はあるが、兄弟の記載はない。
本人墓誌は司馬昞墓誌【梶山目録238】が該当するがここでも兄弟の記載はない。
しかし1の文脈を確認すると最初に「奉舅姑以恭孝興名、接娣姒以謙慈作稱」
と舅姑と娣姒が対句になっており、その後に「夫人性寡姤嫉」とここではじめ
て妻妾間の関係について言及されるので、娣姒は夫の兄弟の妻と解釈すること
が妥当である。2は、妻が博陵崔氏（漢人）、夫が趙郡李氏（漢人）である。『魏
書』巻四九、李霊伝に附伝があり、二人の子および二人の兄と一人の弟がいた
こと、その兄弟には子がいたことが記載されている。つまり夫の兄弟の妻は存
在したことが分かる。また2の文脈を確認すると姑と娣姒が対になっており、
娣姒は夫の兄弟の妻と取れる。3は、妻が南陽趙氏（漢人）、夫が宗室の元永
の長子である。『魏書』に記載はなく、関連墓誌もないが、銘辞では「上虔舅姑、
傍協娣姒」と表現され、舅姑と娣姒が対句になっているため、兄弟の妻と取れ
る。4は、妻が漁陽鮮于氏（胡人(21)）、夫が丘哲（胡人(22)）である。銘辞では「德
は娣姒を矛（＝柔）ぐ」とあり、兄弟の妻もしくは妾のどちらとも取れる表現
である。5は、妻が河東薛氏（漢人）、夫が宗室の元湛である。元湛墓誌【梶
山目録437】では「章武武莊王之令弟」と記されている。また、『魏書』巻一九
下、元湛伝では、「章武王彬の長子融。……融の弟凝。……凝の弟湛。……湛
の弟晏」とあり、少なくとも四人兄弟であり、末子以外は子がいたことが記さ
れている。つまり少なくとも二人の兄は妻が存在したことが分かる。6は、妻
が宗室の元氏（胡人）、夫が北族八姓の穆彦（胡人）である。夫は『魏書』には
記載がなく、本人墓誌の穆彦墓誌【梶山目録477】では兄弟や妾については記

されていない。しかし銘辞に「朝事舅姑、奉接娣姒」とあり、舅姑と娣姒が対句になっており、また妾に奉接することはないため、兄弟の妻と取れる。7は、妻が昌黎蘭氏（胡人[23]）、夫が北魏宗室の元彦である。元彦墓誌【梶山目録167】では「樂陵密王之世子、襲封樂陵王」とあり、元茂墓誌【梶山目録329】では「樂陵密王之第三子」とあるので少なくとも二人の弟がいたことが判明する。また『魏書』巻一九下、楽陵王胡兒伝では、「子景畧、字世彦（＝元彦）。……景畧弟慶畧。……子子政。……慶畧弟洪略。……洪畧弟子業」とあるので、三人の弟がおり、うち一人は子供がいたことから妻も存在したことが判明する。さらに序文は「舅姑欽其至誠、娣姒敬其高軌」とあり、舅姑と娣姒が対句になっているため兄弟の妻と取れる。8は、妻が広平宋氏（漢人）、夫が宗族十姓（胡人）である。『魏書』に記載がなく、関連墓誌も存在しないため、兄弟の妻や妾の存在は分からない。9は、妻が慕容氏（胡人）、夫が北魏宗室の元鬱である。『魏書』巻一九上、済陰王小新成伝によれば、鬱には二人の弟がおり、それぞれ子がいたことから妻も存在したことが判明する。さらに序文は「姑・夫・叔妹・娣姒」が列記され、叔妹と娣姒が対句になっているため兄弟の妻と取れる。

　以上の検討から、夫の兄弟の妻がいることが確定できた事例が4例あった。序文もしくは銘辞に舅姑と併記される場合が5件あり、その場合は兄弟の妻と取れる表現である。反対に妾の意味と確定できる事例は一つも無かった。

　次に正史における用例を検討する。まず、『晋書』巻三一、后妃、左貴嬪伝に、

> 左貴嬪、名は芬。……元楊皇后の崩ずるに及び、芬、誄を献じて曰く、惟れ泰始十年秋七月丙寅、晉の元皇后楊氏崩ず、嗚呼哀しい哉。……諸の姑姉妹、娣姒勝御。塵軌を追送し、衢路に號咷すと。

> 左貴嬪、名芬。……及元楊皇后崩、芬献誄曰、惟泰始十年秋七月丙寅、晉元皇后楊氏崩、嗚呼哀哉。……諸姑姉妹、娣姒勝御。追送塵軌、號咷衢路。

とある。西晋の元皇后楊氏に対する誄にて「姑・姉妹・娣姒・勝御」という文脈で使われており、「勝御」は妾の意味なので、娣姒は夫の兄弟の妻の意味と取れる。なお元皇后の夫は司馬炎（武帝）であり兄弟の妻も存在する。次に、『南斉書』巻二〇、皇后、武穆裴皇后に、

武穆裴皇后、諱は惠昭。……。后、少くして豫章王妃庾氏と娣姒を爲し、庾氏、女工に勤め、太祖・昭后に奉事して、恭謹にして倦まず、后、及ぶこと能はず、故に舅姑の重んずる所と爲らず、世祖が家、好（むつまじ）くすも亦薄んず。

武穆裴皇后、諱惠昭。……。后少與豫章王妃庾氏爲娣姒、庾氏勤女工、奉事太祖・昭后恭謹不倦、后不能及、故不爲舅姑所重、世祖家好亦薄焉。

とある。武穆裴皇后は蕭道成の長子の蕭賾（武帝）の妻、豫章王妃庾氏は蕭道成の次子の蕭嶷の妻なので、娣姒は夫の兄弟の妻の意味と確定できる。庾氏の方が女性のたしなみに優れ、嫁ぎ先の父母によく仕えたので義理の父母に優遇されたことが描写されている。最後に、『魏書』巻五六、鄭羲伝に、

瓊の兄弟は雍睦、其の諸娣姒も亦、咸な相ひ親愛し、閨門の内、有無相ひ通じ、時人の美と稱（たた）う所と爲る。

瓊兄弟雍睦、其諸娣姒亦咸相親愛、閨門之内有無相通、爲時人所稱美。

とあり、兄弟の妻の意味であり、仲睦まじい関係が描写されている。以上、正史でも兄弟の妻の意味で使われていたことが確認できた。

次に、魏晋南北朝期の石刻史料の用例について検討する。表１－２によれば１件が西晋、４件が北魏以降の北朝墓誌である。１は、「舅姑嘉其淑婉、娣姒宜其德音」とあり、舅姑と娣姒が対句になっているため兄弟の妻と取れる。２は、妻が清河崔氏（漢人）、夫が太山羊氏（漢人）である。『魏書』巻七七、羊深伝および父の羊祉墓誌があり、夫に三人の弟がいることが判明する。さらに銘辞に「孝敬舅姑、竭誠娣姒」とあり、舅姑と娣姒が対句になっているため兄弟の妻と取れる。３は、妻が安定皇甫氏（漢人）、夫は河東薛氏（漢人）である。「昆季（兄弟）少なからず、娣姒實に多し」という表現から、夫の兄弟の妻の意味として確定できる[24]。４は、妻が隴西董氏（漢人）、夫が太原王氏（漢人）である。墓葬の点では夫婦および妾三人の合葬墓であることから[25]、夫の妾の意味の可能性もある。しかし銘辞に「移愛娣姒、従敬舅姑」とあり、舅姑と娣姒が対句になっているため兄弟の妻と取れる。５は、妻が太原王氏（漢人）、夫が渤海封氏（漢人）である。『北斉書』巻二一、封隆之伝附子絵伝に、「子繪弟

子繡。……。子繡在渤海、（兄女婿の妻）定遠過之、對妻及諸女讌集、言戲微有藝慢、子繡大怒、鳴鼓集眾將攻之」とあり、夫の弟に妻がいたことが判明する。さらに銘辞に「娣姒叔妹（＝夫の妹）」とあり、姒と夫の妹が同格に並べられることは有り得ないことなので、兄弟の妻の意味ととれる。

　以上の検討により、正史でも魏晋南北朝期の石刻史料でも大半が兄弟の妻という意味で用いられていることが確認できた。なお先行研究によれば、北魏では側妾の存在自体は否定できないが蓄妾の制度は確立されておらず、一夫一婦であったこと、その背景には北族社会の婦人の発言力が強く、さらに妬忌が逆に婦徳の根底とされていた点が指摘されている[26]。またその後の研究もほぼ同様の見解を持つ[27]。つまり、北魏では妾を置くことは実態として少なかったのである。したがって娣姒は嫁ぎ先の夫の兄弟の妻の意味と解釈することが妥当であろう[28]。

（2）　四徳

　女性の特徴語として最も顕著な例は四徳である。典故は、『周礼』天官・九嬪に、「九嬪掌婦學之灋、以教九御婦德・婦言・婦容・婦功（九嬪は婦人の学ぶべき規範のことを掌り、九御に婦德・婦言・婦容・婦功を教える）」とあり、鄭玄注に、「婦德謂貞順。婦言謂辭令。婦容謂婉娩。婦功謂絲枲（婦德とは貞順を言い、婦言とは言葉遣いを言い、婦容とはしとやかさを言い、婦功とは糸麻の仕事を言う）」とある。図のすぐ近くにある六行[29]も関連性が深い語であり、表2−1では対句表現としてセットで出てくる場合が多い。また、最も多い四徳と六行の対句以外にも三従・三明など他の数字との組み合わせも見られる。関連する語に三徳・七徳・四教・七教・四行・六行・七行・四礼・五礼・六礼・三善などがある。

　表2−1によれば、今回扱った北魏女性墓誌93件中34件（3割以上）が四徳を使用しており、使用頻度が極めて高いことが分かる。うち、銘辞で使われた件数は17件である。漢人だけではなく胡人の女性墓誌でも使用されている。このように女性の使用率が圧倒的に高いが、男性が序文で四徳を使用した例も2

例ある。その場合は当然夫人の徳目という意味ではなく、『大戴礼記』衛将軍文子の、「孔子曰、孝、徳之始也。弟、徳之序也。信、徳之厚也。忠、徳之正也。（曾）參也、中夫四徳者矣哉」を典故とする「孝弟（＝悌）信忠」である。

　次に魏晋南北朝期の正史の用例を検討する。表２－２の１は周の后妃制について『周礼』天官・九嬪を引用して述べたものである。２の『三国志』裴注引く『魏氏春秋』は東晋の孫盛の手に成る曹魏の出来事が記された書籍である。ここでは婦人の四徳と士人の百行[30]がともに遵守すべき美徳として併記されている。「婦有四徳、卿有其幾（妻には四徳があるが、そなたはいくつ備わっているか）」という質問に対し「新婦所乏唯容（私に欠けているのは婦容だけです）」と答えているので、鄭玄注の四徳を踏まえていることがわかる。なお『世説新語』賢媛にも同じ内容が記載されている。３は東晋の徐衆による評である。呉の是儀（男性）に対する評価として四徳を用いる。４では六義、６では六行、７では六宮が四徳とセットで使われている。なお６は賛の部分なので『晋書』が成立した唐の太宗期の価値観を示す。４は后妃伝の序文であるため、やはり『晋書』が成立した唐の太宗期の価値観を示す可能性がある。したがって正史において四徳と六～が女性に対してセットで使われる用例は晋代まで遡ることはできず、７の『周書』の用例が初出となる。５は『晋書』に引かれる夏侯湛（二四三～二九一年）の作品中に用いられ、孔子の言葉を引用した後に用いられることから『大戴礼記』の用例である。一方、男性に用いられる四徳は、『三国志』の注に引かれる東晋の評および『晋書』に引かれる夏侯湛の作品の２例であり、残る５例は皇后や列女など女性に関する項目にて言及されている。

　最後に魏晋南北朝期の碑文の用例を検討する。まず西晋の永寧二（三〇二）年九月二十日「孫松女墓誌」に、「在褓有淑順之美、來嬪盡四徳之稱」とある。女性に対する鄭玄注の四徳の用例である。次に、『文選』に収録されている梁の沈約「斉故安陸昭王碑文」に、「公以宗室羽儀、允膺嘉選。協隆三善、仰敷四徳」とあり、南斉の皇族蕭緬に対する称賛として四徳を用いる。また北魏の正光四（五二三）年十一月六日の「高貞碑（魏故営州刺史侯高君之碑）」に、「仰敷四徳之美、式揚三善之功」とあり、男性に対して四徳が使用されている。

406　第二部　テキストマイニング分析を用いた北魏墓誌に関する研究

　なお女性に対する四徳の使用自体は、『春秋左氏伝』襄公九年に、「今我婦人而與於亂、固在下位、而有不仁、不可謂元。不靖國家、不可謂亨。作而害身、不可謂利。棄位而放、不可謂貞。有四德者、隨而無咎、我皆無之、豈隨也哉」とあるのが初出である。ここでの四徳は『周易』乾卦の、「君子行此四德者、故曰乾元亨利貞（君子は此の四徳を行う、故に曰く乾の元ひに亨りて貞しきに利ろしと）」の意味である。また前漢の劉向『列女伝』孽嬖伝、魯宣繆姜にも同じ記載が収録されている。したがって鄭玄注の四徳の用例は西晋「孫松女墓誌」や東晋『魏氏春秋』に記された曹魏の記載から始まるため、魏晋期の用例を北魏墓誌も踏まえていると言えよう。ただし四徳と六行のセットは北魏墓誌になって出現した新しい表現である。また、北周から唐代にかけても使用の継続が確認できた[(31)]。

（3）　慎終

　この語は北魏墓誌において二つの意味で用いられている。第一に「慎終追遠（親を手厚く葬り礼を尽くすこと）」であり、典故は『論語』学而に、「曾子曰、慎終追遠、民德歸厚矣（親を手厚く葬り祖先をお祭りしていけば人民の德もそれに感化されて厚くなるだろう）」とあり、何晏集解に、「慎終者、喪盡其哀。追遠者、祭盡其敬」とある。第二に「慎終如始（最初から最後まで慎重に行う）」であり、典故は『老子』第六四章に、「慎終如始、則無敗事（やりはじめと同じく、終わりぎわを慎重にせよ。そうすれば仕事がだめになることはない）」とある。北魏墓誌の銘辞では前者の意味で2例、後者の意味で2例の用例がある。また、序文に後者の意味で1例ある。

　北魏墓誌の慎終の用例について、表3－1の5件を検討する。1は、銘辞の終わりの死の悲しみの部分に該当し、本人に対する葬礼の手厚さを表現している。2は、生家にて慎み深いという本人の資質としての意味で用いられ、結婚後は宣武帝の媵妾と仲良くしたことが称賛されている。3も同様に、本人の徳行として慎み深いことが称賛されている。4は、幼少時に家人が犯した罪に連座して官婢となり、後宮で昇進を遂げ、亡くなるまで後宮に勤めた人物である。この墓誌は「魏故第一品家監侯夫人之墓誌銘」と題されているが、「夫人」と

は後宮の家監という役割を担当した彼女に対する尊称であり、ここでの慎終は本人に対する賛辞として用いられている。5は序文で用いられる。舅姑の後に用いられているので嫁ぎ先の親の葬儀の意味である。

　次に碑文の用例として、後漢の漢安二（一四三）年の「北海相景君碑」に、「〔故〕中部督郵都昌羽忠字定公故門下督盜賊劇騰頌字叔遠。……。（行三年服者凡八十七人）豎建□□、惟故臣吏、愼終追遠、諒闇沈思、守衛墳園、〔仁綱〕禮備、陵成宇立、樹列既就、……」とある。これは上司が亡くなったため故吏が石碑を建立したものである。親の服喪に匹敵する三年服喪をしていることから「愼終追遠」の表現を使ったと考えられる。

　正史の用例について、表3－2の4件を検討する。1は本人（皇帝の妻）に対する葬礼を指す。2は本人（功臣）に対する葬礼を指す。3は北魏皇帝が最初から最後まで慎重に行った徳を称えている。4は一般論として臣が君に対して、子が親に対して手厚く葬り礼を尽くすことを指す。

　最後に『文選』の用例として、西晋の潘岳「西征賦」に、「觀夫漢高之興也、……。乃實愼終追舊、篤誠款愛（かの漢の高祖が成功した原因を考えてみると、……。実は人々を最後まで面倒を見、古なじみを捨てず、誠実であって慈愛に満ちていた）」とあり、ここでの慎終は漢の高祖の人柄として使われており、『論語』を典故とする一つ目の意味とは用法が異なる[32]。また、西晋の潘岳「楊仲武誄」では、「潘楊之穆、有自來矣。矧乃今日、愼終如始（潘家と楊家の親密なことはずっと以前からのことであるが、いわんや今日の私と君との交わりは両家の交流のはじまりのように睦まじかった）」とあり、二つ目の意味が用いられている。

　以上の検討から、慎終という語は北魏女性墓誌では本人の慎み深さという特質、および親を手厚く葬る行為として用いられていた。正史や『文選』の用例からすると男性にも使われる場合もあったが、北魏墓誌では女性特有の表現となっていたことが指摘できよう。

（4）　窈窕
　この語の意味は女性の美しい容貌であり、典故は『詩経』周南・関雎に、「窈

408　第二部　テキストマイニング分析を用いた北魏墓誌に関する研究

窈淑女、君子好逑（たおやかなる良き乙女は君子の良き連れ合い）」である。また、毛伝に「幽閒也」とあり、女性の神秘的な美貌を褒める語として用いられる。

　北魏墓誌の窈窕の用例について、表４－１の17件を検討する。銘辞が10件、序文が７件である。初出の１は『詩経』の八文字をそのまま用いる。その後、窈窕の語の後に男性に嫁ぐ「作嬪君子」などの表現を繋げる『詩経』を踏まえた用語が、銘辞では６・10、序文では７・14・17で使われている。特に14と17はほぼ同じ表現である。また、15のみ宗室男性が墓景を表現する部分において墓門の深遠さの意味で用いるが、残りは全て女性が本人の資質として美しい容貌という意味で用いる。なお、その後の北朝墓誌を調べると全て女性の用例となるので、15の男性の用例のみが北朝を通して特異なケースとなっている。１の出身不明者を除き銘辞はすべて漢人であるが、序文は３・13が不明、７・16・17が胡人である。

　次に石刻史料の用例を確認する。まず後漢の「楊卿耿伯墓記」に、「故縣候守丞楊卿耿伯、質性清潔、丁時窈窕、才量休赫」とあり、漢魏六朝WEBの注は美好と解釈する。これは男性地方官の墓記であることから、成人男性として容貌が美しいことを示す。次に後漢の光和四（一八一）年四月二日「三公山碑」に、「山谷窈窕、石巖巖兮」とあり、漢魏六朝WEBの注は深遠と解釈する。つまり15と同様に景色の深遠さとしての用例である。次に西晋の永寧二（三〇二）年九月二十日「孫松女墓誌」に、「姿窈窕之容、體賢明之行」とあり、女性の美貌の意味である。

　最後に『文選』の用例を確認すると、後漢の班固「西都賦」は、「後宮之號十有四位。窈窕繁華、更盛迭貴（後宮の女性の称号に14の位の別がある。しとやかな美女もあり、花盛りの美女もあり、互いに栄達し、高貴な身となる）」という女性の美貌の意味で用いる。次に、東晋の郭璞「江賦」は、「爰有包山洞庭、巴陵地道。潛逵傍通、幽岫窈窕」とあり、景色の深遠さの意味で用いる。

　以上、後漢～東晋にかけては男性および女性の美貌および景色の深遠さの様々な用例が見られたが、北魏～北朝墓誌では女性墓誌が美しい容貌の意味で用いる場合がほとんどを占めていたことが確認できた。また北魏墓誌では、はじめ

第五章　北魏女性墓誌の特徴語の抽出および語義考証　409

は『詩経』の典故をそのまま用いたが、時代が下ると表現に変化を加え、文学的レトリックともいえる変遷がみられた。

（5）　淑媛

　この語の意味は、善良で美しい女性であり、用例は『後漢書』列女伝、曹世叔妻に、「若淑媛謙順之人、則能依義以篤好、崇恩以結援」とあり、李賢注に、「淑、善也。美女曰媛（淑は善である。美女は媛という）」とある。また『芸文類聚』に収録された後漢の王逸「機婦賦」に、「窈窕淑媛、美色貞怡」とあり、これは（4）にて扱った『詩経』の「窈窕淑女」を踏まえた表現である。淑女は性質が善であることしか表現できないが、淑媛とすることで容姿の美しさが加わっている。

　北魏墓誌の淑媛の用例について、表5の4件を検討する。すべて女性墓誌であり、上述した意味で用いられる。内訳は宗室（胡人）が1人、残る3人は漢人である。淑媛については、『魏書』巻九二、列女、封卓妻劉氏に、

　　中書令高允、其の義高くして名著らかならざるを念じ、之が爲に詩して曰く、……。實に華宗有り、挺きんでて淑媛を生む。……と。

　　中書令高允念其義高而名不著、爲之詩曰、……。實有華宗、挺生淑媛。
　　……。

とあり、漢人名族の高允（三九〇～四八七年）が女性を讚えるため詩作した漢詩で使われている。実は「挺生淑媛」という表現はこれまで用例が無く、高允が最初に用いた表現である。したがって1の「篤生淑媛」という表現は高允の影響とも考えられる。ただし北魏男性墓誌には「挺生哲人」という表現があることから、男性の言い回しが女性に応用された可能性もある。

　次に石刻史料の用例を確認する。西晋の永嘉元（三〇七）年四月十九日「王浚妻華芳墓誌」の銘辞に「於穆淑媛、體純德茂」とあり、美しい女性の意味である。

　最後に『文選』の用例として、曹魏の曹植「与楊德祖書」に、「蓋有南威之容、乃可以論於淑媛（思うに春秋時代晋の美女の南威のような容姿があってはじめて淑女と評することができるだろう）」とあり、女性の美しい容姿が強調されている。

　なお類似する語に「淑女」（女性2例、男性0例）と「淑人」（女性1例、男性0

410　第二部　テキストマイニング分析を用いた北魏墓誌に関する研究

例）がある。用例と年齢の関係をみると、淑媛は38歳・26歳・20歳、淑女は25歳、淑人65歳であり、淑人は使い分けられている可能性があるが、淑媛と淑女はあまり使い分けがないと考えられる。

（6）　蘭蕙

　この語の典故は『楚辞』九歎、「懐蘭蕙與衡芷兮、行中野而散之」であり、「蘭」「蕙」を人間の美質として喩える。漢代以降はこの語の意味は二つに分かれる。第一には香草であり、『漢書』楊雄伝、甘泉賦（『文選』にも収録）に、「排玉戸而颺金鋪兮、發蘭惠與穹窮（風は玉戸をおし開いて金の鋪首を揚げ、めぐって蘭蕙と穹窮という香草の芳香を奮発する）」とあり、師古注に、「……、發奮衆芳」とある。また、『漢書』巻五七上、司馬相如伝、子虚賦（『文選』にも収録）に、「於是鄭女・曼姫、……。下摩蘭蕙、上拂羽蓋（夏姫と鄧曼という美女は、……。下は蘭と蕙という香草を擦り、上は輿の屋根を緑の羽で覆ったものを払う）」という用例がある。第二に賢者の喩えであり、『後漢書』巻八〇下、文苑列伝下、趙壱伝、刺世疾邪賦に、「被褐懐金玉、蘭蕙化爲芻。賢者雖獨悟、所困在羣愚（褐を被って金玉を懐き、蘭蕙は化して芻となる。賢者は独り悟るけれど、愚かな人々の困惑するところとなる）」とあり、優れた男性を称える用例である。

　北魏墓誌の蘭蕙の用例について、表6の7件を検討する[33]。1〜4の用例では女性の美しい容貌という新しい使い方が出てきている。先ほど挙げた『漢書』子虚賦の用例は、主語は美女ではあるが、蘭蕙は香草しか意味していない。北魏墓誌ではこの賦を下敷きにして蘭蕙が直接女性の美しさを示す用法が生まれた可能性が考えられる。なお2と3は畳語を二回繰り返した後、「陵霜吐馥、冬華表新」「臨霜吐馥、冬年表香」と一部文字を入れ替えただけであり、表現の類似性が高い。4も畳語の後に蘭蕙を用いている。この類似性は3人がいずれも宮女であることとも関連するかもしれないが、撰文者が同じであったことによる可能性もある[34]。5は男性墓誌であり、賢者を指す。6・7は男性墓誌の序文であり、『後漢書』の金玉・蘭蕙の組み合わせではあるが、6は容姿の美しさを示す。

第五章　北魏女性墓誌の特徴語の抽出および語義考証　411

次に『文選』の用例として、西晋の潘岳「爲賈謐作贈陸機」に、「如彼蘭蕙、載採其芳（香り高い蘭や蕙のように香しいその人（陸機）を取り立てた）」とあり、二つ目の意味の賢者を指す。

　以上の検討から、蘭蕙という語は漢魏晋では優れた男性を称える用例であったものが、北魏女性墓誌の銘辞では美しい女性の容姿という新たな用法が出てきたことが確認できた。そして北魏男性墓誌の序文でも美しい容貌という新しい表現が生まれていた。

（７）　まとめと確認

　ここまで検討した六語の北魏女性墓誌の特徴語を確認する。（１）は姑舅を伴う場合が多く、嫁ぎ先での円滑な人間関係が期待されていたことが読み取れた。（２）は女性の徳目であり、四徳と六～をセットで使う用例が北魏女性墓誌では多用されていた。（３）は女性本人の慎み深さ、（４）と（６）は女性の美しい容貌、（５）は美しさと善良であることが賞賛の対象となっていた。なお（４）は『詩経』の典故を踏まえ美貌により嫁いだという表現が多数みられたことから、作嬪を意識させる表現と言える。なお図によれば、作嬪・母儀・婦徳・夫人の四語も北魏女性墓誌の特徴語である。今回は言葉の意味や用例が時代によって変化したり男性墓誌にも使われたりする多義的な語を取り上げたためこれら四語を検討しなかったが、すべて婚姻関係を前提とする嫁ぎ先での女性の立場を表す語であることを指摘しておきたい。

おわりに

　本章では北魏女性墓誌の銘辞に対してテキストマイニングを行い、「四徳」「六行」「夫人」「作嬪」「母儀」「娣姒」「慎終」「婦徳」「淑媛」「蘭蕙」「四行」「四教」の12語が女性墓誌の特徴語として得られた。そこから得られた特徴語のうち複数の語義を持つものについて用例を検討した。その結果、従来指摘されているとおり、婦徳といった儒教倫理および本人の美貌（外見）や慎み（性格）

412　第二部　テキストマイニング分析を用いた北魏墓誌に関する研究

に偏っていることが確認されたが、一方、従来指摘されている才学については確認されなかった。また（2）四徳と六～のセット表現や（6）蘭蕙の新しい用例が北魏墓誌において生まれた結果を踏まえると、北魏墓誌は魏晋南朝の用例をそのまま踏襲していたのではないことが分かった[35]。つまり北魏墓誌の撰文者は典故や魏晋南朝の用例を踏まえつつも北魏で新しい表現を生み出していたのであり、取捨選択をした上で北魏墓誌におけるジェンダーロールの描写がなされたと考えられる。ではこの結果が北魏史においていかなる意味を持つのか、おわりに歴史的位置づけと展望を述べたい。

　北魏では洛陽遷都後に銘辞を持つ墓誌が突然出現し、一般化する[36]。それまで墓誌銘を作らなかった鮮卑族が突然作りはじめ、特に宗室のほとんどが墓誌を持つようになることから、北魏政権の積極的な指導のもと墓誌情報が一斉に共有された可能性が指摘されている[37]。その嚆矢として太和十九（四九五）年に孝文帝自らが撰文した馮熙墓誌が作成され[38]、モデルとして影響力を持ったことが想定されている[39]。また、孝文帝が墓誌文化を受容したのは南朝からの亡命貴族である王粛の影響があった可能性も指摘されている[40]。今回の結果を併せて考えるならば、洛陽遷都後の北魏女性墓誌の内容は、南朝の漢文化を元に、北魏王朝側が理想とした婦徳という儒教倫理を備えた女性を描写した可能性が考えられよう。なお北魏胡人女性については、当時の顕著な特徴である尚武、つまり従軍し、軍を指揮する姿[41]が北魏墓誌では描かれていない。この点については、各テキストが書かれた目的や想定する読者層を踏まえ検討し、それぞれが独自の言説（discourse）を形成していることを明らかにすることが問題解決の糸口となると考えている。今後の課題としたい。

　注

（1）　例えば、『ジェンダーの中国史』（勉誠出版、二〇一五年）、『中国ジェンダー史研究入門』（京都大学学術出版会、二〇一八年。以下【小浜二〇一八】と称す）、『東アジアの家族とセクシュアリティ――規範と逸脱』（京都大学学術出版会、二〇二二年。以下【小浜二〇二二】と称す）などがあげられる。

第五章　北魏女性墓誌の特徴語の抽出および語義考証　413

（２）　下倉渉「先秦〜隋唐　古典中国　父系社会の形成　はじめに」【小浜二〇一八】。

（３）　左古輝人編『テキスト計量の最前線――データ時代の社会知を拓く』（ひつじ書房、二〇二一年）８〜９頁。

（４）　計読とは文章の中で特定の語句がどれほど出現し、どれほど共起するかを量的に計測することにより、有意味な知識を得ようとする諸技法の総称である。具体的には、テキストマイニング・テキストアナリティクス・計量テキスト分析・遠読などがある。

（５）　質的研究に対する批判については樋口耕一『社会調査のための計量テキスト分析――内容分析の継承と発展を目指して――第２版』（ナカニシヤ出版、二〇二〇年。以下【樋口二〇二〇】と称す）５〜８頁。なおこれは質的研究を否定するものではなく、前段階で計量的な分析手法を用いることが望ましいという立場である。

（６）　馬立軍『北朝墓誌文体与北朝文化』(中国社会科学出版社、二〇一五年。以下【馬二〇一五】と称す）、張鴻『北朝石刻文献的文学研究』（中国社会科学出版社、二〇一五年）、魏宏利『北朝碑誌文研究』（中国社会科学出版社、二〇一六年）などが代表的な研究である。

（７）　黄蕾『北朝女性墓誌研究』（福建師範大学修士論文、二〇〇七年）。

（８）　東賢司「女性墓誌銘の用語の特徴と書風に関する研究――北魏を起点とする銘文伝承の解明を中心として――」（『大学書道研究』一六号、二〇二三年）。

（９）　羅新『漫長的余生：一個北魏宮女和她的時代』（北京日報出版社、二〇二二年）。

(10)　【馬二〇一五】237頁。

(11)　【樋口二〇二〇】５頁でも計量分析を用いていない研究の一般的な問題点として指摘されている。

(12)　窪添慶文「墓誌の起源とその定型化」（『立正史学』一〇五号、二〇〇九年。同『墓誌を用いた北魏史研究』、汲古書院、二〇一七年再収。以下【窪添二〇一七】と称す）。

(13)　ただし、中には例外として、ほぼ100％の語が別の墓誌と重複する事例もある。これは第二部第四章で明らかにしたように、同一作者による銘辞の使い回しに由来するものと考えられる。

(14)　第二部第二章第一節図１北魏墓誌の銘辞の単語出現頻度分布参照。

(15)　【窪添二〇一七】第三章「北魏墓誌中の銘辞」参照。

(16)　第二部第二章第一節図２北魏墓誌の銘辞の単語出現頻度参照。

414　第二部　テキストマイニング分析を用いた北魏墓誌に関する研究

(17)　同一作者による文章の再利用が疑われる極めて高い類似性のクラスターの具体
　　　例については第二部第二章第一節参照。

(18)　対応分析は社会学等の分野で一般的に用いられている分析方法である。計算方
　　　法については藤本一男「対応分析は〈関係〉をどのように表現するのか──CA/
　　　MCAの基本特性と分析フレームワークとしてのGDA」(『津田塾大学紀要』五二号、
　　　二〇二〇年) 169〜184頁参照。

(19)　第二部第二章第一節で述べたように、本書では計454件の北魏墓誌銘辞を扱っ
　　　ている。ただし、同一墓誌に夫婦別々の銘辞が刻まれた場合は各男女１件の事例
　　　とした。具体的には張問墓誌銘【梶山目録338】・賀牧墓誌 (二部第三章の目録)
　　　が該当する。また内容から男女それぞれの銘辞に分かれると判別できるものは、
　　　それぞれ男性墓誌・女性墓誌の銘辞として扱った。具体的には、元淑墓誌【梶山
　　　目録92】・元鬱墓誌【梶山目録161】・元騰墓誌【梶山目録216】・宇文旭及夫人房
　　　氏墓誌 (二部第三章の目録)・張盧及妻劉法珠墓誌銘【梶山目録262】が該当する。
　　　さらに夫婦の墓誌であっても銘辞部分が男性についてのみの記述である場合は男
　　　性墓誌として扱った。具体的には石育及妻戴夫人【梶山目録542】・王悦及妻郭氏
　　　墓誌銘【梶山目録545】・李達及妻張氏墓誌【梶山目録396】・劉纂墓誌【梶山目録
　　　294】・城陽宣王元忠および妻司馬妙玉墓誌 (第二部第三章の目録) が該当する。従っ
　　　て、男性墓誌銘辞は356件分に８件を追加して合計364件、女性墓誌銘辞は88件分
　　　に５件を追加して合計93件を検討した。なお長孫季及妻慕容氏墓誌【梶山目録
　　　506】は男女の表現が判別しがたい部分があるため本章の分析では含めなかった。

(20)　毛遠明『漢魏六朝碑刻校注』(線装書局、二〇〇八年) の増補版データベース。
　　　以下、漢魏六朝WEBと称す。詳細は第二部第一章参照。

(21)　『北朝胡姓考』外篇第四「高車諸姓」は定州鮮于氏を高車族とし、正史に見え
　　　る漢唐間の鮮于氏を列挙する中で漁陽の鮮于霊馥 (『魏書』巻八四、儒林、李業
　　　興伝) を挙げる。

(22)　丘哲墓誌【梶山目録475】では祖父を「鎮西大将軍・都督定州諸軍事・定州刺史・
　　　臨淮公・庫堆」とするが、『魏書』巻三〇、丘堆伝では「丘堆、代人也、……。
　　　祖即位、進爵臨淮公、加鎮西将軍。徙爲太僕」とあり、丘堆と記されている。

(23)　『北朝胡姓考』内篇第四「四方諸姓」は蘭氏を「北方烏洛蘭氏、後改爲蘭氏」
　　　とする。

(24)　漢魏六朝WEBの注は「『魏書』巻薛安都傳附眞度傳、載其子有嫡子懷徹、庶長

第五章　北魏女性墓誌の特徴語の抽出および語義考証　415

　　　子懷吉以及懷直・懷朴・懷景・懷儁・故傳稱"真度諸子既多、其母非一"、與墓誌
　　　所記相合」とする。

(25)　『新出魏晋南北朝墓誌疏証（修訂本）』（中華書局、二〇一六年）245頁。

(26)　山本徳子「北朝系婦人の妬忌について──北魏を中心として──」（『立命館文学』
　　　二七〇号、一九六七年）。

(27)　板橋暁子「魏晋南北朝時代の「以妾為妻」「以妻為妾」について」【小浜二〇二二】
　　　は、北魏や東魏は、家格の高い男性ほど、皇室や外戚などの貴門から妻を娶り、
　　　妻の実家が有力で妻の嫉妬が実家からも奨励されているため、上流家庭の夫ほど
　　　妾を置くことが難しい、とする。また苗霖霖「鮮卑婦女社会地位考察」（『北朝研究』
　　　一二輯、二〇二〇年）は、鮮卑族の高貴な身分の女性が家庭および社会的に地位
　　　が高い点を後漢から北魏にかけて検証し、北魏が一妻のみで妾を置かないのはこ
　　　のような女性に地位の高さが背景にあると指摘する。

(28)　なお、「姒」を含む句は他に単明暉妻賈氏墓誌【梶山目録283】の「音篆大姒」、
　　　宇文永妻韓氏墓誌【梶山目録194】の「載姫模姒」、高猛墓誌【梶山目録288】の「譬
　　　姒歸周」があるが、いずれも賢母の代名詞として用いられる周文王の妃の太姒の
　　　ことであり、娣姒とは無関係である。

(29)　六行は『周礼』地官・大司徒に、「孝、友、睦、婣、任、恤」とあり、一般的に
　　　男性に対する徳目として使用される。漢魏六朝WEBの注および【馬二〇一五】
　　　229頁は女性の六行も同様の意味と取る。

(30)　『詩経』衛風・氓に、「士之耽兮、猶可說也。女之耽兮、不可說也（男の淫らは
　　　まだ救えるが、女の淫らは取り返しがつかない）」とあり、鄭玄の箋に、「士有百行、
　　　可以功過相除」とある。

(31)　楊柳「多民族文化背景中的北朝女性墓志書写」（『湖北民族学院学報：哲学社会
　　　科学版』二〇一八年第四期）は四徳六行の事例を列挙し、「据此可知、北朝女性、
　　　特別是上層女性、対《詩経》本身并不陌生、她們自覚遵奉《毛詩序》所謂"后妃之德"、
　　　并以之為范」とする。

(32)　新釈漢文大系『文選（賦篇）』（明治書院、一九九〇年）197頁参照。

(33)　なお蘭および蕙を含む語はこの他にも多数の用例がある。

(34)　第二部第四章にて既に指摘したが、生前の出身や官職が極めて類似する人物同
　　　士であっても銘辞の熟語は一つも同一表現が無い場合がほとんどである。したがっ
　　　て銘辞の類似性が高い場合は同じ撰文者であった可能性が高い。なお羅新『漫長

416　第二部　テキストマイニング分析を用いた北魏墓誌に関する研究

的余生』（北京日報出版社、二〇二二年）70頁はこれらの正光二年前後の宮女墓
誌は文章と石に刻まれた文字にかなり共通点があり、おそらく同一人物の作成で
はないかと推測する。

(35)　【窪添二〇一七】45頁も、劉宋・南斉における家系や家族に関する過剰なほど
の記述が北魏墓誌では淡泊であるという特徴から、南朝墓誌がそのまま北魏で再
生産されたわけではないとする。

(36)　この点については水野清一『書道全集』六巻（平凡社、一九五八年）36～38頁
が夙に指摘している。

(37)　窪添慶文「墓誌の起源とその定型化」（『立正史学』一〇五号、二〇〇九年。【窪
添二〇一七】再収）。

(38)　有名な記載であるが、『魏書』巻八三上、外戚上、馮熙伝に、「柩至洛七里澗、
高祖服衰往迎、叩靈悲慟而拜焉。葬日、送臨墓所、親作誌銘」とある。

(39)　窪添慶文「長楽馮氏に関する諸問題」（『立正史学』一一一号、二〇一二年。【窪
添二〇一七】再収）。

(40)　梶山智史「北魏における墓誌銘の出現」（『駿台史学』一五七号、二〇一六年）
および徐冲「馮熙墓誌与北魏後期墓誌文化的創生」（『唐研究』二三輯、二〇一七年）。

(41)　具体的事例については徐海晶「北朝婦女尚武、従軍精神及対唐朝的影響」（『白
城師範学院学報』二〇一一年一期）参照。

第五章　北魏女性墓誌の特徴語の抽出および語義考証　417

図　北魏墓誌の銘辞の男女別対応分析

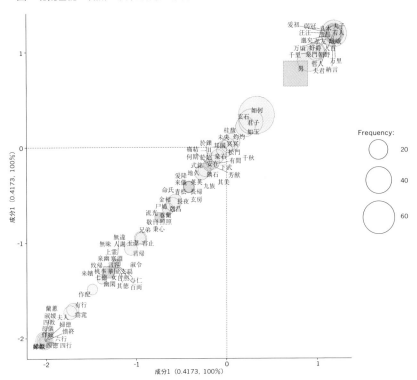

表1−1　北魏墓誌の「娣姒」の用例

1. 司馬景和妻孟敬訓墓誌（清河孟氏）　延昌三（514）年1月12日
奉舅姑以恭孝興名、接娣姒以謙慈作稱。…又夫人性寡妬嫉、多於容納。
2. 李叔胤妻崔賓媛墓誌（博陵崔氏）　神亀二（519）年4月12日
逮事王姑封氏、肅恭婦道、…同室娣姒、班列于三。
3. 元氏夫人趙光墓誌銘（南陽趙氏）　正光元（520）年10月21日
故令衆姒頌徽、羣娣歌美、訓範兩宗、惠流庶族。／「上虔舅姑、傍協娣姒」
4. 丘哲妻鮮于仲児墓誌（漁陽鮮于氏・胡人）　孝昌二（526）年8月18日
「道穆羣宗、德矛娣姒。外協親家、内和諸子。」
5. 元湛妻薛慧命墓誌銘（河東薛氏）　武泰元（528）年2月17日
敬上接下、娣姒貴其仁。尊佛盡妙、禪練尙其極。
6. 穆彦妻元洛神墓誌（宗室）　建義元（528）年4月18日

418　第二部　テキストマイニング分析を用いた北魏墓誌に関する研究

及其虔順舅姑、撫遺接幼、居室弼諧、閨房悦睦。／「朝事舅姑、奉接娣姒」
7.　元彦（字景略）夫人蘭將墓誌銘（昌黎蘭氏）　永安元（528）年11月20日
是以舅姑欽其至誠、娣姒敬其高軌。
8.　長孫士亮妻宋靈妃墓誌（広平宋氏）　永熙二（533）年1月30日
盡恭孝舅姑、竭信順於叔妹。子侄被慈惠之恩、室家顯終身之敬。「姻婭嗟讚、娣姒遵欽」
9.　元鬱王妃慕容氏（胡人）　熙平元（516）年8月14日
奉姑以孝、事夫以敬。叔妹稱其賢、娣姒珍其美。

注：印無しは序文での用例、「」付きの四字句は銘辞での用例を示す。以下の全ての表に共通する。

表1−2　魏晋南北朝石刻史料の「娣姒」の用例

1.　孫氏碑（済南孫氏）　西晋泰始八（272）年12月15日
舅姑嘉其淑婉、娣姒宜其德音。
2.　羊深妻崔元容墓誌（清河崔氏）　東魏武定二（544）年11月29日
孝敬舅姑、竭誠娣姒、饘粥菜蔬、溫恭晨夕。
3.　薛懷儁妻皇甫豔墓誌（安定皇甫氏）　北斉天統四（567）年12月23日
「昆季不少、娣姒實多」
4.　王士良妻董榮暉墓誌（隴西董氏）　北周保定五（565）年11月5日葬
年一十四、歸於王氏。移愛娣姒、從敬舅姑。
5.　封子繪妻王楚英墓誌（太原王氏）　隋開皇三（583）年2月15日合葬
夫人婦德內彰、母儀外朗。…娣姒叔妹、咸慕指南。彤管嬪嬙、皆仰茂則。

表2−1　北魏墓誌の「四德」の用例

1.　任城王妃李氏墓誌（趙郡李氏）	「出妃我后、四德斯諧」
2.　元願平夫人王氏墓誌（楽浪王氏）	「六行獨悟、四德孤閑」
3.　元顕妃李元姜墓誌銘（頓丘李氏）	「四德宣揚、六行允塞」
4.　元恪夫人王晋賢墓誌銘（琅耶王氏）	五教聿昭、四德孔緒
5.　元颺妻王夫人墓誌（琅邪王氏）	□□愍識沖固、四德連瓊
6.　司馬昞妻孟敬訓墓誌銘（清河孟氏）	四德孔脩、婦宜純備
7.　顕祖嬪成氏墓誌（代郡・胡人）	君弱齡播聲、四德昭著
8.　元謐妃馮会墓誌銘（長楽馮氏）	婉婉既閑、敏斯四德／「挺茲窈窕、四德來依」
9.　元新成妃李氏墓誌（頓丘李氏）	五禮既融、四德兼朗
10.　鄧羨夫人李榘蘭墓誌（勃海李氏）	自來儀君子、四德淵茂／「三從無爽、四德有歸」
11.　元騰暨妻程法珠墓誌銘（広平程氏）	「蘋蘩以潔、四德以勤」
12.　元氏夫人趙光墓誌（南陽趙氏）	其在重閨、四德唯婉
13.　宣武帝嬪司馬顕姿墓誌銘（河内司馬氏）	閑淑發於髫年、四德成於笄歲
14.　馮邕妻元氏墓誌（胡人）	秉四德以基厥身、執貞高而爲行本

15.　元誘夫人薛氏墓誌銘（河東薛氏）　「一聞無昧、四德孔彰」
16.　伏氏妻昝双仁墓誌銘（済南昝氏・胡人）「展轉四德、徘徊六行」
17.　胡明相墓誌銘（安定胡氏）　「四德聿脩、六行光備」
18.　元鑑妃吐谷渾氏墓誌銘（胡人）　「六行外顯、四德內彰」
19.　元彥（字景略）夫人蘭將墓誌銘（昌黎蘭氏）夫人幼懷四德、聲實两著
20.　元端夫人馮氏墓誌（長楽馮氏）　閨中有婉娩之稱、閫外聞四德之聲
21.　楊無醜墓誌（弘農楊氏）　體兼四德、智洞三明／「行該四德、志達三明」
22.　高猛妻元瑛墓誌（胡人）六行允備、四德無違／詔曰、高氏姑長樂長公主、四德早徽
23.　宇文永妻韓氏墓誌（昌黎韓氏）　「四德獨峻、六行孤深」
24.　李暉儀墓誌（隴西李氏）　身包六行、體兼四德
25.　高樹生夫人韓太妃墓誌（昌黎韓氏）爲基四德、備舉六行
26.　楊婉瀴墓誌（弘農楊氏）　「有聞六行、無違四德」
27.　李叔胤妻崔賓媛墓誌（博陵崔氏）　「四德無爽、六行靡違」
28.　李翼夫人崔徽華墓誌（博陵崔氏）　「四德有馥、六行收芳」
29.　李仲胤妻邢氏墓誌（河間邢氏）　「婉婉四德、肅雍六行」
30.　江文遥母呉夫人墓誌（不明）　「靖恭四德、優遊六行」
31.　李弼妻古鄭氏墓誌銘（不明）　「四德具贏、六行兼晰」
32.　薛真度妻孫羅穀墓誌（揚州呉郡）　七行能脩、四德必舉
33.　房文姬墓誌（清河房氏）　及登笄醮、四德光被
34.　乞伏英娖墓誌（胡人）　四德不習在心、六儀未學該抱
男性1.　元毓墓誌銘（宗室）　四德靡違、六行斯具
男性2.　元継墓誌銘（宗室）　具総衆美、詳兼四德

表２－２　魏晋南北朝期の正史の「四德」の用例

1.『後漢書』巻一〇、皇后紀
夏、殷以上、后妃之制、其文畧矣。周禮王者立后、三夫人、九嬪、二十七世婦、八十一女御、以備內職焉。后正位宮闈、同體天王。夫人坐論婦禮、九嬪掌教四德。
2.『三国志』魏書九、夏侯玄伝、裴注引く『魏氏春秋』
（許）允顧謂婦曰、婦有四德、卿有其幾。婦曰、新婦所乏唯容。士有百行、君有其幾。許曰、皆備。婦曰、士有百行、以德爲首、君好色不好德、何謂皆備。允有慚色。
3.『三国志』呉書一七、是儀伝、裴注引く徐衆『三国評』
徐衆評曰、是儀以羈旅異方、客仕吳朝、……資此四德、加之以文敏……
4.『晋書』巻三一、后妃上
若乃娉納有方、防閑有禮、肅尊儀而脩四德、體柔範而弘六義。
5.『晋書』巻五五、夏侯湛伝
累年不調、乃作抵疑以自廣。其辭曰……夏侯子曰、吾聞先大夫孔聖之言德之不脩、學之不講、聞義不能徙、不善不能改、是吾憂也。四德具而名位不至者、非吾任也。

420 第二部 テキストマイニング分析を用いた北魏墓誌に関する研究

6.『晋書』巻九六、烈女、涼武昭王李玄盛后尹氏
贊曰、從容陰禮、婉娩柔則。載循六行、爰昭四德。操潔風霜、譽流邦國。
7.『周書』巻九、皇后、宣帝朱皇后
大象元年、立爲天元帝后、尋改爲天皇后。二年、又改爲天大皇后。册曰、咨爾彌宣四德、訓範六宮、軒庭列序、堯門表慶、嘉稱旣降、盛典宜膺。

表3−1　北魏墓誌の「愼終」の用例

1. 元鷂妃李媛華墓誌（隴西李氏、李沖の娘）　正光五（524）年8月6日
妃旣善母儀、兼閑婦德、三從有問、四教無違。
「周附于畢、任合自魯。追遠愼終、千齡載睹。」
2. 元恪（宣武帝）嬪李氏墓誌（趙郡李氏）　孝昌二（526）年8月6日
爰在父母之家、躬行節儉之約。……遂應帝命、作配皇家。執虔烝祀、中饋斯允。事先帝以成、奉姑后以義。「爰在家庭、愼終若始。作配皇家、惠及媵矣。」
3. 高猛妻元瑛墓誌（長楽長公主・宗室）　孝昌二（526）年3月7日
「亦旣有行、來儀君子。居滿不溢、愼終如始」。
4. 縱光姫墓誌（斉郡縱氏）　正光六（525）年2月21日
「一離家難、長祕宮庭、徘徊禁闈、惆悵幽響。眘言陟岵、歔欷增零。愼終揚美、追遠載聲。」
5. 単明暉妻賈氏墓誌（不明）　正光四（523）年5月3日
恪懃舅姑、雅密肅雍之德。愼終追遠、供姜莫匹。

表3−2　魏晋南北朝期の正史の「愼終」の用例

1.『晋書』巻三一、后妃上、武元楊皇后伝
泰始十年、崩於明光殿、絶于帝膝、時年三十七。詔曰……賜謚母趙氏爲縣君、以繼母段氏爲鄉君。傳不云乎、愼終追遠、民德歸厚。且使亡者有知、尚或嘉之。
2.『晋書』巻三九、王沈伝
泰始二年、薨。……詔曰、「夫表揚往行、所以崇賢垂訓、愼終紀遠、厚德興教也。……」。
3.『魏書』巻二三、衛操伝
桓帝崩後、操立碑於大邗城南、以頌功德、云……（桓穆）二帝到鎭、言若合符。引接款密、信義不渝。會盟汾東、銘篆丹書。永世奉承、愼終如初。……。
4.『魏書』巻七八、張普恵伝
乃密表曰、臣聞優名寶位、王者之所光錫。尊君愛親、臣子所以愼終。

第五章　北魏女性墓誌の特徴語の抽出および語義考証　421

表4　北魏墓誌の「窈窕」の用例

1. 姜太妃墓誌頌（不明）　正始元（504）年11月18日　「窈窕淑女、君子好逑」	
2. 元継夫人石婉墓誌銘（渤海石氏）　永平元（508）年11月23日	
「夫人窈窕、性實稟常、心如懷月、言似吐璋」	
3. 冠軍将軍夫人劉氏墓誌（不明）　延昌元（512）年3月25日　窈窕之容、淑善其身	
4. 元颺妻王夫人墓誌（琅邪王氏？）　延昌二（513）年12月4日	
「如何不弔、高松早折、奄同周南、窈窕永逝」	
5. 元諡妃馮會墓誌銘（長楽馮氏）　熙平元年（516）8月2日	
「河岳吐靈、爰育芳徽、挺茲窈窕、四德來依」	
6. 元新成妃李氏墓誌（頓丘李氏）　熙平二年（517）11月28日	
「雲姿窈窕、容禮堂堂、於穆仁妃、作配君王」	
7. 元妙墓誌（宗室）　神亀二（519）年10月	
故窈窕著問、令播遐爾。季十有七、嫡龍驤将軍遵之長子。	
8. 宣武帝嬪司馬顯姿墓誌銘（河内司馬氏）　正光二（521）年2月22日	
夫人承聯華之妙気、育窈窕之靈姿。	
9. 馮迎男墓誌（西河馮氏）　正光二（521）年3月18日	
窈窕七德、長而彌甚。／「棄斯窈窕、忽歸埋松、如可願子、不遂心伺」	
10. 張君妻李淑真墓誌（趙郡李氏）　正光二年（521）7月3日　「淑女窈窕、作嬪君子」	
11. 盧令媛墓誌銘（范陽盧氏）　正光三年（522）4月16日　「脩姱窈窕、玉瑩金相」	
12. 元譚夫人司馬氏誌銘（河内司馬氏）　正光四年（523）3月23日	
「婉彼清閨、誕茲淑令、窈窕言容、優柔工行」	
13. 單明暉妻賈氏墓誌（不明）　正光四（523）年5月3日　窈窕□莫、無私謁之心。	
14. 宣武帝嬪李氏墓誌（趙郡李氏）　孝昌二（526）年8月6日	
是以灌木之音遙聞、窈窕之響彌遠。遂應帝命、作配皇家。	
15. 元恢墓誌銘（宗室男性）　建義元年（528）7月12日	
「墳路荒芒、泉門窈窕、空願輿歸、徒嗟絶倒」	
16. 邢巒夫人元純陀（陀）墓誌銘（宗室）　永安二（529）年11月7日	
岐嶷發自齠年、窈窕傳於卯日。	
17. 元懿妻陸夫人孟暉墓誌銘（北族八姓）　永安三（530）年2月15日	
於是灌木之音遠聞、窈窕之響彌著。遂應父命、作配皇枝。	

422 第二部 テキストマイニング分析を用いた北魏墓誌に関する研究

表5 北魏墓誌の「淑媛」の用例

1. 鄧羨夫人李桀蘭墓誌（勃海李氏） 神亀元（518）年12月9日
「篤生淑媛、秉心塞違。恪勲泛愛、總孝兼慈」
2. 馮邕妻元氏墓誌（宗室） 正光三（522）年10月25日
「長短殊命、夭壽異等。淑媛徧彤、金夫獨在」
3. 長孫士亮妻宋霊妃墓誌（広平宋氏） 永熙二（533）年1月30日
「氤氳瑞気、昭晰靈祉。洒降淑媛、作嬪君子」
4. 高樹生夫人韓太妃墓誌（昌黎韓氏） 永熙二（533）年4月27日
「家鄴載興、豈唯良子。亦有淑媛、應茲世祉」

表6 北魏墓誌の「蘭蕙」の用例

1. 元颺妻王夫人墓誌（琅邪王氏？） 延昌二（513）年12月4日
「奄同周南、窈窕永逝。胡爲當春、摧我蘭蕙」
2. 劉阿素墓誌銘（太原劉氏） 正光元（520）年10月
「英英孤秀、熒熒哲人。陵霜吐馥、冬華表新。獨有蘭蕙、磨而不磷」
3. 劉華仁墓誌銘（太原劉氏） 正光二（521）年3月17日
「照照蘭蕙、熒熒獨芳。臨霜吐馥、冬年表香」
4. 張安姫墓誌銘（東平張氏） 正光二（521）年3月29日
「熒熒蘭蕙、其華美矣。獨穎芳臻、茂而不始」
5. 楊璉墓誌（弘農楊氏） 神亀二（519）年3月6日
「幼播蘭蕙、早冕纓簪。資文挺武、朝野齊欽」
6. 元子正墓誌銘（宗室男性） 建義元年（528）8月24日
金玉光明之姿、自懷抱而有異。蘭蕙芬芳之美、始言笑而表奇。
7. 元欽神銘（宗室男性） 永安元（528）年11月8日
金玉隨瓦礫同泯、蘭蕙從苹蒭俱盡。

第六章　北魏男性墓誌の特徴語の抽出および語義考証

は じ め に

　前章では北魏女性墓誌の特徴語の抽出および語義考証を行った。本章では北魏男性墓誌について検討する。

　前章で述べたようにジェンダー研究については、近年、小浜正子氏を中心としたグループによって中国ジェンダー史研究の成果が陸続と出版されている[1]。【小浜二〇一八】が指摘する中国ジェンダー史のいくつかの論点のひとつに、中国における「男らしさ」の特徴とはどんなものかという問題がある[2]。このように男性性の研究についての重要性が提案されているにも関わらず、北魏時代を含む漢唐間の研究は女性史が中心となっており、男性性の研究はほとんど見られない[3]。しかし、北魏時代は、儒教文化を受け継ぐ「漢人」と、これと異なるジェンダー習俗があったとされる「胡人」が共同で王朝を形成する過程の中にあり[4]、中国史上のジェンダーロールの構築と正当化を検討するうえで意義がある。その重要性に反して北魏男性墓誌の描写について全面的に扱った研究はまだそれほど多くない。管見の限り、現時点では墓誌の文体について研究する馬立軍氏の研究が北魏墓誌の男性の表象について最もまとまった研究成果であるといえる[5]。馬氏は北朝墓誌の銘辞の内容を分析し、北朝墓誌の人物造詣は男女ともに礼法が本位であることを指摘している。さらに、男性墓誌の場合、①孝徳（父親に仕える）・臣道（皇帝に忠義を尽くす）という礼に基づいた徳、②武芸・戦功・文芸という文武を兼ね備えた才能、③体型・挙止などの外貌、という三点が重要な特徴であるとする。これは概ね適切な指摘であるが、前章で指摘したのと同様の問題点である従来の研究では計量的分析手

424　第二部　テキストマイニング分析を用いた北魏墓誌に関する研究

法が用いられていない課題があるため、その特徴について再検討する余地がある。本章でも引き続き計量的分析を用いることにより、礼法のなかで具体的にどのような行動が最も多く評価されているのか、墓主を賞賛するうえで最も多い表現は具体的に何であるのかといった点を検討する。

第一節　テキストマイニングを用いた北魏男性墓誌の銘辞の分析方法

　本章のデータとなる北魏墓誌およびデータ分析方法は前章と同様である。前章の図はKH Coderの対応分析を用いて男女の表現の差を可視化したものであるが、右上が男性特有の語句となる。

　本章では図で示された北魏男性墓誌の特徴語うち、複数の意味を持つ熟語や形容詞的な熟語に該当する七語について取り上げ、その意味を明確にする。なお、墓誌の序文と銘辞とは内容が関連しており、序文の中にも銘辞と同一の語が用いられる場合もある。そこで、序文にこれらの語が用いられる例についても適宜参考として検討に加える。さらに漢魏六朝期の正史や石刻史料などと比較することで、北魏男性墓誌の特徴語の由来や独自性についても検討する。

第二節　北魏男性墓誌の銘辞の特徴語

（１）　夫子（銘辞での用例は男性41人、女性０人）

　男性の特徴語として最も顕著な例は夫子である。意味は男子に対する尊称であり、典故は『易経』恒卦、六五、「恆其德、貞、婦人吉、夫子凶（常に従順の德に固執する。そのような態度は婦人にとっては吉であるが、男子にとっては凶である）」である。

　表１－１によれば、夫子の用例は43件（うち1件は序文）である。すべて男性による用例であり、そのうち⑦と⑧および⑯と㊸は同一人物による使用であるため、使用者は合計41人である。内訳は、漢族が22人（漢人名族[6]13人、名族

ではない漢族９人）、胡族が19人（宗室３人、道武帝の子孫より以前の旧宗室[7]８人、宗室十姓[8]１人、北族八姓[9]４人、名族ではない胡族３人）であり、胡漢両方にわたり各社会階層の使用が幅広く見られた。

　次に、北魏墓誌のほぼ同時代史料と言える『魏書』における夫子の用例を検討する。表１－２によれば７例あり、地の文ではすべて孔子の意味で用いられている。具体的には、①は、典故は『礼記』孔子間居篇である。②は、典故は『史記』巻一二二、酷吏列伝第六二、「故曰、聴訟、吾猶人也、必也使無訟乎」である。③は、典故は『論語』子張、「夫子之牆數仞、不得其門而入、不見宗廟之美、百官之富（先生（＝孔子）の垣根の高さは数丈ですから、中のことは少しも伺い見ることができません。正門を探してそこから内部に入ってみないと、その中の祖先の霊廟の美しさや宗廟に仕え諸役に就く家来が大勢いて盛んな様子は見えません）」である。⑥は、典故は『論語』八佾、「祭如在、祭神如神在。子曰、吾不與祭、如不祭（自分自身で祭りに参加して誠意を傾け尽くさないと、祭ったような気がしない）」である。⑦は、典故は『礼記』檀弓篇である。以上の①～④と⑥⑦は孔子の意味の用例であるが、四字句の詩文である⑤のみが男子の尊称として用いられ、北魏墓誌の用例と同様である。では、このような四字句の詩文形式の夫子（男子の尊称）の用例はいつから始まるのだろうか。

　まず『魏書』より以前の正史では、『史記』巻四、周本紀第四に、「武王乃作太誓、告于衆庶。……故今予發維共行天罰。勉哉夫子。不可再、不可三」とあり、集解に、「鄭玄曰、夫子、丈夫之稱」とある。詩文形式の夫子（男子の尊称）の用例ではあるが、「勉哉夫子」の部分だけが四字句であり、他の部分では文字数は異なる。

　次に、『文選』の用例について検討する。この書は梁の昭明太子蕭統（五〇一～五三一年）が編纂し、普通七（五二六）年頃に編集された戦国時代から梁まで（紀元前二世紀～紀元六世紀前半）の優れた詩文を集めたアンソロジーである。北魏墓誌は洛陽遷都（四九四年）後に流行するので、『文選』の成立年代から考えると北魏墓誌の撰文者はこの書を直接参照することはできない。しかし先行研究では、南朝の有名な詩人の作は、北朝にも伝えられていたことが指摘され

426 第二部 テキストマイニング分析を用いた北魏墓誌に関する研究

ている[10]。したがって北魏の銘辞の撰文者は知識として『文選』に収録される
るような著名な詩文を知っていたと考えられる[11]ことから、『文選』について
も比較検討する。なお、その後、唐代に『文選』は詩文を作成する典故として
大いに参照されている[12]。

　表1－3によれば、『文選』での用例は5件ある。①は、「乱（賦の最後のまと
めの言葉）に言う。孔子ですら困窮されたが、その時は学問に没頭された」
という内容であり、孔子の意味で用いられる。②は、「王戎が李毅を用いたよ
うに、あなたはこの暗愚の身を見出された」という内容であり、男子の尊称で
ある。③は、「君よ、大いなるはかりごとを成し遂げ、懇ろなる胸の内を便り
に託して伝えられんことを」という内容であり、男子の尊称である。④は、「あ
なた方顔と范は胸の奥まで深く理解してくれるから、包み隠さず心を吐露した
かつての詩を贈ろう」という内容であり、男子の尊称である。⑤は、「私と君
の間柄は、信義は丹と青のように不変であった。……二人とも志が高揚して、
私が戯れに君に言った。……君がまず逝ってしまうなど果たして思いもよらぬ
ことだった。……ああ君は永遠にあの世に留まる」という内容であり、男子の
尊称である。以上の検討から、②～⑤は男子の尊称で用いられるが、②～④は
五字句であり、⑤のみが四字句、つまり北魏墓誌の銘辞と同じ形式であった。
⑤は後漢の用例であり、王仲宣に対する誄である。誄とは故人の生前の行いを
褒め称えた文章であり、墓誌と形式や機能が近似するものである[13]。したがっ
て、内容・形式とも北魏墓誌の銘辞とほぼ同様の用例と言える。

　次に、劉宋の劉義慶（四〇三～四四四年）が編集した、後漢末から東晋までの
著名人の逸話を集めた『世説新語』の用例について検討する。第二六、軽詆に、
「孫長樂作王長史誄云、餘與夫子、交非勢利、心猶澄水、同此玄味（孫綽（三一
四～三七一年）は王濛に誄を作って言った、私とあなたとの交わりは権勢利害を超え、
心は澄んだ水のように、ともに深い味わいを楽しんできました）」とあり、男子の尊
称として用いられる。これは東晋期の用例であり、四字句の誄にて使用されて
いる。

　以上の検討により、四字句の詩文形式を用いた夫子の事例は後漢から六朝の

第六章　北魏男性墓誌の特徴語の抽出および語義考証　427

誄からはじまることが確認できた。したがって、北魏墓誌の銘辞はこれら用例を踏まえている可能性が考えられる。

（２）　若人（銘辞での用例は男性24人、女性０人）

若人は若い人という意味ではなく、『論語』公冶長の「子謂子賤。君子哉若人（孔子が子賤を批評して言った、君子であるなあ、こうした人物は）」が典故であり、「若此人（かくのごときひと）」と読む。

表２－１によれば若人の用例は24件あり、すべて男性墓誌であり、序文では全く用いられていない。前後の文脈から判断すると北魏墓誌の若人は『論語』公冶長と同様、家や王朝に役立つ人物という意味で用いられている。内訳は、漢族が17人（漢人名族６人、名族ではない漢族11件）、胡族が７人（宗室２人、旧宗室１人、名族ではない胡族４人）であり、胡漢両方にわたり各社会階層の使用が幅広く見られるが、漢族の使用の方が多かった。

次に、『魏書』での若人の用例は２件ある。一つ目は、巻六〇、韓麒麟伝附顕宗伝に、「顕宗既失意、遇信向洛、乃爲五言詩贈御史中尉李彪曰、賈生謫長沙、董儒詣臨江。愧無若人跡、忽尋兩賢蹤。……」とあり、名族ではない漢族である頓丘の李彪に対する五字句の漢詩にて用いられている。ここでの若人は前漢の賈生（賈誼）と董儒（董仲舒）を指し、両者とも王朝に貢献した文人である。二つ目は、巻七二、陽尼伝附固伝に、「（陽）固以嘗被辟命、遂獨詣喪所、盡哀慟哭、良久乃還。僕射游肇聞而歎曰、雖欒布・王脩何以尙也、君子哉若人」とあり、名族ではない漢族である陽固を、烈士である前漢の欒布と後漢の王脩になぞらえている。これら二つの事例はどちらも漢族が対象となっており、『論語』と同様に家や王朝に役立つ人物という意味で用いられている。

このような『論語』の意味を踏まえた四字句の漢詩の用例は、『漢書』にまでさかのぼることができる。巻一〇〇下、叙伝第七〇下に、「淵哉若人、實好斯文（君という人はなんと深いのだろう、実にこの学問を好む）」とある。

次に、『文選』における若人の用例は表２－２によれば４件ある。①は、「常々いぶかしく思う、かくのごとき人が、聡明と悲運がぶつかりあうことを」とい

428　第二部　テキストマイニング分析を用いた北魏墓誌に関する研究

う内容である。②は、「張良をこのような立派な人物に比較しても、十分に称することができる」という内容である。③は、「才知に卓越しているこのひと（周瑜）は、鮮やかな奇策で赤壁に勝ち、かくして天下は三分され、世界はそれぞれ隔絶したのである」という内容である。④は、「君という人はなんと深いのだろう、心がのびやかで広く、小さなことにこだわらなかったのだ」という内容である。また先述した『漢書』の用例と四字句すべてが一致する。以上の用例はすべて『論語』公冶長の意味であり、かつ、四字句の詩文であった。

　以上の検討から、北魏墓誌の若人は、漢魏六朝の四字句の詩文の用例を踏まえ『論語』公冶長を典故としていると言える。

　なお、表２−１によれば北魏墓誌の銘辞では「篤生若人」など「若人が生を受ける・誕生する」という似通った表現が24件中13件もみられる（①②④⑦⑧⑩⑪⑫⑯⑰㉑㉓㉔が該当）。この表現に類似するものとして、『文選』巻五六、西晋の潘岳の楊仲武誄に、「篤生吾子、誕茂淑姿（君は恵まれた生を受け、容姿も秀でていた）」がある。先に検討した（1）夫子が誄の用法を踏まえていたことと照らし合わせると、この「篤生若人」も誄の影響を受けた可能性が考えられる。また、四字句が完全に同一表現の「鬱彼若人」（⑭と㉒）および「猗歟若人」（⑬と⑱）がある。このことから、北魏男性墓誌における若人は、似通った使い回しを用いたありふれた表現と言える。

（3）　良木（銘辞での用例は男性20人、女性0人）

　北魏男性墓誌における良木は良い木という意味ではなく、『礼記』檀弓上、「子貢聞之曰、泰山其頽、則吾將安仰。梁木其壊、哲人其萎、則吾將安放。夫子殆將病也（子貢がこれを聞いて言った、泰山が崩れたら、我々は何を仰ぎ望もうか。梁が折れ、賢人が亡くなったら、我々は何に頼ろうか。先生（孔子）は今にも病気で倒れようとしていなさるのだ）」が典故である。ここでは梁木（王朝の根幹となる人物）と表現されているが、梁と良は通用する漢字である。

　表３−１によれば良木の用例は25件（うち序文は4件）あり、すべて男性墓誌である。なお⑲と⑳は同一人物による使用であるため、銘辞にて使用した男性

第六章　北魏男性墓誌の特徴語の抽出および語義考証　429

は全20人となる。内訳は、漢族が７人（漢人名族３人、名族ではない漢族は４人）
胡族が13人（宗室３人、旧宗室４人、宗室十姓２人、北族八姓１人、名族ではない胡
族３人）であり、胡漢両方にわたり各社会階層の使用が幅広く見られた。

　なお典故である『礼記』は梁が折れるという表現であり、北魏墓誌において
も良木が折れる（＝失う、死ぬ）という表現が多用されている。また典故では
梁木と泰山とが対句表現になっており、⑥⑪⑫のようにそれを踏まえた表現も
ある。一方、④景山、⑨崇山、㉓太山、㉕瓊山のように別の名山に言い換えた
表現もある。なお⑭は夫婦合葬の墓誌であるが、序文はほぼ夫について述べら
れており、また内容から判断すると銘辞も夫について書かれているので、本章
では男性墓誌として扱った。

　また、先述したように良木は典故では梁木であるため、北魏墓誌における梁
木の用例について調べたのが表３－２である。15件あり、うち序文は８件であ
る。良木の場合と同様に梁が折れるという表現が多用されている。そして対句
表現は太山という別の名山に言い換えた表現がある（⑦⑩）。また１件のみで
あるが、女性墓誌における用例がある（①）。したがって北魏男性墓誌の銘辞
における梁木の使用は７件となり、良木の21件と合わせると計28件となる。こ
れは北魏男性墓誌にて二番目に多用される表現と言える。

　次に、正史における王朝の根幹となる人物という意味での良木・梁木の用例
については、『魏書』以前には見られなかった。また『世説新語』での用例も
無かった。

　次に、漢魏六朝期の石刻史料の用例は１件あり、劉宋の大明二（四五八）年
の爨龍顔碑に、「良木摧枯、光暉潜藏」とある。『礼記』の梁木を良木に通用さ
せ良木が折れると表現し、四字句の詩文である。これは北魏墓誌流行より前の
石刻史料である。

　最後に、『文選』を検討する。良木の用例は文字通り良い木の意味で用いら
れる場合のみであり、典故である『礼記』檀弓の意味としては梁木が用いられ
ていた。その梁木の用例は２件ある。一つ目は、巻五六、楊仲武誄、西晋の潘
岳（二四七〜三〇〇年）作に、「魂兮往矣、梁木實摧、嗚呼哀哉（君の霊魂は去っ

430　第二部　テキストマイニング分析を用いた北魏墓誌に関する研究

てしまい、梁木は砕けてしまった、ああ悲しいかな）」とある。二つ目は、巻六〇、弔魏武帝文、西晋の陸機（二六一～三〇三年）作に、「悟臨川之有悲、固梁木其必顚（孔子が川に臨んで「近くものはかくのごときか」と悲しみ嘆いたことも理解できるし、もとよりがっしりした梁木であったとしてもいつかは必ず倒れる）」とある。2件とも男性に対する用例である。

　以上の検討から、王朝の根幹となる人物の意味としては梁木を用いるのは、西晋の誄や弔文の詩文が初出であることから、北魏男性墓誌は西晋の用例を踏襲していると考えられる。また、北魏墓誌でよく見られた梁木と良木と通用させる用法は劉宋の碑文が初出であり、石刻史料では当時よく通用していた可能性が考えられる(14)。一方、北魏墓誌では典故とは別の名山に言い換える新しい対句表現を生み出している特徴があった。

（４）　弱冠（銘辞での用例は男性11人、女性０人）

　弱冠は『礼記』曲礼、「人生十年曰幼、學。二十曰弱、冠（人は生まれて十年したら幼年と言い、学問を始める。二十年したら弱年と言い、冠を着ける＝成人となる）」が典故である。ここでは男性の人生の変化について十年刻みで述べられているが(15)、北魏男性墓誌では弱冠（20歳、成人となる）が集中的に使用されている特徴がある(16)。表４によれば銘辞における用例は11件あり、そのうち、弱冠にて官僚として登用された（①⑧⑪）、弱冠から名声を得ていた（⑥⑨）、弱冠から知徳を備えていた（②③⑦）、など多様な表現が見られる。内訳は、漢族が７人（漢人名族２人、名族ではない漢族は５人）、胡族が４人（旧宗室３人、名族ではない胡族１人）であり、胡漢両方にわたり各社会階層の使用が幅広く見られた。

　なお、表４には未掲載ではあるが、北魏墓誌の序文における用例は50件もあり、多用される表現であることがわかる。序文では弱冠にてある官職に就任したという表現が多数を占める。例えば「弱冠爲（官職）」という形式が代表的である。序文も全て男性墓誌における使用である。

　次に、『魏書』の用例は全30件あるが、四字句の詩文は１件のみが該当し、巻四八、高允伝に、「道茂夙成、弱冠播名」とある。これは漢人名族の高允（三

第六章　北魏男性墓誌の特徴語の抽出および語義考証　431

九〇～四八七年）が晩年に作成した徴士頌の一部であり、北魏墓誌の流行より
前に作られたものである。なお、『魏書』以前の正史では弱冠にてある官職に
就任したという表現が多数を占めるが、その他に「弱冠知名」「弱冠登朝」と
いう表現も散見される。これらは詩文形式ではない地の文で用いられる。

　次に、漢魏六朝期の石刻史料の用例について検討する。まず漢碑での用例は
６件ある。後漢の建和元（一四七）年の李固残碑に「年及弱冠」とあり、永興
二（一五四）年の孔謙碑に「弱冠而仕」とあり、延熹元（一五八）年の鄭固碑に
「弱冠仕郡」とあり、永康元（一六七）年の馮緄碑に「弱冠、詔除郎」とあり、
建寧四（一七一）年の西狭頌摩崖に「弱冠典城」とあり、熹平二（一七三）年の
魯峻墓碑に「弱冠而孤」とある。うち５件は四字句ではあるが地の文での用例
である。次に六朝での用例は４件あり、三国呉の鳳凰元（二七二）年の谷朗墓
碑に「弱冠仕郡」とあり、西晋の泰始六（二七〇）年の郛休碑に「弱冠（入朝）」
とあり、元嘉元（三〇七）年の王浚妻華芳墓誌に「弱冠、辟大将軍府」とあり、
東晋の大亨四（四〇五）年の爨宝子碑に「弱冠稱仁」とある。うち２件は四字
句ではあるが地の文での用例、１件は銘辞での用例である。

　次に、『文選』での用例は18件あり、うち四字句の詩文は11件ある。具体的
には巻三六、宣徳皇后令、梁の任昉（四六〇～五〇八年）作に「爰在弱冠、首應
弓旌」とあり、巻三七、薦禰衡表、後漢の孔融（一五三～二〇八年）作に「弱冠
慷慨、前代美之」とあり、巻三八、為呉令謝詢求為諸孫置守塚人表、三国呉の
張悛（生没年不詳）作に「桓王才武、弱冠承業」とあり、同巻、譲中書令表、
東晋の庾亮（二八九～三四〇年）作に「弱冠濯纓、沐浴玄風」とあり、巻四五、
思帰引序、西晋の石崇（二四九～三〇〇年）作に「夸邁流俗、弱冠登朝」とあり、
巻四七、三国名臣頌、東晋の袁宏（三二八～三七六年頃）作に「志成弱冠、道敷
歳暮」とあり、巻五三、辯亡論、西晋の陸機（二六一～三〇三年）に「逸才命世、
弱冠秀發」とあり、巻五六、楊荊州誄、西晋の潘岳（二四七～三〇〇年）作に「弱
冠味道、無競惟時」とあり、同巻、楊仲武誄、潘岳作に「弱冠流芳、雋聲清劭」
とあり、巻五七、夏侯常侍誄、潘岳作に「弱冠厲翼、羽儀初昇」とあり、巻五
八、褚淵碑文、南斉の王倹（四五二～四八九年）作に「神茂初學、業隆弱冠」と

432　第二部　テキストマイニング分析を用いた北魏墓誌に関する研究

ある。

　最後に、『世説新語』の用例は全5件あるが、すべて四字句の詩文ではない。

　以上の検討から、四字句の形式で弱冠を用いる事例は後漢から魏晋南北朝期
にさかんに見られ、北魏墓誌の銘辞もこれらの用例を踏襲していると考えられ
る。

（5）　畳語

　北魏男性墓誌では同じ漢字を二文字並べる畳語の使用が特徴的である。図に
出現する畳語の三語について検討する。

（5）－1　峨峨（銘辞での用例は男性13人、女性0人）

　峨峨の意味は二つある。一つ目は高いさまであり、『史記』司馬相如伝に、「九
嶷巖崎、南山峨峨」（『文選』にも収録）の用例がある。ここでは南山の高いさま
を表す。意味の二つ目は、威厳に満ちたさまであり、『詩経』大雅・文王の什・
棫朴に、「済済辟王、左右奉璋。奉璋峨峨、髦士攸宜（威儀すぐれたる君主に、左
右の諸臣は酒を酌む玉器を奉る。奉る様子は威厳に満ちて、俊傑の士のふさわしい所で
ある）」が典故である。

　表5－1によれば用例は13件あり、全て男性墓誌における銘辞での用例であ
る。峨峨の二つの意味は、それぞれの用例がある。内訳は、漢族が8人（漢人
名族は2人、名族ではない漢族は6人）、胡族が5人（宗室3人、旧宗室1人、名族で
はない胡族1人）であり、胡漢両方にわたり各社会階層の使用が幅広く見られた。

　次に、正史における用例は『魏書』には全く事例が無く、初出は先述した『史
記』の用例である。これは『漢書』にも同様の記載がある。次に『後漢書』で
の用例は3件ある。高いさまとしては、「山峨峨而造天兮、林冥冥而暢茂」「金
山石林、殷起乎其中、峨峨磊磊、鏘鏘崔嵬」がある。威厳に満ちたさまとして
は、「君臣動色、左右相趨、済済翼翼、峨峨如也」（『文選』にも収録）がある。
うち2件が四字句の詩文である。次に『晋書』での用例は7件あり、高いさま
としては、「峻山峨峨」「峨峨華嶽」「巖巖梁山、積石峨峨」（『文選』にも収録）

があり、峻山や華山（＝華嶽）や梁山という名山が取り上げられている。威厳に満ちたさまとしては、「峨峨英儁」「峨峨佐命」「峨峨列辟、赫赫武臣」（『文選』にも収録(17)）がある。また、巻三一、后妃上、左貴嬪に、「及元楊皇后崩、芬献誄曰、……峨峨元后、光嬪晋宇」とあり、威厳に満ちたさまとして女性への誄で用いられている。すべて四字句の詩文である。次に、『宋書』での用例は４件あり、すべて威厳に満ちたさまとして、「旗幕峨峨、檐宇弘深」「皇皇羣賢、峨峨英儁」「峩峩伸連、齊之高士」「峨峨佐命、済済羣英」がある。

　次に、漢魏六朝期の石刻史料での用例は５件ある。後漢の建寧元（一六八）年の衡方碑に「峨峨我君、懿烈孔純」とあり、建安二十四（二一九）年の司馬芳残碑に「洋洋黄河、洪流東廻。峨峨□□」とあり、曹魏の太和五（二三一）年の曹真残碑に「東平峨峨」とあり、西晋の元康八（二九八）年の魏雛枢銘記に「峨峨魏君、受性清倫」とあり、晋代（二六五～四二〇年）の晋祀后土碑に「峨峨崇基、仰仰□□」とある。すべて四字句の詩文形式である。なお、□は判読不明文字を示す。

　次に、『文選』での用例は17件あり、うち３件は『史記』と『後漢書』と『晋書』（２件）の事例が収録されている。これを除くと、四字句の詩文は８件ある。高いさまとしては、「清淵洋洋、神山峨峨」「華嶽峨峨、岡巒参差」「増構峨峨、清塵影影」「在山峨峨、在水湯湯」「雲髻峩峩、修眉聯娟」「峩峩崇嶽、吐符降神」があり、神山や華山や崇山という名山に用いられる場合もあるが、女性の豊かな髪が高々としている容姿の描写もある。威厳に満ちたさまとしては、「其状峩峩、何可極言」「東朝既建、淑問峩峩」がある。

　最後に『世説新語』での用例は２件あり、どちらも高いさまを表している。第一七、傷逝に、「有人哭和長輿曰、峨峨若千丈松崩（ある人が和嶠（？～二九二年）の死を哭して言った、高くそびえる千丈の松が倒れるようだ）」とあり、また第二五、排調に、「謝幼輿謂周侯曰、卿類社樹、遠望之、峨峨拂青天、就而視之、其根則羣狐所托、下聚溷而已（謝鯤（二八一～三二四年）は周顗に向かって言った、君は社の神木に似ている、遠くから眺めると高々とそびえて青空を払っているが、近づいてみるとその根元は狐の住みかとなり、下はまるではきだめだ）」とある。どちら

434　第二部　テキストマイニング分析を用いた北魏墓誌に関する研究

も西晋の事例であり、四字句の詩文ではない。

　以上の検討から峨峨は字義としては山が高いさまを表し、そこから派生して人物描写にも用いられ、漢魏から両方の用例があったことがわかる。形式については『世説新語』を除き、基本的に四字句の詩文で用いられており、北魏墓誌の銘辞もこの用例を踏襲していると考えられる。ただ、一部女性への形容として用いられた場合があったが、北魏墓誌ではすべて男性に対する形容であったという特徴がみられた。

（5）－2　汪汪（銘辞での用例は男性13人、女性０人）

　汪汪の意味は二つある。一つ目は深くて広いさまであり、『後漢書』班固下、典引に、「汪汪乎丕天之大律（深くて広いことであるなあ、大きな天の大いなる法は）」（『文選』にも収録）がある。二つ目は、水があふれるさまであり、『後漢書』、黄憲伝に、「叔度汪汪若千頃陂（黄叔度（一〇九～一五六年）は満々と水をたたえた千頃の池のようである）」とある。

　表５－２によれば、銘辞の用例は13件あり、すべて男性墓誌である。内訳は、漢族が８人（漢人名族５人、名族ではない漢族３人）、胡族が５人（宗室２人、旧宗室２人、北族八姓１人）であり、胡漢それぞれに見られる表現であった。しかし、漢族は各社会階層で使用されていたが、胡族は高い社会階層に偏っていた。また、『後漢書』では千頃であったのが、北魏墓誌では百頃もしくは万頃を使用しており、「其水汪汪、叔度百頃」が３件、「汪汪萬頃」が４件、「汪汪萬陂」が１件ある。なお③⑥⑨の類似性の高さについて、筆者は既に、撰文者の使い回しが原因であり、いわゆる手抜きの表現と結論付けている[18]。また表５－２には未掲載ではあるが、北魏墓誌の序文における用例は16件あり、すべて男性墓誌である。

　次に、『魏書』での用例は２件ある。まず、巻六〇、程駿伝に、「其頌曰、……明明在上、聖敬日新。汪汪叡后、體治垂仁」とあり、深くて広いさまを表す。次に、巻七七、羊深伝に、「抑斗筲喋喋之才、進大雅汪汪之德」とあり、こちらも深くて広い様を表す。

第六章　北魏男性墓誌の特徴語の抽出および語義考証　435

　次に、正史での用例は最初にあげた『後漢書』を除くと、『南斉書』巻四一、張融伝に、「汪汪横横、沉沉浩浩」とある。これは張融（四四四～四九七年）が作った海賦という詩文であり、水があふれるさまを意味し、作成年代は北魏墓誌流行の少し前に当たる。

　次に、『文選』での用例は３件ある。うち１件は最初にあげた『後漢書』班固下、典引の用例である。残る２件については、巻四七、三国名臣頌、東晋の袁宏（三二八年頃～三七六年）作に、「恂恂徳心、汪汪軌度（恭しい徳心、大いなる法規）」（『晋書』巻九二、文苑、袁宏伝にも収録）とあり、深くて広いさまの意味である。また巻五八、郭有道碑文、後漢の蔡邕（一三三～一九二年）作に、「姿度廣大、浩浩焉、汪汪焉」とあり、水があふれるさまを示す。

　次に、『世説新語』での用例は１件あり、第一、徳行に、「叔度汪汪如萬頃之陂」とある。これは元の出典の『後漢書』では千頃であったのが、『世説新語』では万頃になっている。

　最後に、漢魏六朝期の石刻史料での用例は１件あり、梁の普通元（五二〇）年十一月二十八日の蕭敷墓誌に、「汪汪焉、亹亹焉、固不可量已」とある。

　以上の検討から、北魏墓誌は典故を踏まえ魏晋南朝の用例も反映させているが、北魏墓誌オリジナルの表現として百頃という言い換えもみられた。

（５）－３　昂昂（銘辞での用例は男性18人、女性０人）

　昂昂の意味は二つある。一つ目は、群を抜いている、心が高ぶる様子であり、『楚辞』卜居に、「寧昂昂若千里之駒乎（いっそ心も高ぶり千里の馬のように駆けようか）」とあるのが典故である。二つ目は、『詩経』大雅・巻阿に、「顒顒卬卬、如圭如璋、令聞令望（おだやかに気力が満ちて、圭のように璋のように品格があり、よき誉れ聞こえたり）」とあるのが典故である。毛伝に「卬卬、即昂昂」とあり、卬卬の転用としての用例である。

　表５－３によれば用例は20件（うち序文は２件）あり、全て男性に対する用例である。使用者は18人であり、内訳は、漢族が10人（漢人名族５人、名族ではない漢族５人）、胡族が８人（宗室２人、旧宗室３人、名族ではない胡族３人）であり、

胡漢両方にわたり各社会階層の使用が幅広く見られた。『楚辞』の典故を踏まえた四字句である「昂昂千里」は②⑤⑮⑯⑰⑲、『詩経』の典故を踏まえた「令問令望」を伴う事例は⑫である。

次に、『魏書』での用例は１件あり、巻五二、宗欽伝に、「欽與高允書日、……昂昂高生、纂我遐武。勿謂古今、建規易矩」とあり、四字句の詩文形式である。なお、これは（４）弱冠の『魏書』の事例と同様、高允が作った詩文である。

次に、『晋書』での用例は２件ある。巻八九、忠義、嵇紹伝に、「昨於稠人中始見嵇紹、昂昂然如野鶴之在鶏羣」とあり、群を抜いている様子を示す。巻九二、文苑、袁宏伝、三国名臣頌に、「昂昂子敬、拔跡草萊。荷儋吐奇、乃構雲臺」（『文選』にも収録）とあり、群を抜いている様子を示し、四字句の詩文形式である。次に、『梁書』での用例は１件ある。巻三一、袁昂伝に、南斉の永明年間（四八三〜四九三年）のこととして、「袁昂字千里、……昂本名千里、齊永明中、武帝謂之日、昂昂千里之駒、在卿有之、今改卿名爲昂、即千里爲字」とあり、『楚辞』が元となり名を千里から昂へ改めた逸話が掲載されている。

なお『文選』での用例は２件あるが、先述した『楚辞』と『晋書』の事例と同じである。

次に、『世説新語』での用例は１件あり、第二五、排調に、「王子猷詣謝公、謝曰、云何七言詩。子猷承問、答曰、昂昂若千里之駒、汎汎若水中之鳧」とあり、七言詩の代表例として『楚辞』の事例を挙げている。

最後に、漢魏六朝期の石刻史料の用例は２件ある。後漢の建寧元（一六八）年の衡方墓碑に、「顒顒昂昂」とあり、北魏の太延年間（四三五〜四四〇年）の中岳崇高霊廟碑に、「故其威儀顒顒昂昂」とある。どちらも『詩経』の四字句をそのまま用い、印印を昂昂に転用している。そして北魏の墓誌流行より前であることから、昂昂へと転用する用例は北魏墓誌も含め石刻史料では当時よく通用していた可能性が考えられる。

第六章　北魏男性墓誌の特徴語の抽出および語義考証　437

（6）　まとめ

　図の男女の表象の対応分析から、北魏墓誌の銘辞部分における男性の表象として最も特徴的な語として、「夫子・若人・良木・弱冠・峨峨・汪汪・昂昂」の七語が検出された。これらはいずれも女性墓誌では全く使用されないが、その一方で男性墓誌では高い頻度で使用された。そして胡漢両方の各社会階層にて幅広く使われていた。つまり北魏男性墓誌を作成する社会階層においてこれらの特徴語は男性の紋切り型の美徳であり、墓誌の称揚する男性のジェンダーロール（性別による社会的役割）の代表例であった。

お わ り に

　本章では北魏男性墓誌の銘辞部分に使用される二文字熟語に対してテキストマイニング分析を行い、特徴語を抽出し、用例を検討した。その結果、従来指摘されているとおり、皇帝に忠義を尽くすという儒教倫理、および本人の外貌の描写に偏っていることが確認された。一方、従来指摘されている、父親に仕えるという礼に基づいた孝徳、および文武を兼ね備えた才能については確認されなかった。

　今回明らかにした北魏墓誌における男性の描写は、成人男性として王朝へ貢献している点を称賛する語句が顕著であった。また畳語の特徴語である峨峨・汪汪・昂昂は、人物描写としては威厳に満ち、雄大であり、気力が溢れるという男性性を表現していた[19]。これらの特徴語は胡漢両方で使用され、家柄は名族や非名族ともに見られたことから、墓誌を作成する各階層に広く使われていたことが判明した。更に今回得られた特徴語について、漢魏六朝期の他の史料と比較し、北魏墓誌の特徴を確認した。その結果、多くの語は漢魏六朝の用例を踏まえていたが、一方、梁木（良木）と泰山の対句表現を別の名山に言い換える用例や、千を百へ数字を言い換える表現などの用例が北魏墓誌において生まれたことがわかった。この点を踏まえると、北魏墓誌の撰文者は典故や漢魏

438　第二部　テキストマイニング分析を用いた北魏墓誌に関する研究

南朝の用例を踏まえつつも北魏で新しい表現を生み出していたのであり、取捨
選択をしたうえで北魏墓誌におけるジェンダーロールの描写がなされたと考え
られる。それは漢文化の男らしさであり、遊牧文化を反映したものではなかった。

　なお前章と本章で男女の北魏墓誌にみられるジェンダーロール表現を検討し
たが、今後は北魏の「ジェンダーステレオタイプがどのようにして構築され正
当化されるのかという過程[20]」について論じる予定である。

　注

（1）　『ジェンダーの中国史』（勉誠出版、二〇一五年。以下【小浜二〇一五】と称す）、
　　　『中国ジェンダー史研究入門』（京都大学学術出版会、二〇一八年。以下【小浜二
　　　〇一八】と称す）、『東アジアの家族とセクシュアリティ——規範と逸脱』（京都
　　　大学学術出版会、二〇二二年）などがあげられる。

（2）　【小浜二〇一八】12～13頁。

（3）　たとえば【小浜二〇一五】にて扱う漢唐間の研究はすべて女性に関するテーマ
　　　である。

（4）　たとえば「胡人」である鮮卑族の風俗として、若者を尊敬し老人を軽蔑する・
　　　怒れば父や兄は殺すが母は殺さない（尊母）・まず恋仲になって男が女をさらい、
　　　半年か百日経ってから仲人を立てて馬や牛や羊を贈って結婚する・父や兄が死ぬ
　　　と継母や兄嫁と結婚する（レビレート）などがある。これは広く遊牧民にみられ
　　　る習俗であるが、同時に漢人からみれば野蛮な習俗であった。松下憲一『中華を
　　　生んだ遊牧民』（講談社、二〇二三年）116頁参照。

（5）　馬立軍『北朝墓誌文体与北朝文化』（中国社会科学出版社、二〇一五年）。

（6）　漢人名族は第一部第一章にて扱った漢族五姓・一流名族・二流名族・地方望族
　　　が該当する。

（7）　孝文帝改革により宗室の範囲から外されたグループであり、景穆・昭成・平文
　　　子孫が該当する。

（8）　拓跋力微の祖父隣の兄弟や伯父などの子孫であり、拓跋氏を除く胡・周・長孫・
　　　奚・伊・丘・亥・叔孫・車氏が該当する。

（9）　孝文帝による姓族詳定にて最高ランクとされた穆・陸・賀・劉・楼・于・嵆・
　　　尉氏が該当する。

（10）　堀内淳一『北朝社会における南朝文化の受容』（東方書店、二〇一八年）31頁参照。

（11）　たとえば北魏が洛陽に都をおいていた時は南朝では山水詩が盛んであり、北魏詩歌の中にもその影響が見られたことが指摘されている。したがって、南朝の詩文について北魏は知ることが出来たと考えられる。柏俊才『北魏士人遷徙与文学演進』（中華書局、二〇一九年）426頁参照。

（12）　『文選　詩篇（一）』（岩波書店、二〇一八年）川合康三「解説」参照。

（13）　嘉瀬達男「楊雄「元后誄」の背景と文体」（『学林』四六・四七号、二〇〇八年）参照。

（14）　毛遠明『漢魏六朝碑刻校注』（線装書局、二〇〇八年）の増補版データベース（以下、漢魏六朝WEBと称す）の「張玄墓誌」の注十八に、「良木、即“梁木”。“良”、通“梁”。棟樑之才。六朝碑誌習見、如北魏普泰元年《元天穆墓誌》、“吉凶同域、禍福相依、泰山其毀、良木不持。”此用孔子故事。」とある。毛遠明氏は梁木と良木の通用は六朝碑誌によく見られるとする。

（15）　「人生十年曰幼、學。二十曰弱、冠。三十曰壯、有室。四十曰強、而仕。五十曰艾、服官政。六十曰耆、指使。七十曰老、而傳。八十九十曰耄、七年曰悼。悼與耄、雖有罪、不加刑焉。百年曰期、頤」。

（16）　北魏墓誌における弱冠以外の『礼記』曲礼の用例は、于纂墓誌銘【梶山目録382】の銘辞に、「曾未強仕、遽収難老、溘同朝露、奄先秋草」とあり、墓主は三九歳で死亡したので四〇歳＝強仕にはならなかったという表現がある。用例はこの１件のみである。

（17）　なお『文選』では虎臣となっているが、『晋書』では虎の文字を避諱して武臣とする。

（18）　第二部第四章「北魏墓誌の銘辞とその撰文――同一銘辞の問題を中心に――」参照。

（19）　なお、第二部第二章第二節にChinese Text Projectの分析ツールを用いた男性墓誌の畳語のワードクラウド（図４）と女性墓誌の畳語のワードクラウド（図５）を掲載している。この二つの図を比較すると、中央に位置する最も特徴的な畳語は「茫茫（広々として果てしないさま）」「攸攸（遥かなさま）」「冥冥（暗いさま）」という墓の風景、および「灼灼（光耀くさま）」「穆穆（態度の麗しいさま）」という人格表現などは男女共通であるが、本章で取り上げた峨峨・汪汪・昂昂は男

440　第二部　テキストマイニング分析を用いた北魏墓誌に関する研究

　性のみの特徴語であることが確認できる。

（20）　ジョーン・W・スコット『ジェンダーと歴史学』（平凡社、一九九二年。増補
　　　　新版、二〇〇四年。三十周年版、二〇二二年。原書二〇一八年改訂版に基づき増
　　　　補改訂）。

表1－1　北魏墓誌の「夫子」の用例

①司馬紹墓誌銘（河内司馬氏）	貞明代襲、弈世宣流、誕生夫子、剋纂徽猷。
②元顯携墓誌銘（宗室）	愔愔夫子、令儀令哲、獨抱芳蘭、陵踐霜雪。
③高道悦墓誌（遼東高氏）	邈哉夫子、卓矣難窺、師心曉物、芸洞生知。
④李璧墓誌（渤海李氏）	靈朵神葉、傳芳不已、漳海降祥、篤生夫子。
⑤穆纂墓誌銘（北族八姓）	實生夫子、因心作訓、總角金箱、裁冠玉振。
⑥鄭道忠墓誌（滎陽鄭氏）	於穆不已、實生夫子、皎皎百練、昂昂千里。
⑦元靈曜墓誌序銘（景穆子孫）	邈矣鴻源、道邁皇軒、灼灼夫子、皎皎王孫。
⑧同上	如春殞殁、由巖殘趾、報善焉期、哀哉夫子。
⑨元斌墓誌銘（景穆子孫）	積善餘慶、祥流不已、鍾美安憑、實誕夫子。
⑩元平墓誌銘（昭成子孫）	連華疊耀、曠代流煙、美哉夫子、稟質殊英。
⑪元璨墓誌（景穆子孫）	託生夫子、實唯王孫、幼播令問、德逸聲存。
⑫李遵墓誌（隴西李氏）	誕生夫子、幼而懋勖、僡芳蘭莈、比潤金玉。
⑬于景墓誌銘（胡族）	幽蘭有根、將相有門、皎皎夫子、疊構重原。
⑭元固墓誌銘（景穆子孫）	鬱矣本枝、詵然鱗趾、含英挺出、實惟夫子。
⑮元信墓誌銘（昭成子孫）	卓哉夫子、節行凝明、情圖高尚、時不見聽。
⑯元端墓誌銘（宗室道武帝子孫）	實生夫子、因心作訓、總角金箱、式冠玉振。
⑰王誦墓誌銘（琅邪王氏）	篤生夫子、弱冠知名、亦旣來仕、實惟朝榮。
⑱穆彦墓誌銘（北族八姓）	誕生夫子、金聲玉振、德冠時儒、道光世訓。
⑲赫連悦墓誌銘（胡族）	寶以環成、德由師潤、埶若夫子、因心吐韻。
⑳穆循墓誌（北族八姓）	瑋瑋夫子、皎皎時英、體道崇仁、實曰老成。
㉑元睿墓誌（昭成子孫）	篤生夫子、實民之俊、高識金明、奇懷玉潤。
㉒染華墓誌（魏郡冉氏）注1	芒芒造化、蠢蠢羣生、唯此夫子、卓絕才英。
㉓楊暐墓誌（弘農楊氏）	乃及夫子、克紹嘉運、似雲之高、如山之峻。
㉔楊仲宣墓誌（弘農楊氏）	潚馱夫子、含章以貞、如金之鏡、由冰之清。
㉕辛祥墓誌（隴西辛氏）	爰誕若人、清風載起、纂德隆家、實惟夫子。
㉖元隱墓誌（宗室明元帝子孫）	始基由聖、中興須賢、時惟夫子、降神生焉。
㉗楊濟墓誌（天水楊氏）	降靈夫子、清光允謐、含道傳風、潛鱗躍質。
㉘張徹墓誌（清河張氏）	爰曁夫子、披雲挺幹、寶思泉抽、彫章綺爛。
㉙楊孝邕墓誌（弘農楊氏）	顯允季公、徽猷雲塞、挺生夫子、爰自天眞。
㉚穆景冑墓誌（北族八姓）	皎皎夫子、性爽自天、才圖芳韻、叡朗沖玄。

第六章　北魏男性墓誌の特徴語の抽出および語義考証　441

㉛趙暄墓誌（河南趙氏）	實生夫子、德表於斯、澄心造化、允運無爲。
㉜宇文延墓誌（胡族）	降及夫子、含章秀出、松貞桂馥、金明玉質。
㉝劇市墓誌（鉅鹿劇氏）	他人之黙、或時或暮、夫子祕方、丁轉鳳儀。
㉞元汎略墓誌（景穆子孫）	灼灼夫子、應期誕生、琳郎内喔、経緯斯明。
㉟長孫盛墓誌（宗室十姓）	篤生夫子、憑雲高擧、弱冠飛聲、昇朝集譽。
㊱張斌墓誌（敦煌張氏）	天垂景宿、地戴山川、誕生夫子、玉潔氷鮮。
㊲王虬墓誌（太原王氏）	篤生夫子、邈乎天眞、金箱抜俗、令問出羣。
㊳裴敬墓誌（河東裴氏）	西嶽呈祥、南河集址、廻生喆人、實惟夫子。
㊴楊逸墓誌（弘農楊氏）	積善不已、誕生夫子、握珠抱玉、幼蘭佩韮。
㊵曹蓮墓誌（焦郡曹氏）	所思伊何、人百砕心、猗猗夫子、名揚身沈。
㊶封之秉墓誌（渤海封氏）	洪源海浚、崇基岳峙、嗣美連華、篤生夫子。
㊷胡康墓誌（安定胡氏）	乃及夫子、清風聿宣、志陵高岳、識洞深淵。
㊸元端墓誌銘（宗室道武帝子孫）	「曾落顏生之上彩、復没夫子之雄光。」

注：印無しは銘辞での用例、「」付きは序文での用例を示す。以下の表も共通する。

注１：漢魏六朝WEBの注に、「染、本當作“冉”。下文“冉季之後”、正作“冉”。《姓氏統譜》、“染‘、卽‘冉’、望出魏郡。”《元和姓纂・七琰》、染、冉并收、是否二姓、已混。西周初、周武王幼弟季載爲冉侯、後以封地爲氏。」とある。

表１−２　『魏書』の「夫子」の用例

①巻一九中、景穆十二王、任城王澄伝
　高祖曰、名目要有其義、此蓋取夫子閑居之義。
②巻二一上、献文六王、廣陵王羽伝
　高祖曰、夫刑獄之難、實惟自古、必也斷訟、夫子所稱。
③巻二四、崔玄伯伝付僧淵伝
　遷洛之後……僧淵復書曰、……傳至於文章錯綜、煥然蔚炳、猶夫子之牆矣。
④巻四八、高允伝
　（高）允上酒訓曰、……且子思有云、夫子之飮、不能一升。……。高祖悦之、常置左右。
⑤巻五二、宗欽伝（贈高允詩）
　詩曰、……山降則謙、含柔爲信。林崇日漸、明升斯進。有邈夫子、兼玆四愼。弱而難勝、通而不峻。
⑥巻一〇八之三、礼志四
　高祖曰、……朕聞諸夫子、吾不與祭、如不祭。
⑦巻一〇八之四、礼志四、喪服下
　子貢云、夫子喪顏淵、若喪子而無服、喪子路亦然。顏淵之喪、饋練肉、夫子受之、彈琴而後食之。若子之哀、則容一期、不舉樂也。孔子既大練、五日彈琴、父母之喪也。由是喪夫子若喪父而無服。

442 第二部 テキストマイニング分析を用いた北魏墓誌に関する研究

表1－3 『文選』の「夫子」の用例

①巻九、北征賦 班彪（3～54年）作 亂曰、夫子固窮、遊藝文兮。
②巻二三、出郡傳舍哭范僕射 任昉（460～508年）作 溶冲得茂彦、夫子值狂生。
③巻二四、贈馮文羆（？～305年） 陸機（261～303年）作 夫子茂遠猷、款誠寄惠音。
④巻二五、還舊園作見顏范二中書 謝靈運（407～433年）作 夫子照情素、探懷授往篇。
⑤巻五六、王仲宣（177～217年）誄 曹植（192～232年）作
建安二十二（217）年正月二十四日戊申
吾與夫子、義貫丹青……志各高厲、予戲夫子……何寤夫子、果乃先逝……嗟乎夫子、
永安幽冥

表2－1 北魏墓誌の「若人」の用例

①李蘦墓誌銘（隴西李氏）	末葉彌昌、英賢代起、剋誕若人、令問不已。
②邢偉墓誌（河間邢氏）	集靈其惠、承慶伊神、粵時挺淑、篤生若人。
③王紹墓誌（琅耶王氏）	照灼丹書、菴鬱青史、聯祥挺哲、若人載美。
④元譿墓誌（宗室）	業固維城、宗茂驎趾、爰挺若人、風飆秀起。
⑤元欽神銘（景穆子孫）	官以德設、爵用才行、若人出處、所在文明。
⑥爾朱紹墓誌銘（胡族）	若人鬱起、時逢運開、峨峨崇巘、鬱鬱層臺。
⑦爾朱襲墓誌銘（胡族）	天地發祥、川岳降祉、餘慶在焉、若人生矣。
⑧元爽墓誌銘（宗室）	若人挺生、實邦之俊、道風所及、德音彌振。
⑨楊昱墓誌（弘農楊氏）	於穆若人、實邦之俊、體茲外朗、含此內閨。
⑩楊順墓誌（弘農楊氏）	河華降靈、四葉聯聲、盛德必祀、若人挺生。
⑪辛祥墓誌（隴西辛氏）	爰誕若人、清風載起、纂德隆家、實惟夫子。
⑫賈祥墓誌（武威賈氏）	若人誕靈、實稟沖氣、譽發齠年、幼挺英志。
⑬宋京墓誌（西河宋氏）	積福誕哲、□慶斯彰、猗歟若人、天性溫良。
⑭羅宗墓誌（胡族）	鬱彼若人、道華風爽、寶岸巍巖、瓊流浩瀁。
⑮張問墓誌（南陽張氏）	峨峨侍中、魏魏太宰、若人繼之、彌昭彌秀。
⑯呂通墓誌（東平呂氏）	惟天降祉、惟地納靈、篤生若人、命世爲英。
⑰李達及妻張氏墓誌（魏郡李氏）	若人之生、川岳降靈、似水之潔、如蘭之香。
⑱馮聿墓誌（長樂馮氏）	載圖載篆、惟英惟俊、猗歟若人、陵霄獨峻。
⑲斛斯謙墓誌（東胡高車）	温温若人、廉廉如直、既慎既謠、幃幄是職。
⑳王壽德墓誌（略陽王氏）	策縣酬庸、連城叙効、擬之若人、未隆其報。
㉑趙昞墓誌（金城趙氏）	積善之門、餘慶不已、鍾美在焉、若人生矣。
㉒楊津墓誌（弘農楊氏）	鬱彼若人、極茲峻節、聳氣高馳、遊神遠結。
㉓李略墓誌（魏郡李氏）	昭昭盛烈、赫赫洪電、若人誕世、家慶隆衍。
㉔綜顯墓誌（魏郡綜氏）	攸攸清濟、巖巖東岱、山瀆炳靈、若人誕載。

注：□は判読不明の文字を示す。以下の表も共通する。

第六章　北魏男性墓誌の特徴語の抽出および語義考証　443

表２－２　『文選』の「若人」の用例

①巻二三、廬陵王墓下作　劉宋・謝霊運（385～433年）426年（元嘉三年）作
平生疑若人、通蔽互相妨。
②巻三六、為宋公脩張良廟教　劉宋・傅亮（374～426年）作　擬之若人、亦足以云。
③巻四七、三国名臣序賛　東晋・袁宏（328～376年頃）作
卓卓若人、曜奇赤壁、三光三分、宇宙暫隔。＊『晋書』巻九二、文苑、袁宏伝が出典
④巻五七、夏侯常侍誄　西晋・潘岳（247～300年）作　淵哉若人、縦心條暢。

表３－１　北魏墓誌の「良木」の用例

①元悦墓誌銘（宗室）	良木其摧、忽焉徂逝、郇空玄丘、潜霊下世。
②長孫瑱墓誌（宗室十姓）	良木其摧、仲尼興歌、敬銘玄石、痛矣如何。
③元颺墓誌銘（宗室？）	「善不来祥、殲此良木」
④楊胤墓誌銘（弘農楊氏）	景山霊閣、維天紐地、良木森疎、風煙蕭邃
⑤李遵墓誌（隴西李氏）	積善云福、謁仁者壽、嗚呼上天、良木中朽。
⑥秦洪墓誌（郃陽秦氏）	巌巌泰山、衆山所仰、如彼良木、排峰秀上。
⑦処士元誕墓誌銘（昭成子孫）	卒爾凶沈、昊天不弔、圖善滅摧、良木其壞。
⑧元周安墓誌銘（景穆子孫）	方騰海浪、仰構嵩基、高峰旣毀、良木中衰。
⑨爾朱紹墓誌銘（胡族）	「悲崇山之墜嶺、痛良木之摧柯」
⑩穆彦墓誌銘（北族八姓）	如何如何、一旦傾輝、良木其折、終□長悲。
⑪元壽墓誌（宗室）	禍淫莫驗、福善徒設、泰山已頽、良木斯折。
⑫元天穆墓誌（平文子孫）	泰山其毀、良木不持、蕭蕭楊隴、杳杳泉扉。
⑬張玄墓誌（南陽張氏）	運謝星馳、時流迅速、旣彫桐枝、復摧良木。
⑭石育及妻戴夫人（楽陵石氏）	漢稱數馬、衛識龜霊、川嶽無固、良木有傾。
⑮元曄墓誌（景穆子孫）	愛善何遽、大造斯戻、良木中委、早殞名哲。
⑯慕容纂墓誌（胡族）	大功未登、奄焉淪緒、層峰落岫、良木安所。
⑰長孫忻墓誌（宗室十姓）	仁之云亡、良木摧顚、哀哀孝思、朝野涕漣。
⑱王静墓誌（胡族？）注１	「痛良木之摧、山川之易改」
⑲元汎略墓誌（景穆子孫）	「巌霜孤墜、良木已摧。逝影無追、驚流愉遠」
⑳同上	良木旣摧、浮霊極逝、溢響雅存、光儀已霏。
㉑劉纂墓誌（洛陽、胡族？）	當春結萼、盛夏凝霜、芝蘭早滅、良木中傷。
㉒元禹墓誌（宗室？）	高岱頽矣、哲人其委、良木横折、丈者何靡。
㉓宇文悦墓誌（胡族）	太山傾倒、良木摧英、幽臝永祕、石戸奄扉。
㉔郗勖墓誌（楽陵郗氏）	匪賢勿据、君實鎮之、百年雲半、良木言摧。
㉕楊珍墓誌（弘農楊氏）	瓊山頽嶺、良木折柔、萬品咸減、此銘永休。

注１：漢魏六朝ＷＥＢの注に、「疑此墓主王静本事氐羌人、後改爲王姓。《魏書・天象志》、"太和元年正月、秦州畧陽民王元壽聚衆五千餘家、自號爲沖天王." 這個王元壽、也應是氐羌人。氐羌有一部分南遷至關中、多改漢姓、如鉗耳、改姓王。《魏書・王遇傳》、"王遇、字慶時、本名他惡、

444 第二部 テキストマイニング分析を用いた北魏墓誌に関する研究

馮翊李潤鎮羌也。與雷黨不蒙俱爲羌中强族。自云其先姓王、後改氏鉗耳、世宗時復改爲王焉。
自晉世已來、恆爲渠長。」とある。

表３－２　北魏墓誌の「梁木」の用例

①杜傅母法真墓誌（女性）	「天乎不淑、梁木摧傾」
②元寶月墓誌銘（宗室）	一夢鈞天、終歌梁木、往徂昔夏、今遷南陸。
③元略墓誌銘（景穆子孫）	同燼薰蕕、渾挫玉礫、梁木頓摧、宿草奄積。
④元鑽遠墓誌銘（景穆子孫）	「哲人已逝、梁木斯摧」
⑤侯掌墓誌（上谷侯氏）	「梁木其摧、逝川遂往」
⑥元隱墓誌（宗室）	「門生故吏、嘆深梁木」
⑦徐起墓誌（高平徐氏）	天落厥緒、地絶其綱、太山崩實、梁木摧芬。
⑧傅豎眼墓誌（清河傅氏）	「□□奄及、梁木載傾」
⑨沮渠愍墓誌（胡族）	三陽代謝、四序流速、灾風暴扇、枉折梁木。
⑩楊津墓誌（弘農楊氏）	世路巇嶮、禍福無門、太山殞秀、梁木摧根。
⑪韋耀和墓誌（京兆韋氏）	「中墜蘭翹、奄摧梁木」
⑫同上	梁木忽悴、悠悠昊天、悲纏宋邑、遺庠魯君
⑬縱顯墓誌（魏郡縱氏）	秋菊霜賈、梁木風萎、百年從矣、萬古同悲。
⑭元琛墓誌（昭成子孫）	「昊天不弔、梁木先摧」
⑮楊逸墓誌（鉅鹿楊氏）	「悼梁木之早摧、刊玄石□銘德」

表４　北魏墓誌銘辞の「弱冠」の用例

①元思墓誌（景穆子孫）	廟算幽通、閫簡神性、德充四海、弱冠從政。
②元颺墓誌銘（景穆子孫）	英振弱冠、作帝股肱、恭亮戎禁、肅旅行宮。
③寇愻墓誌（上谷寇氏）	弱冠玉振、將立彌仰、若彼暢松、騰雲萬丈。
④元平墓誌銘（昭成子孫）	沖衿振響、弱冠朝榮、軽金蔑玉、墳籍是營。
⑤檀賓墓誌銘（胡族？）注１	囊不藏穎、蚌不隱珠、爰初弱冠、秀名州府。
⑥王誦墓誌銘（琅邪王氏）	篤生夫子、弱冠知名、亦旣來仕、實惟朝榮。
⑦尹祥墓誌（天水尹氏）	韶齔播響、弱冠振聲、入常孝敬、出貞藹質。
⑧染華墓誌（魏郡冉氏）	聲揚海内、非止雒京、弱冠登朝、金鳴玉香。
⑨張宜墓誌（清河張氏）	君唯英峻、體纘方城、童年風振、弱冠雄聲。
⑩裴譚墓誌（河東裴氏）	運集寵靈、弱冠飛纓、華簪儲殿、高侍承明。
⑪張弁墓誌（清河張氏）	弱冠應命、整韜郡綱、南面專宰、率土允康。

注１：漢魏六朝WEBの注に、「《元和姓纂》、"檀、姜姓、齊公族有食瑕邱檀、因以爲氏。檀伯達爲
　　　周卿士。」とある。

第六章　北魏男性墓誌の特徴語の抽出および語義考証　445

表5－1　北魏墓誌銘辞の「峨峨」の用例

①元懌誌銘（宗室）	禮均齊献、錫等桓文、峨峨巒輅、秬鬯氛氳。
②崔鴻墓誌銘（清河崔氏）	峨峨奉常、桓桓郎將、梁郡聿脩、享鮮攸狀。
③元継墓誌銘（宗室）	峨峨岠嵑、爲岳作鎭、宣気炳靈、開英育俊。
④爾朱紹墓誌銘（胡族）	若人鬱起、時逢運開、峨峨崇闕、鬱鬱層臺。
⑤賈瑾墓誌（武威賈氏）	峨峨靈岳、浩浩東溟、昭昭君子、含気誕生。
⑥元頊墓誌銘（宗室）	青瑣藹藹、紫泥峨峨、執戟伊茂、共輿載和。
⑦元襲墓誌（景穆子孫）	莘莘侯國、峨峨懿蕃、篤生琬琰、誕出璵璠。
⑧張寧墓銘（南陽張氏）	湯湯委水、峨峨削成、厥伊君子、唯哲唯英。
⑨侯忻墓誌（上谷侯氏）	葦葦孤苗、峨峨獨秀、卬日聲煩、童辰響就。
⑩張問墓誌（南陽張氏）	峨峨侍中、魏魏太宰、若人繼之、彌昭彌秀。
⑪楊鈞墓誌（弘農楊氏）	飛雪晶晶、層氷峨峨。羽書靡寄、郵驛不過。
⑫路寧墓誌（相州路氏）	峨峨之君、德邁二公、志絕鄉閭、痛切心胸。
⑬張愁墓誌（汲郡張氏）	玄岳幽藹、泌緒蟬聯、云云積石、峨峨極天。

表5－2　北魏墓誌銘辞の「汪汪」の用例

①元遙墓誌（景穆子孫）	汪汪海量、嶍嶍正直、宿夜在公、自強不息。
②高道悦墓誌（遼東高氏）	昂昂千里、汪汪萬陂、清輝鬱映、芳風葳蕤。
③穆纂墓誌銘（北族八姓）	瞻彼洛矣、其水汪汪、叔度百頃、君亦洋洋。
④元崇業墓誌銘（景穆子孫）	冰情外朗、謙光内潤、汪汪淵湛、亭亭岳鎭。
⑤元懌誌銘（宗室道武帝子孫）	汪汪萬頃、恂恂善誘、爲而不恃、作而不有。
⑥元端墓誌銘（宗室献文帝子孫）	瞻彼洛矣、其水汪汪、叔度百頃、君亦洋洋。
⑦楊暐墓誌（弘農楊氏）	汪汪萬頃、亭亭千仞、體合金貞、志同玉潤。
⑧故趙郡太守李君墓誌（趙郡李氏）	蕭蕭風獻、汪汪器宇、旣明且哲、經文緯武。
⑨趙暟墓誌（洛陽趙氏）	瞻彼伊洛、其水汪汪、崇度百頃、君亦洋洋。
⑩裴敬墓誌（河東裴氏）	純心孝友、鋭志廉剛、在羣卓卓、处己汪汪。
⑪楊宜成墓誌（弘農楊氏）	爰及厥身、義筆水鏡、汪汪萬頃、空天月淨。
⑫趙昞墓誌（金城趙氏）	汪汪萬頃、昂昂千里、令問孔昭、德音霶霶。
⑬楊珍墓誌（弘農楊氏）	汪汪楊氏、穆穆華腴、臺緒積襲、顯保榮居。

表5－3　北魏墓誌の「昂昂」の用例

①元思墓誌（景穆子孫）	昂昂朝首、三帝炳盛、含章内秀、獨絕水鏡。
②高道悦墓誌（遼東高氏）	昂昂千里、汪汪萬陂、清輝鬱映、芳風葳蕤。
③元暉墓誌銘（昭成子孫）	昂昂公侯、自天挺俊、澄瀾萬頃、抽峰千刃。
④元譿墓誌（宗室献文帝子孫）	昂昂獨鷙、如彼減没、天津未泳、雲翮已摧。
⑤鄭道忠墓誌（滎陽鄭氏）	於穆不已、實生夫子、皎皎百練、昂昂千里。
⑥檀賓墓誌銘（兗州檀氏）	昂昂拔羣、翹翹絕侶、聲逸両都、華鄉四撫。

⑦于景墓誌銘（胡族）	亹亹時英、昂昂秀俊、入翼臺省、出撫邦鎭。
⑧于纂墓誌銘（胡族）	落落遒韻、昂昂奇志、匪伊文情、亦乃剣気。
⑨寇偘墓誌（上谷寇氏）	昂昂岳峻、愔愔淵澄、有賢在德、德亦世興。
⑩元邵墓誌銘（宗室孝文帝子孫）	曾墉已祕、清潭自廣、皎皎不羣、昂昂孤上。
⑪元順墓誌銘（景穆子孫）	愕愕夫君、昂昂特挺、殊気勳猷、異節紆婞。
⑫王翊墓誌（郎邪王氏）	高風濟濟、遠気昂昂、如金如錫、令問令望。
⑬爾朱襲墓誌銘（胡族）	昂昂俊秀、烈烈奇英、抗言異所、執操不傾。
⑭楊昱墓誌（弘農楊氏）	藹藹芳猷、昂昂高韻、遺心愠憘、亡情鄙悋。
⑮裴譚墓誌（河東裴氏）	昂昂千里、属此驊駒、徘徊弭節、迅榮方驅。
⑯趙昞墓誌（金城趙氏）	汪汪萬頃、昂昂千里、令問孔昭、德音亹亹。
⑰封之秉墓誌（渤海封氏）	灼灼名駒、昂昂千里、比霧蛇申、陵風鳳起。
⑱邴勖墓誌（楽陵邴氏）	亭亭遠韵、昂昂峻節、克毅克温、以風以烈。
⑲元誘夫人薛氏墓誌銘（景穆子孫）注１	「令望籍甚、無輩當時、昂昂千里、獨步天苑。」
⑳長孫子梵墓誌（宗室十姓）	「識宇端嚴、自有昂昂之量。」

注１：女性墓誌ではあるが、夫の元誘について述べられた部分に該当するため、男性墓誌の事例として扱った。

おわりに
——今後の課題と展望——

　第二部ではテキストマイニング分析を用いた北魏墓誌の銘辞の分析を行った。第四章の検討から、おぼろげながら撰文者による文化的繋がりが浮かび上がった。今後はネットワーク分析[1]を通じてこの人間関係の復元を試みたい。また第五章と第六章では、北魏墓誌に見られる女性性および男性性の比較を行い、ジェンダーロールを明らかにした。本来であれば宦官墓誌の分析を加えることによりジェンダー研究を深めることができるが、残念ながら銘辞を伴う北魏の宦官墓誌は現時点でほとんど発見されていない。したがって今後は宦官墓誌の事例が増える隋唐墓誌に研究範囲を広げて検討してゆきたい。

　以上、墓誌の銘辞を対象とする研究の展望について述べたが、墓誌が考古史料である側面を重視するのであれば、同時に埋葬された副葬品との比較も必要である。たとえば先行研究においては北魏後期の墓の石棺に親孝行をする子のモチーフである「孝子伝図」が圧倒的多数であり、それは忠臣・列女図をはるかに凌駕した点が指摘されている[2]。今後は、画像が描く世界と墓誌銘に現れた価値観の共通点や違いについても視野に入れ、研究を進めたい。

　また、テキストマイニングの特性を活かすのであれば、墓誌の事例数を増やすことも必要である。現段階では北魏洛陽遷都後から北魏末（四九五～五三四年）の約四〇年間の事例を扱ったに過ぎないので、次なる段階として東魏・西魏・北斉・北周（五三四～五八〇年）墓誌を網羅することを目指したい。

　最後に第二部で扱ったデジタル・ヒューマニティーズと歴史学研究の展望について述べる。デジタル技術は日進月歩の発展を遂げており、今後はいかなる分野もその影響を避けられない。にもかかわらず、デジタル技術に対して仕組みを全く理解せずに便利な道具として扱う立場や、反対に不信感を持ち忌避する立場、この両方がよくある反応として見られる[3]。しかし、人文学者も最

448 おわりに

低限仕組みを理解した上でデジタル技術を使うことが必要ではないだろうか。なぜなら、デジタル解釈学[4]の提唱者のAndreas Fickers氏は、人文学者がデジタルツールを使用する場合、あらゆる段階（発見・解析・可視化）でデジタルツールと「共同で知識を作っている」という側面を強調しており、筆者もそれに同意するからである。デジタルツールの仕組みをまったく理解せずに単なる便利使いをするだけでは科学的な再現性と反証可能性が真に担保されているとは言えない。そのため、筆者は現在、情報学的な基礎論についても学んでいる最中である。残された時間に対し、やるべき課題は余りに多い。しかし、基本を疎かにすることなく、根気よく研究を続けていきたい。

注

（1） 行為者の年齢や性別といった属性的要因ではなく、定量的に測定され、数値化された行為者間の関係とその特徴から、行為者の行為を分析しようとする手法。個人間の関係のほか、組織間や国家間のネットワークを分析対象とすることもできる。安田雪『ネットワーク分析——何が行為を決定するか——』（新曜社、一九九七年）参照。

（2） 蘇哲『魏晋南北朝壁画墓の世界』（白帝社、二〇〇七年）第四章参照。

（3） 望月澪「イベントレポート「DH 的方法論の信頼性：文体統計学に於ける議論を事例に」（『人文情報学月報』第一四五号、二〇二三年八月発行）。

（4） Andreas Fickers, Juliane Tatarinov and Tim van der Heijden, 2022. 'Digital history and hermeneutics: between theory and practice: An introduction', *Digital History and Hermeneutics: Between Theory and Practice*, De Gruyter Oldenbourg, pp. 1–19.

あ と が き

　本書の元となった論文の初出一覧を示しておく。なお第一部の序章〜終章は岡山大学に提出した博士の学位請求論文『北魏の爵制に関する研究』（二〇一五年）を元にしている。ただし、すべての文章は再収に際し記載の統一を行った。また研究が進んだ部分については加筆訂正を行い、二〇二四年六月段階の最新の研究成果を反映させている。

【初出一覧】

序文　書き下ろし

　第一部　北魏の爵制に関する研究

序　章　問題の所在と構成　書き下ろし

第一章　「北魏の爵制とその実態——民族問題を中心に——」（『岡山大学大学院文化科学研究科紀要』第一二号、二〇〇一年十一月）

第二章　「北魏前期の爵制とその特質——仮爵の検討を手掛かりに——」（『東洋学報』第九四巻第二号、二〇一二年九月）

第三章　「関于北魏前期爵和品相対応的基礎考察——以南巡碑為中心——」（『中国魏晋南北朝史学会十届年会暨国際学術研討会論文集』、北岳文芸、二〇一二年八月）

第四章　「北魏後期の爵制とその特質——孝文帝の爵制改革を中心に——」（『東洋文化研究』第一四号、二〇一四年三月）

第五章　北魏の官と爵の関係　書き下ろし

第六章　「魏晋南北朝期の官爵による刑の減免：秦漢時代の削爵および唐代の官当・除名・免官の比較からみた」（『学習院大学国際研究教育機構研究年報』三号、二〇一七年三月）

終　章　北魏の官爵体系の歴史的位置付けとその展開　書き下ろし

補論一　「北魏孝文帝の官爵改革およびその後の変質について」（『名城大学理工学部研究報告』五九号、二〇一九年三月）

補論二　爵保有者の階層にみる両晋・北魏の爵制運用の比較

450 あとがき

「爵保有者の階層にみる両晋・北魏の爵制運用の比較」(『名城大学人文紀要』
五五巻一号、二〇一九年九月)

　第二部　テキストマイニング分析を用いた北魏墓誌に関する研究

はじめに　書き下ろし

第一章　「中国・北魏研究とデジタル・ヒューマニティーズ」(『人文情報学月報』
一〇八号、二〇二〇年七月)

「中国・石刻史料のデータベース紹介」(『人文情報学月報』一〇七号、二〇二
年六月)

第二章　「テキストマイニングによる北魏墓誌の銘辞の分析——KH Coder を
用いた古典中国語（漢文）の数量的研究——」(『名城大学総合研究所紀要』二七
号、二〇二二年五月)

「中國哲學書電子化計劃の分析ツールを用いた北魏墓誌研究——類似性のネッ
トワーク図とワードクラウドを中心に——」(『名城大学総合研究所紀要』二八号、
二〇二三年五月)

第三章　「新出北魏墓誌目録」(『名古屋大学東洋史研究報告』四七号、二〇二三年三
月)

第四章　「北魏墓誌の銘辞とその撰文——同一銘辞の問題を中心に——」(『名
古屋大学東洋史研究報告』四五号、二〇二一年三月)

第五章　「北魏女性墓誌の特徴語の抽出および語義考証」(『九州大学東洋史論集』
五一号、二〇二四年三月)

第六章　「北魏男性墓誌の特徴語の抽出および語義考証」(『名城大学人文紀要』
五九号三、二〇二四年三月)

おわりに　書き下ろし

　本書を構成する最初の論文は二〇〇一年初出であり、足掛け20年以上の研究
の集大成となっている。ただし、諸事情で研究を中断した時期があり、２本目
の論文発表までに11年も間が空いてしまった。この時点で研究の道は完全に断
たれたと思っていたため、自分が現在、大学の教壇に立っていることが信じら
れない。研究再開の際には多くの方々に本当にお世話になった。本書がこれだ

あとがき　451

けの歳月を費やした成果にふさわしい内容になっているかどうかは読者の判断
に任せたい。

　本来なら学恩を受けた方々のお名前を挙げて謝意を示すべきであるが、筆者
は北魏史だけではなく、ジェンダー研究およびデジタル・ヒューマニティーズ
分野の研究を進めており、関係する研究者は膨大であるため、個人名を出して
のお礼は申し上げない。ただ、本書の出版を強く勧めてくださった汲古書院の
三井久人さんには改めてお礼を申し上げたい。

　なお本書は「名城大学学術研究奨励助成制度」による出版物である。専門書
の出版情勢の厳しい折にこのような支援を行っていただいた勤務先の名城大学
には特別に謝意を示したい。本書の第二部はすべて名城大学に勤務して以降の
成果となる。新しいテーマに挑戦できる恵まれた研究環境を提供していただき、
感謝の念に堪えない。

　　　二〇二四年六月

　　　　　　　　　　　　　　　　　　　　大　知　聖　子

索　引

本索引は事項索引に該当する。対象は本文からのみとし、注や表は対象外とした。
また、本書で頻出する語については採録しなかった。
（　）は補足を示す。

あ行

尉氏　　309

異姓王　25, 42, 49, 50, 59, 114, 118, 119, 306～308

羽真　　133

羽林の変　287

恩倖　63, 70, 114, 121, 167, 171, 296, 308, 311, 381

か行

外戚　4, 42～48, 50～52, 55, 57, 67, 69, 70, 112～114, 117, 134, 135, 168, 169, 194, 260, 296, 297, 299～301, 303, 304, 306～311, 380

河東薛氏　56, 69, 165, 168, 188, 308, 309, 401, 403

河東裴氏　55, 309

漢化政策　15, 17, 19, 23, 280

宦官　4, 45～48, 52, 57, 67～70, 113, 114, 117, 121, 133, 135, 307～309, 311, 447

漢族五姓　48, 53, 55, 58, 63, 67, 69, 168, 169, 181, 309, 379, 381, 384

寒門　25, 69, 70, 295, 296, 298～302, 304, 374, 378, 379, 381, 383, 384

偽刻　337, 340, 351, 356, 359, 368, 374, 375, 377

勲官　195, 196, 223, 225, 226, 261, 289

勲簿　191, 192, 201, 260

KH Coder　8, 332, 333, 339～341, 344, 399, 424

景穆十二王　163, 166, 202

賢才主義　212, 213, 271, 283

考課　6, 20, 174, 184, 191～193, 202, 211～214, 231, 261, 263～265, 271, 283～285, 287

告身　223, 225, 239

さ行

士庶　208, 209, 211, 269, 283

始蕃王　310

清河崔氏　403

姓族詳定　30, 31, 51, 57, 165, 207～209, 271, 282,

283, 286, 379, 384

清濁（清官と濁官）　20, 206, 207, 211, 249, 268, 269, 272

ジェンダー　8, 333, 395～398, 400, 412, 423, 437, 438, 447

宗族十姓　49, 167, 309, 379, 382, 402, 425, 429

た行

中國哲學書電子化計劃　8, 339, 345, 346

趙郡李氏　55, 401

長楽馮氏　67, 168

停年格　271, 287

テキストマイニング　3, 7, 8, 329, 330, 332, 333, 339, 344～346, 349, 396, 411, 437, 447

な行

内入諸姓　51, 52, 306

は行

博陵崔氏　401

汎階　191, 271, 286, 287

武川鎮軍閥　　　　　　16
部落　　　　18, 208, 282
穆氏　　　　165, 167, 309
北族八姓　　7, 48, 49, 51〜53,
　　105, 165, 167〜169, 208,
　　282, 283, 306, 308, 309,
　　311, 355, 356, 371, 375,
　　382, 401, 425, 429, 434

ま行
門閥　30, 207, 212, 213, 283,
　　293, 295, 298, 299

ら行
洛陽遷都　　8, 15, 41, 131,
　　166, 168〜170, 213, 282,

　　286, 340, 347, 377, 381,
　　384, 398, 412, 425, 447
陸氏　　　　　　　　　309
吏部　　118, 174, 199, 201,
　　202, 212, 268, 287
隴西李氏　　　53, 58, 381
琅邪王氏　　295, 304, 382

著者略歴

大知　聖子（おおち　せいこ）

2006年　岡山大学大学院文化科学研究科人間社会文化学専攻博士
　　　　後期課程単位取得満期退学
2015年　博士（文学）の学位取得（岡山大学）
2015年　大東文化大学非常勤講師
2016年　埼玉県立大学非常勤講師
2018年　名城大学理工学部教養教育助教
2021年　名城大学理工学部教養教育准教授

　主要論文

「北魏女性墓誌の特徴語の抽出および語義考証」『九州大学東洋史
　論集』51、2024年

「北魏墓誌の銘辞とその撰文──同一銘辞の問題を中心に──」
　『名古屋大学東洋史研究報告』45、2021年

「北魏前期の爵制とその特質──仮爵の検討を手掛かりに──」
　『東洋学報』94（2）、2012年

計量的分析を用いた北魏史研究

2025年 2 月 4 日　初版発行

　　　　　　　　著　者　大　知　聖　子
　　　　　　　　発行者　三　井　久　人
　　　　　　　　整版印刷　富士リプロ㈱
　　　　　　　　発行所　汲　古　書　院

〒101-0065 東京都千代田区西神田2-4-3
電話03（3265）9764　FAX03（3222）1845

ISBN978 - 4 - 7629 - 6084 - 0　C3322　　汲古叢書 185
OCHI Seiko　ⓒ2025
KYUKO-SHOIN, CO., LTD. TOKYO.
＊本書の一部または全部及び画像等の無断転載を禁じます。

汲 古 叢 書

158	唐王朝の身分制支配と「百姓」	山根　清志著	11000円
159	現代中国の原型の出現	久保　亨著	11000円
160	中国南北朝寒門寒人研究	榎本あゆち著	11000円
161	南宋江西吉州の士大夫と宗族・地域社会	小林　義廣著	10000円
162	後趙史の研究	小野　響著	9000円
163	20世紀中国経済史論	久保　亨著	14000円
164	唐代前期北衙禁軍研究	林　美希著	9000円
165	隋唐帝国形成期における軍事と外交	平田陽一郎著	15000円
166	渤海国と東アジア	古畑　徹著	品　切
167	朝鮮王朝の侯国的立場と外交	木村　拓著	10000円
168	ソグドから中国へ―シルクロード史の研究―	栄　新江著	13000円
169	郷役と溺女―近代中国郷村管理史研究	山本　英史著	13000円
170	清朝支配の形成とチベット	岩田　啓介著	9000円
171	世界秩序の変容と東アジア	川本　芳昭著	9000円
172	前漢時代における高祖系列侯	邉見　統著	10000円
173	中国国民党特務と抗日戦争	菊池　一隆著	10000円
174	福建人民革命政府の研究	橋本　浩一著	9500円
175	中國古代國家論	渡邊信一郎著	品　切
176	宋代社会経済史論集	宮澤　知之著	9000円
177	中国古代の律令と地域支配	池田　雄一著	10000円
178	漢新時代の地域統治と政権交替	飯田　祥子著	12000円
179	宋都開封の成立	久保田和男著	12000円
180	『漢書』の新研究	小林　春樹著	7000円
181	前漢官僚機構の構造と展開	福永　善隆著	14000円
182	中国北朝国家論	岡田和一郎著	11000円
183	秦漢古代帝国の形成と身分制	椎名　一雄著	13000円
184	秦漢統一国家体制の研究	大櫛　敦弘著	15000円
185	計量的分析を用いた北魏史研究	大知　聖子著	11000円
186	中国江南郷村社会の原型	伊藤　正彦著	近　刊
187	日中戦争期上海資本家の研究	今井　就稔著	近　刊
188	南宋政治史論	小林　晃著	近　刊
189	遼金塔に関する考察	水野　さや著	近　刊
190	中国古代帝国の交通と権力	莊　卓燐著	8000円

（表示価格は2025年2月現在の本体価格）